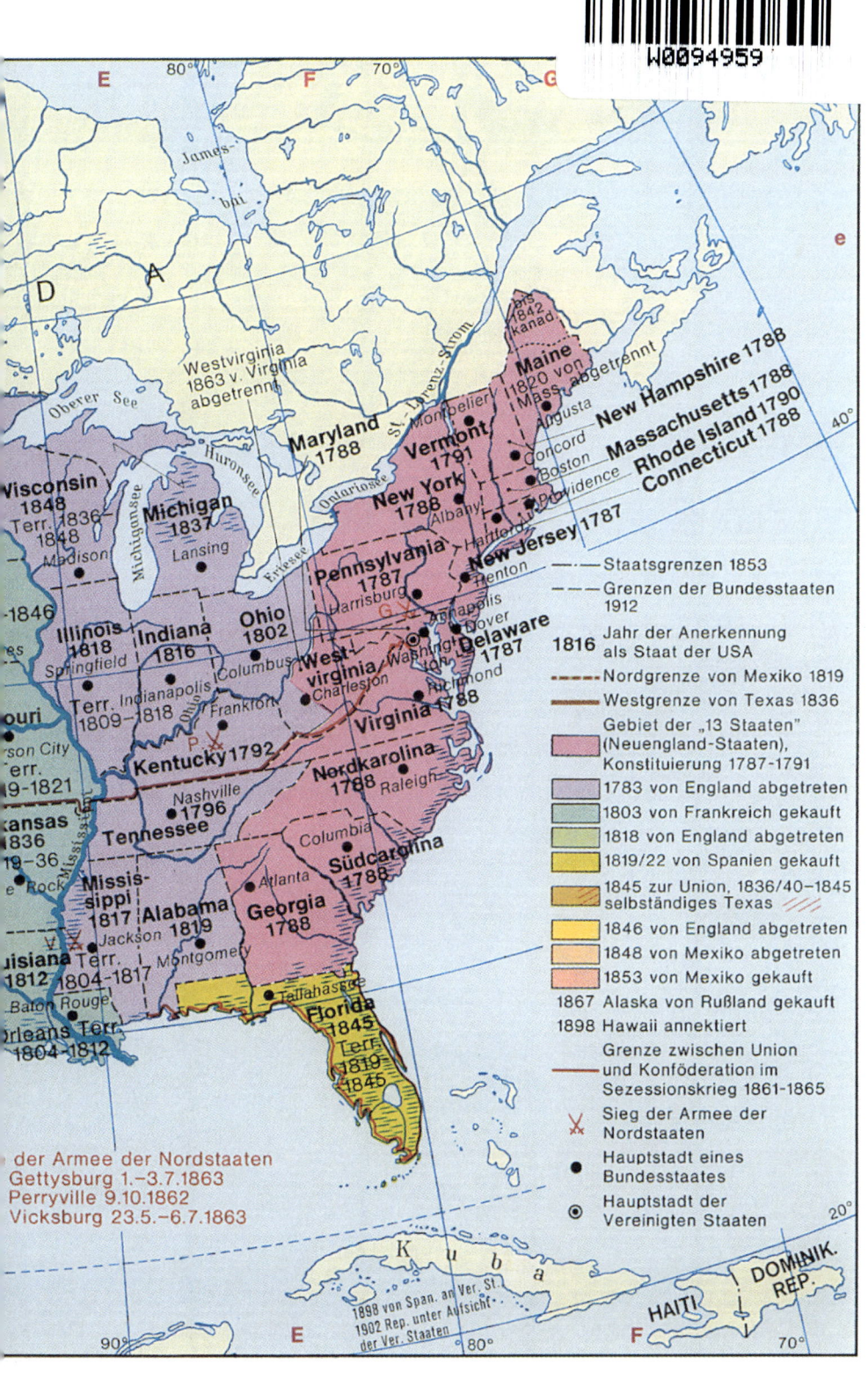

E 80° F 70° G

e

James

D A

bhi

Westvirginia
1863 v. Virginia
abgetrennt

Oberer See

Bis 1842
Kanad.

Maine
1820 von
Mass. abgetrennt

New Hampshire 1788

40°

Montpelier
Augusta

Maryland
1788

Vermont
1791

Massachusetts 1788

St.-Lorenz-Strom

Concord
• Boston
Providence

Rhode Island 1790

Connecticut 1788

Wisconsin
1848
Terr. 1836-
1848

Huronsee

Michigansee

Michigan
1837

New York
1788

Albany•

• Providence

Madison •

Lansing

Ontariosee

Hartford

New Jersey 1787

-1846

Illinois
1818
Springfield

Indiana
1816

Eriesee

Ohio
1802

Columbus •

Pennsylvania
1787
Harrisburg •

Trenton

Staatsgrenzen 1853

Grenzen der Bundesstaaten
1912

ouri

s

Terr. Indianapolis
1809–1818

Frankfort

West-
virginia
Charleston

G

Annapolis •
Dover •

Delaware
1787

1816

Jahr der Anerkennung
als Staat der USA

son City
Terr.

Washingt.•
• Richmond

Nordgrenze von Mexiko 1819

9–1821

Kentucky 1792

Virginia 1788

Westgrenze von Texas 1836

ansas
1836

Nashville
• 1796

Nordkarolina
1788
Raleigh •

Gebiet der „13 Staaten"
(Neuengland-Staaten),
Konstituierung 1787-1791

19–36

e Rock

Tennessee

Columbia •

1783 von England abgetreten

1803 von Frankreich gekauft

Missis-
sippi
1817

• Atlanta

Südkarolina
1788

1818 von England abgetreten

1819/22 von Spanien gekauft

Alabama
1819

Georgia
1788

Jackson •

uisiana

1812

Montgomery •

Terr.
1804–1817

1845 zur Union, 1836/40–1845
selbständiges Texas

1846 von England abgetreten

1812

Orleans Terr.
1804-1812

Baton Rouge •

Tallahassee •

Florida
1845
Terr.
1819
1845

1848 von Mexiko abgetreten

1853 von Mexiko gekauft

1867 Alaska von Rußland gekauft

1898 Hawaii annektiert

Grenze zwischen Union
und Konföderation im
Sezessionskrieg 1861-1865

der Armee der Nordstaaten
Gettysburg 1.–3.7.1863
Perryville 9.10.1862
Vicksburg 23.5.–6.7.1863

Sieg der Armee der
Nordstaaten

Hauptstadt eines
Bundesstaates

Hauptstadt der
Vereinigten Staaten

20°

K *u* *b* *a*

DOMINIK.
REP.

HAITI

1898 von Span. an Ver. St.
1902 Rep. unter Aufsicht
der Ver. Staaten

90° E 80° F 70°

Defining Moments – Amerikas Schicksalstage

Ronald D. Gerste

Defining Moments –
AMERIKAS SCHICKSALSTAGE

Vom 4. Juli 1776 bis 11. September 2001

Verlag Friedrich Pustet
Regensburg

Umschlagmotive:
Oben (v. l.): George Washington überquert den Delaware (Foto: AKG, Berlin); Überfall auf Pearl Harbor (Foto: AKG, Berlin); John F. und Jacky Kennedy in Dallas (Foto: AKG, Berlin); *im Fond (Hintergrund):* Fertigstellung der transatlantischen Eisenbahn in Promontory Summit (Foto: AKG, Berlin); *unten (v. l.):* Martin Luther King (Foto: AKG, Berlin); George W. Bush mit einem Feuerwehrmann auf Ground Zero (Foto: dpa, Frankfurt/Main); Plakat Unabhängigkeitserklärung (Foto: AKG, Berlin); Häuptling Big Foot (Foto: AKG, Berlin)

Denjenigen gewidmet, die mir *defining moments* der Anregung,
Unterstützung und Freundschaft gaben und geben:
Volrad Deneke, Reinhard Kaden, Klaus Müller und Hans Schadewaldt

Die Deutsche Bibliothek – CIP-Einheitsaufnahme

Ein Titeldatensatz für diese Publikation ist bei
Der Deutschen Bibliothek erhältlich.

ISBN 3-7917-1811-8
© 2002 by Verlag Friedrich Pustet, Regensburg
Umschlaggestaltung: Atelier Seidel, Altötting
Gesamtherstellung: Friedrich Pustet, Regensburg
Printed in Germany 2002

INHALT

Prolog: 19. April 1775 – Morgengrauen in Lexington   7

4. Juli 1776 – Die Geburtsstunde einer neuen Nation   13

19. Oktober 1781 – Yorktown: „Die Welt stand auf dem Kopf"   27

23. Dezember 1783 – George Washington: Ein General zieht den Pflug
dem Schwert vor   37

30. April 1803 – „Louisiana Purchase": Die friedliche Eroberung eines
halben Kontinents   46

14. September 1814 – „Unsere Fahne hält Wacht"   54

6. März 1836 – Alamo: „Die Wiege der texanischen Unabhängigkeit"   59

16. Oktober 1846 – Stille in Boston   70

24. Januar 1848 – Gold in Kalifornien   79

12. April 1861 – „Die Rebellen beschießen Fort Sumter!"   87

19. November 1863 – „Gettysburg Address": 272 Worte für die Ewigkeit .   93

14. April 1865 – Ein Präsident wird zum Märtyrer   98

10. Mai 1869 – Der goldene Nagel von Promontory Summit   110

29. Dezember 1890 – Wounded Knee: Von der dunkelsten Seite der
amerikanischen Geschichte   120

14. September 1901 – Theodore Roosevelt und der Beginn der „imperialen
Präsidentschaft"   130

26. September 1919 – Woodrow Wilson und die Saat des Misstrauens   143

20. Mai 1927 – Charles Lindbergh: Der Flug des „einsamen Adlers"   154

29. Oktober 1929 – Der große Crash   162

4. März 1933 – „Das Einzige, was wir zu fürchten haben, ist die
   Furcht selbst" 171

2. Juli 1937 – Ein amerikanischer Mythos: Amelia Earhart –
   Flugpionierin und Frauenrechtlerin 181

7. Dezember 1941 – „Luftangriff auf Pearl Harbor. Dies ist keine Übung!" 192

16. Juli 1945 – In Alamogordo geht die Sonne zweimal auf 208

11. April 1951 – Ein Oberbefehlshaber muss gehen: MacArthurs Rolle
   im Koreakrieg 219

28. August 1963 – Der Traum des Martin Luther King 232

22. November 1963 – Tod in Dallas 241

31. Januar 1968 – Die Tet-Offensive und Amerikas plötzliche
   Verwundbarkeit 252

4. Juni 1968 – Das Ende von „Amerikas liberaler Hoffnung" 262

20. Juli 1969 – „Der Adler ist gelandet" 271

9. August 1974 – „Watergate": Ein Präsident tritt zurück 281

27. Februar 1991 – Der unvollendete Sieg 292

12. Februar 1999 – Das *Impeachment* des Bill Clinton 301

7. November 2000 – Die 36-tägige Präsidentschaftswahl 313

11. September 2001 – „Ein Akt des Krieges" 322

Anhang
   Schauplätze 334
   Die Präsidenten der USA 338
   Zeittafel 339
   Bibliografie 344
   Register (Personen/Orte/Stichworte) 350
   Bildnachweis 360

Prolog: 19. April 1775 – Morgengrauen in Lexington

Die Männer hielten ihre Gewehre fest umklammert. Der eine prüfte seinen Vorrat an Bleikugeln, ein anderer stellte sicher, dass das Pulver im grauen Nieselregen der Nacht trocken geblieben war. Sie warfen sich Blicke der Ermutigung zu, die doch nicht darüber hinwegtäuschen konnten, dass die Nervosität, bei manch einem vielleicht die nackte Angst, fast greifbar zu spüren war. Sie blickten angestrengt in die Dunkelheit, nach Osten. Sie warteten seit fast vier Stunden. Es waren einfache Farmer mit ihren Söhnen, ein paar Handwerker aus dem kleinen Ort Lexington, der eine oder andere Händler aus der Umgebung, die sich bald nach Mitternacht auf der großen, freien Fläche des Dorfes eingefunden hatten. Wie viele Orte in Massachusetts, der Kolonie seiner Majestät König Georgs III., verfügte auch Lexington, eine knappe Tagesreise von Boston entfernt, über einen *green*, jene zentrale Rasenfläche, um die sich die wenigen Häuser des kleinen Ortes, die Kirche, die Schmiede und die Taverne herumgruppierten. Dieser Dorfanger war hervorragend für Versammlungen unter freiem Himmel geeignet, doch in diesen frühen Morgenstunden des 19. April 1775 harrte der Männer eine ganz besondere Zusammenkunft. Das Schicksal hatte sie an eine jener Weggabelungen gestellt, an denen Entscheidungen für nachfolgende Generationen getroffen werden.

Kaum einer dieser einfachen Menschen von Lexington mag geahnt haben, dass von diesem Tag und diesem Ort aus ein neues Kapitel in der Geschichte seinen Ausgang nahm. Doch als sich um vier Uhr morgens, noch bevor sich der erste Silberstreif am Horizont im Osten zeigte, der Marschtritt der heranrückenden Kolonnen wie das Grollen eines noch fernen Gewitters vernehmen ließ, mochte mehr als einer von ihnen über das Aberwitzige seiner Situation nachzudenken begonnen haben. Sie waren 75 an der Zahl und sie nannten sich *Minute Men*, Angehörige einer lokalen Miliz, die binnen Minuten zur Verteidigung ihres Dorfes, ihrer Höfe und – welch abstrakter, bei der täglichen Arbeit auf dem Feld, im Gemischtwarenladen, in der Werkstatt nie gebrauchter Begriff – ihrer Freiheit bereit zu sein hatten. Sie standen im Begriff, sich der mächtigsten Militärmacht der Welt in den Weg zu stellen, den Soldaten des Königs von England – Landsleuten! –, die dort, im Dunkel der Nacht, unsichtbar und doch mit schicksalhafter Unvermeidbarkeit heranmarschierten.

Wer waren sie? Untertanen eines fernen Königs. Menschen, die in der sozialen Hierarchie des Mutterlandes England auf der untersten Stufe standen. Kolonisten, im Angesicht des mächtigen Empire mit wenigen Rechten und nur einer wesentlichen Pflicht, der des Steuerzahlens. Für die Offiziere der heranrückenden Truppen, der Rotröcke, waren sie schlicht Pöbel. Doch waren sie noch etwas anderes, etwas, für das es noch kein passendes Wort in ihrer Sprache gab?

Der Weg, an dessen Gabelung die Männer von Lexington standen, war lang gewesen, 190 Jahre lang. Im Jahre des Herrn 1585 begann die Kolonisierung Amerikas durch Menschen englischer Sprache. Sir Walter Raleigh gründete auf der Insel Roanoke eine Siedlung mit fast 150 Pionieren, die wagemutig genug waren, um am Ende der bekannten Welt und am Anfang einer unbekannten eine neue Existenz, fern der Zwänge des heimischen Ständestaates, aufbauen zu wollen. Die Siedler von Roanoke wurden die ersten Opfer des bald die Köpfe fast aller europäischen Herrscher infizierenden Kolonialfiebers. Als nach einem Jahr ein Versorgungsschiff die Insel im heutigen North Carolina anlief, waren sämtliche Kolonisten verschwunden, ohne Spuren zu hinterlassen – bis auf eine. Bevor die Urwälder des Festlandes sie verschluckten, hatte einer von ihnen ein Wort in einen Baumstamm geritzt: *Croatan*. Es war vermutlich der Name eines Indianerstammes. Das Schicksal der Kolonisten von Roanoke ist nie aufgeklärt worden.

Der nächste Versuch einer Koloniegründung verlief erfolgreicher, auch wenn der erste Winter mit Hunger und Seuchen gut die Hälfte der Neuankömmlinge hinwegraffte. An der Spitze einer der Halbinseln an der Öffnung der Chesapeake Bay wurde im April die Siedlung Jamestown angelegt, der Kern der ältesten Kolonie Englands in der Neuen Welt. Zu Ehren der großen, wenige Jahre zuvor verstorbenen Königin Elizabeth I., der man – ob zu Recht oder Unrecht – den Beinamen „die Jungfräuliche" gegeben hatte, nannte der Leiter der Gruppe, der Abenteurer und ehemalige Söldner John Smith, das Territorium „Virginia".

Einige hundert Meilen weiter nördlich und damit für die Virginier auf dem Landwege kaum erreichbar, etablierte sich ab 1620 eine neue Kolonie. Die so genannten Pilgerväter – ein Terminus, der die Anwesenheit von gleichermaßen tapferen Frauen und Kindern auf der *Mayflower* missachtet – landeten in einer bald Massachusetts genannten Region und legten einen Ort an, den sie nach dem Ausgangspunkt ihrer Reise Plymouth tauften. Eine Tagesreise weiter nördlich gründeten sie bald darauf eine Stadt, die schnell zur größten der Kolonien wurde: Boston. Die Neuankömmlinge hier im Norden waren vorwiegend Puritaner, die in England Verfolgung erlitten hatten und in der Neuen Welt nach ihren Visionen leben wollten. Sie träumten davon, jene „Stadt auf einem Hügel" anzulegen, die als Hort von Tugend und Rechtgläubigkeit ihr strahlendes Licht über den sündigen Erdball ausstrahlen lassen sollte. Religiöse Toleranz war für die Vertriebenen indes ein Fremdwort; wer auf andere Art seinen Herrn anbeten wollte, als die

Gemeindevorsteher der Puritaner es für rechtens erklärten, suchte sich einen anderen Fleck – Land gab es ja genug, und die Ureinwohner, die *savages* (Wilden), fragte man nur selten, wenn das Banner des Königs über einem neuen Ort aufgepflanzt wurde. Es dürfte kein Zufall gewesen sein, dass die einzigen Hexenprozesse in Nordamerika – ansonsten blieb der Kontinent von diesem Wahn, der in Europa jahrhundertelang wütete, erstaunlicherweise frei – ausgerechnet in der Puritanerkolonie Massachusetts stattfanden, in Salem 1692/93.

Religiöse Dissidenten gründeten unweit von Massachusetts die etwas liberalere Kolonie Rhode Island. Weiter südlich fanden auswanderungswillige Katholiken ein Refugium, 1632 etablierten sie die Kolonie Maryland. Die südlichste der schließlich dreizehn englischen Kolonien, Georgia, war zunächst für verurteilte Straftäter und Bankrotteure reserviert.

Auch Angehörige anderer Nationen siedelten in Nordamerika, doch sie alle fielen früher oder später unter englische Oberhoheit – das englische System kolonialer Selbstverwaltung war vermutlich kaum effizienter als das der Konkurrenten, doch scheinen die Ressourcen und der Unternehmungsgeist der Briten in der Neuen Welt diese zum Sieger gemacht zu haben. Man könnte auch weniger diplomatisch formulieren: Die Briten erwiesen sich bei der Kolonisierung und Inbesitznahme von Territorien als besonders rücksichtslos. Eine schwedische Kolonie am Delaware wurde von den Holländern unter ihrem Gouverneur Pieter Steuyvesant erobert, doch 1664 fiel auch die blühende niederländische Kolonie am Hudson River ihrerseits an einen Stärkeren: Aus Nieuw Amsterdam wurde New York. Die gesamte Küstenlinie von Maine[1] bis zur Grenze des spanischen Florida war nun in der Hand der Briten.

Doch ein Rivale war geblieben: Frankreich. Der große geopolitische Konkurrent Britanniens hatte zwar niemals eine Kolonistenzahl in die Neue Welt entsenden können, mit der den englischen Kolonien demografisch hätte Paroli geboten werden können. Doch sein Territorium war nicht nur um ein Vielfaches größer, es bot darüber hinaus die Chance, die englischen Kolonien abzuschnüren, die westwärts gerichtete Expansion zu unterbinden und damit letztlich das Wachstumspotenzial zu hemmen. Frankreichs nordamerikanisches Reich erstreckte sich von Kanada – dort hatte die Besitznahme durch Samuel de Champlain etwa zeitgleich mit der Kolonialisierung Virginias begonnen – über den Verlauf des Mississippis (der von französischen Forschern wie Pierre Radisson und Pater Marquette entdeckt und erkundet worden war) bis hin nach New Orleans. Unter dem Lilienbanner der Bourbonen war ein riesiges Gebiet vereint, in dem französische Forts oder Handelsposten so weit verstreut waren wie Oasen in einer Wüste. Im Gegensatz zu verschiedenen britischen Regierungen hatte am Hofe von Versailles der Ausbau des nordamerikanischen Empire für die Könige von Heinrich IV. bis zum „viel geliebten" Louis Quinze nie die oberste Dringlichkeitsstufe. Das französische Militär in Amerika war dem britischen meist an Zahl, wenn auch kaum jemals an Tapferkeit unterlegen, außerdem verfügte Frankreich über loyale und kampferfahrene indianische Verbündete. Neben den unzähligen Scharmützeln in einem meist nie genau festgelegten Grenzgebiet führten Briten und Franzosen drei Kolonialkriege in Nordamerika gegeneinander. Der dritte, der Bestandteil des die ganze Welt umspannenden Siebenjährigen Krieges war, brachte die Entscheidung. In der Schlacht auf den „Feldern Abrahams" vor den Wällen von Quebec anno 1759 siegten die Briten, deren Kommandant, General Wolfe, ebenso den Tod fand wie sein französischer Kontrahent, der Marquis de Montcalm. Im Frieden von Paris 1763 fiel Kanada an England. Die Macht Albions in der Neuen Welt schien unbegrenzt.

Mit dem Verschwinden des gefährlichsten Gegners und dem Ende der Bedrohung ihrer Peripherie durch Franzosen und deren indianische Freunde wandelte sich für die dreizehn Kolonien mit ihren zweieinhalb bis drei Millionen Einwohnern das Verständnis von ihrer Rolle im britischen Empire und ihre Einschätzung der Regierung in London fast über Nacht. Der Krieg war zwar gewonnen, doch England hatte sich hoch verschuldet. Die Gelder suchte die britische Regierung nicht ausschließlich, doch vornehmlich von jenen Untertanen zu erhalten, die die größten Nutznießer der britischen Kriegsanstrengungen waren – jenen in Amerika, die nun ohne Furcht vor dem Feind ihrem Tagewerk nachgehen und sich über die Appalachen hinaus ausdehnen konnten. In den nächsten Jahren erließ das Parlament in London verschiedene Steuern, auf Zucker, auf die für offizielle Dokumente benötigten Stempel, auf Luxusartikel und schließlich auf Tee. Jede neue Steuer führte zu einer heftigen Gegenreaktion auf Seiten der Kolonien und ihrer Sprecher und zu einer fortschreitenden Radikalisierung letzterer. Es kam zu Resolutionen, zu Boykotten, schließlich auch zu Gewalttaten wie dem Teeren und Federn von Steuereintreibern oder der Zerstörung des Hauses des Gouverneurs von Massachusetts durch – wie die Engländer sagten – einen Mob, durch – wie es die Sprecher der Kolonien nannten – Patrioten.

Hauptkritikpunkt des Widerstandes gegen die Steuern und Zölle war die Tatsache, dass die Kolonien im Parlament keine Stimme hatten – *„no taxation without representation!"* („keine Steuern ohne Mitspracherecht!"). Zwar gab es auch in New York und Virginia Dissonanzen, doch Neu-England und hier vor allem Boston wurden zur Brutstätte der Revolution. Die Stimmung war so aufgeheizt, dass am 5. März 1770 eine Rangelei zwischen britischen Soldaten und einer sich ereifernden Menge dazu führte, dass die Briten sich bedroht fühlten und in einer Panikreaktion das Feuer auf die sie beschimpfenden und provozierenden Bostoner eröffneten. Fünf Bürger starben – die Amerikanische Revolution hatte ihre ersten Märtyrer. Die Milizen der einzelnen Kolonien, eigentlich zum Schutz der Farmen und Siedler gegen Indianerüberfälle gegründet, entwickelten sich zum militärischen Arm einer Bevölkerung, die längst noch nicht mit ihrer fernen Regierung, ihrem König gebrochen hatte, die sich jedoch aufs Äußerste ungerecht behandelt fühlte und das Undenkbare nicht mehr ausschloss, die bewaffnete Auseinandersetzung mit den Soldaten des Königs. Man begann, Vorbereitungen für einen Ernstfall zu treffen, den die meisten Provinzpolitiker noch verhindern wollten – wie der als Gesandter der Kolonien nach England delegierte Benjamin Franklin aus Philadelphia.

Ein solches Waffenlager der „Aufrührer" befand sich – das erfuhr der Kommandant der britischen Truppen in Boston, General Thomas Gage, von seinen Spionen – in dem kleinen Ort Concord, westlich von Boston. Er entsandte in den Nachtstunden des 19. April 1775 eine aus 800 Mann bestehende Truppe – für koloniale Verhältnisse eine ungewöhnlich große Streitmacht – nach Concord, um das Rebellendepot auszunehmen. Als das erste Tageslicht am Horizont sichtbar wurde, marschierte die Einheit auf Lexington zu.

Die Männer von Lexington waren durch die Meldung eines Reiters, des Silberschmieds Paul Revere aus Boston, auf das Heranrücken der Rotröcke – auch *Lobsterbacks* (Hummerrücken) genannt – aufmerksam gemacht worden. Sie waren ratlos, vielleicht auch ein wenig verängstigt, als diese Streitmacht einrückte und auf dem Dorfanger ihnen gegenüber in Stellung ging. Es waren Minuten, in denen jedermann klar wurde, dass von dem, was hier und heute möglicherweise geschah, kein Weg zurück führte. Sie zögerten, als der englische Major ihnen zurief: „Legt eure Waffen nieder, ihr verdammten Rebellen, und zerstreut euch!" Ihr Anführer, ein Mann namens John Parker, ein erfahrener Indianerkämpfer, antwortete und drückte das aus, was viele ohnehin dachten: „Behaltet eure Stellung bei. Schießt nicht, es sei denn, es wird auf euch geschossen. Aber wenn sie einen Krieg wollen, dann lasst ihn hier beginnen!"[2]

Man hat niemals erfahren, wer den ersten Schuss abfeuerte. Unstrittig ist, dass die britischen Reihen mit der Präzision einer gut geölten Militärmaschine eine Salve auf die *Minute Men* abschossen. Acht Angehörige der Miliz lagen tot auf dem Dorfanger, der Rest zerstreute sich, als die Briten die Bajonette aufpflanzten und im Gleichschritt anrückten. Die Rotröcke feuerten eine Salve des Triumphes ab, die Rebellion schien im Ansatz zerschlagen.

Welch ein Irrtum. Dieser 19. April 1775 war ein Schicksalstag Amerikas, einer jener Tage in der so ereignisreichen, faszinierenden und oft auch gewalttätigen Geschichte eines Landes, das sich aus dem kolonialen Anhängsel eines Weltreiches zur einzigen verbleibenden Supermacht entwickelte und dessen Politik, Kultur und Ökonomie zu Beginn des 21. Jahrhunderts kaum einen Flecken auf diesem Planeten unberührt lässt. Der Tag von Lexington endete nicht mit dem Volley der königlichen Grenadiere. Sie zogen weiter gen Concord, doch inzwischen war die saftig-grüne Landschaft von Massachusetts zum Leben erwacht.

Von überall kamen sie her, junge Burschen und erfahrene Veteranen. Sie brachten ihr langläufiges, sonst nur für die Jagd genutztes Gewehr mit. Und ihren Mut. Und ihre Vision von einer Zukunft vielleicht ohne ein gekröntes Haupt, doch mit einer Vertretung im Parlament. Sie feuerten auf die Briten, als sie auf Concord zumarschierten. Sie stellten sich ihnen an der North Bridge in Concord entgegen. Sie nahmen die Briten auf ihrem Abmarsch – das Waffenlager fanden die Soldaten Georgs III. nie – unter Feuer und machten die „Routine-Expedition" von General Gages Soldaten zu einem sich über Stunden hinziehenden Aderlass. Als die Briten abends wieder in Boston eintrafen, waren sie erschöpft, demoralisiert und geschlagen. 273 Soldaten seiner Majestät waren tot oder verwundet. Die größte Militärmacht der Welt hatte eine Niederlage einstecken müssen – zugefügt von Bauernlümmeln, Handwerksgesellen und Pelzjägern.

Kurz nach Beginn des Gefechtes konnte man eine Kutsche eilends davonfahren sehen. In ihr saßen die beiden bekanntesten Vertreter der „Patrioten" Neu-Englands, John Adams und John Hancock, ein zukünftiger Präsident der USA und ein zukünftiger Präsident des Kongresses und Unterzeichner der Unabhängigkeitserklärung. „Was für ein glorreicher Morgen dies ist!" entfuhr es Adams, als sie in der Ferne das Feuer der Gewehre hörten. Und dann machte er seinem Gefährten deutlich, dass er nicht den strahlend-blauen Himmel, aus dem die letzten Regenwolken verschwunden waren und an dem inzwischen die Sonne aufgegangen war, im Sinn hatte: „Ich meine: Was für ein glorreicher Morgen für Amerika!"[3]

Und den Männern von Lexington, die am Abend dieses so langen, so blutigen Tages ihre Verwundeten pflegten, ihre Familien trösteten und bei einem Glas Bier Abstand von dem Unvorstellbaren suchten, doch nicht fanden – sie fragten sich erneut, nachdem sie sich außerhalb der Gesetze begeben, Hochverrat begangen und den Rubikon der Neuen Welt überschritten hatten: Wer sind wir? Und dem einen oder anderen kam ein neuer Gedanke, ein Wort, nie ausgesprochen, so unfassbar und doch jetzt plötzlich mit Leben, mit Bangen und mit Zuversicht erfüllt. Amerikaner.

Anmerkungen

1 Gehörte damals noch zu Massachusetts und wurde erst nach Erlangen der Unabhängigkeit ein eigener Staat.
2 BENSON BOBRICK: Angel in the Whirlwind. The Triumph of the American Revolution. New York 1997. S. 116.
3 A. J. LANGGUTH: Patriots. The Men Who Started the American Revolution. New York 1988. S. 239–240.

DIE GEBURTSSTUNDE EINER NEUEN NATION

4. Juli 1776

Wie an jedem Morgen, maß Thomas Jefferson zunächst die Temperatur der Außenluft. Gewissenhaft notierte der sich für alle Wissenschaften interessierende Jurist aus Virginia in seinem Journal einen Wert von 68 Grad Fahrenheit (20 Grad Celsius) und dies bereits um sechs Uhr morgens. Es versprach ein heißer Tag in Philadelphia zu werden. Jefferson badete – gleichfalls wie an jedem anderen Morgen – seine Füße in kaltem Wasser, nahm einen Tee mit einem Biscuit zu sich und verließ dann die kleine Wohnung an der Market Street, die er für die Dauer seines Aufenthaltes in der größten Stadt der englischen Kolonien in Amerika angemietet hatte, und begab sich zu Fuß in das nahe gelegen Tagungsgebäude der Ständeversammlung der Kolonie Pennsylvania. Dort wartete ein neuer, spannender Arbeitstag auf Jefferson, der im zweiten Kontinentalkongress als Abgeordneter seinen Heimatwahlkreis im gebirgigen Westen Virginias vertrat. Jefferson war etwas nervös: Im Zentrum der heutigen Debatte würde ein Dokument stehen, an dem er lange gearbeitet hatte und in das er all seine Ausdruckskraft, all seine politische Überzeugung eingebracht hatte. Es wurde in der Tat ein heißer Sommertag und überdies einer, den man in Amerika nicht vergessen würde. In Jeffersons naturwissenschaftlichem Tagebuch stand als Datum der 4. Juli 1776.

Als am 19. April 1775, mehr als ein Jahr vor dem großen Tag des Thomas Jefferson, bei Lexington und Concord zum ersten Mal britische Soldaten und Angehörige der lokalen Milizen in Massachusetts aufeinander geschossen hatten, war der sprichwörtliche Funke ins Pulverfass gefallen. Die übrigen Kolonien solidarisierten sich auf ihrem Kongress in Philadelphia mit den Aufständischen in Boston und Umgebung (wenngleich mit unterschiedlich ausgeprägtem Enthusiasmus) und beschlossen, zur Abwehr der britischen Zwangsmaßnahmen eine Armee aufzustellen. Die Frage, wer diese aus militärisch unerfahrenen Farmerssöhnen, Kaufmannsgehilfen und Jägern bestehende Streitmacht kommandieren sollte, war für die Repräsentanten der dreizehn im Kongress vertretenen Kolonien klar, gab es doch nur einen Mann, der über eine wenn auch begrenzte Kriegserfahrung verfügte und überdies weithin Wertschätzung und Respekt genoss: der 43-jährige virginische Pflanzer George Washington. Wie es seiner immensen Bescheidenheit entsprach, wollte der groß gewachsene Mann mit dem scheinbar so unbewegten Gesicht den Tagungssaal verlassen, um nicht die Lobeshymnen auf seine Person mit anhören zu müssen. Er stand vor einer merkwürdigen Wendung seines Schicksals und er war darüber alles andere als froh gestimmt.

Der Beruf des *surveyors*, des Landvermessers, dem er sich als Siebzehnjähriger verschrieb, schien nicht gerade als Sprungbrett zum Heldentum geeignet. Doch wie alle Generationen seiner Familie vor ihm, hatte auch der junge George eine enge emotionale Beziehung zu seiner Heimat Virginia. Seit den Tagen, da Urgroßvater John Washington 1657 aus England eingewandert war, hatten die Washingtons nämlich vor allem eines im Sinn: Landerwerb. Mit dem ersten selbst verdienten Geld kaufte auch George Grundstücke im fernen Westen der Kolonie, die er kraft seines Amtes selbst vermessen hatte. Doch nicht nur das Streben nach Reichtum trieb ihn um, sondern auch der Traum vom sozialen Aufstieg, denn auch wenn die Familie seines Vaters recht wohlhabend war, so gehörte sie noch lange nicht zur tonangebenden Pflanzeraristokratie der Kolonie.

Georges älterem und von ihm bewunderten Halbbruder Lawrence indes gelang es, in diese gesellschaftliche Elite einzudringen. Er heiratete Nancy Fairfax, die mit großzügigster Mitgift ausgestattete Tochter der wohl reichsten Familie der Kolonie. Der junge George, 1732 auf einer Plantage am Pope Creek geboren, verkehrte häufig auf Belvoir, dem Stammsitz der Fairfax, bewunderte die exquisiten Manieren der *gentry* und freundete sich mit dem jungen Herrn der Plantage, George William Fairfax, an. Es war jedoch dessen Frau, die intelligente und lebenslustige Sally, die des jungen Washington Gefühlswelt völlig durcheinander brachte. Er liebte sie und nannte noch Jahrzehnte später, kurz vor seinem Tod, die Stunden bei ihr (und nicht die als General oder Präsident) die schönsten seines Lebens. Die Reserviertheit, die für den späteren Präsidenten so typisch war, muss ihm in jungen Jahren fremd gewesen sein – doch ob die Leidenschaft zu Sally je eine heimliche, bittersüße Erfüllung fand, blieb beider Geheimnis.

Im Januar 1759 heiratete George mit Martha Custis eine junge Witwe, deren Land- und Sklavenbesitz ihn zu einem der reichsten Männer der Kolonie machte, was seiner Stimme im Abgeordnetenhaus von Virginia, in das er gerade gewählt worden war, zusätzliches Gewicht verlieh. Aus der Vernunftehe wurde eine außerordentlich gute, glückliche Beziehung. Als er Martha heiratete, war sein Name bereits in allen Kolonien zwischen Massachusetts und Georgia ein Begriff. Als Einundzwanzigjähriger war er vorgeprescht und für die ersten Schüsse in einem weltweiten Krieg verantwortlich gewesen, den die Nachwelt den Siebenjährigen nennen würde. Dank geschickten Antichambrierens beim königlichen Gouverneur von Virginia war ihm im Frühsommer 1754 das Kommando über eine Milizeinheit anvertraut worden, die in jenem westlichen Territorium, um das sich England und sein Erzrivale Frankreich seit Jahrzehnten stritten, das Vordringen der Franzosen erkunden sollte. Washington und seine zusammengewürfelte Truppe marschierten wochenlang durch eine scheinbar menschenleere Wildnis, um dann doch auf einen französischen Spähtrupp zu stoßen. Der Feind wurde in einem Scharmützel besiegt: „Ich kann dir versichern, ich hörte die Kugeln pfeifen und glaub' mir, es ist etwas Verführerisches in diesem Geräusch."[1] Dieser verbale Ausrutscher wurde zum geflügelten Wort und gelangte bis ans Ohr von König Georg II., der, sonst nicht gerade für seine Weisheit bekannt, die passende Bemerkung bereit hatte, als er nüchtern erklärte, der junge Mann habe wohl noch nicht allzu viele Kugeln gehört, wenn er diesem Laut etwas abgewinnen könne.

Der Befehlshaber: George Washington

Im Jahr darauf erlebte er einen blutigen Reifeprozess. Die Briten stellten eine Armee unter General Braddock zusammen, die den französischen Kolonialrivalen endgültig vertreiben sollte – die entscheidende Runde im Ringen der Großmächte um Nordamerika war eingeläutet. Washington kommandierte die virginischen Hilfstruppen. Von den Offizieren seiner Majestät wurde er mit Herablassung behandelt, ein Umstand, der sein Bild vom Mutterland und dessen imperialem Dünkel nachhaltig prägte. Die Expedition in die Wälder endete in einem blutigen Fiasko. Die sieggewohnte britische Armee, die in ihren scharlachroten Paradeuniformen durchs Unterholz stolperte und ihre Gegner, mehr Indianer als Franzosen, kaum je zu Gesicht bekam, wurde völlig dezimiert, die arroganten Offiziere seiner Majestät rannten kopflos davon und ließen in der Konfusion auf die eigenen Leute schießen. Der einzige, der im Chaos Statur und Mut bewahrte, war der vierundzwanzigjährige George Washington. Er organisierte einen zumindest halbwegs geordneten Rückzug und verhinderte, dass aus der Niederlage eine Katastrophe wurde. Über Nacht war er in den Kolonien ein bekannter und sogar gefeierter Mann.

Noch vor der Heirat mit Martha legte er sein Offizierspatent nieder und richtete sich auf ein Leben als Farmer auf Mount Vernon ein. In der Abgeordnetenversammlung *(House of Burgesses)* in Williamsburg verfolgte er die politische Entwicklung von Virginia und das Verhältnis der Kolonie zum Mutterland. Und hier standen die Zeichen auf Sturm. Mit dem Wegfall der Bedrohung durch Frankreich nach dem siegreichen Ende des Krieges von 1763 traten die Differenzen zwischen Virginia und den anderen amerikanischen Kolonien einerseits und der Regierung in London andererseits immer deutlicher zutage. Vor allem die Besteuerung durch das Parlament, in dem die amerikanischen Untertanen nicht vertreten waren, erhitzte die Gemüter und führte immer öfter zu Ausschreitungen. Washington trat nicht als großer Redner (der er nie war) in der Versammlung in Erscheinung; rhetorische Glanzlichter setzte eher ein Feuerkopf wie Patrick Henry mit seinem berühmten Ausruf: *„Give me liberty or give me death!"* *(„Gebt mir Freiheit oder den Tod!")*. Doch Washington ließ keine Zweifel an seiner Loyalität zu seiner Heimat: „In einer Zeit, in der unsere hochwohlgeborenen Herren in Großbritannien mit nichts weniger zufrieden sein werden als mit dem vollständigen Raub amerikanischer Freiheiten, erscheint es notwendig, dass etwas unternommen wird, um diesen Streich abzuwenden und die Freiheit zu bewahren, die wir von unseren Vorfahren geerbt haben."[2]

Es wurde etwas unternommen. Doch die Berufung an die Spitze der neuen *Continental Army*, die George Washington aus Pflichtgefühl akzeptierte, löste in ihm keine Visionen des Ruhmes, sondern düstere Vorahnungen aus: „Mit dem Tag, da ich das Kommando über die amerikanischen Armeen antrete, datiere ich meinen Abstieg und den Niedergang meiner Reputation."[3] Immerhin, der Vorläufer dieser „amerikanischen Armeen", die vor Boston zusammengezogene Ansammlung von Freiwilligen aus Massachusetts und den anderen Kolonien Neu-Englands[4], hatte kurz zuvor, am 17. Juni 1775, in der Schlacht von Bunker Hill den Briten so schwere Verluste zugefügt, dass ein sterbender Oberst der englischen „Rotröcke" stöhnte: „Noch mehr solcher Siege werden die Armee ruinieren."[5] Im Mai bereits war es einem verwegenen Freischärler aus Vermont, Ethan Allen, zusammen mit seiner pittoresken Truppe von Jägern, Fallenstellern und Möchtegern-Soldaten, den *Green Mountain Boys*, gelungen, unbemerkt vor die kleine Festung Fort Ticonderoga am südlichen Ende des Lake Champlain zu gelangen und die englische Besatzung praktisch im Schlaf zu überrumpeln. Den ihm verschlafen entgegentretenden britischen Leutnant Jocelyn Feltham forderte er mit gezogenem Degen zur Übergabe auf. Als der eingeschüchterte Offizier Seiner Majestät fragte, in wessen Auftrag er dies fordere, donnerte ihn Allen an: „Im Namen des Großen Jehova und des Kontinentalkongresses!" Auch dem Kommandanten des Forts, Captain William Delaplace erging es nicht viel besser, wurde er doch von Allen mit einem freundlichen *„Come out, you old rat!"*[6] begrüßt. Natürlich kapitulierten die Briten angesichts eines so wenig zu formeller Höflichkeit neigenden Feindes. Viel schlimmer als die gefürchteten Rotröcke war der Gegner, den die *Green Mountain Boys* in den Kellergewölben des Forts entdeckten. Sie erbrachen die Rumfässer und gaben sich hemmungslos dem Trunke hin.

Die kleine Festung barg aber noch ganz andere Schätze: 120 Kanonen sowie Mörser und ansehnliche Munitionsvorräte fielen den Eroberern in die Hände. Der Kanonen nahm sich ein Mann an, dem auf den ersten Blick wenig Kämpferisches anhaftete: Henry Knox, ein rund 300 Pfund schwerer Buchhändler aus

Boston. Knox sorgte dafür, dass die Geschütze über unwegsames Gelände und dichte Wälder bis nach Boston transportiert wurden. George Washington verfügte somit bei seinem Amtsantritt nicht nur unversehens über eine eigene Artillerie, sondern mit Knox auch über einen innovativen Befehlshaber, der in den nächsten acht Jahren zu einem seiner wichtigsten Vertrauten und später, unter seiner Präsidentschaft, zu einem loyalen Kriegsminister werden sollte.

Doch es gab auch Rückschläge. Im Überschwang der ersten Siegesmeldungen kamen die aufständischen Kolonisten auf die Idee, nach Kanada einzufallen und nicht nur die dort stationierten Truppen zu schlagen, sondern auch die überwiegend frankofonen Einwohner (die ehemalige französische Kolonie war mit dem Ende des Siebenjährigen Krieges 1763 an Großbritannien gefallen) als Bundesgenossen im Kampf gegen England zu gewinnen. Neben logistischer Desorganisation trat bei dem Feldzug vor das winterliche Quebec die Achillesferse der Freiwilligenstreitmacht deutlich zu Tage: Die Amateursoldaten hatten sich für eine Dienstzeit von einem halben Jahr verpflichtet. So mussten die Kommandeure des amerikanischen Expeditionskorps, Benedict Arnold und Richard Montgomery, die Entscheidung vor diesem mit dem Jahresende zusammenfallenden magischen Datum suchen und griffen folgerichtig am Silvestermorgen 1775 die Festung von Quebec an. Die Schlacht endete im Fiasko und brachte General Montgomery den Tod. Wer nicht gefangen genommen wurde, kämpfte sich durch tiefen Schnee, von Hunger und Indianern gleichermaßen bedroht, gen Süden voran, heim auf die elterliche Farm. Die Amerikaner mussten die Feststellung machen, dass die ehemaligen französischen Untertanen offenbar keine Lust hatten, von ihren Nachbarn vom britischen Joch befreit zu werden und Englisch sprechenden Zeitgenossen das gleiche Misstrauen entgegenbrachten, ob diese sich nun auf König Georg III. oder auf den Kontinentalkongress beriefen.

Während sich die Kämpfe ausweiteten und in den meisten Kolonien nicht weniger gewaltsame Auseinandersetzungen zwischen „Loyalisten" (den Anhängern der Krone) und „Patrioten" (wie sich die Aufrührer nannten) zu einer Klärung der Machtverhältnisse führten, gab es nach wie vor keinen klaren Schnitt, keine endgültige Trennung von Großbritannien. Noch im Dezember 1775 erklärte der Kongress seine Loyalität gegenüber Georg III., wenngleich auch nicht gegenüber dem Parlament oder der Regierung in London, und George Washington war noch nicht von seiner Gewohnheit abgewichen, mit einem Glas Madeira, seinem Lieblingsgetränk, einen Toast auf das Wohl der fernen Majestät auszurufen. Der König war nicht ganz so gnädig. Im Oktober 1775 erklärte er, dass diese Rebellion offenbar „… dem Ziel diene, ein unabhängiges Reich zu errichten. Es ist nur weise, wenn dieser Unordnung mit den entschiedensten Mitteln ein Ende gesetzt wird."[7] Seine Streitkräfte setzten diese königliche Order in die Tat um und brannten Küstenstädte wie Falmouth (das heutige Portland, Maine) und Norfolk in

Virginia nieder. Sie erreichten damit nur eines: Die Verbitterung über diesen Krieg gegen Zivilisten ließ immer mehr Kolonisten an der Weisheit und dem guten Willen des Königs zweifeln. Der Hass auf die Briten nahm zu, als diese zu immer perfideren Mitteln griffen – sogar biologische Kriegführung gehörte zum Repertoire des Krieges gegen Menschen gleicher Sprache und gleicher Kultur. So wurden pockenkranke Sklaven und Prostituierte aus Boston in Richtung Cambridge geschickt, wo sich Washingtons Feldlager befand. „Ich hätte es nicht für möglich gehalten", bemerkte der Virginier verbittert, „dass der Feind zu so etwas in der Lage wäre, als ich die Information erhielt, dass er die Absicht hatte, unter uns die Pocken zu verbreiten. Nun muss ich es glauben, da sie bei einigen der zu uns aus Boston geschickten [Personen] aufgetreten sind."[8]

Der Agitator: Thomas Paine

Es war jedoch weder die Niedertracht des Feindes noch die Macht des Schwertes, welche den endgültigen Stimmungsumschwung zugunsten des Strebens nach Souveränität einleiteten, als vielmehr die Kraft der Feder. In den ersten Januartagen des Jahres 1776 erschien ein kleines Büchlein unter dem Titel *Common Sense*, das den Verlauf der Weltgeschichte so nachhaltig beeinflussen sollte wie kaum eine andere politische Schrift. Der Verfasser von *Common Sense* war der erst ein Jahr zuvor aus England eingewanderte Thomas Paine.

Der 1737 in Thetford geborene Journalist war das Musterbeispiel einer verkrachten Existenz, dessen Ehe ebenso gescheitert war wie seine verschiedenen geschäftlichen Unternehmungen. Mit einem Bein im Schuldturm stehend, lernte er in London Benjamin Franklin kennen, den Abgesandten der Kolonien, der seit Jahren mit der englischen Regierung – ergebnislos – über die Beschwerden der überseeischen Untertanen verhandelte. Franklin fand Gefallen an der politischen Einstellung und an der flotten Feder Paines und gab ihm Empfehlungsschreiben mit, die ihm in Philadelphia die Türen öffneten. Bald nach dem Ausbruch der Feindseligkeiten begann Paine, der eine Stelle als Redakteur bei einer Zeitschrift bekommen hatte, mit der Abfassung seiner Schrift. Einer seiner Bekannten war der in Philadelphia wirkende Arzt Benjamin Rush (später einer der Unterzeichner der Unabhängigkeitserklärung). Rush sah, dass *Common Sense* einen „Effekt" ausübte, „der kaum jemals von auf Papier gedruckten Lettern produziert wurde"[9]. Das Pamphlet wurde ein Bestseller in des Wortes wahrster Bedeutung. Am Ende dieses schicksalhaften Jahres 1776 waren 120 000 Exemplare verkauft worden, in Relation zur Bevölkerung (die keineswegs durchgängig des Lesens fähig war) war es vermutlich der größte Publikumserfolg der amerikanischen Literaturgeschichte. Bereits im April glaubte George Washington feststellen zu können, dass das Werk das Denken der Menschen auf geradezu wundersame Weise verändert habe.

Paine rechnete in *Common Sense* in einfachen und allgemein verständlichen, gleichzeitig aber grandiosen Worten mit dem englischen König ab und wies auf die historische Chance dessen hin, was vor den Amerikanern lag: „Dies ist nicht die Angelegenheit eines Tages, eines Jahres oder eines Zeitalters, die Nachwelt ist Teil dieser Auseinandersetzung und wird mehr oder weniger sogar bis zum Ende aller Zeiten von den derzeitigen Vorgängen beeinflusst werden. Die Sache Amerikas ist die Sache der gesamten Menschheit."[10] Knapper und treffender hat niemand das amerikanische Sendungsbewusstsein, das die moderne und einzige verbliebene Weltmacht sich zu Eigen gemacht hat, auf den Punkt gebracht. Wie keiner ihrer Politiker, Prediger oder Pamphletisten sprach Paine die Bewohner der Kolonien als etwas an, für das es in der Alltagssprache wie im individuellen Bewusstsein bislang noch keinen Platz gegeben hatte: als Amerikaner. Seine Analogien waren bestechend, seine Schlussfolgerungen wurden zum Fanal der Gründung einer neuen Nation: „Ich habe von manchen die Behauptung gehört, dass Amerika in seiner bisherigen Verbindung mit Großbritannien aufgeblüht sei, dass diese Verbindung für ihr künftiges Glück notwendig sei und dass diese Wirkung immerdar bestehe. Nichts kann irreführender sein als dieses Argument. Wir können genauso gut behaupten, dass ein Kind, weil es mit der Milch gewachsen sei, niemals Fleisch haben dürfe… Alles, was richtig oder natürlich ist, verlangt nach der Separation. Das Blut der Erschlagenen, die weinende Stimme der Natur schreit: ’S IST ZEIT SICH ZU TRENNEN. Selbst die Entfernung, die der Allmächtige zwischen England und Amerika gelegt hat, ist ein starker und natürlicher Beweis, dass die Herrschaft des einen über den anderen niemals der Plan des Himmels war. Kleine Inseln, die sich nicht selbst verteidigen können, sind die geeigneten Objekte für Königreiche, um sie unter ihre Verwaltung zu nehmen. Aber es ist etwas völlig absurdes in der Vorstellung, dass ein Kontinent für alle Zeiten von einer Insel regiert werden solle. Nirgendwo hat die Natur einen Satelliten größer gemacht als seinen Planeten. Aber wo, so fragen einige, ist der König von Amerika? Ich sage es dir, Freund, er regiert von ganz oben."[11]

Mit der Ausbreitung des Werkes und der Gedanken Paines setzte sich ein Begriff in den Köpfen der Menschen fest, ein unscharfer Begriff zunächst, der mit jeder Woche, mit jedem Monat immer erregender wirkte, bis ihn schließlich die Aura schicksalhafter Unvermeidbarkeit umgab: *Independence*. Paine hatte außerdem den konstitutionellen Kurs vorgegeben, auf dem das Schiff dieses neu zu schaffenden Staates segeln würde; es würde eine Reise ohne gekrönte Häupter werden: „In republikanischen Regierungen werden die Führer des Volkes, wenn sie sich als unfähig erweisen, mit dem Stimmzettel entfernt. Könige wird man nur mit Waffen los: eine erfolglose Stimmabgabe ist für den Wähler im ersten Fall sicher, aber ein ergebnisloser Versuch zu Letzterem führt zum Tode."[12]

Im Kongress in Philadelphia brachte Richard Henry Lee aus Virginia am 7. Juni 1776 eine Resolution ein, die bestimmte, „dass diese Vereinigten Kolonien rechtmäßigerweise freie und unabhängige Staaten sind und sein sollen, dass sie aller Treueschwüre gegenüber der Britischen Krone entbunden sind, und dass die politische Verbindung zwischen ihnen und dem Staat Großbritannien vollständig aufgelöst ist."[13] Eine Abstimmung über diesen revolutionären Schritt wurde auf Anfang Juli festgesetzt. Bis dahin sollte ein aus fünf Abgeordneten bestehendes Komitee eine Erklärung verfassen, die eine staatsrechtliche Begründung der Sezession vom bisherigen Mutterland beinhaltete. Die beiden bekanntesten Mitglieder dieser Gruppe waren Benjamin Franklin und John Adams. Die Rolle des Hauptautors sollte jedoch ein junger Kollege übernehmen, der bislang nicht als tonangebender Debattenredner aufgefallen war: Thomas Jefferson.

Der Autor: Thomas Jefferson

Jefferson, der am 13. April 1743 auf der Plantage Shadwell im Westen der britischen Kolonie Virginia geboren wurde, hatte das Streben nach neuen Horizonten, das Verlangen, alles zu erfahren, was hinter den bekannten Grenzen liegt, im Blut. Sein Vater, Peter Jefferson, war ein wohlhabender Pflanzer, den es wiederholt in die unbekannte Weite des Kontinentes trieb, um jene Gebiete zu erkunden, in denen keine Weißen lebten. Er war als nebenberuflicher Landvermesser gleichermaßen erfolgreich wie wagemutig. Mit einigen Kameraden und seinen Instrumenten zog er monatelang durch die Wildnis, setzte sich vielfältigen Gefahren wie Hunger, Krankheit und den nicht immer freundlichen Eingeborenen aus, um die Grenzen Virginias zu bestimmen und die bis dahin genaueste Karte dieses Teils von Amerika zu erstellen. Sein Sohn Thomas erbte die Freude an wissenschaftlicher Beobachtung, aber auch das Verständnis für die Bedeutung, die der weite, kaum erforschte Westen des riesigen Kontinents für die Amerikaner haben würde.

Peter Jefferson, ein Mann von legendärer physischer Kraft und Unternehmungslust, starb plötzlich, als Thomas vierzehn Jahre alt war. Anders als die Söhne der Oberschicht von Virginia unternahm Thomas keine Studien- und Kavalierstour in das Mutterland, sondern ging 1760 nach Williamsburg, um am *College of William and Mary* Jura zu studieren. Hoch aufgeschossen, rothaarig, von leicht kantigen Gesichtszügen war er ernster als seine Kommilitonen, deren manchmal derben Späßen er nicht viel abgewinnen konnte. Er verbrachte viel Zeit mit seinen akademischen Lehrern, die seine Entwicklung und sein politisches Denken nachhaltig beeinflussen sollten, wie der Staatsrechtler George Wythe, bei dem er nach Abschluss der Ausbildung als Assistent arbeitete. Williamsburg hatte zu diesem Zeitpunkt kaum mehr als eintausend Einwohner, für den jungen Mann aus der gebirgigen, dünn besiedelten Region im Westen Virginias war es eine Großstadt mit allen Ablenkungen, die das koloniale Amerika erlaubte: Kirche, Theater, Tavernen und vor allem dem Parlamentsgebäude.

In den Herbst- und Wintermonaten, wenn die Delegierten aus allen Teilen dieser ältesten britischen Kolonie für ihre Sitzungen zusammenkamen, war Williamsburg ein Ort von beträchtlicher gesellschaftlicher Aktivität. Thomas Jefferson besuchte die Debatten des *House of Burgesses* und wurde zunehmend von der Politik in Bann gezogen. Er stand an jenem 30. Mai 1765 inmitten eines Pulks von Zuhörern in der Eingangstür, als der gewaltigste Redner der Epoche, Patrick Henry, seine Verdammung des verhassten *Stamp Act*[14] der britischen Regierung in einem unerhörten Vergleich kulminieren ließ: „Cäsar hatte seinen Brutus, Karl I. seinen Cromwell, Georg III ..."

Die tumultartigen Szenen, die diesem Insult des Königs folgten, waren für Jefferson ein erstes Indiz, dass die Jahre ungetrübter Mutter-Kind-Beziehung zwischen England und seinen Kolonien ihrem Ende entgegenstrebten. Es würde ein gewaltsamer, blutiger Bruch werden.

Am Neujahrstag 1772 heiratete Jefferson die dreiundzwanzigjährige Witwe Martha Skelton und zog, ungeachtet eines heftigen Schneesturms, am gleichen Tag mit ihr in sein noch im Rohbau befindliches Heim, Monticello. Das auf einem Berghügel gelegene Haus mit seiner unverwechselbaren zentralen Rotunda war für den begeisterten Hobby-Architekten Jefferson zeitlebens Freude und Herausforderung zugleich – immer wieder nahm er Veränderungen an dem Gebäude vor. Neben Politik und Familie waren Musik, Naturbeobachtungen, Messungen und vor allem Bücher der Mittelpunkt im Leben des vielseitigen Mannes.

Bei Kriegsausbruch im April 1775 machte Jefferson als Verfasser eines recht radikalen Pamphlets *(A Summary View of the Rights of British America)* auf sich aufmerksam und wurde in die gemeinsame quasi-parlamentarische Versammlung der dreizehn Kolonien, dem in Philadelphia tagenden Kongress gewählt. Wie die meisten seiner Landsleute konnte er sich eine permanente Trennung von England zunächst nicht vorstellen und träumte von Aussöhnung und dem Rückzug ins Privatleben. Die Delegierten des Kongresses wussten um die brillante Formulierungskraft des jungen Anwaltes und erwarteten mit Spannung seine Deklaration. Jefferson, ein Mann von sprichwörtlicher Bescheidenheit, nannte die Unabhängigkeitserklärung das geistige Produkt mehrerer Verfasser, niemand könne alleinige Urheberschaft beanspruchen. Am 2. Juli wurde im Kongress über die Unabhängigkeit abgestimmt, die Unabhängigkeitserklärung aus Jeffersons

Feder bedurfte noch mindestens zweier weiterer Tage der Erörterung und Edierung, sehr zum Missfallen des Verfassers, der wie jeder Autor von der Unübertrefflichkeit seiner Worte überzeugt war. Die Abstimmung erklärte die dreizehn Kolonien ohne Gegenstimme zu freien und unabhängigen Staaten. John Adams schrieb seiner Frau Abigail, dass dieser zweite Tag im Juli „von nachfolgenden Generationen als ein großes Jubiläumsfestival gefeiert werden wird."[15] Er war ein guter Prophet, lediglich im Datum irrte sich der spätere zweite Präsident um zwei Tage.

Am 4. Juli – der, wie er notiert hatte, ein heißer Tag zu werden versprach – begab sich Thomas Jefferson abermals in das backsteinerne Gebäude in der Chestnut Street und ließ die Prozedur der vergangenen Tage erneut über sich ergehen. Seine Miene schien Gleichmut auszudrücken, in seinem Innersten jedoch kochte es. Er hatte mehrere Tage und Nächte in seiner kleinen Wohnung damit verbracht, das Dokument zu entwerfen. Er hatte all seinen Enthusiasmus, all seine Überzeugungen und seine Vorstellungen von einem besseren Gemeinwesen hineingesteckt, die er sich durch das Studium der Schriften aufgeklärter Philosophen wie Locke, Milton und Montesquieu erworben hatte. Und nun sezierten die Abgeordneten sein Werk schon den dritten Tag in Folge. Aus seinem Vorwurf an einen fernen König, seine Untertanen „mit Blut überschwemmen zu wollen" machten sie ein simples „zerstören", sein poetisches „immerwährendes Adieu" wurde zu einer „ewigen Trennung" und aus „diesen unseren Staaten" machten sie kurz und knapp „uns". Das schmerzlichste Erlebnis war jedoch die Art, in der sie mit seiner Verdammung des Sklavenhandels als „grausamem Krieg gegen die menschliche Natur selbst" umgingen – sie strichen diesen Paragraphen ersatzlos.

Der alte Ben Franklin beugte sich, gichtgeplagt und um die Seelenqualen des jungen Kollegen wissend, zu ihm hinüber und versuchte ihn mit einer Anekdote aus seinem reichen Vorrat an Bonmots aufzuheitern. Er kannte einst einen Hutmacher, so erzählte der alte Bonvivant, der sich ein prächtiges Schild für sein Geschäft anfertigen lassen wollte. *John Thompson, Hatter, makes and sells hats for ready money* sollte zu lesen sein. Thompson stellte den Entwurf seinen Freunden vor. Schnell kam der erste schlaue Ratschlag: Das Wort *Hatter* (Hutmacher) sei überflüssig, da *makes hats* ja bereits auf diese Funktion hinweise. Der nächste wies darauf hin, dass *makes* überflüssig sei, da den Kunden egal wäre, von wem genau die Hüte hergestellt würden, so lange deren Qualität gewährleistet sei. Schließlich wurde dem Hutmacher zur Entfernung von *for ready money* geraten, da man Hüte grundsätzlich nicht auf Kredit verkaufen solle. Übrig geblieben war nur noch: *John Thompson sells hats*. Doch auch *sells*, so bemängelte einer der Freunde, sei sinnlos – schließlich könne niemand erwarten, dass er Hüte verschenken würde. Alles was letztlich blieb, war der Namenszug *John Thompson* über der Abbildung eines Hutes.

Unterzeichnung der Unabhängigkeitserklärung. Am Tisch sitzend der Präsident des Kongresses, John Hancock; davor stehend (v. l.): John Adams, Roger Sherman, Robert Livingston, Thomas Jefferson und Benjamin Franklin. Gemälde von John Trumbull. New Haven, Yale University Art Gallery.

Jeffersons Miene hellte sich ob dieser Geschichte nur vorübergehend auf; um sich ein wenig abzulenken, schlug er, wie auch die anderen Delegierten, regelmäßig nach den Myriaden von Fliegen, die an diesem warmen Sommertag den Weg aus einem benachbarten Pferdestall in den Sitzungssaal gefunden hatten – das Klatschen von zusammengerolltem Papier und Handschuhen war die einzige, recht prosaische Untermalung der schicksalsschweren Tagung.

Dann war es überstanden. Auch wenn Jefferson es zunächst nicht einsehen mochte, hatten die Abgeordneten des Zweiten Kontinentalkongresses die Deklaration zu ihrem Vorteil verändert. Die Formulierungen waren prägnanter als im Entwurf, die Kürzungen hatten das Dokument zu einer politischen und propagandistischen Waffe werden lassen, die das ideologische Rückgrat für das bildete, was die Zukunft bringen würde. Und diese Zukunft, darüber war sich jeder im Parlamentsgebäude der Kolonie Pennsylvania im Klaren, würde aus einer Ausweitung des Krieges bestehen. Trotz aller Änderungen – seine Urheberschaft war unverkennbar. Die wichtigste Passage des Dokumentes war das persönliche Credo des dreiunddreißigjährigen Anwalts aus Virginia: „Wir halten diese Wahrheiten für selbstverständlich, dass alle Menschen gleich geschaffen und von ihrem Schöpfer mit unbestreitbaren Rechten ausgestattet sind: dem

Recht auf Leben, Freiheit und dem Streben nach Glück." Die Deklaration und mit ihr die junge Nation würden nun die Lebensfähigkeit der hehren Prinzipien beweisen müssen. Bei nur drei Gegenstimmen wurde das Dokument verabschiedet. Es war, trotz allem, der Tag des Thomas Jefferson. Die Bedeutung dieses Augenblickes hatte Thomas Paine vorhergesagt, als er die historische Chance umriss, die am 4. Juli 1776 ergriffen und genutzt wurde: „Wir haben es in unserer Macht, die Welt ganz neu beginnen zu lassen. Eine Situation wie diese hat es seit den Tagen von Noah nicht mehr gegeben."[16]

Am 8. Juli wurde das Dokument vor dem Gebäude, das man dereinst *Independence Hall* nennen sollte, der Menge verlesen, die Jeffersons Worte mit zustimmendem Gejohle quittierte. Unterschrieben wurde es erst einige Wochen später. Jeder der Unterzeichner konnte sich im Gefühl wiegen, dass sein Name so lange nicht dem Vergessen anheim fallen würde, solange die Nachwelt dieses Dokument mit Ehrfurcht und Dankbarkeit betrachtete. Es waren 65 Delegierte aus zwölf Staaten, New York war noch unentschlossen und stimmte der Unabhängigkeitserklärung erst am 19. Juli zu. Manch einer der Abgeordneten war nach getaner Arbeit zu kleinen Scherzen aufgelegt. John Hancock, der Präsident des Kongresses, setzte eine Signatur von Übergröße ins Zentrum des unterhalb des Textes befindlichen Freiraumes und tönte launig, da könne König Georg auch ohne

Das Dokument der Unabhängigkeitserklärung mit den Unterschriften der Delegierten. Washington, National Archives.

Brille erkennen, wer für die Loslösung von seiner Tyrannei gewesen sei. Schon vorher hatte er mit seiner Aufforderung, zusammenzustehen *(hang together)*, Benjamin Franklin zu dem Wortspiel verleitet *„ Yes, we must indeed all hang together or most assuredly we shall all hang separately."* Als Verräter am Vaterland und Monarchen gehängt zu werden, war eine durchaus reale Gefahr. Und der Abgeordnete Benjamin Harrison aus Virginia, groß gewachsen und massiv übergewichtig, verspottete seinen Kollegen aus Pennsylvania, den zierlichen Elbridge Gerry, mit dem Hinweis, er habe es beim Hängen ja einfacher, da schweren Leuten am Strang schneller das Genick gebrochen würde als schmächtigeren, die doch eher noch eine Weile bei Bewusstsein am Galgen zu baumeln pflegten, bevor sie endlich in eine bessere Welt abberufen würden.

Die Nachricht von der Unabhängigkeitserklärung wurde überall im Lande freudig begrüßt – wer anderer Meinung, also Royalist war, behielt dies aus Sorge um körperliche Unversehrtheit besser für sich (Teeren und Federn war inzwischen für die radikaleren der Patrioten, auch „Mob" genannt, der probate Umgang mit unverbesserlichen Anhängern König Georgs) oder war längst hinter den Schutzwall britischer Bastionen geflohen, wie in die bald darauf von den Truppen Seiner Majestät eingenommene Stadt New York. In England führte die Nachricht von der Unabhängigkeitserklärung noch zu keinerlei übermäßigen Aufregung bei Hofe und in den Gazetten traute man den „Rebellen" nach den Schüssen auf englische Soldaten ja sowieso jede Gemeinheit zu. Die Zeitschrift *Gentleman's Magazine* legte den Finger auf eine offene Wunde der amerikanischen Kolonial- bzw. nunmehr eigenstaatlichen Gesellschaft und wies auf das Paradoxon in den Worten des Plantagenbesitzers Jefferson hin: „Es gibt Sklaven in Amerika, und wo es Sklaven gibt, wird Freiheit verweigert."[17]

Doch für viele Europäer war es ein faszinierendes Schauspiel, in den Spalten ihrer Gazetten mitzuerleben, wie auf der anderen Seite der Welt ein neues Staatswesen entstand, basierend auf einem von Vernunft geprägten philosophischen Entwurf. Auch wenn die Regierenden einem solchen Experiment meist ablehnend gegenüber standen – der schwedische König Gustav III. beispielsweise äußerte Bewunderung für den amerikanischen Freiheitskampf, fügte aber verständlicherweise hinzu, dass es nicht rechtens sei, sich gegen seinen König zu erheben.[18] So sahen viele Anhänger der Aufklärung in der Staatsgründung einen Akt, der zu neuer Hoffnung für die Menschheit Anlass gab. Es war gleichzeitig auch die Geburtsstunde des Mythos von Amerika als dem Hort der Freiheit und dem Land, das jedem eine zweite Chance gibt, die geistigen Grundlagen mithin für die großen Auswanderungswellen des 19. und 20. Jahrhunderts.

Die Gründerväter der USA waren sich an jenem 4. Juli 1776 bewusst, welch harter und gefahrvoller Weg vor der neuen Nation lag, die sich ihrer eigenstaatlichen Souveränität bei weitem noch nicht bewusst war. Dass der Krieg zur

Erlangung der dekretierten Unabhängigkeit insgesamt fast acht Jahre dauern würde, dürften indes die wenigsten der Unterzeichner des berühmten Dokumentes geahnt haben. John Adams allerdings schrieb seiner Frau Abigail nach getaner Arbeit von den Verheißungen, die sich für die Menschen dieser neuen Nation und die ihnen nachfolgenden Generationen am Horizont abzeichneten:

„Vielleicht denkst du, dass ich mich vom Überschwang der Gefühle fortreißen lasse, aber dies ist nicht der Fall. Ich bin mir sehr wohl der Kraftanstrengung, des Blutes und der Kosten bewusst, die erforderlich sein werden, um diese Deklaration umzusetzen und die Staaten am Leben zu erhalten und zu verteidigen. Und doch, durch all diese Düsternis sehe ich die Strahlen von blendendem Licht und Ruhm. Ich kann erkennen, dass das Ziel mehr wert ist als alle Mühen und dass die Nachwelt dank der Beschlüsse dieses Tages im Triumph jubeln wird, auch wenn wir ihn bereuen sollten – was wir, da vertraue ich Gott, nicht tun werden."[19]

Anmerkungen

1 GEORGE WASHINGTON: Writings. New York 1997. S. 48.
2 WASHINGTON: Writings. S. 130.
3 BENSON BOBRICK: Angel in the Whirlwind. The Triumph of the American Revolution. New York 1997. S. 132.
4 Dies waren Massachusetts, New Hampshire, Rhode Island und Connecticut; heute gehören zu Neu-England noch die beiden später gegründeten Bundesstaaten Vermont und Maine.
5 A. J. LANGUTH: Patriots. The Men Who Started the American Revolution. New York 1988. S. 289.
6 LANGGUTH, S. 261/262.
7 BOBRICK, S. 183.
8 BOBRICK, S. 184.
9 MONCURE D. CONWAY: The Life of Thomas Paine. Vol. 1. New York 1892. S. 61.
10 THOMAS PAINE: Common Sense. Nachdruck, New York 1982. S. 82.
11 PAINE, S. 83–98.
12 Zit. n. JOHN KEANE: Tom Paine. A Political Life. Boston 1995. S. 133.
13 LANGGUTH, S. 343.
14 Dieses „Stempelsteuergesetz" legte Gebühren für jede Ausstellung von offiziellen Dokumenten fest. Nach heftigen Protesten der Kolonien – u.a. wurden britische Importe boykottiert – wurde das Gesetz 1766 wieder aufgehoben.
15 JOHN ADAMS and ABIGAIL ADAMS: The Book of Abigail and John: Selected Letters of the Adams Family, 1762–1784. Ed. by L. H. Butterfield, M. Friedlaender and M. Kline. Cambridge, Massachusetts 1975. S. 142.
16 Zit. n. ROBERT MIDDLEKAUF: The Glorious Cause. Oxford 1982. S. 319.
17 DON COOK: The Long Fuse. How England Lost the American Colonies, 1760–1785. New York 1995. S. 250.
18 RONALD D. GERSTE: Schweden und die Amerikanische Revolution. Düsseldorf 1994.
19 JOHN ADAMS: The Works of John Adams. Vol. 1. Boston 1850. S. 231.

Yorktown:
„Die Welt stand auf dem Kopf"

19. Oktober 1781

John Adams sollte mit seiner Prophezeiung von einer gewaltigen Kraftanstrengung Recht behalten. Der amerikanische Unabhängigkeitskrieg dauerte, vom ersten Schusswechsel bei Lexington am 18. April 1775 bis zum Friedensabkommen von Paris am 3. September 1783, fast achteinhalb Jahre und damit länger als jeder andere Konflikt in der amerikanischen Geschichte, den nie erklärten Krieg in Vietnam[1] vielleicht ausgenommen. Die Streitkräfte der dreizehn Staaten erlebten in den Monaten und Jahren nach der Erklärung der Unabhängigkeit Höhen und Tiefen, das Kriegsglück schien sich mal in die eine, dann wieder in die andere Richtung zu neigen, ohne dass es zu einer wirklichen Entscheidung kam. Vor New York entging Washingtons Armee nur knapp der Vernichtung durch die überlegenen Briten, bei Trenton gelang ihm noch im Jahr 1776 ein überraschender Sieg gegen die meist aus hessischen Söldnern bestehenden Truppen Georgs III., als er am Weihnachtsmorgen über den fast zugefrorenen Delaware setzte und den Gegner somit in einer Jahreszeit angriff, in der nach traditionellem militärischem Verständnis die Waffen ruhten und man es sich im Winterlager gemütlich zu machen pflegte.

Auch wenn Washingtons Truppen unerfahren, ihre Ausrüstung der englischen unterlegen und die Seeherrschaft der Briten unangefochten waren, die Geografie war der wichtigste Verbündete der Amerikaner. Thomas Paine hatte davon gesprochen, wie absurd der Gedanke sei, eine Insel könnte einen ganzen Kontinent beherrschen. Und um einen nach europäischem Verständnis ganzen Kontinent handelte es sich bei den dreizehn ehemaligen Kolonien und ihrem weitgehend unerschlossenen Hinterland. Die Briten konnten einzelne Städte in Besitz nehmen wie New York und ab 1780 Charleston, sie konnten mit ihren Kolonnen durch die dichten Wälder North Carolinas oder über das Farmland von New Jersey ziehen – unter ihre Kontrolle bringen konnten sie das riesige Territorium mit den ihnen zur Verfügung stehenden Mitteln nie. Es gab für sie nur eine einzige Chance, den Krieg zu gewinnen und die dreizehn Kolonien wieder ihrer

Herrschaft zu unterwerfen: Sie mussten die Armee George Washingtons entscheidend schlagen, sie geradezu physisch vernichten. Der Virginier war sich dieser strategischen Prämisse bewusst und auch der Tatsache, dass mit seinem und der Armee Überleben das Schicksal der neuen Nation unauflösbar verbunden war. Er wuchs mit dieser Aufgabe, war nicht anfällig für die Verlockungen trügerischen Ruhmes und wusste, dass es manchmal wichtiger war, den Zeitpunkt für einen geordneten Rückzug zu erkennen als in einer Schlacht Vabanque zu spielen und die Zukunft der ihm anvertrauten „freien und unabhängigen Staaten" aufs Spiel zu setzen. Verantwortungsbewusst und integer wurde der Virginier zum Vater einer Nation, die sich selbst noch gar nicht als solche verstand.

Immer wieder gab es herbe Rückschläge. Im Winter 1777/78 verbrachte die Armee mehrere Monate hungernd und frierend im Winterlager von Valley Forge, während die Briten es sich in den warmen Wohnstuben des von ihnen eroberten Philadelphia bequem gemacht hatten und dort, als wollten sie der Erbärmlichkeit ihres Gegners spotten, rauschende Feste feierten. Valley Forge hingegen wurde zu einem amerikanischen Mythos: der Fähigkeit, auch finsterste Stunden durchzustehen und auf eine neue Chance, eine bessere Zukunft zu vertrauen. 1780 erlebte Washington die vielleicht schwerste menschliche Enttäuschung des Krieges. Sein fähigster General, Benedict Arnold, verriet ihn und lief zum Feind über. Beinahe wäre als Teil der Konspiration Arnolds mit den Briten die Festung West Point und möglicherweise George Washington selbst dem Gegner in die Hände gefallen. Es wäre wahrscheinlich das Ende der, wie die Engländer das amerikanische Unabhängigkeitsstreben nannten, Rebellion gewesen.

Die Weite des Landes, die Probleme der Logistik und die Selbstüberschätzung der englischen Militärs führten zu einer ersten größeren Niederlage der *Redcoats* (Rotröcke), die entscheidende außenpolitische Konsequenzen nach sich zog. Eine britische Armee unter General John Burgoyne – wegen seiner fröhlichen Lebensart „*Gentleman Johnny*" genannt – zog von Kanada aus den Lauf des Hudson herunter, um sich mit den in New York City stationierten Streitkräften unter dem Oberbefehlshaber der britischen Truppen in Amerika, General Henry Clinton, zu vereinigen und die „Rebellion" praktisch in zwei Teile zu schneiden und somit den Norden mit Neu-England, dem Saatboden des Aufruhrs, vom Süden zu trennen. Die Koordination dieser Zangenbewegung war schwierig, die Versorgung des sich immer weiter von seinen Depots im Norden entfernenden Heerzuges von Burgoyne kaum zu gewährleisten. Die Nachschubkolonnen der Briten wurden immer wieder von amerikanischen Stoßtrupps angegriffen, die Versuche Burgoynes, eine Entscheidungsschlacht gegen die Amerikaner zu erzwingen, scheiterten. Bei Bemis Heights hielten die von Horatio Gates und Benedict Arnold befehligten amerikanischen Truppen dem Angriff der Briten

28

stand, die an diesem 18. September 1777 insgesamt 556 Gefallene und Verwundete zu beklagen hatten, fast ein Zehntel ihrer Gesamtstreitmacht. Ohne Aussicht, nach New York City durchbrechen zu können, tat Gentleman Johnny etwas, was schon lange kein Befehlshaber einer größeren britischen Streitmacht mehr getan hatte: Am 17. Oktober kapitulierte er mitsamt seinen verbliebenen 5800 Soldaten bei Saratoga. Dem Sieger, Horatio Gates, fielen nicht nur 27 Kanonen und beträchtliche Munitionsvorräte in die Hände, sondern auch eine etwas voreilige Reputation als ein „zweiter Washington", der er in der Folgezeit nicht gerecht werden konnte.

Mit dem Sieg von Saratoga waren die Vereinigten Staaten plötzlich international hoffähig geworden – im wahrsten Sinne des Wortes. Von Beginn der Auseinandersetzung an hatten die führenden Patrioten, allen voran John Adams und Benjamin Franklin, darauf gehofft, dass sich Frankreich der Sache der Amerikanischen Revolution annehmen würde. Neben der alten Weisheit, wonach der Feind meines Feindes fast zwangsläufig mein bester Freund ist, sprach die jüngere Vergangenheit für ein besonderes Interesse des französischen Hofes an den Vorgängen in Amerika. Der ewige Konkurrent Englands um die Herrschaft auf den Weltmeeren hatte seine Niederlage im Krieg 1755–1763 und den Verlust seines territorial riesigen, aber kaum besiedelten Kolonialreiches in Kanada nicht verwunden und sann auf Rache. Schon im November 1775 hatte der Kongress ein Komitee ernannt, das die Auswirkungen der Amerikanischen Revolution auf Europa studieren und Kontakte zu potenziellen Bundesgenossen knüpfen sollte. Doch solange die Sache der Amerikaner noch unentschieden war, hatte keine europäische Regierung ein Interesse daran, sich Großbritanniens Zorn zuzuziehen, auch die französische nicht. Gegen eine heimliche, quasi private Unterstützung, so sie denn nicht auffliege, hatte König Ludwig XVI. indes nichts. Als Organisator von Hilfssendungen und Waffenschmuggel in Richtung Amerika trat in Frankreich ein Mann in Aktion, dessen historische Reputation auf seinem wesentlich friedlicheren Hauptberuf basiert: Caron de Beaumarchais, der Verfasser des „Barbier von Sevilla". Acht Wochen vor der Unabhängigkeitserklärung stattete Ludwig XVI. den Poeten mit einer Million Livres für Waffenlieferungen in die aufständischen Kolonien aus.

Im Dezember 1776 traf ein offizieller Gesandter der Vereinigten Staaten in Paris ein, der sofort zum Gesprächsthema Nummer Eins der tonangebenden Gesellschaftsschicht wurde. Mit Benjamin Franklin hatte der Kongress den einzigen Amerikaner für diese heikle Aufgabe gewinnen könne, der auch in Europa berühmt war. Der Erfinder des Blitzableiters und Verfasser humorgeschwängerter Lebensweisheiten wie *Poor Richard's Almanac* versetzte die Pariser Gesellschaft in Aufregung, verkörperte er doch ganz offensichtlich das Ideal des einfach lebenden, den Genüssen der dekadenten Feudalgesellschaft entsagenden

Philosophen. Seine einfache Kleidung, seine Pelzmütze und seine Brille (die ein Mann „von Stand" niemals in der Öffentlichkeit tragen würde) sowie sein gerühmter Esprit ließen einen wahren Franklin-Kult entstehen.

1778: Amerika ist nicht länger allein

Trotz der Verehrung für den amerikanischen Gesandten kamen die Verhandlungen mit Außenminister Vergennes nicht richtig von der Stelle, da es keine Garantie dafür gab, dass Amerika nicht doch der mächtigsten Militärmaschine der Welt unterliegen würde. Im November 1777 traf in Paris die Nachricht von der Besetzung Philadelphias und damit der provisorischen Hauptstadt durch die Briten ein, was die Verhandlungen schon fast gegenstandslos zu machen schien. Als jedoch Anfang Dezember die Kunde von Burgoynes Kapitulation die französische Kapitale erreichte, war ganz offensichtlich, dass die Amerikaner militärisch durchaus bündnisfähig waren. Die Chancen für eine Revanche standen plötzlich günstig. Am 17. Dezember 1777 versprach Vergennes die Anerkennung der Vereinigten Staaten, im Februar 1778 wurde ein Freundschafts- und Handelsabkommen geschlossen. Der Beginn eines neuerlichen Krieges zwischen Frankreich und Großbritannien im Mai 1778 war die logische Konsequenz. Bald darauf trat Spanien auf französisch-amerikanischer Seite in den Konflikt ein, im Jahr 1780 wurden auch die Niederlande ein Verbündeter der USA. Aus dem Aufbegehren amerikanischer Kolonisten gegen ein ungerechtes System von Steuern und Zöllen war ein großer europäischer Konflikt geworden.

Auf den Kriegsverlauf hatte Amerikas Bündnis mit Englands großem Rivalen zunächst keinen erkennbaren Einfluss. Die Franzosen entsandten zwar Truppen, die in Rhode Island an Land gingen, die See wurde jedoch nach wie vor von der Royal Navy beherrscht, sodass Frankreichs Streitmacht in Newport effektiv vom Nachschub aus Europa abgeschnitten werden konnte. Während sich vor New York der Kern der amerikanischen Armee unter Washington und die britische Besatzungsmacht unter Clinton gegenüberlagen, kam im Jahr 1780 Bewegung in den Kriegsschauplatz im Süden. Eine britische Armee unter Lord Charles Cornwallis zog von Charleston kommend nach Norden. Oft kam es zu Scharmützeln, vereinzelt zu größeren Schlachten. Bei Camden siegte Cornwallis, bei Cowpens hingegen musste er im Januar 1781 eine Niederlage einstecken. Eine Entscheidung jedoch konnte der englische General nirgendwo erzwingen. Der Feind war nicht zu fassen und das Land zu groß, um es permanent besetzt zu halten. Im Sommer 1781 drang er nach Virginia vor. Sein aggressivster Kavallerie-Offizier, Banastre Tarleton, tauchte plötzlich in Charlottesville auf, wohin sich die Gesetzgebende Versammlung von Virginia nach britischen Attacken auf die

Hauptstadt Richmond zurückgezogen hatte. Tarleton hatte jedoch ein wesentlich spektakuläreres Ziel vor Augen als die Gefangennahme unbekannter Provinzpolitiker. Dieser Meister schnell ausgeführter Kommandoaktionen leitete einen Stoßtrupp gegen das auf einem Hügel unweit Charlottesvilles gelegene Anwesen, das sein Besitzer Monticello genannt hatte. Thomas Jefferson, den Verfasser der Unabhängigkeitserklärung in Ketten nach England zu bringen, wäre für Tarleton, Cornwallis und Georg III. der höchste Triumph im Kampf gegen die Rebellion gewesen. Jefferson entkam knapp, zwischen seiner Flucht aus Monticello und dem Auftauchen der ersten Dragoner lagen gerade zehn Minuten.

Cornwallis führte seine Streitmacht, die durch die ständigen Gefechte mit amerikanischen *regulars*, vor allem aber mit kleinen, in Guerillataktik kämpfenden Banden einen stetigen Schrumpfungsprozess durchgemacht hatte, an die Küste Virginias, zu einem kleinen Ort am Ufer des breiten, sich in die Chesapeake Bay ergießenden York River. Hier wollte er ein befestigtes Lager errichten und auf die Vereinigung mit den Truppen Clintons warten, die bequem per Schiff aus New York in die Festung hätten gebracht werden können. Der Name des Ortes war Yorktown. Nur wenige Meilen entfernt, auf der anderen Seite der in die Bucht hineinragenden Landzunge lag Jamestown, wo die ersten englischsprachigen Siedler in der Neuen Welt anno 1607 an Land gegangen waren. In Jamestown hatte die mehr als eineinhalb Jahrhunderte während englische Kolonialherrschaft in Nordamerika (außerhalb Kanadas) begonnen, in Yorktown sollte sie enden.

George Washington und sein französischer Verbündeter, Jean-Baptiste-Donatien de Vimeur Comte de Rochambeau, belagerten mit ihren vereinigten Armeen New York, unfähig Clinton aus der befestigten Stadt herauszulocken und zu einer Entscheidung zu zwingen. Die Stimmung war vor allem unter den Amerikanern nicht die beste, sechs Jahre Krieg begannen allmählich, die Soldaten und auch Teile der Bevölkerung zu demoralisieren. Mitte August 1781 erhielten die beiden Generale eine Nachricht, die geradezu elektrisierend wirkte: Die französische Flotte unter dem Befehl von Admiral Comte François-Joseph-Paul de Grasse hatte ihre Stützpunkte in der Karibik verlassen und segelte mit mehr als dreißig Linienschiffen und 3200 Mann frischer, ausgeruhter Soldaten an Bord in Richtung Chesapeake Bay. Washington und Rochambeau erkannten sofort die einmalige Chance, die sich hier bot. Da sich keine größeren britischen Flotteneinheiten vor Virginia befanden, ließ sich mit de Grasses Geschwader der Rückzug Cornwallis' über See abschneiden. Mehr noch, wenn Amerikaner und Franzosen sofort nach Virginia vorrückten, konnten die Briten dort gar eingekesselt werden.

Da de Grasse maximal bis Mitte Oktober aus Gründen der Witterung vor der Bucht liegen zu können glaubte, war Eile geboten. Die Verbündeten bereiteten sich auf einen Gewaltmarsch von mehr als 700 Kilometern vor. Das Ganze musste möglichst unbemerkt geschehen, um Clinton mit seinen Einheiten nicht im Nacken zu haben und die vor New York liegende britische Flotte nicht nach Virginia zu locken. George Washington bezog in New Jersey, fast in Sichtweite New Yorks, Lager und ließ Gerüchte von einem bevorstehenden Angriff streuen und auch davon, dass die französische Flotte zwecks koordinierter Aktion vor Staten Island erwartet würde. Für die Augen probritischer Spione ließ Washington alle Einrichtungen des Lagerlebens installieren, darunter Öfen, die für eine offenbar große Zahl von Soldaten fast ununterbrochen Brot backten.

Lord Cornwallis begibt sich in eine Falle

Das Ablenkungsmanöver funktionierte. Als Clinton bewusst wurde, dass der Feind verschwunden war, zogen die Verbündeten bereits in Gewaltmärschen gen Philadelphia, wo sie von der Bevölkerung mit Jubel empfangen wurden. Am 29. August 1781 sah Cornwallis am Horizont Masten und glaubte den erhofften Entsatz vor sich zu haben. Doch an der Spitze dieser Masten wehte nicht der Union Jack, sondern das weiße Lilienbanner Seiner Allerchristlichsten Majestät des Königs von Frankreich. Es war das Geschwader von de Grasse, das in die Chesapeake Bay einsegelte. Von der Landseite rückten kurz darauf die Verbündeten vor. Cornwallis hatte den Ort zwar mit Redouten und Grabensystemen recht effizient befestigt, doch zum ersten Mal im Unabhängigkeitskrieg sahen sich die britischen Truppen einer deutlichen Übermacht des Feindes gegenüber. Während seine Lordschaft noch über rund 7500 Mann verfügte, bestand die Streitmacht unter dem Oberbefehl Washingtons aus 16 000 Soldaten: 9000 Amerikaner und 7000 Franzosen.

Cornwallis sah zunächst keinen Anlass, sich allzu große Sorgen zu machen, glaubte er zum einen doch fest daran, dass Clinton seine New Yorker Truppen gen Yorktown in Bewegung setzen würde. Zum anderen aber vertraute er darauf, dass die englische Flotte sich einmal mehr der französischen als überlegen erweisen würde. Das Geschehen, dass sich am 5. September unweit Yorktowns auf dem Wasser abspielte, wurde diesen Erwartungen nicht gerecht. An diesem Morgen war ein britischer Flottenverband unter dem Kommando von Admiral Thomas Graves in die Bucht eingelaufen. Zunächst glaubten die Offiziere an Bord der schwerfälligen Linienschiffe, die abgeholzten Baumstämme eines gerodeten virginischen Waldes vor sich zu haben, bis sich die Erkenntnis durchsetzte, dass man die Masten der französischen Flotte in den Teleskopen erblickte. Der Wind war auf Seiten der Briten, die in den Nachmittagsstunden angriffen. Anders als in vielen Seeschlachten dieses an maritimen Konflikten reichen Jahrhunderts konnte die Royal Navy diesmal keinen entscheidenden Vorteil verbuchen. Ganz im Gegenteil, die Schäden des mehrstündigen gegenseitigen Bombardements waren auf britischer Seite gravierender. Die nächsten zwei Tage belauerten sich die beiden Flotten und drifteten schließlich mehr als hundert Kilometer von der Mündung der Bucht und von Yorktown weg. Als die Franzosen durch acht aus Newport (Rhode Island) kommende Schiffe verstärkt wurden, zog Graves sich nach New York zurück, um die Schäden an seinen Schiffen reparieren zu lassen und um es bei nächster Gelegenheit erneut zu versuchen. Die Gelegenheit kam nie.

Am 9. Oktober 1781 versammelten sich die Offiziere der Verbündeten in den frisch angelegten Artilleriestellungen und applaudierten freudig, als George Washington, vor einer Fahne stehend (die als *Star-Spangled Banner* zu bezeichnen allmählich Brauch wurde), geradezu feierlich den ersten Kanonenschuss auf die belagerten Briten abfeuerte. Für die englischen Soldaten und die mit ihnen kämpfenden deutschen Söldner war es eine unangenehme Überraschung, hatte Cornwallis ihnen doch zugesichert, die Amerikaner verfügten über keinerlei schwere Artillerie. Cornwallis zeigte eine Passivität, die Washington völlig unverständlich erschien. Einen Ausbruch zu versuchen, kam dem Lord offenbar zu keinem Zeitpunkt in den Sinn. Der britische General war längst innerlich mit Schuldzuweisungen für das sich abzeichnende Desaster beschäftigt und notierte, „die Schande fällt auf Clinton zurück, nicht auf mich."[2] Das amerikanisch-französische Bombardement übertraf noch die schlimmsten Vorstellungen der Briten, binnen 24 Stunden wurden mehr als dreieinhalbtausend Geschosse in die britische Festung hinein gefeuert. Nach zwei Tagen der Beschießung äußerte Cornwallis fatalistisch, dass „wir bei einem so kraftvollen Angriff nicht hoffen können, lange Widerstand zu leisten."[3] In der Nacht auf den 15. Oktober stürmten amerikanische und französische Einheiten die beiden am Flussufer gelegenen britischen Bastionen. Der Kampf war verbissen und für beide Seiten verlustreich, in strömendem Regen wurde mit Pistolen, Bajonetten und einem Vorläufer moderner Handgranaten gekämpft. An der Spitze der amerikanischen Kommandos standen die beiden engsten Vertrauten Washingtons, zu denen der kinderlose General ein fast väterliches Verhältnis hatte: der spätere Gründer der amerikanischen Staatsbank, Alexander Hamilton, und der junge Marquis de Lafayette. Lafayette war es, der einem der Verwundeten zum ersten Mal eine Auszeichnung überreichte, die nach wie vor als höchste Tapferkeitsauszeichnung für verletzte Angehörige der US-Streitkräfte gilt, das *Purple Heart*.

Als Cornwallis am nächsten Morgen seine Verluste zählte und die sich stetig verschlechternde Lage überdachte, wurde ihm klar, dass die Zeit des Widerstandes gegen die Franzosen und Amerikaner, die nicht nur zahlenmäßig überlegen waren, sondern höchst professionell agierten, sich ihrem Ende zuneigte. Am nächsten Tag zog ein Sturm auf und zerstörte viele der Boote und Fähren, mit denen er zumindest einen Teil seiner Truppen auf das andere Ufer des York River oder an eine andere Stelle der Bucht hätte retten können. Das Bombardement ging mit Abziehen der letzten Regenwolken umgehend weiter.

Die Stimmung bei den amerikanischen Kanonieren war am 17. Oktober ohnehin blendend, da man aus Anlass des vierten Jahrestages des Sieges von Saratoga eine Extraration Rum bekommen hatte. An diesem Tag traf im fernen New York General Clinton letzte Vorbereitungen, um sich mit seinen Truppen in die dickbäuchigen Transporter der Royal Navy einzuschiffen und Cornwallis – endlich – zu Hilfe zu kommen.

Gegen zehn Uhr kam ein kleiner britischer Trommler aus den englischen Schanzen, gefolgt von einem Offizier, der anstelle einer weißen Fahne ein Taschentuch schwenkte. Zwar konnte niemand in Geschützdonner den Trommler hören, doch der Anblick der beiden sich den alliierten Linien nähernden Gestalten führte sofort zur Feuereinstellung durch die Amerikaner. Der Offizier, der mit verbundenen Augen zu Washington geführt wurde, überbrachte ein Angebot Cornwallis, die Kampfhandlungen für 24 Stunden auszusetzen. Es begann ein reger Botenverkehr zwischen den amerikanischen und den englischen Linien, der sich die ganze Nacht hinzog; eine Nacht, die mit einem unheimlichen Schauspiel am Himmel die in ihren Stellungen ausharrenden Soldaten beider Seiten mit teils düsteren, teils hoffnungsvollen Vorahnungen erfüllte. „Es lag eine feierliche Stille in der Luft", schrieb ein Angehöriger der Miliz von Virginia, „die Nacht war bemerkenswert klar, und der Himmel war mit 10 000 Sternen geschmückt – unzählige Meteore verglühten in der Atmosphäre und erinnerten eindrucksvoll an die Geschütze, die in der Nacht zuvor ein so prächtiges Feuerwerk veranstaltet hatten."[4]

Am nächsten Morgen erfüllte der Klang schottischer Dudelsäcke die Luft über dem Schlachtfeld, worauf die französische Armeekapelle mit Liedern aus ihrer Heimat antwortete. Die Verhandlungen dauerten den ganzen Tag an und standen wiederholt vor dem Scheitern, da Washington sich weigerte, den Briten ähnlich großzügige Kapitulationsbedingungen einzuräumen wie es Gates vier Jahre zuvor gegenüber Burgoyne getan hatte. Ein weiterer Streitpunkt: Die Briten wollten unbedingt zu den Klängen ihrer Militärkapelle ihre Waffen übergeben, alles andere wäre ihnen als ehrlos erschienen. In diesem Punkt gab Musikliebhaber Washington nach. Man einigte sich schließlich auf eine feierliche Übergabe der Armee Cornwallis am 19. Oktober um 14 Uhr nachmittags auf einem Feld am Rande des fast völlig zerstörten Yorktown.

Das Gemälde von John Trumbull *The Surrender of Yorktown*, das in der Rotunda des Capitols in Washington zu bewundern ist, hält – mit einiger künstlerischer Freiheit – die Szene fest, die sich an jenem 19. Oktober 1781 abspielte oder zumindest sich so ähnlich abgespielt haben könnte. Die geschlagenen Briten mussten vor den siegreichen Franzosen und Amerikanern, die bis zu diesem Tag für sie noch Untertanen waren, antreten. Cornwallis indes, die tragische Hauptperson, fehlte. Seine Lordschaft schützten Unpässlichkeit vor und entsandten General Charles O'Hara zu der für die *Redcoats* demütigenden Zeremonie. O'Hara wollte Rochambeau seinen Degen überreichen, doch der französische General wies auf den neben ihm hoch zu Ross sitzenden George Washington, unter dessen Kommando die alliierten Soldaten stünden. Als O'Hara vor Washington trat, schickte ihn dieser seinerseits zu einem seiner Subordinierten, dem massiv übergewichtigen General Benjamin Lincoln. Wahrscheinlich war der stets auf die Etikette achtende Washington nicht geneigt, von einem anderen Offizier als dem leitenden Oberbefehlshaber die Kapitulation entgegenzunehmen, doch verpackte er immerhin diese abermalige Demütigung in die freundliche Bemerkung, er könne den Degen nicht aus so wackerer Hand empfangen.

Die Kapitulation verlief ohne Zwischenfälle und war von gegenseitiger Hochachtung geprägt. Korporal Popp, ein Söldner aus dem Ansbachischen, notierte erstaunt: „Uns wurde nicht im Mindesten irgendein Leid zugefügt. Wir wurden gerecht und wie unter Soldaten üblich behandelt. Wir konnten uns nicht beschweren."[5] Während es die in Gefangenschaft gehenden Deutschen[6] leicht

Kapitulation der Engländer bei Yorktown. In der Bildmitte General Benjamin Lincoln. Im Hintergrund rechts George Washington und links der Kommandeur der französischen Truppen, Graf Rochambeau. Stich von D. C. Hinman nach einem Gemälde von John Trumbull.

nahmen, konnten viele britische Soldaten es kaum verkraften, von einer Armee besiegt worden zu sein, auf die sie sechs Jahre lang mit Verachtung[7] geblickt hatten. Ein Augenzeuge beschrieb, dass „die britischen Offiziere im Allgemeinen sich benahmen wie Buben, die man in der Schule gezüchtigt hatte. Einige bissen sich auf die Lippen, andere weinten. Die runden Hüte mit der breiten Krempe waren sehr passend für diesen Anlass, da sich damit die Gesichter verbergen ließen, die sich aus Scham nicht zu zeigen wünschten." Und ein anderer Beobachter schrieb: „Die britischen Offiziere schienen sehr dem Alkohol zugesprochen zu haben."[8] Die britische Militärkapelle spielte angeblich eine Weise, die der Gelegenheit mehr als angemessen war: *The World turned upside down.*[9]

Überall in den Kolonien – den ehemaligen, wie man nach Yorktown unwiderruflich hinzufügen musste – wurde die Nachricht von der Kapitulation des Lord Cornwallis mit Jubel aufgenommen. Es würde noch zwei Jahre dauern, bis die Diplomaten in Paris den Krieg mit ihren Unterschriften beendeten, doch die militärische Entscheidung war gefallen. Niemandem war dies besser bewusst als Premierminister Lord North, der nach Eintreffen der Kunde aus Virginia aufgeregt in seinem Amtssitz in der Downing Street auf und ab lief, immer wieder ausrufend: *„Oh God! Oh God! It is over! It is all over!"*[10]

Anmerkungen

1 Bei dem es schwierig ist, den Beginn des amerikanischen Engagements genau zu datieren, je nachdem, ob man als Wegmarke die ersten Verluste unter amerikanischen „Beratern" 1961 oder die Ausweitung in den Jahren 1964/65 ansetzt.
2 A. J. LANGGUTH: Patriots. The Men who started the American Revolution. New York 1988. S. 533.
3 LANGGUTH, S. 535.
4 BURKE DAVIS: The Campaign that won America. The Story of Yorktown. New York 1979. S. 259.
5 DAVIS, S. 263.
6 Von denen ein nicht geringer Teil die Gelegenheit benutzte, in Amerika zu bleiben und keinerlei Verlangen hatte, wieder in die heimische Feudalgesellschaft zurückzukehren.
7 In dem im Jahr 2000 produzierten Film „The Patriot" mit Mel Gibson legt der Regisseur Cornwallis die Formulierung *„an army of rubble"* („eine Armee von Abschaum") in den Mund und lässt den deprimierten General über die welthistorischen Konsequenzen von Yorktown philosophieren: *„Everything will change. Everything has changed."* – „Alles wird sich ändern. Alles hat sich geändert."
8 DAVIS, S. 266.
9 Laut der Historikerin BARBARA TUCHMANN: The First Salute. New York 1988, hat es weder ein Lied noch eine Melodie dieses Titels gegeben. Diese Geschichte gehöre in den Bereich der Legende.
10 BENSON BOBRICK, Angel in the Whirlwind. The Triumph of the American Revolution. New York 1997. S. 466.

GEORGE WASHINGTON:
EIN GENERAL ZIEHT DEN PFLUG DEM
SCHWERT VOR

23. Dezember 1783

Manchmal sind es nicht nur die so genannten „großen" Ereignisse, welche die Entwicklung eines Landes bestimmen. Gelegentlich ist das, was denkbar schien, aber nicht stattgefunden hat, von ähnlich prägender Bedeutung. Für die künftigen Geschicke der Vereinigten Staaten, die zwar als Sieger aus dem Unabhängigkeitskrieg hervorgegangen waren, die aber noch keinerlei tragbares konstitutionelles Konzept für ihre Zukunft hatten, gab es ein solches „Nicht-Ereignis". Es findet sich auch heute nur mit wenigen Zeilen gewürdigt in den Geschichtsbüchern, doch es war vielleicht das beste Omen, das man einer jungen Nation wünschen konnte. Für die an Autokratie und Zwangsherrschaft, an schier endlose Kriege, an Gewalt, Willkür und allmählich auch an Revolutionen gewöhnten Zeitgenossen war es ein Zeichen, dass Amerika ganz offensichtlich einen anderen Weg als die Staaten der Alten Welt zu beschreiten gewillt war.

Es war Dienstag, der 23. Dezember 1783. Im Frühjahr war der Krieg gegen das bisherige Mutterland offiziell zu Ende gegangen, vor vier Wochen hatten die letzten britischen Truppen den Hafen von New York verlassen. Der Kongress der dreizehn ehemaligen Kolonien, die jetzt endgültig Staaten in einem noch nicht genau definierten Bund waren, hatte mehrfach – oft fluchtartig vor heranrückenden britischen Truppen – den Tagungsort wechseln müssen. Jetzt war durch seine Anwesenheit das pittoreske Annapolis an der Chesapeake Bay vorübergehend zur amerikanischen Hauptstadt geworden. Und es war hier, an diesem Tag vor Heiligabend, wo George Washington, mit frischem Ruhm bedeckt, Einzug hielt, von der Bevölkerung mit Jubel begrüßt – und von den Politikern mit nicht unbeträchtlicher Anspannung.

In der Senatskammer des Maryland State House von Annapolis, das dem Kongress für einige Monate als Plenarsaal diente, erwarteten die Volksvertreter den Auftritt des Generals. Was den einen oder anderen Abgeordneten beunruhigte, waren die Gedanken an historische Parallelen. Hatte jemals zuvor ein siegreicher

Feldherr seine praktisch absolute Macht freiwillig niedergelegt, das Schwert an Männer wie sie, Vertreter des Volkes, anstandslos zurückgegeben? Erinnerungen kamen auf, die Namen „Cäsar" und, aus der jüngeren britischen Vergangenheit, „Cromwell" fielen. Die Empore des Saales war mit fast zweihundert Besuchern völlig überfüllt – doch es war kein Laut zu vernehmen, als George Washington eintrat. Seine Hände zitterten, als er das Manuskript der kurzen Rede aus seiner Brusttasche nahm. Immer wieder brach seine Stimme während der dreieinhalbminütigen Ansprache, da der General seiner Emotionen kaum noch Herr werden konnte. Er sprach von den Vereinigten Staaten, die zu einer respektablen Nation geworden waren und einer Aufgabe, die er einst nur mit großen Vorbehalten übernommen hatte: „Nachdem die mir zugetragene Arbeit bewältigt ist, ziehe ich mich aus dem großen Theater der Aktionen zurück und entbiete diesem würdigen Gremium, unter dessen Befehl ich so lange stand, ein tief empfundenes Lebewohl. Ich gebe mein Amt zurück und nehme Abschied von den Tätigkeiten des öffentlichen Lebens."[1]

Auch die meisten Anwesenden konnten ihre Tränen nicht länger zurückhalten, ob aus Rührung, Erleichterung oder aus dem Bewusstsein, einen wahrhaft großen Moment miterlebt zu haben, ein „würdiges und bewegendes Spektakel"[2],

General George Washington verabschiedet sich von den Offizieren seiner Armee. Kolor. Kreidelithografie von 1876.

wie es ein Kongressabgeordneter nannte. Den klassisch Gebildeten unter den Zeugen der denkwürdigen Szene offenbarte sich ein ganz anderes historisches Vorbild als das jener Usurpatoren, deren Namen noch kurz zuvor die Runde gemacht hatten. Man erinnerte sich an Cincinnatus, jenen Römer, der Pferd und Pflug stehen ließ, als sein Volk in Gefahr geriet und der nach dem Kampf das Schwert niederlegte und wieder seine Felder bestellte. Der reibungslose Übergang von militärischer zu ziviler Gewalt, der für Washington nie in Frage stand, war etwas, um das die Nationen der Alten Welt den jungen Staat in der Neuen Welt beneiden konnten.

George Washington, dessen Herz an seinem Anwesen Mount Vernon und an seiner Familie, vor allem an seiner Frau Martha, hing, hatte es an diesem 23. Dezember nicht nur wegen seines Staatsverständnisses, sondern sicher auch aus privaten Gründen eilig: Er wollte am Weihnachtstag, nach acht langen Jahren der Abwesenheit, endlich wieder zu Hause und mit Martha einen anständigen Truthahn[3] genießen.

Doch die Pflicht holte ihn ein, gewährte ihm keine ruhigen Jahre auf Mount Vernon. In der 1787 entstandenen Verfassung der USA wurde das Amt des Präsidenten geschaffen, das die Autoren mit dem Gedanken an seine Persönlichkeit einführten. George Washingtons Fahrt im Frühjahr 1789 nach New York, dem (vorübergehenden) Sitz der Regierung, wurde ein Triumphzug sondergleichen. Kein Ort, den seine Kutsche passierte, in dem nicht Groß und Klein zusammenliefen, den Weg seines Gefährtes mit Blumen bedeckten und ihm eine Verehrung entgegenbrachten, wie sie kaum jemals einem gekrönten Haupt zuteil wurde. Ganz New York schien auf den Beinen, als eine Fähre ihn über den Hudson River in die Stadt brachte, während die Kanonen auf den Wällen der Festung und jene auf den Schiffen im Hafen aus allen Rohren einen ohrenbetäubenden Salut abfeuerten.

Für Staatsrechtler in Europa galt es als eine Art ungeschriebenes Gesetz, dass ein republikanisches Staatswesen nur auf kleinem Raum, gar nur in Form eines Stadtstaates überlebensfähig sei. Als beliebtes Beispiel für eine solche, insgesamt eher seltene Erfolgsgeschichte einer Regierung durch das Volk (oder seiner Elite) galt Genf. Es war jetzt an George Washington, zu beweisen, dass sich ein Land regieren ließ, ohne dass auf gekrönte Häupter, auf Adelsdynastien und Standesprivilegien zurückgegriffen werden musste. Der 57-jährige Virginier war in des Wortes eigenster Bedeutung *the father of the nation* – mehr noch, er war Amerika, war das Bindeglied, das dieses große und noch völlig unfertige Land zusammenhielt. Man kann nur spekulieren, wie dieses einzigartige konstitutionelle Experiment ausgegangen wäre, hätten die Vereinigten Staaten in den Jahren ihrer Gründung nicht über diesen „historischen Glücksfall George Washington" verfügt, von dem einer seiner Biografen so zutreffend sagt, dass er „der richtige Mann zur richtigen Zeit im richtigen Job"[4] war.

„First in war, first in peace ... "

Am 30. April 1789 trat George Washington ein Amt an, das es in der Welt bislang nicht gab. Mit fast allem, was er in den folgenden acht Jahren tat, setzte er Präzedenzfälle für die amerikanische Präsidentschaft, die bis heute nachwirken. Er schuf sich mit einem kleinen, aber hochrangigen Kabinett, dem u. a. Thomas Jefferson und Alexander Hamilton angehörten, ein beratendes Gremium, das selbst dann noch funktionierte, als sich um diese beiden Persönlichkeiten die ersten, rivalisierenden Parteien bildeten. Er vermochte es, sich weitgehend aus jedweder Streiterei herauszuhalten, die nach Parteienhader roch, und ein wirklicher Präsident aller Amerikaner zu sein. Wenn er jedoch das Ziel von Angriffen war, konnte er die für ihn so typische Contenance verlieren. „Der Präsident", beschrieb Thomas Jefferson in seinem Tagebuch einen der seltenen Gefühlsausbrüche dieses oft so formell-beherrschten Mannes, „ist äußerst erregt. Er macht jene Gefühlswallungen durch, bei denen er sich nicht beherrschen kann. Nachdem er so harscher Kritik ausgesetzt war, fragte er, ob irgendjemand auf der Welt eine einzige Handlung nennen könne, bei der er nicht von den reinsten Motiven geleitet gewesen sei. Dass er bei Gott lieber im Grab sei, als in der gegenwärtigen Situation. Dass er lieber auf seiner Farm sei, als Kaiser der ganzen Welt zu werden."[5]

George Washington legt den Eid auf die Verfassung ab. Kolor. Kreidelithografie von 1876.

Die Washington-Administration verwaltete einen Regierungsapparat, in dem weniger Menschen arbeiteten als auf Mount Vernon, geschützt von einer Armee unter dem Kommando des loyalen, dreihundert Pfund gewichtigen Veteranen aus den ersten Tagen des Unabhängigkeitskrieges, Henry Knox – die wenig furchterregende Streitmacht bestand aus achthundert Mann inklusive Kapelle.

Die Waffen schweigen zu lassen, war das zentrale Anliegen von George Washingtons Außenpolitik. Konfliktstoff gab es genügend, sowohl in Übersee als auch direkt an den etwas verschwommenen Grenzen der jungen Nation. Spanien beherrschte den Mississippi und damit den Westen jenseits des US-Territoriums. In geduldigen Verhandlungen erreichte Washington ein Niederlassungsrecht und Zollfreiheit für amerikanische Waren in New Orleans, eine für das wirtschaftliche Gedeihen der bald in die Union eintretenden Staaten wie Kentucky, Tennessee und Ohio entscheidende Regelung. Schwieriger waren die Beziehungen zu Großbritannien. Das einstige Mutterland hatte die Demütigung des Krieges und vor allem die Niederlage weder vergeben noch vergessen und behandelte die neue Nation mit Herablassung. Die Grenzforts wurden keineswegs, wie im Vertrag von Paris (1783) festgelegt, geräumt, sämtliche Indianerstämme, die zu Überfällen auf weiße – sprich: amerikanische – Siedler und Trapper ermuntert werden konnten, wurden vom britischen Kanada aus großzügigst mit Waffen versorgt.

Washingtons Regierung mied die Eskalation und musste zunächst eine derbe Niederlage der kleinen Armee unter General Arthur St. Clair in den Wäldern jenseits der Appalachen hinnehmen. Erst als es dem neuen Oberbefehlshaber Anthony Wayne gelang, die Soldaten in der Taktik des Kampfes in der Wildnis zu schulen, wendete sich das Blatt. Waynes Sieg – der General trug den Vertrauen erweckenden Beinamen *Mad Anthony* – bei Fallen Timbers am 20. August 1794 ließ die Bedrohung durch die Indianer für einige Zeit in den Hintergrund treten, öffnete die Region für landhungrige Einwanderer und reduzierte den britischen Einfluss im Nordwesten[6]. Ein zur gleichen Zeit mit England abgeschlossener Vertrag (*Jay's Treaty*[7]) war zwar im Kongress und in der Bevölkerung heftig umstritten, doch wurde einem neuerlichen Konflikt damit vorgebeugt.

Washington hatte genug vom Krieg gesehen, um zu wissen, dass sein Land – um fast jeden Preis – einen neuerlichen Waffengang vermeiden musste, um sich zu konsolidieren und um zu prosperieren. Die schwierigste außenpolitische Herausforderung war die Aufrechterhaltung der Neutralität in den kaum unterbrochenen Konflikten der Alten Welt im Zuge der Französischen Revolution. In seinem engsten Umfeld stritten pro-britische (Alexander Hamilton) mit profranzösischen (Thomas Jefferson) Interessen und Sympathien, doch Washington ließ sich von keiner Seite zu einer hitzigen Reaktion verleiten. Er steuerte das Land mit Geschick an den in Europa tobenden Kriegen der Epoche vorbei und gab seinen Landsleuten, aber auch seinen Nachfolgern den Rat, sich nicht in Allianzen mit den „vermaledeiten Regimen" der Alten Welt verwickeln zu lassen.

Die Hauptstadtfrage

Im Inneren nahm George Washington vor allem an einem Projekt großen Anteil: der Gründung einer Bundeshauptstadt. Seit Jahren wurde die Hauptstadtfrage erbittert diskutiert. Nicht unähnlich der deutschen Debatte vor der Entscheidung vom Juni 1991, verbargen sich hinter staatspolitischen Argumenten oder moralisierenden Bedenkenträgereien häufig handfeste wirtschaftliche Interessen. Philadelphia und seine Propagandisten hielten die durch Handel reich gewordene Stadt für die natur- und gottgewollte Kapitale und argumentierten für eine Rückkehr. New York, das ab 1785 Hauptstadt geworden war, tat alles in seiner Kraft stehende, um aus dem Provisorium ein Faktum für die Ewigkeit zu machen. Insgesamt traten neben diesen beiden Metropolen mehr als vierzig Kandidaten auf den Plan, deren Lobbyisten die jeweils eigenen Vorzüge priesen und die der Mitbewerber mit allen der Häme zur Verfügung stehenden Mitteln zu schmälern suchten. Es stand fest, dass aus Gründen regionaler Ausgewogenheit keine Stadt im äußersten Norden – wie zum Beispiel Boston – oder im tiefen Süden – wie zum Beispiel Charleston – zum Zuge kommen würde. In der geografischen Mitte jedoch fühlten sich viele Bewerber berufen, vergleichsweise große Städte wie Baltimore, aber auch bescheidene Örtlichkeiten. Hierzu gehörten unter anderem Wilmington (Delaware), Trenton (New Jersey) und Germantown (Pennsylvania), jener Ort, in dem sich – wie der Name andeutet – die erste größere Welle deutscher Amerikaaussiedler anno 1683, aus dem Raum Krefeld kommend, niedergelassen hatte.

Im Juli 1790 fiel im Kongress schließlich die Entscheidung für eine Variante, die seit den frühen Achtzigerjahren als Alternative zur Ansiedlung von Regierung und Parlament in einer bereits existierenden Gemeinde diskutiert worden war: die Schaffung einer ganz neuen Metropole an den Ufern des Potomac, an der Grenze der Staaten Maryland und Virginia. Für die dort anzulegende Hauptstadt galt der Grundsatz der *exclusive jurisdiction*, der Unabhängigkeit ihres Territoriums von dem oder den sie umgebenden Bundesstaaten. Die Metropole sollte ausschließlich dem Kongress unterstehen und damit vor der Einflussnahme eines einzelnen Staates geschützt sein. Der Standort war letztlich ein Kompromiss, der den schon recht offensichtlichen Dissonanzen zwischen den Staaten des Nordens, vor allem Neu-Englands, und denen des Südens Rechnung trug. Hier ein, wie man es damals nannte, „neues Rom" zu schaffen, war beiden Seiten gerade noch zumutbar, auch wenn aus Sicht des Nordens eine Tatsache schwer tolerierbar war: Die künftige Hauptstadt würde in einem Gebiet liegen, in dem Sklaverei betrieben wurde.

Die Lösung wurde nicht zuletzt deshalb gefunden, weil man wusste, dass sie sich des Gründervaters Wohlwollen erfreute. George Washington befürwortete die Verlegung an den Potomac aus ganz persönlichen Gründen, lag dieser Standort doch quasi vor seiner Haustür. Der Kongress übertrug Washington die Aufgabe, die genaue Lokalisation der Stadt, die – daran gab es keinerlei Zweifel – seinen Namen tragen würde, nach seinem Gusto zu bestimmen. Die Wahl des Präsidenten fiel, wie allgemein erwartet, auf ein Quadrat von je zehn Meilen Seitenlänge, das die bereits existierenden Städte Georgetown in Maryland und Alexandria in Virginia einschloss – von seinem Landgut Mount Vernon nur eine Reitstunde entfernt. Dass ein Seitenarm des Potomac als „Tiber" auf den Landkarten erschien, erfüllte die gern gepflegte Analogie von Amerika als dem „neuen Rom" mit zusätzlichem Leben. Ziemlich in der Mitte dieses Territoriums war ein deutscher Auswanderer namens Jakob Funk gerade damit beschäftigt, einen kleinen Ort nach eigenen Plänen anzulegen. Er sollte den Namen Hamburg tragen, doch die Hauptstadtentscheidung ebnete diese Vision buchstäblich ein.

Washington und sein architekturbegeisterter Außenminister Thomas Jefferson nahmen großen Anteil an den Konzepten und Bauplänen für die Stadt und die wichtigsten Regierungsgebäude. Mit dem Entwurf der neuen Metropole beauftragte der Präsident den französischen Ingenieur Pierre Charles L'Enfant, der als junger Offizier beim Pionierkorps der amerikanischen Armee gedient hatte und in der Schlacht von Savannah verwundet worden war. Unter allen Entscheidungen der Präsidentschaft Washingtons dürfte die Ernennung von „Monsieur Lanfang" (wie Washington den Franzosen anredete) eine der glücklichsten gewesen sein. Denn L'Enfant, der mit einem grandiosen Entwurf für die *City Hall* in New York auf sich aufmerksam gemacht hatte, war ein Mann von Visionen, welche die Grenzen konventionellen zeitgenössischen Städtebaus sprengten. L'Enfant kombinierte ästhetische und symbolische Gesichtspunkte und dies wahrhaft *„on a grand scale"*. Der Franzose setzte den Sitz der Legislative, das Capitol, und den der Exekutive, damals noch *The President's Palace* genannt, räumlich weit und doch in Sichtweite voneinander entfernt auf zwei markante Erhebungen, die deutlich machten, dass die eine Säule der Verfassung von der anderen unabhängig zu sein, diese nichtsdestotrotz im Auge zu behalten, zu kontrollieren hatte. Zunächst wurde die neu zu schaffende Stadt noch leicht schamhaft *Federal City* genannt, doch bestanden weithin keinerlei Zweifel, wer ihr endgültiger Namenspatron sein würde.[8]

Denn die Verehrung für George Washington quer durch alle Bevölkerungsschichten war praktisch universell: „*First in war, first in peace, first in the hearts of his countrymen*". Er legte Wert auf Würde und Zeremoniell, doch er achtete die Grenzen, die eine Republik von einer Monarchie wie der gerade abgeschüttelten trennen. Als Anrede verwarf er Vorschläge wie „*His Highness*", „*His Excellency*" oder „*His elective majesty*" und bevorzugte das demokratisch-prägnante „*Mr President*".

Das Ende seiner Präsidentschaft im Frühjahr 1797 – eine erneute Wiederwahl hatte er abgelehnt – nahm er mit unendlicher Erleichterung hin. Kein Mann, so erklärte er, sei jemals des öffentlichen Lebens überdrüssiger gewesen. Doch die Aussicht auf den Ruhestand belebte ihn so, dass er seinem Nachfolger John Adams launig mit auf dem Weg gab: „Ay, ich bin schön raus und Sie sind schön drin. Lasst uns sehen, wer glücklicher dabei wird."[9]

Dem Vater der Nation waren noch gut zwei Jahre auf seinem geliebten Landgut Mount Vernon vergönnt. Am Abend des 14. Dezember 1799 verstarb er, seine letzten Worte waren: „*Tis well*". Er hatte sein Land auf einen guten Weg gebracht, auch wenn viele Amerikaner noch lange auf die Realisierung der Freiheitsrechte, für die Washington gekämpft hatte, warten mussten – wie die Afro-Amerikaner, zu deren Befreiung ein blutiger Bürgerkrieg und das Martyrium eines anderen großen Präsidenten notwendig wurden. Frauen würden erst 1920 einen Präsidenten wählen können; die Mahnung Washingtons, die *native Americans*, die Indianer, fair zu behandeln, wurde von nachfolgenden Politikern geflissentlich überhört. Doch die Grundlagen für das Wachsen und Gedeihen eines demokratischen Staatswesens waren gelegt. In der Entstehungsphase stand ein Mann an der Spitze der Vereinigten Staaten, der nach den Worten des Dichters Robert Frost „einer der wenigen in der Geschichte der Welt war, den die Macht nicht berauschte."[10]

Washington war sich bewusst, dass er als erster Präsident für einen Neuanfang verantwortlich war, der vor den Augen einer misstrauischen Welt nicht scheitern durfte, sondern ein Zeichen der Hoffnung setzen musste: „Das heilige Feuer der Freiheit und das Schicksal einer republikanischen Form der Regierung" seien jetzt, so hatte er bei der Übernahme dieses neuen Amtes 1789 erklärt, abhängig vom Erfolg jenes großen „Experimentes, das in den Händen des amerikanischen Volkes liegt"[11]. Als der Mann, der nur Farmer auf Mount Vernon sein wollte, an jenem Winterabend vor mehr als zweihundert Jahren ging, wusste er, dass sein Werk, zu dem er den Grundstein auf dem Schlachtfeld von Yorktown, aber auch in der Versammlung von Annapolis gelegt hatte, wohl getan war.

Anmerkungen

1 GEORGE WASHINGTON: Writings. New York 1997. S. 548.
2 WILLARD STERNE RANDALL: George Washington. New York 1997. S. 408.
3 Zu den vielfältigen Entscheidungen, die wenige Jahre später auf die sich in Philadelphia versammelnden Verfassungsväter zukamen, gehörte auch die Wahl eines nationalen Symbols. Der *turkey* (Truthahn) war der Geheimfavorit, doch der lebenserfahrene Benjamin Franklin wies darauf hin, dass es in der Welt keinen guten Eindruck mache, wenn man alljährlich zu *Thanksgiving* und zu Weihnachten das Nationalsymbol in die Bratröhre schiebe. Das Argument überzeugte – daher schmückt statt des Truthahnes der *bald eagle* (Weißkopfadler) die offiziellen Insignien der USA.
4 JACOB E. COOKE: George Washington. In: The Presidents. Ed. by Henry F. Graff. New York 1996. S. 2.
5 RANDALL, S. 486/487.
6 Unter der geografischen Bezeichnung *Northwest* verstand man damals das Gebiet zwischen Mississippi und den Großen Seen, nicht, wie heute, die Pazifikregion.
7 Am 19. November 1794 wurde *Jay's Treaty*, so genannt nach dem Namen des amerikanischen Unterhändlers John Jay, einem Politiker und Juristen, von beiden Regierungen unterzeichnet. Er beinhaltete u.a. die Räumung der nordwestlichen Grenzgebiete durch die Briten innerhalb zweier Jahre und die Anerkenntnis britischer Schuldforderungen aus der Revolutionszeit durch die Amerikaner. Ratifiziert wurde der Vertrag durch den amerikanischen Senat im Juni 1795.
8 Erst im Jahre 1800 wurde Washington Regierungssitz.
9 RANDALL, S. 493.
10 Zit. n. RICHARD NORTON SMITH: Patriarch. George Washington and the New American Nation. Boston und New York 1993. S.359.
  Weitere empfehlenswerte Literatur: Die vierbändige Biografie von JAMES THOMAS FLEXNER: George Washington. Boston 1965–1972. Ferner: THOMAS A. LEWIS: For King and Country. George Washington. The Early Years. New York 1993. – BARRY SCHWATZ: George Washington. The Making of an American Symbol. Ithaca (New York) 1987. – JOHN P. KAMINSKI and J. A. MCCAUGHAN: A Great and Good Man. George Washington in the Eyes of his Contemporaries. Madison (Wisconsin) 1989. – FORREST MCDONALD: The Presidency of George Washington. Lawrence (Kansas) 1974. – DOUGLAS SOUTHALL FREEMAN: George Washington. 7 Bände. New York 1948–1957.
  Die umfassendste Quellensammlung ist JOHN C. FITZPATRICK (Ed.): The Writings of George Washington in 39 Bänden. Washington D. C. 1931–1944. Alle wichtigen Reden, Briefe und Dokumente finden sich jedoch auch in dem einbändigen Werk: GEORGE WASHINGTON, Writings. New York 1997.
11 WASHINGTON, Writings, S. 733.

„Louisiana Purchase":
Die friedliche Eroberung eines halben Kontinents

30. April 1803

Mehr als drei Jahrzehnte lang prägte Thomas Jefferson die Entwicklung der jungen Nation. Als Hauptautor der Unabhängigkeitserklärung war er der vielleicht wichtigste Gründervater der Vereinigten Staaten, danach diente er seinem Land als Botschafter in Frankreich, als Außenminister und schließlich als Vizepräsident. Stets träumte er davon, sich auf sein geliebtes (und meist hoch verschuldetes) Monticello zurückziehen zu können, doch wenn die Pflicht rief, entzog er sich nicht seiner Verantwortung. Er stand auch an jenem Scheideweg, an dem sich erst herausstellt, ob eine Demokratie diese Bezeichnung verdient: der friedlichen Übergabe der Macht von einer politischen Gruppierung an eine andere.

In den 1790er Jahren hatte sich ein noch rudimentäres Parteienwesen gebildet, dem zwar viele Charakteristika moderner politischer Parteien fehlten – wie zum Beispiel ein Parteiprogramm oder eine dokumentierte Mitgliedschaft –, ohne indes auf ein wichtiges Ingredienz demokratischer Willensbildung verzichten zu müssen: Leidenschaft. Die Anhänger von Präsident John Adams, der 1797 Nachfolger von George Washington geworden war, galten als Föderalisten, denen an einer starken zentralen Staatsmacht gelegen war; Thomas Jefferson hingegen war die herausragende Persönlichkeit der so genannten Republikaner, die die Prärogative der Einzelstaaten herausstellten und ein unterschwelliges Misstrauen gegen bestimmte, deren direkter Einflussnahme entzogene Institutionen hegten wie eine Bundesbank oder auch ein stehendes Heer. Mit der modernen Partei der Republikaner, die u. a. die Präsidenten Reagan sowie Bush Vater und Sohn hervorgebracht hat, war diese Gruppierung nicht identisch; diese *Republican Party* betrat in den 1850er Jahren die politische Szene der USA und stellte erstmals mit Abraham Lincoln den Präsidenten.

Bei der Wahl von 1800 trat Jefferson gegen Adams an und gewann. Das eigentliche Problem war, wie sich erweisen sollte, das noch nicht ausgereifte

System der so genannten *tickets* – sein Vizepräsidentschaftskandidat Aaron Burr erhielt genau so viele Wahlmännerstimmen wie Jefferson, sodass es zwischen diesen beiden „Parteifreunden" zu einer langwierigen Stichwahl kam (eine Änderung des Wahlgesetzes schloss später derartige Peinlichkeiten aus). Die Tatsache, dass die Regierungsübernahme reibungslos vonstatten ging – auch wenn John Adams persönlich äußerst verärgert über Jefferson war –, betrachtete der neue Präsident „als eine genauso reale Revolution in den Prinzipien unserer Regierung wie es jene von 1776 in der Form war."[1]

Wie stets in seinem Leben richtete Jefferson, der Sohn eines Landvermessers, auch als Präsident den Blick nach Westen. Längst hatten die Vereinigten Staaten sich über die Grenzen der ursprünglichen 13 Kolonien ausgedehnt. Den Pfadfindern und Trappern waren die Siedler und Händler gefolgt, die den Weg über die Gebirgskette der Appalachian Mountains nahmen und jenseits dieser ehemaligen natürlichen Grenze neue Siedlungen gründeten wie Knoxville und Cincinnati, Columbus und Memphis. 1792 war Kentucky, 1796 Tennessee als neuer Staat in die Union aufgenommen worden, 1803 folgte Ohio. Entscheidend für das Gedeihen des Westens war der ungehinderte Zugang zum Mississippi, von dem aus die Produkte dieser Region den Weg auf die Weltmärkte nahmen und das Recht, diese Waren in New Orleans, der einzigen größeren Stadt am *Ol' Man River*, zu lagern und einzuschiffen.

Seit dem Siebenjährigen Krieg gehörten die Stadt und das ausgedehnte Territorium mit der auf den französischen Sonnenkönig hinweisenden Bezeichnung „Louisiana" zu Spanien. In den innenpolitischen Diskussionen wurde immer wieder hervorgehoben, dass man für diese Rechte notfalls auch zur Waffe greifen werde. Alexander Hamilton, Jeffersons Intimfeind, betonte, dass man, wenn Amerika für die eine, die westliche Hälfte des Landes nicht zu kämpfen bereit wäre, früher oder später auch die andere verliere – sprich: dass dann die Union der Einzelstaaten keinen dauerhaften Bestand haben werde. Die verbale Entschlossenheit basierte allerdings nicht auf realpolitischen Machtmitteln. Der im Grunde seines Herzens pazifistische Jefferson hatte nichts unternommen, um die kleine Armee aus ihrem Schattendasein zu erlösen; mit einer der europäischen Mächte konnte sie bei weitem nicht konkurrieren. Noch krasser war die maritime Unterlegenheit. Amerika verfügte lediglich über ein halbes Dutzend Fregatten, die in der Admiralität zu London oder Paris nicht einmal ein Stirnrunzeln auslösten. Jefferson hatte gar die Idee, aus Kostengründen die Marine noch zu verkleinern und sich auf eine im Küstenvorfeld operierende *Gunboat Navy* zu beschränken. Erst die dreisten Übergriffe nordafrikanischer Potentaten in Tripolis und Tunis, die amerikanische Handelsschiffe aufbrachten, Tribut forderten und Besatzungsmitglieder zwecks Lösegeldeintreibung (oder Verkauf auf dem Sklavenmarkt) kidnappten, führten zu einem Umdenken und zu einer ersten Intervention amerikanischer Streitkräfte in Übersee – zweihundert Jahre später als erster Akt des Kampfes gegen nahöstlichen Terrorismus neu bewertet und zu Ehren gekommen.

Zu Beginn des Jahres 1803 spitzte sich am Mississippi die Lage zu, als der Vertreter der Spanischen Krone in New Orleans das Niederlassungsrecht für amerikanische Waren in der Stadt unter Verletzung eines Abkommens von 1795 aufkündigte. Es war möglicherweise die letzte Aktion dieser Kolonialmacht. Inzwischen waren auch in Washington Einzelheiten des im Oktober 1800 zwischen Spanien und Frankreich abgeschlossenen Geheimvertrages von Ildefonso bekannt geworden, wonach Spanien sich verpflichtete, das ehemals französische Louisiana wieder an seinen alten Besitzer zurückzugeben. Es war ein riesiges Gebiet, das nicht identisch mit dem heutigen US-Bundesstaat gleichen Namens war, sondern das Gros der Landmasse westlich des Mississippi umfasste, ein Gebiet, größer als alle Eroberungen, die das Frankreich Napoleons bis zu diesem Zeitpunkt in Europa gemacht hatte. Und dieses Frankreich, darüber hegte der seit seiner Zeit als Botschafter in Paris außerordentlich frankophil gestimmte Präsident keine Zweifel, war als Nachbar von ganz anderem Kaliber als die iberische Monarchie, die ihre Glanzzeit schon hinter sich hatte.

Für Jefferson war der Besitzerwechsel ein Alarmzeichen: „Es gibt auf dem Globus einen einzigen Fleck, dessen Besitzer unser natürlicher Feind ist. Es ist New Orleans, das die Produkte von drei Achtel unseres Territoriums auf dem Weg zu den Märkten passieren müssen. Es [i. e. das genannte Territorium] wird aufgrund seiner Fruchtbarkeit in nicht allzu langer Zeit mehr als die Hälfte unserer Waren produzieren und mehr als die Hälfte unserer Bevölkerung beheimaten. Wenn Frankreich diese Schlüsselposition besetzt, müssen wir Vorsichtsmaßnahmen ergreifen. Spanien hat es seit Jahren besessen und keinen Anlass für einen Konflikt geboten. Seine Grundeinstellung ist friedlich, machtpolitisch ist es eher schwach, was uns ermöglichte, uns dort so zu etablieren, dass wir Spaniens Oberhoheit kaum bemerkt haben. Es hätte sicher nicht lange gedauert, bis ihm die Abtretung an uns für irgendeinen Preis verlockend erschienen wäre. Mit Frankreich als Besitzer wird das niemals so sein. Sein Temperament ist leicht erregbar, es ist von großer Energie und sein Charakter ist rastlos. New Orleans würde ein Konfliktpunkt zwischen uns sein. Wir dagegen lieben den Frieden, streben nach Wohlstand und verachten Besitz, der mit Gewalt und Drangsalierung erworben wurde. Außerdem sind wir unternehmungslustig und energiegeladen wie kein anderes Land auf Erden – all dies spricht dafür, dass die Vereinigten Staaten und Frankreich nicht lange Freunde bleiben können, wenn sie an einem solchen Brennpunkt aufeinander treffen."[2]

Die Konsequenzen von Frankreichs erneutem Auftritt auf dem amerikanischen Kontinent waren für die außenpolitische Position der USA schwerwiegend. Die traditionelle Neutralität, das Abseitsstehen bei dem großen europäischen Konflikt, der sich (mit kleinen Unterbrechungen) von 1792 bis 1815 hinzog, wäre kaum noch möglich gewesen. „Der Tag, an dem Frankreich New Orleans in seinen Besitz nimmt", schrieb Jefferson, „besiegelt das Bündnis zweier Nationen, die in Zusammenarbeit die alleinige Herrschaft der Meere aufrechterhalten können. Von diesem Moment an müssen wir uns mit der britischen Nation und ihrer Flotte liieren."[3]

Verhandlungen um Louisiana

Frankreich war konstitutionell in diesem Jahr 1803 fast das genaue Gegenteil der amerikanischen Demokratie. Wenn es um politische Entscheidungen ging, „gibt es kein Volk, keine Gesetzgebende Versammlung, keine Beratergremien. Ein Mann ist alles. Er fragt selten um Rat und hört niemals auf ihn, wenn er ungebeten geäußert wird. Seine Minister sind nicht mehr als Buchhalter, seine Legislative und seine Staatsräte nicht mehr als eine Wachparade."[4] Der Mann, der diese nüchterne Analyse über Napoleon und sein autokratisches Regierungssystem seiner Feder anvertraute, hieß Robert R. Livingston, kam aus New York und agierte als Botschafter der Vereinigten Staaten in Paris. Die Tatsache, dass er bis an die Grenze der Ertaubung schwerhörig war, machte seine beiden Aufgaben nicht unbedingt leichter, die ihm Thomas Jefferson mit auf den Weg gegeben hatte. Er sollte zum einen herausfinden, ob die Übertragung der Hoheitsrechte über Louisiana von Spanien an Frankreich nicht noch verhindert werden konnte und zum anderen eruieren, ob man, so Frankreich denn wirklich der neue Besitzer dieses Territoriums war, nicht über einen Verkauf des strategisch so wichtigen New Orleans verhandeln konnte.

Im Januar 1803 sandte Jefferson personelle Verstärkung für Livingston nach Paris, worüber der Botschafter vermutlich wenig erfreut war, handelte es sich bei dem *Minister Extraordinary* (Minister ohne Geschäftsbereich) doch um einen Intimus des Präsidenten. Er hieß James Monroe und war nicht nur Jeffersons Nachbar in Albemarle County, Virginia[5], sondern auch einer seiner engsten Vertrauten. Zwanzig Jahre später würde eben dieser James Monroe selbst amerikanischer Präsident sein und eine seinen Namen tragende Doktrin formulieren, die einer erneuten Inbesitznahme amerikanischen Bodens durch europäische Kolonialmächte einen Riegel vorschob. Die Entsendung Monroes diente auch einem innenpolitischen Zweck, galt der junge Anwalt doch als Interessenvertreter des Westens, sodass die Opposition Jefferson nicht ohne weiteres den Vorwurf machen konnte, der alte Freund Frankreichs würde der Entwicklung an der Peripherie der Nation tatenlos zusehen.

James Monroe, der amerikanische Sonderbotschafter in Paris und einer der Unterzeichner des Vertrages.

Bis zu Monroes Eintreffen versuchte Livingston, ein erfahrener Unterhändler und einer der Unterzeichner der amerikanischen Unabhängigkeitserklärung, sich Klarheit über Talleyrands Position zu verschaffen. Der extrem geschmeidige Außenminister, der im Laufe seines Lebens sämtlichen Systemen, dem königlichen, dem revolutionären, dem napoleonischen und schließlich abermals dem der Bourbonen diente, dachte durchaus daran, den Albtraum Jeffersons zur Realität werden zu lassen. Die Amerikaner waren für ihn ein gieriges Volk von Krämerseelen, darin den Engländern durchaus verwandt: „Es gibt keine andere Möglichkeit, dem Ehrgeiz der Amerikaner ein Ende zu setzen, als sie innerhalb der Grenzen einzuschließen, die ihnen die Natur vorgegeben hat. Spanien ist nicht in der Lage, diese große Aufgabe allein zu vollführen. Die Französische Republik wird für die vereinten Anstrengungen von England und Amerika ein undurchdringlicher Wall von Messing sein."[6] Nichtsdestotrotz verblüffte Talleyrand seinen Verhandlungspartner mit seiner Forderung nach einer Geldzahlung in Höhe von 250 000 Dollar für seine Privatschatulle, um ein gedeihliches Klima bei den Gesprächen zu gewährleisten – was Livingston degoutant fand und diplomatisch überhörte (wofür er sich kaum verstellen musste).

Talleyrand indes fand für seine Haltung keinen Rückhalt bei der einzigen Instanz, auf die es in Frankreich ankam: Napoleon. Dessen Begeisterung für ein überseeisches Imperium hatte einen Dämpfer bekommen, als die teils freien, teils versklavten Menschen afrikanischer Abstammung auf der Insel Santo Domingo die Freiheitsideale der Französischen Revolution für sich entdeckten und sich anschickten, unter ihrem charismatischen Anführer Toussaint L'Ouverture die erste schwarze Republik in der westlichen Hemisphäre zu errichten. Napoelon schwankte zunächst zwischen ideologischer Solidarität mit einem Volk, das die Fesseln des Feudalismus abgeworfen hatte („Vergesst nicht, tapfere Neger, dass allein Frankreich Eure Freiheit und Eure Gleichberechtigung anerkennt"[7]) und den überkommenen machtpolitischen Reflexen einer Kolonialmacht. Letztere gewannen schließlich die Überhand, und der Autokrat setzte ein Expeditionskorps unter General Charles Leclerc in Richtung Karibik in Bewegung, das dem Unabhängigkeitsstreben der Inselbevölkerung ein Ende setzen sollte. Bemerkenswerterweise konnte sich in diesem Punkt Frankreich der Sympathie seines Erzrivalen Englands ebenso wie jener der USA sicher sein – keine dieser Mächte, am allerwenigsten die in ihrer südlichen Hälfte auf Sklavenhaltung zurückgreifenden Vereinigten Staaten, hatte ein Interesse am Gedeihen eines unabhängigen Staates mit Einwohnern und Regierenden dunkler Hautfarbe. Die Expedition Leclercs wurde jedoch zum Desaster. Zunächst entwickelte sich der Feldzug zu einem verlustreichen Guerillakrieg, dann dezimierte das Gelbfieber die Armee und beraubte das Heer sogar seines Befehlshabers. Napoleon soll frustriert ausgerufen haben: „Verdammter Zucker! Verdammter Kaffee! Verdammte Kolonien!"[8]

Am 10. April 1803 ließ Napoleon seinen Finanzminister François Barbé-Marbois wissen: „Ich kann kaum sagen, dass ich etwas an sie abtrete, denn es ist noch gar nicht richtig in unserem Besitz. Sie fragen nach einer Stadt in Louisiana, doch ich betrachte bereits die ganze Kolonie als verloren. Und es erscheint mir, dass es in den Händen dieser aufstrebenden Macht der Politik und auch dem Handel Frankreichs nützlicher ist, als wenn Frankreich versuchen würde, sie zu behalten … Ich trenne mich von Louisiana. Es ist nicht nur New Orleans, das ich abtrete, sondern die ganze Kolonie. Ich weise Sie an, sich um diese Affäre zu kümmern. Sprechen Sie direkt mit Mr. Livingston."[9] Als die Franzosen Livingston am nächsten Tag mit der Frage konfrontierten, was er denn für das gesamte Louisiana auf den Tisch zu legen gedenke, glaubte der Diplomat wieder einmal, seinen Ohren nicht trauen zu können. In den nächsten Tagen begann ein fröhliches Gefeilsche um den Preis. Die Verhandlungen kamen jedoch zu einem zügigen Ende, als Sonderbotschafter Monroe dem Ersten Konsul höchst-

Louisiana Purchase Treaty: Originalschrift des Vertrages. Dahinter ein Stadtplan der Stadt New Orleans.

51

selbst vorgestellt wurde, der sein Interesse an einer baldigen Einigung bekundete. Und so geschah es. Am 30. April 1803 setzten Livingston, Monroe und Barbé-Marbois ihre Unterschriften unter das Dokument, das mit einem Schlag die Landfläche der USA verdoppelte. Der Kaufpreis belief sich auf umgerechnet 15 Millionen Dollar. Das Gebiet umfasste – vollständig oder teilweise – nicht weniger als 13 Bundesstaaten: Louisiana, Arkansas, Missouri, Iowa, North Dakota, South Dakota, Nebraska, Kansas, Wyoming, Minnesota, Oklahoma, Colorado und Montana. Bei einem Preis von rund 18 Dollar pro Quadratmeile war es zweifellos ein gutes Geschäft.

Jefferson war sich bewusst, dass er bzw. seine Abgesandten die Befugnisse der Exekutive „ein wenig gedehnt" hatten, wie seine Parteifreunde es diplomatisch ausdrückten. Über ein so epochales Ereignis hätte der Kongress mitentscheiden müssen, wozu es dann im Oktober und nach teilweise heftiger Debatte kam. Am 20. Dezember 1803 wurde in New Orleans in einer feierlichen Zeremonie und unter Abfeuern mehrerer Salven von Salutschüssen die Trikolore eingeholt und das Sternenbanner gehisst.

Die Lewis- und Clark-Expedition

Schon Monate vor dem Vertragsabschluss hatte Jefferson, der begeisterte Naturforscher, mit der Ausstattung einer Expedition begonnen, die das kaum besiedelte Land westlich des Mississippi erkunden sollte. Er beauftragte am 20. Juni 1803 zwei Offiziere, Meriwether Lewis und William Clark, mit einer kleinen, letztlich aus 30 Männern und einem Hund bestehenden Gruppe, einen Weg zum Pazifik zu finden und unterwegs Proben von Fauna und Flora zu sammeln, klimatische wie geologische Daten zu erheben sowie die Lebensweise der verschiedenen Indianerstämme zu beobachten und zu beschreiben. Die Expedition, die im November 1805 den Pazifik erreichte, wurde zu einer amerikanischen Legende und der ausführlich dokumentierte Bericht von Lewis und Clark gab dem Präsidenten und dem Kongress einen realistischen Eindruck von dem riesigen neuen Land, das nun zu den USA gehörte.

Die Bedeutung des *Louisiana Purchase*, des Erwerbs von Louisiana, für die weitere Entwicklung der Vereinigten Staaten kann kaum überschätzt werden, es war das Meisterstück der Präsidentschaft Jeffersons. Ein halber Kontinent war mit einem Federstrich gewonnen worden, kein Tropfen Blut wurde dabei vergossen – anders als in Europa, wo fast ein Vierteljahrhundert Krieg um die Vorherrschaft und um immer neue Grenzziehungen zwischen dem zunächst revolutionären, dann imperialem Frankreich und seinen wechselnden Feinden geführt wurde. Und den Vorbesitzer des Louisiana-Territoriums, das aggressive

Frankreich des Diktators und selbst gekrönten Kaisers Napoleon, mit dem Vertrag aus dem Hinterland der USA herausgehalten zu haben, war ein weiterer positiver Aspekt des größten Immobiliendeals der amerikanischen Geschichte. „Wir haben unsere Rechte", so schrieb eine der Regierung Jefferson nahe stehende Zeitung, „auf friedlichem Wege durchgesetzt. Wahrheit und Vernunft waren stärker als das Schwert."[10]

Der vielleicht bedeutendste amerikanische Historiker des 19. Jahrhunderts, Frederick Jackson Turner, sah in dem Kauf Louisianas den Beginn des Aufstieges der USA: „Der Erwerb von Florida, Texas, Kalifornien und der im Spanisch-Amerikanischen Krieg eingenommenen Besitzungen sind in gewisser Weise Folgeerscheinungen dieses epochalen Ereignisses. Frankreich, England und Spanien, von den strategischen Punkten an unseren Grenzen entfernt, konnten jene Kontrollpunkte nicht einnehmen, von denen aus sie das Schicksal jener amerikanischen Provinzen hätten beeinflussen können, die bald darauf gegen das Spanische Kolonialreich rebellierten. Ohne den Kauf von Louisiana wäre die Monroe-Doktrin nicht möglich gewesen. Sie war die logische Konsequenz dieser Gebietserweiterung. Indem die Vereinigten Staaten den entscheidenden Schritt über den Mississippi machten, vergrößerten sie den Horizont ihres Bewusstseins und marschierten stetig auf den Besitz des Pazifischen Ozeans zu [i. e. die Inbesitznahme der Pazifikküsten mit den modernen Staaten Kalifornien, Oregon und Washington]. Es war dieses Ereignis des *Louisiana Purchase*, von dem sich der Aufstieg Amerikas zu einer Weltmacht ableitet."[11]

Anmerkungen

1 The Writings of Thomas Jefferson. Ed. by PAUL LEICESTER FORD. 10 Vols. New York 1892–1899. Vol. 10, S. 140.
2 Writings of Jefferson, Vol. 8, S. 144–145.
3 Writings of Jefferson, Vol. 9, S. 365.
4 ROBERT W. TUCKER and DAVID C. HENDRICKSON: Empire of Liberty. The Statecraft of Thomas Jefferson. Oxford 1990. S. 101.
5 Monroes Anwesen, Ashlawn-Highland, liegt nur wenige Kilometer von Jeffersons Monticello entfernt am Rande der Blue Ridge Mountains unweit der Stadt Charlottesville, dem Sitz der von Jefferson gegründeten und teilweise architektonisch konzipierten University of Virginia.
6 ALF J. MAPP: Thomas Jefferson. Passionate Pilgrim. Lanham, Maryland, 1991. S. 48.
7 MAPP, S. 49.
8 MAPP, S. 50.
9 MAPP, S. 52.
10 National Intelligencer, 8. Juli 1803.
11 FREDERICK JACKSON TURNER: The Frontier in American History. New York 1920. S. 100.

„Unsere Fahne hält Wacht"

14. September 1814

Fragt man Amerikaner nach den dunkelsten Tagen ihrer Geschichte, wird die Antwort entweder „Pearl Harbor" oder „September Eleven" lauten. Die große zeitliche Distanz und, so mag man argwöhnen, oft auch ein begrenztes Wissen um die eigene Geschichte haben ein anderes Ereignis in den Schatten treten lassen, bei dem sich die USA in einer viel prekäreren Lage befunden haben als nach dem japanischen Überfall auf Hawaii und den Terroranschlägen auf das World Trade Center und das Pentagon. Im August 1814 nämlich war die Hauptstadt Washington in Feindeshand, das Capitol und das Weiße Haus (das allerdings noch nicht diesen Namen trug, sondern als *The President's Mansion* galt) waren zerstört, und manch ein Beobachter fragte sich, ob das Land angesichts einer so ausweglosen militärischen Situation als souveräner Staat überhaupt würde überleben können.

Die Vereinigten Staaten hatten 1812 Großbritannien den Krieg erklärt, was kein besonders weiser Akt gewesen war. Napoleon I. hatte nach seinem Fiasko in Russland seinen Zenit ganz offensichtlich überschritten, England würde bald seine immense militärische Macht nicht länger ausschließlich gegen Frankreich einsetzen müssen.

Ein Teil der amerikanischen Beschwerden, die sich vornehmlich gegen Englands Übergriffe auf den amerikanischen Handel und gegen die britische Gewohnheit, amerikanische Seeleute zwangsweise in den Dienst der Royal Navy zu stellen, richteten, wurde gegenstandslos, als die britische Regierung einen entsprechenden Erlass, die *Orders in Council*, aufhob. Wegen der Ermordung von Premierminister Spencer Perceval verzögerte sich die Umsetzung dieses Entschlusses jedoch um einige Wochen, die Kunde davon erreichte Washington indes erst, als der Kongress und Präsident James Madison zum Feldzug gegen die Briten aufgerufen hatten, gut dreißig Jahre nach Yorktown.

Krieg gegen Großbritannien 1812–1814

Der Konflikt wurde von Madison als „zweiter Unabhängigkeitskrieg" angesehen, doch das Land war weder militärisch noch wirtschaftlich auf eine längere Auseinandersetzung vorbereitet, noch war es einig. Vor allem in Neu-England gab es massiven Widerstand gegen den Krieg mit dem ehemaligen Mutterland. Die in schlechter Verfassung befindlichen Streitkräfte der USA mussten demütigende Niederlagen einstecken, lediglich der Sieg eines kleinen Geschwaders von Segelschiffen auf dem Lake Erie unter Commodore Oliver Hazard Perry ließ die nationale Moral nicht völlig auf einen Tiefpunkt sinken.

Im August 1814 jedoch schienen die USA am Ende. Ein britisches Expeditionskorps landete unbehelligt in der Chesapeake Bay, der Versuch der amerikanischen Armee, die Invasoren bei Bladensburg, vor den Toren der Hauptstadt, aufzuhalten, scheiterte kläglich. Am Abend des 24. August waren die Briten in Washington. Sie setzten das Capitol in Brand und auch das Haus des Präsidenten, brandschatzten und terrorisierten die Einwohner. Die Regierung war geflohen, Präsident Madison irrte mit seinen engsten Beratern drei Tage lang durch Maryland und Virginia, auf der Suche nach seinen Ministern, seiner Familie und einem Weg, das Land durch dieses Tal der Tränen zu führen. Immerhin, der Himmel hatte ein Einsehen mit den Amerikanern. An diesem auch meteorologisch finsteren Abend ballte sich ein Sommergewitter zusammen, das seinen Niederschlag auf die geschundene Hauptstadt herabregnen ließ und das Werk der von den Briten gelegten Brände stoppte – für viele *Washingtonians* ein Zeichen von ganz oben, das zu Hoffnung Anlass gab.

Nach dieser beispiellosen Demütigung des Gegners – der britische Admiral George Cockburn hatte im Präsidentenhaus noch ein Glas auf das Wohl von „*Little Jemmy*" (Madison war von kleinem Wuchs) erhoben und angeblich ein Kissen aus First Lady Dolley Madisons Schaukelstuhl mitgenommen und gespottet, diese Beute würde ihn stets an der Dame Gesäß erinnern – war die Hafenstadt Baltimore das nächste Ziel der Briten. Wäre es, so wurde spekuliert, mit Amerikas Unabhängigkeit vorbei, würde man abermals unter die Herrschaft der britischen Krone geraten, wenn auch dieses Tor des amerikanischen Handels dem Feind in die Hände fiele?

Die Invasionsstreitmacht näherte sich von Osten der nur notdürftig befestigten Stadt. Für die Einnahme Baltimores erachteten die Briten ein enges Zusammenwirken mit ihrer die Chesapeake Bay beherrschenden Flotte für unabdingbar. Der Beschießung und nachfolgenden Eroberung der Stadt stand eigentlich nur eine bescheidene Festung an einer die Hafeneinfahrt von Baltimore einengenden Landzunge im Wege: Fort McHenry. In dem sternförmig angelegten Fort erwartete Major George Armistead mit ungefähr 600 Soldaten den Angriff der Briten.

Auf dieses Ereignis hatte sich Armistead bereits seit dem vergangenen Sommer vorbereitet, als schon einmal mit einer Beschießung Baltimores gerechnet wurde. Es waren weniger Granaten für seine Kanonen und Munitionsvorräte, die den Major beschäftigten, als vielmehr etwas ganz anderes, das er für die würdige Begrüßung des Feindes für unverzichtbar erachtete.

Damals hatte er seinem Vorgesetzten geschrieben: „Wir in Fort McHenry, Sir, sind bereit, Baltimore gegen eine feindliche Invasion zu verteidigen. Das heißt: wir sind mit der einzigen Ausnahme bereit, dass wir keine würdige Fahne besitzen, die wir über dem Stern des Forts hissen können. So ist es mein Wunsch, eine Flagge zu haben, die so groß ist, dass die Briten keine Schwierigkeiten haben, sie aus der Entfernung zu sehen.“[1]

Armisteads Wunsch ging in Erfüllung. Eine in Baltimore lebende Fahnen-näherin, die Witwe Mary Young Pickersgill, und ihre dreizehnjährige Tochter Caroline fertigten eine gewaltige Flagge an, bestehend aus acht roten und sieben weißen Streifen und geziert von 15 Sternen – eine Arbeit, für die insgesamt 400 Yard Stoff verbraucht wurden. Und in den ersten Septembertagen konnte Armistead sie in der Tat den Briten zeigen, denn ihre Armada aus Fregatten, Linienschiffen, Mörserbooten, Brandern und – die neueste Erfindung – Segel-booten, die als schwimmende Abschussrampen für Raketen dienten, näherte sich langsam und bedrohlich dem kleinen Fort.

Frances Scott Key

Was die nun folgenden Ereignisse zu einer Saga machten, die einen heraus-ragenden Platz im patriotischen Bewusstsein der USA einnimmt, war die An-wesenheit eines Mannes bei der britischen Flotte, der dort gar nicht hingehörte. Sein Name war Francis Scott Key. Key war ein junger und durchaus angesehener Anwalt aus Georgetown, der sich in diesem kleinen Vorort Washingtons der Wertschätzung seiner Nachbarn und Klienten sowie des ständigen Wachstums seiner Familie erfreute – er und seine Gattin Mary sollten es auf insgesamt sechs Söhne und fünf Töchter bringen. Was ihn in die Kriegswirren verwickelte, war folgendes Randereignis: Beim Rückzug aus Washington hatten die Briten in der Ortschaft Upper Marlboro in Maryland einen Arzt, Dr. William Beanes, mit-genommen, der Admiral Cockburn und den britischen General Robert Ross auf später nicht mehr nachvollziehbare Weise verärgert hatte. Die Freunde Beanes fürchteten, man werde den alten Arzt als Spion hängen und schickten nach Key, um bei den Briten zu vermitteln. Zusammen mit dem amerikanischen Beauf-tragten für Fragen des Gefangenenaustauschs, Colonel John Skinner, machte sich Key auf den Weg zur britischen Flotte, auf deren Flaggschiff *Tonnant* Beanes als

Gefangener gehalten wurde. Die Emissäre näherten sich dem riesigen Linienschiff mit einem Beglaubigungsschreiben Präsident Madisons sowie den schriftlich fixierten Aussagen verwundeter britischer Soldaten, die sich dankbar über die von Beanes geleistete medizinische Hilfe äußerten.

Es waren diese Briefe, die bei den britischen Offizieren einen Stimmungsumschwung auslösten. Man teilte Key mit, dass Beanes frei gelassen werde. Allerdings hätten die amerikanischen Unterhändler zu viel von den britischen Angriffsvorbereitungen mit ansehen können, als dass man sie jetzt zu den eigenen Linien zurückkehren lassen dürfte. Für die Dauer des Angriffs musste Key mit seinen beiden Landsleuten sich folglich als „Gast" Georgs III. betrachten. Die drei wurden auf ein kleineres Schiff gebracht und mussten miterleben, wie sich um 7 Uhr morgens am 13. September 1814 die Schlünde der Geschütze öffneten und sich ein Regen aus Feuer und Stahl über Fort McHenry, Major Armistead und seine Männer zu ergießen begann. Das ohrenbetäubende Bombardement dauerte fast 25 Stunden. Mehr als 1500 Granaten und Kanonenkugeln, manche bis zu 220 Pfund schwer, wurden auf die kleine Festung abgefeuert. In den Nachmittagsstunden näherten sich kleinere britische Schiffe dem Fort, um den Coup de grace auszuführen. Armistead, der das Bombardement aus großer Entfernung reaktionslos über sich hatte ergehen lassen müssen, wartete, bis die Bote in Reichweite seiner Geschütze waren und feuerte dann aus allen Rohren, sodass der ganze Baltimorer Hafen in seinen Grundfesten erschüttert schien. Die ramponierten britischen Boote zogen sich zurück, die Beschießung des Forts durch die Hauptflotte ging weiter. Die Raketen gaben in der darauf folgenden Nacht dem Schauspiel einen unheimlichen, bizarren Charakter.

Kurz vor Tagesanbruch stellten die Geschütze plötzlich das Feuer ein. Eine unheimliche Stille lag über dem Wasser. Francis Scott Key stand an Deck und blickte angespannt in die Dunkelheit, dorthin, wo Fort McHenry lag – oder was noch von ihm übrig war. Um 5 Uhr 50 sollte die Sonne aufgehen, doch an diesem Morgen des 14. September war der Himmel von dichten Regenwolken bedeckt und die Luft diesig. Key musste seine Anspannung zügeln, während er unruhig auf dem Deck auf und ab ging. Nach etwa einer Stunde kam eine frische Brise von der Bucht auf und vertrieb die Morgennebel. Atemlos vor Sorge setzte Key sein Teleskop an, blickte nach Nordwesten – und dann sah er es. Über den Wällen des Forts wehte, leicht beschädigt, aber unverwechselbar, das Symbol für die Entschlossenheit und den Widerstandswillen der Besatzung: Major Armisteads überdimensionale Fahne: *The Flag was still there!* Die ganze gewaltige militärische Überlegenheit, die ungeheure Feuerkraft – es hatte den Briten nichts genützt. Fort McHenry hatte nicht kapituliert, bewachte wie eh und je die Einfahrt zum Hafen von Baltimore und, wie Key bald darauf erfahren sollte, auch dem Angriff von der Landseite hatte die Stadt getrotzt. Britanniens Griff nach

Amerika und seiner Freiheit war, wie einst bei Lexington, bei Saratoga, bei York-town, erneut gescheitert. Der Hobby-Dichter Key griff zu einem Blatt Papier (der Rückseite eines alten Briefumschlags) und fasste seine Emotionen in Worte:

„O say can you see, by the dawn's early light
What so proudly we hailed at the twilight's last gleaming?
Whose broad stripes and bright stars thru the perilous fight,
O'er the ramparts we watched were so gallantly streaming?
And the rocket's red glare, the bombs bursting in air,
Gave proof thru the night that our flag was still there.
Oh, say does that star-spangled banner yet wave
O'er the land of the free and the home of the brave?"

„Sagt an, könnt ihr sehen im Licht, das erwacht,
Was so stolz wir begrüßt, als der Abend verglühte,
Breite Streifen, helle Sterne, die in mordender Schlacht
Über'm Wall, den wir hielten, erhaben geflutet?
Und die Blitze der Schlacht machten taghell die Nacht,
Zeigten leuchtend uns an: Unsere Fahne hält Wacht.
O sagt, ob das glorreiche Sternenbanner noch weht.
Über unserem freien Land, wo der Tapferen Heim steht."

Nach Baltimore zurückgekehrt, veröffentlichte Key sein Gedicht (das noch drei weitere Strophen enthält) unter dem Titel *„Defence of Fort McHenry"*, doch bald wurde es im ganzen Land als *„The Star-Spangled Banner"* bekannt. Gesungen wurde es zu einer weithin bekannten englischen Melodie von John Stafford Smith, dem Lied „Anacreon in Heaven".[2]

Es war Keys einziger denkwürdiger Ausflug in die Welt der Poesie. Er wurde ein angesehener Jurist, der auch gelegentlich Fälle vor dem Obersten Bundesgericht vertrat, und starb hoch geehrt am 11. Januar 1843. Seine Ode an sein Land wurde 1931 durch den Kongress offiziell zur amerikanischen Nationalhymne erklärt.

Anmerkungen

1 WALTER LORD: By the Dawn's Early Light. Baltimore 1994. S. 274.
2 „Anacreon in Heaven" entstand um 1780. Es war das Clublied der von 1772–1792 be-stehenden „Anacreonetic Society" in London. Zur amerikanischen Nationalhymne siehe beispielsweise auch im Internet unter: www.nordamerikacenter.de/stars&stripes.htm. Deutsche Übersetzung zit. n.: Nationalhymnen. Texte und Melodien. Ditzingen [9]2000, S. 203.

Alamo: „Die Wiege der texanischen Unabhängigkeit"

6. März 1836

Texas war schon immer etwas Besonderes. Der Staat ist nicht nur der flächen-mäßig größte (abgesehen von dem weit entlegenen Alaska) der USA, seine Bewohner verfügen auch über ein fast „nationales" Bewusstsein, wie man es in dieser Ausprägung allenfalls noch in Kalifornien, aber sicher nicht in Arkansas, Delaware oder Nebraska findet. Zu diesem ausgeprägten Stolz auf dem *Lone Star State* trägt neben der Weite des Landes vor allem die distinkte texanische Kultur bei und zweifellos auch das Wissen darum, dass Texas eine historische Entwicklung durchlaufen hat wie keiner der 49 anderen Staaten. Denn welcher andere Bundesstaat war einst ein formal unabhängiges Land, eine eigenständige Republik? Die historische Tradition des modernen Industriestaates basiert auf den Aktionen von Persönlichkeiten, die heute wegen ihres alles andere als strom-linienförmigen Charakters wohl kaum eine Chance hätten, in einer demokra-tischen Wahl in Führungspositionen zu gelangen, die jedoch in den unvergleich-lich raueren Tagen der texanischen Pionierzeit Geschichte schrieben – eine Geschichte, die für Texas und viele Amerikaner im übrigen Land längst zum Mythos geworden ist: Ein Mythos, in dessen Mittelpunkt der Untergang einer kleinen Streitmacht stand, die nie eine wirkliche Chance gehabt hatte …

Die Einwanderung angelsächsischer Siedler in jenes weitgehend unbewohnte Gebiet (sieht man von den dort heimischen Indianerstämmen der Kiowas, Komanchen und Apachen ab), das später einmal Texas darstellen sollte, wurde zunächst von der spanischen Kolonialverwaltung begrüßt. Auch die Regierung des neu entstandenen Staates Mexiko rückte in den 1820er Jahren von dieser Politik nicht ab. Das Land, das gerade seine Unabhängigkeit erkämpft hatte, sah in den neu entstehenden Siedlungen und Farmen einen Schutzwall gegen die Übergriffe der Indianer. Es war eine Region, die weit ab von der Zentralgewalt in Mexiko-Stadt lag und in die der regelmäßig von inneren Unruhen erschütterte mexikanische Staat keine größeren Armee-Einheiten schicken konnte und wollte. Der Anführer der Siedlungsbewegung nach Texas war ein aus Louisiana stam-

Der mexikanische General Antonio López de Santa Anna (1797?–1876). Lithografie von L. Garces nach zeitgenöss. Bildnis.

mender Farmer namens Moses Austin. Sein Sohn, Stephen Fuller Austin, wurde einer der Gründerväter der texanischen Republik. Auch die aus Mexiko stammenden Siedler in *Tejas* begrüßten die Neuankömmlinge, ungeachtet der religiösen, sprachlichen und kulturellen Unterschiede, mit offenen Armen. Einer Siedlung der *americanos*, die diese freundlicherweise nach dem Gouverneur der Provinz Gonzales nannten, schenkten die Mexikaner sogar ein Kanone, einen Sechspfünder. George Washingtons Artilleriechef, der ehemalige Buchhändler Henry Knox, hätte den bescheidenen Böller vermutlich nur mitleidig belächelt, in der Prärie indes war das Geschütz ein imposantes Prachtstück der zeitgenössischen Rüstungsindustrie. Kurioserweise entzündete sich um diese Kanone der erste ernsthafte Streit zwischen Mexikanern und nordamerikanischen Siedlern.

Ab 1830 verschlechterte sich das Klima zwischen den Siedlern und der Regierung rapide. Der Machthaber Mexikos, Antonio López de Santa Anna, Präsident und General in Personalunion, warf nicht nur die Verfassung von 1824, der sich die Siedler verpflichtet fühlten, über Bord und machte sich zum Diktator, was bei Zuwanderern aus den USA keine Sympathie erwecken konnte. Er verbot auch jede weitere Emigration nach Texas und erklärte diejenigen, die dennoch kamen, zu Illegalen. Als Truppen unter seinem Befehl mit aller Brutalität gegen Oppositionelle in Zacatecas vorgingen, war das Band zwischen Präsident und texanischen Untertanen zerschnitten. Stephen Austin, der nach Mexiko City geritten war, um die Chancen für eine unabhängige texanische Republik zu eruieren, wurde von Santa Annas Schergen kurzerhand in den Kerker geworfen.

Dann entzündeten sich die Leidenschaften an Kleinigkeiten. Ein missgelaunter mexikanischer Soldat schlug einen angelsächsischen Texaner, Jesse McCoy, mit dem Kolben seiner Muskete nieder. Der Kommandant der kleinen mexikanischen Garnison in der Provinzhauptstadt San Antonio de Béxar forderte darauf von den Texanern die Kanone von Gonzales zurück. Er sandte eine Kompanie Soldaten aus, um des Geschützes habhaft zu werden. Als sie an den Guadalupe

River kamen, hatte sich auf der anderen Seite des Flusses eine kleine Gruppe Texaner versammelt, wild entschlossen, ihren gesamten Artilleriepark zu verteidigen. Die historisch Belesenen mochten sich an den Ausbruch des Amerikanischen Unabhängigkeitskrieges bei Lexington im April 1775 erinnert fühlen. Der Reverend, der den Texanern geistlichen Beistand gab, spielte denn auch auf die Parallele zum Land ihrer Ahnen an, als er beschwor, dass „das gleiche Blut, welches die Herzen unserer Vorfahren anno '76 animiert hat, auch in unseren Adern fließt."[1] Die Texaner befestigten auf ihrer Flussseite ein weißes Banner, auf dem eine Kanone zusammen mit der Aufforderung aufgemalt war *„Come and take it"*. Allerdings waren es die Texaner, die kamen. In der Nacht auf den 2. Oktober 1835 gingen sie bei dichtem Nebel über den Fluss und griffen die Mexikaner an. In dem Feuergefecht kamen wahrscheinlich ein oder zwei Mexikaner ums Leben. Der texanische Blutzoll bestand in dem Missgeschick eines ihrer Reiter, dessen Pferd durch das Gewehrfeuer nervös wurde und den Kämpfer abwarf, der sich mit blutender Nase in sein Lager zurückziehen musste.

Die angelsächsischen Texaner und auch einige ihrer spanisch sprechenden Landsleute formten eine politische Vertretung, schlicht *council* genannt, und eine *Army of the People* für die als unvermeidbar angesehenen künftigen Auseinandersetzungen mit Mexiko – sah man doch in der „Schlacht von Gonzales" nur den Beginn einer zweifellos bald eskalierenden Auseinandersetzung. Zu ihrem Anführer wählten die Texaner Stephen F. Austin, der neben dem bekannten Abenteurer James Bowie (dem Namensgeber des im Westen weithin berühmten *Bowie knife*) noch William B. Travis und James Fannin zu seinen wichtigsten Vertrauten ernannte. Keiner dieser Männer verfügte über nennenswerte politische oder militärische Erfahrung. Diese sollten viele von ihnen schon am 28. Oktober erwerben, als es bei Concepcider unweit von San Antonio und somit von dem Schauplatz des sich wenige Monate später abspielenden Dramas, zu einem größeren Gefecht mit den Mexikanern kam. Die Leichtigkeit des Sieges verführte die Texaner dazu, ihren Gegner zu unterschätzen. Nicht zuletzt auf Grund ihrer besseren Gewehre und der miserablen Qualität des mexikanischen Schießpulvers errangen die Texaner einen überwältigenden Sieg. Nur einer der ihren blieb auf der Wahlstatt, während die Mexikaner 76 Tote und Verwundete zu beklagen hatten.

Sam Houston – der „Vater von Texas"

Über das weitere Vorgehen herrschte auf Seiten der Texaner keine Einigkeit. Einige – vor allem die erst in jüngster Zeit Eingewanderten – wollten die volle staatliche Unabhängigkeit, andere sahen lediglich das diktatorische Regime

Santa Annas als Feindbild und strebten nach Wiederherstellung der von dem Generalissimo außer Kraft gesetzten mexikanischen Verfassung von 1824. Während ein völlig unorganisierter Trupp Bewaffneter die mexikanische Garnison bei San Antonio belagerte, suchte eine provisorische Regierung Material und vor allem Geld (in Form von Krediten der USA) zu beschaffen. Auf Grund von Austins angeschlagener Gesundheit und wegen der fast ständigen personellen Streitereien und Intrigen innerhalb der texanischen Führungsschicht ernannte man Sam Houston zum Oberbefehlshaber einer noch nicht existenten texanischen Armee. Houston immerhin war eine weit über Texas hinaus bekannte Persönlichkeit. Zwanzig Jahre zuvor hatte er in den Indianerkriegen unter Andrew Jackson eine wichtige Rolle gespielt und war Gouverneur von Tennessee gewesen. Sein Ruf war trotzdem nicht der beste, einige seiner neuen Mitstreiter fanden seinen selbst für texanische Verhältnisse derben Wortschatz und sein Trinkvermögen recht degoutant. Eine Zeit lang hatte Houston als Händler bei den Cherokee gelebt und sich eine Frau aus diesem Stamm als Gefährtin genommen. Der Beiname, den ihm die Cherokee gaben, war nicht unbedingt eine Empfeh-

Der „Alamo" in San Antonio, Texas.

lung: *big drunk* (Trunkenbold). Seine Streitmacht bestand aus 1120 Mann, von denen je ungefähr die Hälfte als *regulars* (Berufssoldaten) bzw. als *volunteers* (Freiwillige) galten. Die Disziplinlosigkeit war neben dem Mangel an Lebensmitteln, Munition und einheitlichen Uniformen ein Hauptproblem für den neuen General. Nichtsdestotrotz gelang den Texanern noch vor Jahresende der Sturm der Festung von San Antonio de Béxar und die Vertreibung des letzten nennenswerten Kontingents der mexikanischen Armee von texanischem Boden.

Die Antwort Santa Annas ließ nicht lange auf sich warten. Der Diktator legte vorübergehend pro forma das Präsidentenamt nieder und setzte sich an die Spitze der mexikanischen Armee, um die Rebellion in der fernen Provinz persönlich niederzuschlagen. Die Siegesgewissheit der Mexikaner war vermutlich noch größer als die ihrer Gegner, betrachteten sie die englischsprachigen Texaner doch als rüde Hinterwäldler. In einem Punkt waren viele der texanischen Freiwilligen den Soldaten der regulären mexikanischen Armee jedoch überlegen. Ihre Gewehre waren in der Hand eines erfahrenen Jägers und Waldläufers mit einer gegenüber den mexikanischen Musketen doppelt so großen Reichweite eine tödliche Waffe. Trotzdem schien die Streitmacht von mehr als 6000 Mann, die sich mit Santa Anna an der Spitze in Bewegung setzte, kaum überwindbar. Während die Texaner versuchten, ihre Streitkräfte zu ordnen und neue amerikanische Freiwillige anzuwerben, stellte sich eine kleine Einheit von etwas mehr als einhundert Mann den Mexikanern bei San Antonio in den Weg. Sie verbarrikadierten sich hinter den Mauern, die das Gehöft einer alten Missionskirche umgaben – *the Alamo*.

Als spanische Missionare 1718 die Missionskirche San Antonio de Valero anlegten, errichteten sie um den Innenhof und um die verschiedenen Nebengebäude einen ausgedehnten Wall, der als ausreichend erachtet wurde, das Anwesen vor Indianerüberfällen zu schützen. Später, als die Padres längst abgezogen waren, um in anderen peripheren Ausläufern des spanischen Kolonialreiches die heidnischen Seelen jener Ureinwohner, die noch nicht von den Seuchen, den Waffen und den Getränken des Weißen Mannes niedergestreckt waren, zum wahren Glauben zu bekehren, wurde eine Kompanie Dragoner in die Anlage verlegt. Die Einheit trug den Namen San José y Santiago del Alamo de Parras. Seither wurde die allmählich verfallende Mission kurz „Alamo" genannt.

Die Texaner, die sich ab Mitte Februar 1836 hier auf eine längere Belagerung einrichteten, waren keine Selbstmörder. Ihr Ziel war es, Santa Annas Vormarsch so lange aufzuhalten, bis Entsatz kam, den sie fast täglich erwarteten und den sie in immer flehenderen Botschaften anforderten. Dass nicht genügend hinreichend ausgebildete Kräfte in erreichbarer Nähe waren und Houston den Angriff mit all seinen Reserven auf die weit überlegene Armee Santa Annas völlig richtig als aussichtslos einschätzte und daher unterließ, dämmerte den Männern im Alamo erst, als es zu spät war. Das Trugbild eines unerschrockenen Haufens, der sich, seines Unterganges gewiss, heldenhaft dem Feind entgegenstellt, wurde zu einer texanischen Legende[2], auf die die Männer um Travis und Bowie gern verzichtet hätten. Bis zum Schluss hofften sie auf Verstärkung. Sam Houstons ursprünglicher Anweisung, den Alamo einfach in die Luft zu jagen und dann einen geordneten Rückzug anzutreten, leisteten sie tragischerweise keine Folge.

Ein Abenteurer wie aus einem Roman: David Crockett

Hoffnungsfroh konnte die Verteidiger des Alamo immerhin stimmen, dass ihnen die zwanzig Kanonen umfassende Artillerie der aus San Antonio abgezogenen Mexikaner in die Hand gefallen war. Der Moral förderlich war ferner das Auftauchen eines Mannes, der – mehr noch als Bowie – als der Inbegriff des Westmannes, des kühnen Jägers und Erforschers der unbekannten Weiten jenseits des Mississippi galt: David Crockett. Der Mann mit der charakteristischen Biberfellmütze, dessen verwegenem Leben sich Romanciers und, im 20. Jahrhundert, Drehbuchautoren freudig annahmen, war im Februar 1836 neunundvierzig Jahre alt. Seine Abenteuer machten an Lagerfeuern wie in rauchgeschwängerten Saloons die Runde. Wo immer Crockett auftauchte, konnte er mit einem ehrfurchtsvollen Empfang rechnen. Er hatte sowohl gegen Indianer wie gegen Grizzlybären gekämpft, von Letzteren soll er in einer Jagdsaison 105 Stück zur Strecke gebracht haben. (Dass nach Erschließung des amerikanischen Westens viele der hier lebenden Spezies von der Ausrottung bedroht waren, überrascht angesichts solcher Taten kaum).

Crockett kannte sich jedoch noch in anderen Jagdgründen gut aus. Er war dreimal als Vertreter seines Heimatstaates Tennessee in das Repräsentantenhaus in Washington gewählt und dort durch seine unkonventionelle Meinung schnell bekannt geworden. Die Militärakademie in West Point wollte er schnellstmöglich schließen lassen, da sie ein Sammelpunkt für Söhne reicher Eltern sei, die sich zu fein zum Arbeiten fühlten. Das Berufssoldatentum war für Crockett ohnehin ein Übel sondergleichen, nur Freiwillige sollten für ihr Land in den Kampf ziehen, da nur von ihnen die notwendige Vaterlandsliebe erwartet werden könne und nicht von „Söldlingen". Nachdem ihm die Wähler 1835 die Wiederwahl versagten – er hatte es sich mit der in Tennessee enorm starken Parteimaschinerie des Präsidenten Andrew Jackson gründlich verdorben –, hatte Crockett einen letzten großen Auftritt in der Heimat, als er seine Lederkluft anlegte, Gewehr und Tomahawk schulterte und der vielhundertköpfigen, zu seiner Verabschiedung erschienenen Menge erklärte, seine Wähler sollten zur Hölle fahren, er seinerseits ginge nach Texas. Den Männern im Alamo, die ihn begeistert begrüßten, erklärte Crockett: „Ich komme Euch in Eurem noblen Vorhaben zu Hilfe. Mein ganzes Bestreben ist es, als Privatmann die Freiheiten unseres gemeinsamen Landes zu verteidigen."[3]

Über die merkwürdigen Sitten in der kleinen Festung muss sich selbst ein Gegner des militärischen Establishments wie Crockett herzhaft gewundert haben. Der Kommandant der Garnison nämlich, Colonel James Clinton Neill, verließ am 14. Februar Alamo und begab sich nach Hause, da

Zu Ehren von David „Davy" Crockett (1786–1836) brachten die Vereinigten Staaten im August 1967 diese 5-Cent-Briefmarke auf den Markt.

seine Familie erkrankt war. In einem Akt echter Basisdemokratie wählten die Männer ihre neuen Anführer, den 26 Jahre alten William Barret Travis für die *regulars* und Jim Bowie für die *volunteers*, eine Unterscheidung, die bis zum bitteren Ende aufrecht erhalten wurde. Bowie allerdings konnte kaum eine Befehlsgewalt ausüben, da ihn eine, wie es delikat hieß, „konsumierende Erkrankung" auf das Feldbett geworfen hatte – vielleicht Tuberkulose, vielleicht Leberzirrhose, vielleicht beides – und er außerdem mehr denn je Trost in der Flasche suchte.

Am 23. Februar sandte Travis einen Boten nach Gonzales mit der Nachricht: „Der Feind ist in großer Stärke in Sichtweite. Wir brauchen Männer und Nachschub. Schickt sie uns. Wir haben 150 Mann und sind entschlossen, Alamo bis zum Letzten zu halten."[4] Santa Anna ließ umgehend auf der in Sichtweite des Alamo gelegenen Kirche San Fernando die rote Flagge hissen – das Zeichen, das kein Pardon gegeben werde. Ein mexikanischer Unterhändler überbrachte darauf die Aufforderung, sich zu ergeben und auf Gedeih und Verderb seiner Exzellenz zu unterwerfen. Travis antwortete, man werde den General in Kürze die Antwort wissen lassen. Wenige Minuten später ließ er einen Achtzehn-Pfünder in Richtung mexikanisches Lager abfeuern.

Die Mexikaner begannen mit der Beschießung des Alamo, die Verteidiger feuerten – immer ihrer prekären Materiallage eingedenk – in Maßen zurück. Wirklich erschreckend war für die Mexikaner die Präzision und die Reichweite der langläufigen Vorderlader in den Händen der Scharfschützen wie Crockett – aus Distanzen bis zu zweihundert Meter gelang es ihnen, mexikanische Vorposten in die Ewigkeit zu schicken. Das Bombardement der Mexikaner ging Tag und Nacht weiter, die Verteidiger reparierten stets notdürftig die in das Mauerwerk geschlagenen Breschen. In der Nacht auf den 29. Februar erhielt Travis in der Tat Verstärkung aus Gonzales – ganze 18 Mann. Am 3. März sandte Travis erneut ein Schreiben mit einem nächtens sich durch die mexikanischen Reihen schleichenden Boten an die *convention* der Texaner in Washington-on-the-Brazos ab: „Lasst die Versammlung voranschreiten und eine Erklärung der Unabhängigkeit verkünden, dann werden wir verstehen, dann wird die Welt verstehen, wofür wir hier kämpfen. Wenn die Unabhängigkeit nicht erklärt wird, werde ich die Waffen niederlegen, genau wie die Männer unter meinem Kommando. Doch unter der Fahne der Unabhängigkeit sind wir bereit, täglich hundert Mal unser Leben der Gefahr auszusetzen und jenes Monster hinwegzujagen, das unter einer blutroten Fahne kämpft und das damit droht, alle Gefangenen umzubringen und Texas zu einer Wüste zu machen. Wenn meine Landsleute mir nicht zu Hilfe kommen, bin ich entschlossen, bei der Verteidigung dieses Platzes unterzugehen und meine Knochen werden mein Land für diese Gleichgültigkeit anklagen."[5]

Ein Kampf ohne Erbarmen

Während im Alamo die Vorräte knapp wurden, berief Santa Anna am 5. März eine Besprechung mit seinem Stab ein. Die Offiziere glaubten nicht recht zu hören, als der Geneneralissimo vom bevorstehenden Sturm auf die Missionskirche sprach. Die Not der Verteidiger war ihnen nicht unbekannt, in wenigen Tagen sollten außerdem großkalibrigere Belagerungsgeschütze eintreffen, mit denen der letzte Widerstandswille der Texaner überwunden werden würde. Der Sieg ohne weitere eigene Verluste war sicher. Doch, so vermuten Biografen des mexikanischen Machthabers, ein Sieg ohne Blutvergießen war für Santa Anna, der sich als Napoleon des Westens fühlte, kein richtiger Triumph. Also wurde der Angriff auf die frühen Morgenstunden des 6. März 1836 festgelegt.

Die Mexikaner teilten sich in vier Kolonnen auf und näherten sich lautlos um fünf Uhr morgens den vier Seiten des Alamo. Ihnen war durchaus bewusst, dass der Verteidiger zu wenige waren, als dass sie an allen Abschnitten gleichzeitig effektiven Widerstand leisten konnten. Der Vormarsch ging zunächst reibungslos vor sich. Die Verteidiger holten offenbar Schlaf nach – in der vergangenen Nacht hatte das Bombardement erstmals ausgesetzt, da Santa Annas Männer ausgeschlafen die Entscheidung suchen sollten. Als sich die Mexikaner bereits in Schussweite befanden, gingen einigen von ihnen in einer Mischung aus Angst und patriotischem Hochgefühl die Nerven durch. Sie brüllten plötzlich voller tatsächlichem oder gespieltem Enthusiasmus *„Viva Santa Anna!"* und *„Viva la Republica!"* aus voller Kehle. Für die Männer im Alamo war es ein Alarmsignal im letzten Moment. Schlaftrunken stürmten sie in ihre Stellungen. Wenige Augenblicke darauf begannen die Geschütze der Verteidiger Feuer zu speien. Da sie nicht über genügend Kanonenkugeln verfügten, waren die Rohre mit allem geladen, was man hatte auftreiben können und was metallischen Charakters war: klein gehackte Hufeisen, rostige Nägel, Glieder von alten Ketten und Scharniere von Türen. Auf die kurze Distanz war dies eine tödliche Ladung. Die texanischen Salven rissen Löcher in die Reihen der Mexikaner, das konzentrierte Gewehrfeuer entfaltete eine verheerende Wirkung. Bevor die überraschten Mexikaner sich wieder gruppiert hatten, donnerte die nächste Salve in ihre Reihen. Jede der vier Kolonnen verfügte über Leitern, die man an die Mauern legen wollte, um diese zu übersteigen – binnen weniger Minuten waren die Leitern trägerlos, die sie transportierenden Soldaten lagen tot auf dem Boden oder brüllten vor Schmerz. Die Verletzungen, die ihnen zugefügt wurden, kamen einem Todesurteil gleich, da Santa Anna darauf verzichtet hatte, Sanitätspersonal oder Ärzte auf die Strafexpedition gegen die Rebellen mitzunehmen.

Viele mexikanische Soldaten wollten fliehen, doch ihre Feldwebel und Offiziere brachten sie mit Stockschlägen oder Hieben mit der flachen Seite ihrer Degen wieder unter Kontrolle – Santa Anna hatte ohnehin hinter den Angreifern seine Lanzenreiter postiert, die etwaige Flüchtende niederstechen sollten. Wieder einigermaßen geordnet, setzten die Mexikaner zur zweiten Angriffswelle an. Abermals riss das texanische Abwehrfeuer grässliche Löcher in ihre Reihen, ein Offizier beobachtete, dass sein einziger Kanonenschuss eine halbe Kompanie Infanteristen aus Toluca niedermähte. Es war ein grauenhaftes Gemetzel, doch auch die Texaner hatten Verluste. Aus der verhältnismäßig kurzen Distanz feuerten auch die mexikanischen Gewehre relativ akkurat und trafen einige der Verteidiger. Zu den ersten Opfern gehörte Travis, dem eine Kugel den Kopf zerschmetterte.

Trotz ihrer schweren Verluste setzten die Mexikaner zu einer dritten Angriffswelle an. Die ebenfalls schon dezimierten Verteidiger konnten nicht überall sein – an der Nordseite des Walls waren es ihrer zu wenige. Einige Männer unter Führung von General Juan Amador überwanden hier die Mauer und öffneten das Tor, durch das die Mexikaner nun hineinströmten. Es war die Entscheidung, aber nicht das Ende. Der Kampf ging im Innenhof, in den Stallungen, schließlich in der alten Missionskirche selber bis zur völligen physischen Vernichtung der Texaner weiter. Wer sich nicht ergeben wollte, wurde sofort niedergestochen. Fast alle Texaner kämpften bis zum sprichwörtlichen bitteren Ende. Jim Bowie wurde, völlig entkräftet und wahrscheinlich im Delirium, in seinem Bett liegend ermordet. Nur acht Texaner wurden lebendig gefangen, darunter David Crockett. Man fragte Santa Anna, was mit den Männern geschehen solle, doch dieser machte, so wollen es Zeugen beobachtet haben, nur eine wegwerfende Gebärde. Einige seiner Offiziere wollten gegen die Tötung wehrloser Gefangener protestieren, doch sie taten es wahrscheinlich nicht laut und konsequent genug. Es waren Angehörige von Santa Annas Stab, die sich bislang aus der Gefahrenzone herausgehalten hatten, die mit ihren Säbeln die Gefangenen niedermetzelten. Crockett und seine Kameraden starben, so beschreibt es ein mexikanischer Offizier, „ohne zu klagen und ohne sich vor ihren Folterern zu demütigen.“[6]

Alamo war am 6. März gefallen und wurde sofort zum Symbol des texanischen Freiheitskampfes. Die Nachricht vom Massaker veranlasste nicht wenige Siedler, aus Texas zu fliehen, andere hingegen, bislang in ihrem Standpunkt neutral, schlossen sich jetzt der Unabhängigkeitsbewegung an. Vor dem Alamo zogen derweil die Mexikaner Bilanz. Santa Anna sandte seinem Kabinett einen Brief, der von einem glorreichen Sieg kündete und von mehr als 600 gefallenen Gegnern – die amerikanische Geschichtsschreibung hingegen spricht von 189 Verteidigern, die sich an jenem 6. März innerhalb der kleinen Festung befanden. Einer der Offiziere meinte: „Die Körper, mit ihren geschwärzten, blutigen Gesichtern, in einem grauenhaften Tod deformiert, das Haar und die Uniformen augenblicklich verbrannt, waren ein schrecklicher, der Hölle entstammender Anblick.“ Genau auf dem Weg dorthin sah ein anderer Offizier die mexikanische Armee: „Mit noch so einem Sieg gehen wir alle zum Teufel.“[7] Dies war eine durchaus zutreffende Analyse. Wo lag der Sinn des Gemetzels? Sicherlich nicht darin, wie manche Historiker behaupteten, Sam Houston Zeit zu verschaffen, um seine Armee aufzubauen – der General war zur Zeit des Gemetzels Delegierter der *Independence Convention* in Washington-on-the-Brazos. Das Fanal, das vom Alamo ausging, hatte eher eine politische Wirkung. Die Texaner erklärten nach ihrem langen Zögern in der Tat ihre Unabhängigkeit; das Bewusstsein, mit der Schlacht von Alamo und den Verlusten, die man dort den Mexikanern zugefügt hatte, einen Rubikon überschritten zu haben, trug zweifellos zur Entscheidungsfindung bei. Doch der Opfergang hatte durchaus noch eine militärische Komponente: Santa Annas beste Einheiten hatten Verluste erlitten, die nicht so schnell zu ersetzen waren – zumindest nicht während der Kampagne gegen die „Rebellion“ innerhalb der nächsten Wochen.

„Remember the Alamo!“ – Sechs Wochen später gelingt die Revanche

Wenige Tage später erhielt die texanische Sache neue Märtyrer. Nach einem heftigen Kampf hatte sich eine Truppe unter James Walker Fannin bei Goliad ergeben. An Palmsonntag, dem 27. März, wurden die Gefangenen in vier Gruppen eingeteilt, sie würden, so erklärte man ihnen, nach Matamoras marschieren und dort auf Schiffe verladen werden, die sie nach New Orleans bringen sollten. Kaum hatten sich die Kolonnen in Bewegung gesetzt und die Texaner ein Lied angestimmt, erscholl das Kommando zu halten – die mexikanische Infanterie hatte in der Manier von Exekutionskommandos Stellung bezogen und begann mit der systematischen Erschießung der Gefangenen. Insgesamt 342 Wehrlose wurden umgebracht. Hätte es noch eines die Texaner einigenden Faktors bedurft, einer entscheidenden Dosis Adrenalin für Houstons zusammengewürfelte Armee – Santa Anna mit seinem barbarischen Vorgehen lieferte es ihnen und decouvrierte sich vor aller Welt als Massenmörder.

Die Rechnung wurde am 21. April 1836 bei San Jacinto beglichen. Unter dem Kommando von Sam Houston schlugen die Texaner die Armee Santa Annas vernichtend. Santa Anna hatte sein Expeditionskorps weit ab von seiner eigenen Basis aufgeteilt und stand mit rund 1250 Soldaten den 910 Texanern unter Houston gegenüber. Die Schlacht, die über die texanische Unabhängigkeit entschied, dauerte nur 18 Minuten. Zu ihrer Schande zeigten die Texaner, dass Inhumanität kein mexikanisches Monopol war und brachten rund 650 Mexikaner um, die bereits den Kampf und die Hoffnung aufgegeben hatten. Sie hörten in ihrem Blutrausch auch nicht auf Houston, der auf dem Schlachtfeld umherritt und ausrief: „Gentlemen, ich bewundere Ihre Tapferkeit, aber ich verdamme Ihre Manieren!"[8] Am nächsten Tag wurde auch Santa Anna gefangen, der vom Schlachtfeld weggelaufen war. Der kurze, aber grausame Krieg um die texanische Unabhängigkeit war vorbei.

Neun Jahre lang war Texas eine eigenständige Republik, 1845 schloss sie sich den Vereinigten Staaten an.[9] Die größte Stadt des Staates, unweit von San Jacinto, der Stunde seines Triumphes, trägt den Namen des zwiespältigen Generals, die Hauptstadt die des Stephen F. Austin. *The Alamo* ist seine bedeutendste Touristenattraktion – auch für mexikanische Besucher.

Anmerkungen

1 STEPHEN L. HARDIN: Texian Illiad. A Military History of the Texas Revolution. Austin, Texas, 1994. S. 9.
2 Hollywood strickte an der Saga fleißig mit, als Leinwandstar und Rechtsaußen John Wayne in den Sechzigerjahren ein Durchhalte-Epos als Produzent verantwortete, das von der Filmkritik meist mit dem Begriff „unsäglich" belegt wurde und Reminiszenzen an das Propagandawerk „Kolberg" freisetzte.
3 HARDIN, S. 119.
4 HARDIN, S. 125.
5 HARDIN, S. 135.
6 HARDIN, S. 149.
7 HARDIN, S. 155.
8 HARDIN, S. 214.
9 Mexiko brach daraufhin die diplomatischen Beziehungen zu den Vereinigten Staaten ab. 1846 erklärten diese Mexiko den Krieg, der bis 1848 dauerte.

STILLE IN BOSTON

16. Oktober 1846

Keiner der Zuschauer, die an diesem Morgen in großer Zahl die Reihen des Hörsaales füllten, erwartete ernsthaft, Zeuge eines historischen Augenblicks zu werden und der Uraufführung einer der segensreichsten Erfindungen, zu denen der menschliche Geist in der Lage war, beizuwohnen. Die Herren – es waren ausschließlich Männer, denn für Frauen gab es nach herrschendem Verständnis keinen Platz in der Welt der Medizin – trugen lange Gehröcke über ihren von Westen bedeckten weißen Hemden mit den modernen steifen Kragen, hatten Spazierstöcke zum Zeichen ihrer Würde in der Hand und hohe Zylinderhüte auf den Köpfen, die sie nach Betreten des Auditoriums abnahmen, auch um dem Hintermann nicht die Sicht auf das bevorstehende Spektakel zu versperren.

Die Ärzte Bostons und die Medizinstudenten der nahe gelegenen Harvard Universität hatten sich an diesem Freitagmorgen wieder einmal eingefunden, um der großen Persönlichkeit der amerikanischen Chirurgie, dem 68-jährigen John Collins Warren, bei einer seiner für die Fachwelt öffentlichen Operationen zum Zwecke der Fortbildung, vielleicht auch des voyeuristischen Grusels, zuzusehen.

Dass der als Hörsaal dienende Operationsraum des Massachusetts General Hospital an diesem Tag bis auf die letzte Sitzreihe gefüllt war, lag auch daran, dass man ein besonderes Amüsement erwartete, hatte doch das Gerücht die Runde gemacht, es werde operiert, ohne dass der Patient Schmerzen verspüre. Doch in der nächsten Stunde würden die insgeheim gehegten Hoffnungen, wieder einmal einem der unzähligen Wundermittel und Wunderliches verheißenden Gaukler bei seiner Blamage zuzuschauen, enttäuscht. In den Briefen, Erinnerungen und Tagebüchern, die viele der Beobachter hinterließen, spiegeln sich stattdessen Fassungslosigkeit und Bewunderung angesichts des Ereignisses wider, das sie miterleben durften. Denn dort, wo seit Menschengedenken Agonie und Pein, Qual und Verzweiflung geherrscht hatten, traten plötzlich Stille und Hoffnung ein. – Es war Freitag, der 16. Oktober 1846. Im Verhältnis des Menschen zu seinen körperlichen Leiden würde nach dem Tag von Boston nichts mehr so sein, wie es einst war. Und die amerikanische Wissenschaft, in der Alten Welt bislang belächelt, erlebte ein glanzvolles Debüt, den Beginn eines Aufstiegs, der das Land in noch scheinbar ferner Zukunft weltweit zur kaum angefochtenen Nummer Eins in Forschung und Technologie machen sollte.

Gegen zehn Uhr betrat John Collins Warren den Hörsaal. Selbstsicher bis zur Blasiertheit, kalt bis zum Zynismus, kündigte der berühmte Chirurg mit emotionsloser Stimme an, dass in der Tat ein Gentleman an ihn herangetreten sei „mit dem erstaunlichen Anspruch, einen zur Operation anstehenden Patienten schmerzfrei zu machen."[1] Schmerzfrei – welch eine Vermessenheit! Wie manch einer der Anwesenden, so dachte auch Dr. Henry J. Bigelow, ein begabter, junger Bostoner Arzt, daran, dass sich eigentlich nicht viel verändert hatte, seit vor drei-, viertausend Jahren die ersten Heilkundigen (wenn sie denn diese Bezeichnung verdienten) im Zweistromland, in Afrika oder im präkolumbianischen Amerika ein Skalpell angesetzt hatten. Nach wie vor bedeutete jeder operative Eingriff unvorstellbare Schmerzen für die Unglücklichen, die sich ihm unterziehen mussten. Die Mediziner hatten seit der Antike nach Abhilfe gesucht, Kräuterextrakte und alkoholgetränkte Schlafschwämme ebenso probiert wie Opium und die von dem deutschen Arzt Mesmer entwickelte Methode der einen hypnoseähnlichen Zustand erzeugenden „Magnetisierung", einer Art von Suggestion – alles war vergebens gewesen. Sobald der Chirurg den ersten Schnitt führte, der Dentist die Zange ansetzte, hallten Lazarette und Hospitäler wider von den Schreien der Gequälten. Der Schmerz schien der schicksalhafte Begleiter der operativen Medizin zu sein.

Bigelow war sich wie viele seiner Kollegen bewusst, dass das Fehlen eines Mittels, das den Patienten bei einem Eingriff ruhig stellte, aber auch der Medizin sehr enge Grenzen setzte. Nur einige wenige Krankheiten konnten überhaupt operativ behandelt werden, an größere Eingriffe im Brust- oder Bauchraum konnte bei schreienden, sich auf dem Tisch vor Schmerzen hin und her wälzenden Menschen gar nicht gedacht werden. Schnelligkeit war das oberste Gebot für jeden Chirurgen. Der Eingriff musste beendet sein, bevor der Kranke am Schock seiner Qualen sterben konnte. So waren die bedeutendsten Operateure der Epoche auch die schnellsten – beispielsweise Dominique-Jean Larrey (1766–1842), Napoleons Leibchirurg, der einen Arm im Schultergelenk in zwei Minuten zu amputieren vermochte, oder Sir Robert Liston (1794–1847) in London. Der Chirurg operierte mit einer unvorstellbaren Virtuosität und Geschwindigkeit, so flink, dass er einmal bei einer hohen Oberschenkelamputation versehentlich einen Hoden des Patienten und zwei Finger des Assistenten mitentfernte.

Wie viele im Auditorium erinnerte sich auch Bigelow daran, dass vor gut einem Jahr schon einmal ein junger Kollege, der Zahnarzt Horace Wells (1815–1848) aus Hartford (Connecticut) von Warren die Erlaubnis bekommen hatte, ein Mittel zur Verhinderung des Operationsschmerzes hier an gleicher

Stelle, in diesem Hörsaal, vorzuführen. Damals hatte der Patient ein von Wells bereitgestelltes Gas eingeatmet, schien nach wenigen Atemzügen ohnmächtig zu werden, hatte jedoch – wie Millionen Kranke vor ihm – aufgeschrien, als Warren den Hautschnitt machte. Wells wurde mit Pfiffen und Rufen wie *„swindle, swindle"* („Betrug, Betrug") aus dem Hörsaal getrieben.

Auch diesmal schien das große Versprechen hohl zu sein, als Warren mit sarkastischem Lächeln auf seine Uhr sah und mit den von allgemeinem Gelächter begleiteten Worten „Da Dr. Morton nicht eingetroffen ist, nehme ich an, er ist anderweitig beschäftigt"[2] andeutete, dass man es abermals mit einem Prahler zu tun gehabt habe. Bigelow allerdings war sich da nicht so sicher. Er kannte den 27-jährigen Zahnarzt William Thomas Green Morton als einen gewissenhaften Vertreter seiner Zunft und wusste, dass wenige Tage zuvor in dessen Bostoner Praxis Erstaunliches geschehen war. Am Abend des 30. September hatte ein Patient an Dr. Mortons Tür geklopft. Eben H. Frost, ein Kaufmann, litt unter fürchterlichen Zahnschmerzen, gleichzeitig aber unter panischer Angst vor der Qual der Extraktion. Morton hatte eine Zeit lang mit dem unglücklich gescheiterten Horace Wells zusammengearbeitet und war fasziniert von der Idee, die Inhalation eines betäubenden Gases könne einen Rausch- oder gar Schlafzustand erzeugen, der für äußere Reize unempfindlich machen würde – und besonders für Schmerzen. Wells hatte mit Stickoxydul, auch Lachgas genannt, gearbeitet, Mortons Experimente konzentrierten sich hingegen zunehmend auf den Schwefeläther, dessen Dämpfe offensichtlich die Sinne verwirren konnten. So ließ er den von Zahnschmerzen geplagten abendlichen Gast Ätherdämpfe einatmen und entfernte mit schnellem Griff den kranken Zahn. Als Frost, aus seiner Bewusstlosigkeit erwachend, ihn fragte, wann es denn los gehe, deutete Morton auf den am Boden liegenden Zahn. Der Dentist stand nun kurz vor einer Entdeckung, die allen Menschen zugute kommen konnte – was man wohl nur von den wenigsten Erfindungen behaupten kann. Er schrieb Warren an und erhielt von diesem die Erlaubnis, seine „Zubereitung" an eben diesem Freitagmorgen, den 16. Oktober, vorzustellen.

Mortons revolutionäre Erfindung

Warren wollte sich gerade dem Patienten zuwenden, einem unter einem gutartigen Tumor unterhalb des Unterkiefers leidenden jungen Mann namens Gilbert Abbott, als die Hörsaaltür aufflog und William Thomas Green Morton atemlos hereinstürzte. Er hatte bis zur letzten Minute zusammen mit einem Instrumentenmacher an dem an ein Retortengefäß erinnernden Flüssigkeitsbehälter gearbeitet, den er unter dem Arm trug. Morton mag gespürt haben, dass den Zuschauern der Spott ins Gesicht geschrieben stand. Doch er wirkte gefasst, ging auf den Patienten zu und erklärte ihm mit ruhiger Stimme, was er vorhatte. Abbott fasste Vertrauen zu Morton und war vermutlich für jeden Versuch dankbar, die bei der Exzision zu erwartenden Schmerzen zumindest zu lindern. Morton ließ ihn aus dem großen Glaskolben, in dem sich eine undefinierbare Flüssigkeit befand, einatmen. Nach einer Reihe von Atemzügen rollten Abbotts Augen nach oben und sein Kopf sank leicht auf dem Operationsstuhl zurück. Morton wandte sich an Warren und bemühte sich um eine feste Stimme: „Ihr Patient ist bereit, Doktor!"

Warren beugte sich über Abbott und machte mit einem jener Messer, die damals nicht gereinigt, geschweige denn sterilisiert, sondern nur abgeputzt wurden, den Hautschnitt. Für einen Moment hielt Warren inne, denn der Initialschrei, den er bei den unzähligen Operationen seiner langen Chirurgenlaufbahn stets vernommen hatte, blieb aus. Abbott regte sich nicht. Plötzlich wurde es still im Hörsaal. Warren unterband die leicht spritzenden Gefäße und exstirpierte den Tumor ohne Mühe. Mit schnellen, geschickten Bewegungen verschloss der Routinier die Wunde. Die ganze Operation nahm kaum mehr als fünf Minuten in Anspruch. Abbott zeigte immer noch keine Regung. Warren richtete sich auf und drehte sich langsam zu einem Publikum, das kaum noch zu atmen wagte. Sie alle bemerkten die Veränderung in seinem Gesicht. Da war kein Hochmut, kein Sarkasmus mehr, nur grenzenlose Verwunderung, wenn nicht gar Beschämung. Der sonst so eiskalt wirkende Chirurg hatte Mühe, seiner Emotionen Herr zu werden, als er mit bebender Stimme jenen Satz sprach, der zum bedeutungsvollsten in der Medizingeschichte wurde: *„Gentlemen, this is no humbug!"*[3]

Nein, es war kein Humbug. Es war eine Revolution, ein Segen, ein Wunder, das der Heilkunde neue Möglichkeiten eröffnete und Eingriffe ermöglichte, an

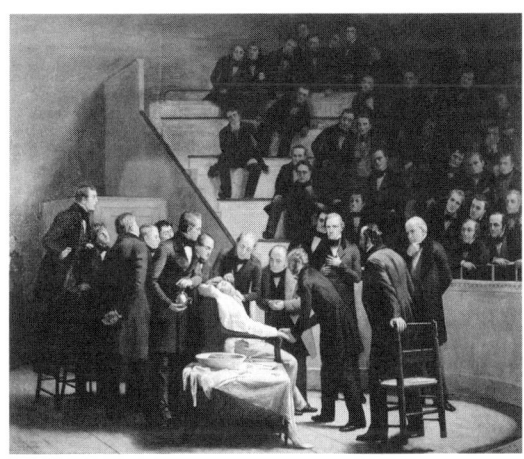

Erste Operation unter Äthernarkose im Hörsaal des Massachusetts General Hospital in Boston. Gemälde von Robert Hinckley, 1882.

die sich bislang noch kein Operateur heranwagte – wie die heute simpel wirkende Entfernung eines vereiterten Blinddarmes, die damals einem Todesurteil gleichkam. Als Gilbert Abbott aus seinem schlafähnlichen Zustand erwachte und kaum begreifen konnte, dass er bereits alles überstanden hatte, war jedem der anwesenden Ärzte und Studenten klar, dass sie Zeugen einer Entdeckung geworden waren, die die Medizin revolutionieren würde. Letzte Zweifel wurden wenige Tage später beseitigt, als Morton seine Methode bei jenem Eingriff anwandte, der den Höhepunkt zeitgenössischer Chirurgie für die Ärzte, das Schlimmste an Qual und Verstümmelung für den Kranken darstellte: die Amputation eines Beines. Auch diesmal blieb es, als die Säge die extrem sensible Knochenhaut berührte, still.

Drei Wochen nach der Premiere von Mortons Methode informierte Henry J. Bigelow die Fachwelt Neu-Englands mit einem Vortrag vor der *Boston Society of Medical Improvement* über das kaum Glaubhafte. Von der Neuen Welt breitete sich die Kunde mit für damalige Verhältnisse erstaunlicher Geschwindigkeit über den Erdball aus. Bereits am 21. Dezember 1846 operierte Robert Liston in London erstmals unter Äthernarkose. Er entfernte das bei einem Unfall zertrümmerte und schließlich – bei den damaligen Hygieneverhältnissen in den Kliniken nicht verwunderlich – von einer Wundinfektion zerfressene Bein eines Butlers namens Frederick Churchill in einer rekordverdächtigen Zeit von 25 Sekunden – der nicht uneitle Star-Chirurg hatte meist einen die Zeit messenden Assistenten an seiner Seite. Auch Churchill wurde erst durch den Anblick des blutenden Stumpfes davon überzeugt, dass die gefürchtete Operation bereits überstanden war, ein Anblick, wegen dem der Patient zum zweiten Mal binnen weniger Minuten das Bewusstsein verlor. Listons Beurteilung der neuen Erfindung war, wie immer bei diesem Poltergeist, frank und frei: *„This yankee dodge, gentlemen, beats mesmerism hollow!"* – „Dieser Yankee-Trick, meine Herren, schlägt den Mesmerismus um Längen."

Der „Yankee-Trick", für den der Bostoner Arzt und Schriftsteller Oliver Wendell Holmes den Begriff „Anaesthesia" empfohlen hatte, schlug auch in der deutschen Medizin ein wie eine Bombe. Am 24. Januar 1847 führte der Erlanger Chirurg Johann Ferdinand Heyfelder die erste Äthernarkose in Deutschland durch: „Michael Gegner, 26 Jahre alt, Schumachergeselle, blass abgemagert und nicht kräftig, seit längerer Zeit an einem umfangreichen, kalten Abszess auf der linken Hinterbacke leidend, begann am 24. Januar Vormittags dritthalb Stunden nach eingenommenem Frühstück, das in einer Suppe bestand, die Ätherinhalationen mit Hilfe eines Apparates, der aus einer Schweinsblase und einer Glasröhre zusammengesetzt war, durch den Mund bei verschlossenen Nasenöffnungen …"[4] Diese Operation gelang so ermutigend, dass Heyfelder bereits im März auf einhundert Narkosen zurückblicken konnte. Die neue Methode erleichterte das Chirurgenhandwerk ungemein, so dass sich Heyfelder zu dem nicht allzu pietätvollen Lob hinreißen ließ, das Operieren gehe nun so gut „wie an einer Leiche". Die Äthernarkose war überall schnell Allgemeingut im Repertoire der Chirurgen und Dentisten geworden, ihre wundertätige Wirkung füllte die Spalten jeder Zeitung, in den Städten wie in der teilweise noch vorindustriellen Provinz.

Doch bald wurde deutlich, dass auch dieser epochale Fortschritt aus Amerika seinen Preis hatte und ein Betäubungsmittel stets auch eine Gefahr darstellt oder, wie es der Kommentator einer medizinischen Fachzeitschrift Jahre später süffisant formulierte: „Man sah dem geschenkten Gaul ins Maul und fand, dass er neben den guten auch schlimme Eigenschaften habe."[5] Im Februar 1847 gab es erstmals einen Todesfall durch Äthernarkose, weitere folgten und wurden in den Fachzeitschriften ausführlich geschildert. Angesichts der völligen Unkenntnis der zeitgenössischen Ärzte um die pharmakologischen Wirkungen von Äther und anderen Narkotika, dem noch rudimentären Wissen um die Physiologie von Herz- und Kreislauf unter dem Einfluss eines inhalierten Gases, vor allem aber in Anbetracht der groben, auf reinen Schätzungen beruhenden Dosierung – das Narkotikum wurde oft „nach Gefühl" auf ein das Gesicht des Patienten bedeckendes Taschentuch geträufelt – nimmt es Wunder, dass es nicht zu wesentlich mehr tödlichen Narkosezwischenfällen kam.

Die Unsicherheit über diese noch nicht annähernd erforschten Nebenwirkungen trug entscheidend dazu bei, dass nur ein Jahr nach dem großen Tag der Äther als Narkoseträger wieder passé war. Vertrauen schenkten die Operateure in zunehmendem Maße dem Chloroform, dessen narkotisierende Wirkung der Edinburgher Arzt Sir James Young Simpson (1811–1870) mit zwei Gästen nach dem Dinner im Selbstversuch getestet hatte. Simpson, Professor für Geburtshilfe in der schottischen Hauptstadt, erprobte die Substanz nicht bei einer Operation, sondern bei einer Geburt. Am 10. November 1847 berichtete er der Edinburgher Medizinischen Gesellschaft über die Schmerzerleichterung, die gebärende Frauen dank Chloroform genießen konnten. Das erste nach Chloroforminhalation (nach heutigem Verständnis eher ein Chloroformrausch als eine tiefe Narkose) geborene Kind, ein Mädchen, wurde auf den Namen „Anaesthesia" getauft. Simpsons Verfahren stieß jedoch zunächst auf heftigen Widerstand strengreligiöser Zeitgenossen, die auf jene Bibelstelle verwiesen, wonach die Frau unter Schmerzen zu gebären habe. Simpson, dem sein wallendes Haar und der buschige Backenbart etwas Löwenhaftes verliehen, konterte geschickt unter Hinweis auf jenen Absatz in der Schöpfungsgeschichte, in welchem der Herr Adam in einen tiefen Schlaf fallen ließ, um ihm eine Rippe zu entnehmen und daraus die Frau zu erschaffen. Ganz eindeutig, so Simpson triumphierend, war Gott der erste Anästhesist. Der Widerstand gegen das Chloroform im Kreißsaal brach zusammen, als sich Queen Victoria am 7. April 1853 bei der Geburt ihres siebten

Kindes chloroformieren ließ.[6] Der Direktor der Leipziger Frauenklinik, Hugo Selheim, begrüßte die Anästhesie mit der prosaischen Rhetorik des Angehörigen eines Zeitalters, in dem die Technisierung als Allheilmittel verehrt wurde: „Wie die Erfindung der Dampfmaschine und anderer Maschinen dem Manne sein Arbeitsteil erleichtert und den Schweiß abgenommen hat, so könnte die Erfindung der schmerzlindernden Mittel der Frau den Geburtsakt erleichtern und den Schmerz zumindest lindern."[7]

Die Narkose, ob mit Äther oder Chloroform, führte zu einer Revolution in der Medizin, unterstützt durch die bald darauf sich entwickelnde Lehre von der Asepsis, der weitgehenden Keimfreiheit von Operationsfeld, Instrumenten und vor allem der Hände der Operateure, wie sie vor dem Oktober 1846 undenkbar gewesen war. In dem nächsten halben Saeculum, von Jürgen Thorwald so treffend das „Jahrhundert der Chirurgen" genannt, wurden zunehmend Operation und Heilung möglich, wo bislang Resignation und Siechtum regierten.

Bis zum Ende dieses fortschrittsgläubigen Zeitalters waren Chirurgen in bislang verschlossene Regionen des menschlichen Körpers vorgedrungen, hatte Theodor Billroth die Entfernung von Teilen des Magens so entwickelt, dass auch magenkrebskranke Menschen wieder eine Überlebenschance hatten, war die Schilddrüse nach Emil Theodor Kochers Forschungen nicht länger inoperabel und der Kaiserschnitt endlich eine Chance für Mutter und Kind und keine verbrämte Legende aus der Antike mehr. Schließlich war auch das vorgeblich Heiligste unserer sterblichen Hülle nicht länger unberührbar: Im September 1896 gelang dem Frankfurter Chirurgen Ludwig Rehn zum ersten Mal ein Eingriff am offenen Herzen, die Naht eines durch einen Messerstich verletzten Herzmuskels.

Aus der Erfolgsstory wird eine Saga von Hass und Niederlage

Doch kehren wir noch einmal zurück in jenes Jahr des Aufbruchs 1846. So begeistert die Bostoner Erfindung auch von der Welt aufgenommen wurde, ihres Protagonisten harrte der wohl hässlichste und tragischste Prioritätenstreit in der Geschichte moderner Wissenschaft. Aus der im Ansatz angelegten amerikanischen Erfolgsstory wurde eine Saga von Hass und Niederlage. William Thomas Green Morton hatte gehofft, der Menschheit zu dienen und sich selbst zu nützen. Der Gedanke, mit seiner Entdeckung möglichst viel Geld zu verdienen, war damals für einen echten „Yankee" ebenso wie für eine auf Expansion angelegte amerikanische Gesellschaft noch weit weniger verwerflich als heute. Morton hatte sein Narkosemittel zur Patentierung angemeldet und wollte daher zunächst die Identität der Wunder wirkenden Substanz geheim halten. Da der charakteristische Duft des Äthers wohl den meisten Zuhörern im Auditorium des Massachusetts General Hospital bekannt vorgekommen wäre, hatte er aromatische Öle zur Verschleierung beigegeben. Seine Bemühungen um eine Patentierung scheiterten, nicht zuletzt, da er alles andere als ein kalter Abzocker war. Als ihm die Ärzte des Hospitals drohten, auf weitere Narkosen zu verzichten, wenn er ihnen nicht die Substanz verriete, gab er nach – er wollte nicht dafür verantwortlich sein, wenn abermals sinnlose Quälerei triumphierte.

Doch selbst die Ehre, der Entdecker der Narkose zu sein, wurde ihm streitig gemacht. Mit der Urgewalt eines bösen, alptraumhaften Geistes tauchte ein ehemaliger Lehrer Mortons, der Arzt und Chemiker Charles Jackson auf. Morton hatte in einem frühen Stadium seiner Experimente mit Jackson unter anderem auch über den Äther diskutiert. Dies berechtigte Jackson nach eigener Einschätzung, sich als Erfinder der Narkose zu fühlen und Morton um immer größere Geldbeträge zu erpressen. Was der bald physisch wie psychisch unter endlosen Streitereien, Petitionen und Gegenveröffentlichungen leidende Morton nicht wissen konnte: Jackson war ein am Rande der Geisteskrankheit stehender chronischbesessener Plagiator. Jahre zuvor hatte er auf einer Atlantiküberfahrt den Erfinder Samuel Morse kennen gelernt, der ihm launig von seiner elektrischen Telegrafie erzählte. Kaum an Land gegangen, behauptete Jackson, er habe das „Morsen" erfunden, eine Anmaßung, die Morse in einen Jahre währenden Rechtsstreit trieb. Jackson verfügte über hervorragende Kontakte zur wissenschaftlichen Welt in Europa und setzte sofort nach Mortons erfolgreicher Demonstration Depeschen an die französische Akademie der Wissenschaften in Marsch, in denen er sich selbst als Vater der Narkose und Wohltäter der Menschheit feierte. Die Spuren dieser schizoiden Dreistigkeit blieben, noch immer wird Jackson in manchen Enzyklopädien zu den Wegbereitern der Narkose gezählt.

Diese Ehre hätte weit mehr der unglückliche Horace Wells verdient, der nun auch an Morton und an die Öffentlichkeit herantrat und auf seine frühen Erfahrungen mit Lachgas verwies. Eine späte Rechtfertigung und bittersüße Ironie der Geschichte: Das von Wells benutzte Lachgas hat in der modernen Anästhesie längst wieder einen festen Platz eingenommen, während Äther und Chloroform schon seit langem obsolet sind. Auch Wells wurde von dem Prioritätsstreit seelisch aufgefressen – *„My brain is on fire"* – und machte im Januar 1848 noch einmal Schlagzeilen. In New York wurde er verhaftet, nachdem er mehrere Prostituierte mit Säure bespritzt hatte. In seiner Zelle atmete er Chloroform ein und öffnete sich dann, die Sinne durch eine Erfindung schwindend, die ihm nicht vergönnt war, die Pulsadern.

Als ob Jackson und Wells für den gepeinigten Morton nicht genug der Mitbewerber waren, tauchte nun noch ein vierter Entdecker auf. Aus dem weltabgeschiedenen Jefferson im Staat Georgia meldete sich der Landarzt William Crawford Long. Heute besteht kein Zweifel daran, dass er bereits am 30. März

1842, viereinhalb Jahre vor dem Tag von Boston, in seiner Praxis eine Operation unter Äthernarkose durchgeführt und dies noch in mehreren Fällen wiederholt hatte. Allein, er behielt dies für sich, ganz so, als könne er keinen Vorteil für die auf die Schmerzfreiheit wartende Menschheit erkennen. Die Mentalität künftiger Medizinergenerationen, die jede noch so banale Forschungsarbeit auf immer gigantischeren Kongressen vorstellen zu müssen glauben, war Long fremd – zu seinem Glück. Nach dem eher zaghaft angemeldeten Anspruch, der „Erste" – das größte Krankenhaus in Atlanta trägt ihm zu Ehren heute seinen Namen – gewesen zu sein, praktizierte er ungerührt weiter und starb friedlich an Altersschwäche.

Dies war William Thomas Green Morton und seinem Plagegeist nicht vergönnt. Charles Jackson, von Neid und Hass zerfressen, beendete seine Tage in einer Irrenanstalt, nicht ohne zuvor noch das Leben Mortons zerstört zu haben. Vom Streit mit Jackson und der Rechtfertigung vor diversen Kongressausschüssen zermürbt, körperlich wie geistig ausgebrannt, erlitt er bei einer Ausfahrt mit einer Kutsche am New Yorker Central Park am Abend des 15. Juli 1868 eine Gehirnblutung. Seine Frau erinnerte sich an das Ende: „Wir wurden ins St. Luke Krankenhaus gebracht, wo sich sofort der Chefarzt der Chirurgie und alle Ärzte um meinen auf der Trage liegenden Mann versammelten. Der Chirurg erkannte ihn sofort und fragte: ‚Ist das Dr. Morton?' Ich antwortete nur ‚Ja'. Nach einem Moment des Schweigens drehte er sich zu der Gruppe der in der Klinik lernenden Studenten um: ‚Meine jungen Herren, Sie sehen vor sich einen Mann liegen, der mehr für die Menschlichkeit und für das Mindern von Leid getan hat als jeder andere Mann, der je gelebt hat.' In der Bitterkeit dieses Momentes nahm ich drei Medaillen, von ausländischen Akademien verliehen, aus meiner Tasche, legte sie neben meinen Mann und sagte: ‚Ja, und hier ist der ganze Dank, der ihm dafür zuteil wurde.'"[8]

Anmerkungen

1 RONALD D. GERSTE: Gentlemen, dies ist kein Humbug! In: DIE ZEIT, 18. Oktober 1996, S. 17.
2 Ebd.
3 RONALD D. GERSTE: Die Entwicklung der Anästhesie im Spiegel der medizinischen Fachzeitschriften des 19. Jahrhunderts. Düsseldorf 1985. S. I.
4 GERSTE, Gentlemen. S. 18.
5 Archiv für Klinische Chirurgie, Band 13 (1871), S. 744.
6 RONALD D. GERSTE: Queen Victoria. Die Frau hinter dem Mythos. Regensburg 2000. S. 73.
7 GERSTE, Gentlemen. S. 18.
8 JULIE M. FENSTER: Ether Day. New York 2001. S. 229.

GOLD IN KALIFORNIEN

24. Januar 1848

„Das Fort besteht aus parallel angeordneten Wällen, 500 Fuß lang und 150 Fuß breit, mit Schießscharten und Bastionen an den Ecken, auf denen ein Dutzend Kanonen in Stellung gebracht sind. Im Inneren, entlang der Wälle findet sich eine Ansammlung von Werkstätten, Lagerhäusern, Geschäften und Unterkünften, die sich bis zu dem zentralen Gebäude erstrecken, in welchem der Schweizer Potentat wohnt, der als Patriarch und Priester, als Richter und Vater agiert. Tagsüber bietet dieses geschützte Areal einen lebhaften Anblick von Geschäftigkeit und Handelsverkehr, mit schwitzenden Arbeitern, fleißigen Mechanikern und geschäftstüchtigen Händlern und dies alles zum Chor der metallischen Klänge aus der Schmiede und der Hammerschläge der Zimmerleute. Von und zu dem Gebäude eilen Reiter, angetrieben von Pflicht und Freude, gelegentlich rattert ein Planwagen die kiesbelegte Straße herauf, um zur Erfrischung vor dem Handelsposten zu halten, aus dem das Stimmengewirr sich mit Lachen und gelegentlich den dissonanten Tönen einiger betrunkener Sänger mischt. So sieht die Hauptstadt eines im Landesinneren gelegenen Tales aus, das in seiner künftigen Bedeutung geradezu erblüht."[1]

Die Szene, die vor mehr als einhundert Jahren ein früher Historiker des Staates Kalifornien schilderte, beschreibt ein kleines Wirtschaftsimperium fernab jedweder Großstadt, das im Begriff stand, die Vision eines Schweizer Einwanderers zur Wirklichkeit werden zu lassen. Ein kleines Reich, in dem ein jeder eine sinnvolle Arbeit ausübt und dafür einen überschaubaren, aber gerechten Lohn erhielt, während sein Gründer wie ein gütiger Vater über allem wacht. Es war die Vision des Johann August Sutter, eine Vision, die von einem Fieber, wie es die Menschheit in dieser fast den gesamten Globus umspannenden Ausprägung bis dahin kaum erlebt hatte, hinweggefegt werden sollte – dem Fieber nach Gold.

Johann August Sutter war 1803 im badischen Kandern, unweit der Schweizer Grenze, geboren worden. Im Alter von 31 Jahren wanderte Sutter, der mit verschiedenen geschäftlichen Vorhaben Schiffbruch erlitten hatte, nach Amerika aus. Zunächst arbeitete er als Händler und Gastwirt in Missouri, im Frühjahr 1838 brach er mit einer Gruppe von Jägern und Pelzhändlern in den fernen Wes-

Johann August Sutter (1803–1880), Gründer der Siedlung „New Helvetia".

ten auf. Nach Zwischenstationen in Fort Vancouver und auf den Sandwich-Inseln (dem heutigen Hawaii) entschloss er sich, sein Glück in Kalifornien zu suchen. Den – zu diesem Zeitpunkt noch mexikanischen – Gouverneur konnte er überzeugen, ihm die Eigentumsrechte für ein recht großes Stück Land am Sacramento River zu übertragen, wo Sutter sein Fort anlegte, das den Handel und das Wirtschaftsleben in der Region ankurbeln sollte. „New Helvetia" blühte auf. Im Gegensatz zu vielen anderen Weißen gelang es Sutter, einige der in der Region lebenden Indianer zur Mitarbeit zu bewegen und sogar Weizenfelder zu bestellen. Sutters Imperium produzierte schließlich neben Getreide auch viele andere landwirtschaftliche und industrielle Produkte, in „New Helvetia" wurden Pferde und Rinder gezüchtet, Werkzeuge hergestellt und Bier gebraut. Sutter selbst genoss Wohlstand, Ansehen und Erfolg. In seiner neuen Heimat, die bei all ihrer demokratischen Tradition in fast allen Phasen ihrer Geschichte ein Faible für militärische Titel hatte, hielt er es für erstrebenswert, sich den Titel eines Captain zuzulegen; bei festlichen Anlässen trug er eine selbst entworfene Phantasieuniform, in der er sich gern porträtieren ließ.

Das Kalifornien, in dem Johann Sutter sein Reich der Rechtschaffenheit errichten wollte, war verhältnismäßig lange von europäischen Eroberern und Siedlern verschont geblieben. Noch 1837 wunderte sich der Kapitän einer vor der Westküste Amerikas kreuzenden französischen Fregatte, dass „dieses Land, so wunderschön, so fruchtbar und gleichzeitig so leicht in Besitz zu nehmen, noch nicht die Beute der großen Nationen der Alten Welt geworden ist."[2] Es waren spanische Entdecker, die im 16. Jahrhundert als erste Weiße seinen Boden betraten, doch erst 1769 entsandte das ferne Königreich erste Siedler in die Region – Siedler, die eine Kutte trugen. Mangels auswanderungswilliger Kolonisten waren es Missionare, die ihrem König und ihrem Herrn gleichzeitig zu dienen suchten, indem sie jene Missionskirchen anlegten, die heute zu den schönsten historischen Sehenswürdigkeiten des *Golden State* gehören wie San Juan Capistrano und San Luis Obispo, vor allem aber jene Missionen, die zu den Keimzellen der drei großen Städte Kaliforniens wurden: San Diego, Los Angeles und – weit im Norden – San Francisco de Asis. Der Missionare Ziel, wie vorher in Mexiko, in Peru und in anderen Teilen des lateinisch geprägten Amerikas: die Bekehrung der heidnischen Indianer. Das Ergebnis: die weitgehende Dezimierung und kulturelle Entwurzelung derjenigen, deren Seelen den Padres so sehr am Herzen lagen.

Kalifornien verfügte vor der Ankunft der frommen Spanier über eine blühende indianische Kultur und eine Bevölkerung von (geschätzt) 300 000 Menschen. Binnen weniger Jahre, nachdem erstmals die Glocken der Missionskirchen ihren Klang durch die Sierras oder entlang der Küste hatten erschallen lassen, war die Hälfte dieser Ureinwohner ausgerottet. Die Indianer besaßen keinerlei Immunität gegen die Krankheiten des Weißen Mannes, die Epidemien, die durch die hier lebenden Stämme Schneisen der Verheerung schnitten, folgten dem gleichen Muster wie bei so vielen Aufeinandertreffen von Rot und Weiß auf diesem Kontinent seit Kolumbus' Tagen. Die schlimmste Seuche war jene, die von den zum Schutz der Missionen entsandten Soldaten, den Händlern und den Farmern unter den Ureinwohnern oder, besser gesagt, den Ureinwohnerinnen mit der Gewalt eines Naturereignisses verbreitet wurde: die Syphilis. Das ursprüngliche Vorhaben der Missionare, die Indianer zu christianisieren und zu hispanisieren, sodass sie in einem Gott und dem König gefälligen Lebensstil als Vorposten des Kolonialreiches fungieren konnten, scheiterte vollständig. Viele der bekehrten Indianer liefen weg, starben oder waren so nachhaltig ihrer Identität beraubte Gestalten, dass ein russischer Reisender – die Spanier ihrerseits betrachteten die (christlichen) Russen, die in Nordkalifornien einen Handelsstützpunkt unterhielten, als Barbaren – 1816 über die Ureinwohner erschüttert schrieb: „Ich habe nicht einen einzigen von ihnen gesehen, der einem ins Gesicht blickt. Ich habe keinen von ihnen lachen sehen. Sie scheinen überhaupt nichts wahrzunehmen."[3]

Im frühen 19. Jahrhundert begannen sich amerikanische Händler und auch zunehmend Siedler für Kalifornien zu interessieren. Einer von ihnen, Richard Henry Dana, frohlockte 1840 geradezu: „In den Händen von unternehmungslustigen Menschen – was könnte das für ein Land sein!"[4] Wenige Jahre darauf fiel das ganze Land in die Hände jener nach eigener Definition so unternehmungslustigen Menschen.

Die Geschichte der USA ist immer wieder mit Glücksfällen von historischer Signifikanz gesegnet gewesen, einer der krassesten von ihnen war der Frieden von Guadalupe Hildalgo, der den Krieg der USA mit Mexiko beendete. Für die Vereinigten Staaten bedeutete er einen immensen Gebietszuwachs, denn neben dem Territorium, das heute die Staaten New Mexiko, Arizona, Utah und Nevada einnehmen, erhielten sie auch Kalifornien als Kriegsbeute. Einen glücklicheren Termin für diesen Vertrag hätte Clio, die Göttin der Geschichte, für die Amerikaner nicht finden können. Das Abkommen wurde am 2. Februar 1848 unterzeichnet – nicht einmal zwei Wochen zuvor hatte sich auf Sutters Anwesen etwas ereignet, das den Wert Kaliforniens beträchtlich veränderte und seiner Entwicklung einen Schub gab, wie ihn kein anderer amerikanischer Bundesstaat je erlebt hatte.

„Ich habe eine Goldader entdeckt!"

Das jüngste Bauprojekt Sutters war eine Sägemühle an einem kleinen Seitenarm des American River, in der das Holz aller Siedlungen in weitem Umkreis bearbeitet werden konnte. Am Morgen des 24. Januar schickte Sutter einen seiner engsten und vertrautesten Mitarbeiter auf einen Inspektionsrundgang, James Marschall. Die Mühle war fast fertig gestellt und Marschall wollte vor allem nachsehen, ob der Fluss das Geröll von Ausgrabungen des Vortages hinweggeschwemmt hatte. Der American River ist an dieser Stelle – davon kann sich jeder Besucher der rekonstruierten Mühle und des Gedenksteins am Ufer heute noch überzeugen – äußerst flach. Marschall hatte keine Mühe, auf dem Grund des Flusses unter den vielen braunen und grauen Steinen auch einen kleinen, im fahlen Morgenlicht hell glänzenden Gegenstand zu erkennen. Er griff in das eiskalte Wasser und hob einen Partikel auf, der kaum größer als eine Erbse, aber schwerer als ein Geröllstückchen vergleichbarer Größe war – und dessen Farbe unverkennbar schien. Marschall blickte sich um, während, wie er sich später erinnerte, sein Herz auf Hochtouren lief. Er fand mehrere Partikel von vergleichbarem Aussehen und war sich sicher: Er hatte Gold gefunden.

Zu seinem Unglück und zu dem Sutters zeigte Marschall den Fund zunächst dem Zimmermann, später anderen Arbeitern, denen er mit geradezu unglaublicher Naivität verkündete: „Jungs, ich glaube, ich habe eine Goldader entdeckt."[5] Erst vier Tage später unterrichtete er seinen Chef in einer privaten Unterredung von dem Fund. Sutter brachte später seine Erinnerungen an dieses Gespräch zu Papier: „Ich saß eines Nachmittags, kurz nach meiner Siesta, über einem Brief, den ich an Verwandte in Luzern schreiben wollte, als Marschall plötzlich in den Raum kam. An seiner Aufregung erkannte ich, dass etwas Ernstes vorgefallen sein musste und, wie wir es in diesem Teil der Welt aus Gewohnheit machen, sah ich sofort nach, ob mein Gewehr an seinem Platz war. Als er sich etwas beruhigt hatte, erklärte er mir, dass die Kunde, die er bringe, mich noch mehr überraschen würde, als sein unerwartetes Eintreten. ‚Eine Nachricht', so fügte er hinzu, ‚die richtig gehandhabt, uns in den Besitz eines ungeahnten Wohlstandes bringen würde, genauer gesagt: es ginge um Millionen von Dollar.'" Zunächst zweifelte Sutter an Marschalls Verstand, dann ließ er sich von ihm überreden, mit zur Mühle zu kommen. Der Besuch dort überzeugte Sutter

restlos: „Bei unserer Ankunft, kurz vor Sonnenuntergang, stocherten wir an verschiedenen Stellen im Sand und binnen kurzem hatten wir beide mehr als eine
Unze Gold zusammen. Ich blieb diese Nacht bei Mr. Marschall. Am nächsten Tag
legten wir die kurze Strecke bis zur südlichen Flussgabelung zurück und sahen,
dass entlang seines gesamten Verlaufs Gold vorkam, nicht nur im Hauptarm
des Flusses, sondern auch in kleinen, ausgetrockneten Seitenarmen. Ich glaube
sogar, in diesen war es noch häufiger, denn mit nichts anderem als einem kleinen
Messer ausgerüstet, fand ich in einem trockenen Flussbett, ein Stück die Berge
hinauf, einen soliden Goldklumpen, der fast eineinhalb Unzen wog. Trotz unserer Vorsichtsmaßnahmen nicht beobachtet zu werden, bemerkten wir bei unserer
Rückkehr zur Mühle wegen der Aufregung, die bei den Arbeitern herrschte, dass
wir doch verfolgt worden waren. Und um unsere Enttäuschung vollkommen zu
machen, rief uns einer der Indianer, der in der Nähe einer Goldmine von La Paz
gearbeitet hatte, laut zu, während er uns einige von ihm selbst gesammelte
Exemplare entgegenhielt: ‚Oro! Oro! Oro!‘“[6]

Der Fund bei Sutters Mühle wurde relativ schnell von den örtlichen Medien
aufgegriffen. Am 15. März 1848 berichtete die Zeitung *Californian* auf ihrer
letzten Seite unter der Schlagzeile *„Gold Mine Found“* über „beträchtliche
Quantitäten“ des Edelmetalls und benutzte diese Neuigkeit zum Philosophieren
darüber, dass Kalifornien reich an Rohstoffen sei und große Chancen für *„scien-
tific capitalists“* bereit halte – was immer man sich unter diesem Terminus vorzustellen hatte. Andere Zeitungen zogen nach. Die Berichterstattung hatte Konsequenzen für manche Leser: Viele ließen ihre Arbeit auf Farmen, in den
Handwerksbetrieben von San José oder an den noch recht bescheidenen Piers
von San Francisco im Stich, kauften sich die Grundausrüstung für den ambitio-
nierten Schürfer und machten sich auf zum Sacramento und zum American
River. Der Bote der frohen Kunde wurde zu ihrem ersten Opfer: Am 29. Mai
stellte der *Californian* sein Erscheinen ein, da die meisten seiner Abonnenten
plötzlich mit unbekanntem, aber zu vermutendem Ziel verzogen waren und da
außerdem niemand mehr an anderen Themen interessiert schien, es geradezu zu
einer „Degenerierung des Lesegeschmacks“ gekommen sei.

Goldfieber

In diesen Sommermonaten kam zum ersten Mal der Begriff „Goldfieber“ auf –
es war ein Novum in der amerikanischen Geschichte, denn nach dem Selbstverständnis und der Arbeitsmoral der Nation verdiente man seinen Lebensunterhalt
mit dem Betreiben einer Farm oder einer Plantage, als Jäger oder Händler, als
Anwalt oder Angestellter. Der Griff nach ganz schnellem Reichtum passte

eigentlich nicht zum Credo des von stark puritanischer Tradition geprägten Landes. In Kalifornien sollte dies anders werden, die Sucht nach Gold, die Vision mit ein oder zwei Jahren harter Arbeit für ein ganzes Leben lang ausgesorgt zu haben, ergriff von vielen Herzen Besitz. Die politischen Gegebenheiten begünstigten die Jagd nach dem Gold. Der Militärgouverneur von Kalifornien, Richard Mason, veröffentlichte im Sommer 1848 eine kurze Stellungnahme von revolutionärem Charakter: „In Anbetracht der Größe des Landes, des Charakters der Menschen und der kleinen, weit verteilten Streitkraft unter meinem Kommando habe ich mich entschlossen, mich nicht einzumischen und alle frei arbeiten zu lassen."[7] *„To work freely"* – es hieß in der Realität nichts anderes, als dass die Goldsucher ihrer Tätigkeit unbehindert von Grundbesitzansprüchen, von Abgaben und Steuern und in Abwesenheit irgendwelcher staatlicher Regulierungsmechanismen nachgehen konnten. Für Sutters New Helvetia war es das Todesurteil. Die Goldsucher strömten auf sein Land ebenso wie auf das anderer Grundbesitzer, scherten sich nicht um Besitzrechte und ließen Sutters Vision im Hämmern der Pickel und im Gedröhne der hydraulischen Wasserspritzen untergehen. Sutter selbst und auch James Marschall profitierten nicht vom Gold, beide starben verarmt und verbittert.

Ein zweiter politischer Akt machte aus dem kalifornisch-regionalen Geschehen eine nationale, ja, fast globale Angelegenheit. In seiner Rede zur Lage der Nation[8] sprach Präsident James Knox Polk die Entdeckung direkt an und sorgte damit für weltweite Publizität. Nach der bombastischen Ankündigung, dass „zweifellos ein großes Reich an der kalifornischen Küste emporwachsen" werde, verkündete Polk: „Es war bekannt, dass Minen von Edelmetall in beträchtlichem Umfang in Kalifornien zur Zeit seines Erwerbs existierten. Jüngste Entdeckungen lassen es als wahrscheinlich erscheinen, dass diese Vorkommen ausgedehnter und wertvoller sind als angenommen."[9] Die Worte eines Präsidenten waren für die Abenteuerlustigen in fünf Kontinenten das Gütesiegel auf den Meldungen, die in den Tageszeitungen von Paris, London und selbst Sydney seit Wochen die Leser in Bann geschlagen hatten. Dass in vielen europäischen Ländern das Jahr 1848 mit kräftigen politischen Erschütterungen einhergegangen war, motivierte überdies viele Unzufriedene, eine offensichtliche, in der Ferne sich ergebende Chance zu ergreifen.

In Frankreich, das die dritte Revolution binnen sechzig Jahren erlebt hatte, machten sich bis 1853 mehr als 28 000 ehemals königliche, gerade mal wieder republikanische und in Bälde kaiserliche Untertanen in die *nouveau monde* auf. Auch in Irland waren die Nachrichten aus Kalifornien für viele der letzte Anstoß, nachdem Missernten und Hungersnöte sowie die Unterdrückung durch die Briten eine Zukunft in *Erin* als wenig hoffnungsvoll erscheinen ließen. Ein wahrhaft goldenes Zeitalter begann auch für die Reedereien an der Ostküste, vornehmlich in New York. Jedes halbwegs seetüchtige Schiff wurde zu oft weit überhöhten Preisen für die Passage nach Kalifornien angeboten. Die Zahl der Schiffe, die von Dezember 1848 bis Mitte April 1849 die Anker für die lange Fahrt lichteten, wurde von einer New Yorker Zeitung auf 225 geschätzt. Für die darauf folgenden 12 Monate liegt eine Schätzung der Passagiere vor: 62 000 – mehr, als Kalifornien noch fünf Jahre zuvor an (weißen) Einwohnern hatte. Nicht alle kamen um Kap Hoorn. Manche fuhren bis zur Landenge von Panama, überwanden den dschungelüberwachsenen, als chronische Heimstatt von Gelbfieberepidemien geltenden Isthmus und schifften sich in Panama City

Goldwäscher bei der Arbeit.

für die Weiterfahrt nach San Francisco ein, nicht selten, nachdem sie von ortsansässigen Gaunern und Huren bis auf den letzten Cent ausgeplündert worden waren. Einige ganz Wagemutige nahmen die Landroute über Prärien, Wüsten und die Rocky Mountains – nicht alle von ihnen sahen je das gelobte Land. Manche allerdings genossen das Erlebnis, wochenlang relativ einsam durch das riesige Land zu reisen. „Erzähl Charles“, schrieb einer, der die Brücken hinter sich abgebrochen hatte, „dass ich bislang weder von einer Squaw gejagt noch von einer Antilope gebissen worden bin.“[10]

Die *Forty-Niners* machten aus dem abseits des Weltgeschehens liegenden Kalifornien ein Land, das plötzlich im Fokus des öffentlichen Interesses stand. Fast ein halbes Jahrhundert später schrieb der Historiker Theodore H. Hittell: „Der große Marsch der wagemutigsten Abenteurer, das große Spektakel der Epoche, war die Immigration von 1849: Am Ende dieses Jahres wurde die Einwohnerzahl von Kalifornien auf rund 100 000 geschätzt. Die große Mehrheit von ihnen waren Amerikaner, in amerikanischen Schulen erzogen, in amerikanischen Prinzipien groß geworden, zu ihnen gehörten einige der fähigsten Köpfe aus allen Bereichen der Vereinigten Staaten. Es waren diese Menschen, die aus Nord und Süd, aus Ost und West zusammenkamen, die hier miteinander verschmolzen und die Fundamente des Fortschrittes für den Staat Kalifornien legten, der – tatsächlich und vom Namen her – der Goldene Staat der Union ist.“[11] Nirgendwo waren die demografischen Auswirkungen des Goldrausches so offensichtlich wie in San Francisco. Zu Beginn des Jahres 1848 lebten in der Stadt, die erst kurz zuvor umbenannt worden war – sie hieß bis dahin Yerba Buena – nur rund 800 Menschen. Fünf Jahre später war ihre Einwohnerzahl auf 50 000 hochgeschnellt, ihr Hafen, der auf alten Fotos einem Wald von Masten gleicht, war plötzlich einer der geschäftigsten der Welt.

In den Jahren des Goldrausches wurde der Grundstein für eine Entwicklung gelegt, die Kalifornien zu einem Sonderfall innerhalb des Gefüges der 50 Staaten und doch gleichzeitig zur Inkarnation des amerikanischen Traumes machte. In den letzten Jahren des 19. Jahrhunderts beobachtete der englische Reisende Rudyard Kipling im *Golden State* eine Attitüde, die die Zeiten überdauert hat: „Forschheit liegt in der Luft, ich kann nicht beschreiben, wo sie herkommt, aber sie ist da. Die tobenden Winde das Pazifik machen einen trunken mit ihr. Die Unabhängigkeit und Freizügigkeit hier und die Begeisterung, die zu dem rapiden Fortschritt des Landes gehört, lassen einen unwichtig erscheinen und machen doch traurig bei dem Gedanken, daheim wieder auf die ausgetretenen Pfade zurückzumüssen."[12] Vielleicht liegt doch eine gewisse Wahrheit in Kaliforniens Motto, welches das Besondere in seiner Normalität herauszustellen sucht: *„America, only more so".*

Anmerkungen

1 HUBERT HOW BANCROFT: History of California, 7 Vols. San Francisco 1886–1890. Zit. n.: J. S. HOLLIDAY: Rush for Riches. Gold Fever and the Making of California. Berkeley und Los Angeles 1999. S. 53.
2 HOLLIDAY, S. 8.
3 HOLLIDAY, S. 17.
4 HOLLIDAY, S. 19.
5 HOLLIDAY, S. 58.
6 Diese hier gekürzt wiedergegebenen Erinnerungen Sutters brachte dieser 1854 zu Papier. Nachzulesen bei: www.sfmuseum.org.
7 HOLLIDAY, S. 64.
8 Die *State of the Union-Address* wurde damals noch von einem Boten vom Weißen Haus in den Kongress gebracht und dort verlesen. Ein persönlicher Auftritt des Präsidenten, wie heute üblich und von allen Fernsehstationen live mit hohen Zuschauerquoten übertragen, wäre damals noch als Verstoß gegen die politischen Sitten empfunden worden.
9 HOLLIDAY, S. 87.
10 HOLLIDAY, S. 109.
11 THEODORE H. HITTELL: History of California, Vol. II. San Francisco 1897. Zit. n.: www.sfmuseum.org.
12 HOLLIDAY, S. 303.

„DIE REBELLEN BESCHIESSEN FORT SUMTER!"

12. April 1861

Der Frühling in South Carolina kann die Sinne betören. Die Sonne strahlt warm auf die Küste mit ihren breiten Stränden herab, ohne eine Vorahnung von der drückenden Schwüle des Sommers zu geben, die Luft ist erfüllt vom Duft blühender Magnolien. Wie fast überall im Süden, hat das Leben in den pittoresken Gassen von Charleston und entlang seiner von prächtigen Bürgerhäusern gesäumten Uferpromenade einen eigenen Rhythmus, scheinbar Welten entfernt von der Hektik industriell geprägter Großstädte im Norden. Doch die fast ausschließlich aus eben jenem Norden stammenden Soldaten, die in Fort Sumter ihren Garnisonsdienst versahen, hatten wenig Sinn für die romantische Schönheit dieser größten Stadt des Südens und ihre üppige Vegetation. Von der kleinen, die Hafeneinfahrt kontrollierenden Festung blickten sie sorgenvoll auf das Festland, auf dem sich ihnen, kaum zwei Kilometer entfernt, ein merkwürdiges Schauspiel darbot. Dort nämlich wurden Kanonen in Stellung gebracht, die auf Fort Sumter zielten. Bei den Geschützen hatten sich Soldaten versammelt – Amerikaner, Menschen mit gleicher Sprache und gleicher Liebe zu ihrer Heimat. Doch wer waren diese Gleichaltrigen, ebenfalls Uniform Tragenden? Landsleute? Feinde? Die Besatzung von Fort Sumter und ihr Kommandant, Major Robert Anderson, wussten es nicht und mit ihnen die ganze Nation, in deren Zeitungsspalten und öffentlichen Debatten das Schicksal von Fort Sumter in diesen ersten Apriltagen des Jahres 1861 eine so dominierende Rolle spielte. Oder waren es längst zwei Nationen geworden?

In den 1850er Jahren waren der Norden und der Süden der USA immer weiter auseinander gedriftet. Das Kernproblem war – das hatten schon die Gründerväter mit Entsetzen registriert, ohne eine Lösung zur Hand zu haben – die Sklaverei. Sie wurde von den Abolitionisten im Norden, von auf ihre Abschaffung drängenden Politikern, Publizisten und Oratoren in immer schärfer werdenden Tönen als ein verabscheuungswürdiges Übel gegeißelt. Die führende Schicht des Südens sah in dieser Agitation nicht nur einen Angriff auf die ganz besondere

Lebensart in *Dixie*, sondern vor allem auf die Grundlagen des Wirtschaftsleben. Der Süden war hochgradig agrarisch geprägt, die Plantagenbewirtschaftung durch Sklaven wurde als unverzichtbare Bedingung seines Prosperierens angesehen. Über Industrie hingegen verfügten die Staaten der künftigen Konföderation nur in ganz bescheidenem Maße – sehr im Unterschied zum Norden, was für diesen im Bürgerkrieg neben der demografischen Überlegenheit ein entscheidender Faktor zu seinen Gunsten sein sollte. Ein heftiger Streitpunkt zwischen den beiden Landesteilen war die Frage, wie man es mit den neu in die Union kommenden Territorien und Staaten hielt – sollten die künftigen Bundesstaaten im Westen „*slave-holding*" oder „*free*" sein? In Kansas kam es zu einem regelrechten Guerillakrieg zwischen jenen Siedlern, die aus dem Norden kamen und Zuwanderern aus den Südstaaten, die auf die Einführung der Sklaverei in dem Territorium[1] bestanden. In diesem lokal begrenzten Bürgerkrieg, quasi ein Mikrokosmos dessen, was auf die gesamte Nation zukam, waren bis Ende des Jahres 1856 mehr als 200 Menschen umgekommen.

Ein zu zweifelhafter Berühmtheit gelangender Fanatiker war John Brown, der zusammen mit seinen Spießgesellen beim so genannten Pottawatomie-Massaker fünf Siedler der „anderen Seite", in diesem Fall der Sklavereibefürworter, ermordete. Er hatte damit seiner Ansicht nach noch nicht genug für seinen Nachruhm getan. Brown, der Prototyp eines religiös inspirierten Gewalttäters, überfiel mit seinen ähnlich fundamentalistischen Söhnen und einer kleinen Anzahl Gleichgesinnter das Waffenlager der Bundesregierung in Harpers Ferry. Die dabei zu erbeutenden Waffen sollten an Sklaven verteilt werden, auf dass diese ihre Besitzer umbringen konnten. Abgesehen davon, dass die in Frage kommenden Menschen afrikanischer Abstammung Browns Mordlust nicht geteilt hätten, scheiterte das Unternehmen im Oktober 1859 kläglich, da sich die Bürger des kleinen Ortes an der Grenze von West Virginia[2] und Maryland spontan bewaffneten und sich gegen die Angreifer zur Wehr setzten. Der Überfall wurde restlos niedergeschlagen, als eine Abteilung Marines aus Washington anrückte und Brown (zwei seiner Söhne kamen bei dem Gefecht um) sowie die Überlebenden seines Terrorkommandos festnahm. Kommandiert wurde die kleine Streitmacht von einem Oberst namens Robert E. Lee.

Der Überfall erregte im ganzen Land große Aufmerksamkeit. Für viele Abolitionisten im Norden war Brown ein Held, für die Verfechter und Nutznießer der Sklaverei war seine Aktion ein Menetekel, das anzudeuten schien, zu wieviel Perfidie die anders Denkenden in der Lage schienen. Als Brown gehängt wurde, wurde die Exekution zum Medienereignis; keine Zeitung, die nicht ausführlich über seinen Gang zum Galgen und seine prophetischen letzten Worte – er kündigte an, dass die Schuld, die das Land trage, nur mit Strömen von Blut abgewaschen werden könne – berichtete. Immerhin, er ging seinen letzten Gang mit einer gewissen Würde, und selbst ein Zuschauer der Exekution, der ausgeprägte Sympathien für den Süden hegte, konnte ihm seine Hochachtung nicht versagen. Der Beobachter, der Brown als „tapferen, alten Mann" bezeichnete, war von Beruf Schauspieler und hieß John Wilkes Booth.

Die Auseinandersetzung über die Sklavenfrage wurde mit immer größerer Leidenschaft ausgetragen und machte auch vor dem erlauchtesten Forum der amerikanischen Demokratie nicht Halt. Senator Charles Sumner aus Massachusetts, einer der engagiertesten Redner gegen die Sklaverei, wurde im Senat von dem Kongressabgeordneten Preston Brooks aus South Carolina mit einem Spazierstock, der mit einem goldenen Knauf versehen war, angegriffen. Hinter seinem Pult eingeklemmt, war Summer gegen die auf ihn niederprasselnden Hiebe weitgehend wehrlos. Brooks schlug ihm den Stock etwa dreißig Mal auf den Schädel und ließ sein Opfer blutend und bewusstlos zurück. Sumner überlebte, sein Stuhl blieb während der drei Jahre dauernden Rekonvaleszenz als Symbol der Eskalation leer. Brooks hingegen konnte sich für seine brutale Tat eines unverhohlenen Jubels im Süden erfreuen.

Sezession und Konföderation

Die Präsidentschaftswahlen von 1860 kündeten von einer Zersplitterung der Parteienlandschaft, gab es doch diesmal vier Kandidaten, die die entscheidenden Wahlmännerstimmen unter sich aufteilten. Drei von ihnen hatten im Süden eine starke Basis, der Vierte jedoch gewann alle sklavereifreien Staaten bis auf New Jersey und damit, bei einem Stimmenanteil von rund 40 Prozent, die Präsidentschaft: Abraham Lincoln. Der Anwalt aus Springfield, Illinois, war nicht nur der erste Präsident aus dem Westen der expandierenden Nation, sondern auch der Spitzenkandidat einer relativ neuen politischen Gruppierung, der erst sechs Jahre zuvor gegründeten Republikanischen Partei. Viele der führenden Persönlichkeiten dieser rasch an Anhängerschaft gewinnenden Kraft waren entschiedene Befürworter der Abschaffung der Sklaverei. Lincoln galt als einer ihrer moderateren Vertreter, was ihm beim Parteikonvent in Chicago die Stimmenmehrheit der Delegierten verschafft hatte. Er lehnte die Ausweitung der Sklaverei auf die neuen Territorien im Westen ab, gab aber zu erkennen, dass er sie dort, wo sie existierte, unangetastet lassen würde. Sein oberstes Ziel: der Erhalt der Union. Er machte unmissverständlich deutlich, dass man dafür – nicht für die Abschaffung der Sklaverei – notfalls auch zu den Waffen greifen müsse.

Für den Süden war die Wahl Lincolns nichtsdestotrotz der sprichwörtlich ihm vor die Füße geworfene Fehdehandschuh. Am 20. Dezember 1860 erklärte South Carolina – in vielerlei Hinsicht der radikalste Staat des Südens – seinen Austritt aus der Union. Die Begeisterung in Charleston und anderswo kannte keine Grenzen, ein britischer Journalist notierte: „Sezession ist die Mode hier. Junge Damen singen für sie, alte Damen beten für sie, junge Männer brennen darauf, für sie zu kämpfen, alte Männer für sie zu demonstrieren."[3] Binnen kurzem folgten Mississippi, Florida, Alabama, Georgia, Louisiana und Texas. In Montgomery, Alabama, traf sich die politische Führungsspitze der Sezession, rief die Konföderierten Staaten von Amerika (CSA) aus und ernannte Jefferson Davis, einen ehemaligen Kriegsminister der USA, zu ihrem Präsidenten. Später machten North Carolina, Arkansas, Tennessee und Virginia die Konföderation komplett.

Die Vorzeichen standen auf Sturm, als Lincoln am 4. März 1861 seinen Amtseid als 16. Präsident der USA ablegte. In seiner *Inaugural Address* (Antrittsrede) appellierte er noch einmal an die Vernunft, die dem Land schon längst abhanden gekommen schien: „In Euren Händen, meine unzufriedenen Landsleute, nicht in meinen, liegt die bedeutsame Frage eines Bürgerkrieges. Die Regierung wird Euch nicht angreifen. Nur wenn Ihr die Aggressoren seid, kann es zum Konflikt kommen. Ihr habt dem Himmel gegenüber keinen Eid abgelegt, die Regierung zu zerstören, während ich den feierlichsten Eid geschworen habe, sie ‚zu erhalten, zu schützen und zu verteidigen'.

Wir sind keine Feinde, sondern Freunde. Wir dürfen keine Feinde sein. Auch wenn die Leidenschaften ihren Tribut gefordert haben, dürfen sie nicht die Bande der Zuneigung zerreißen. Die mystischen Saiten der Erinnerung, die in diesem großen Land von jedem Schlachtfeld und jedem Grab eines Patrioten zu einem jedem lebenden Herzen, jedem häuslichen Herd ziehen, werden den Chor der Einheit erklingen lassen, wenn sie abermals von den besseren Engeln in unserem Wesen berührt werden – und dies werden sie sicherlich."[4]

Doch von allzu vielen Seelen hatten die finstereren Engel Besitz ergriffen. Überall im Süden, vor allem aber in South Carolina, formierten sich Milizen und paramilitärische Einheiten und suchten sich aller verfügbaren Waffen zu bemächtigen. Zwei Stützpunkte auf dem Territorium der Konföderation wurden von Bundestruppen gehalten: Fort Pickens in Pensacola, Florida, und Fort Sumter im Hafen von Charleston. Ursprünglich war Major Anderson mit seiner kleinen, nur etwa 80 Mann umfassenden Einheit in Fort Moultrie stationiert gewesen, doch dies war von Charleston aus leicht zugänglich und von den sich dort versammelnden, ganz offensichtlich feindlichen Streitkräften South Carolinas unter dem Befehl von Brigadegeneral (in der Union war er nur Major gewesen) Pierre Gustave T. Beauregard mühelos einzunehmen. Der Rückzug auf die in Bau befindliche Festung von Fort Sumter wurde im Norden als heroischer Akt bejubelt. Anderson hatte ganz unzweifelhaft deutlich gemacht, dass er nicht gewillt war, die Waffen an den künftigen Gegner abzugeben und das Sternenbanner einzuziehen.

Die Augen der Nation – oder: beider Nationen – richteten sich im März und April 1861 auf Fort Sumter. Es war das sprichwörtliche Pulverfass, in das jeden Moment der Blitz einschlagen konnte. Die aus dem Amt scheidende Regierung von Präsident James Buchanan hatte es versäumt, Anderson und seine Männer adäquat zu versorgen, aus Furcht, den Süden damit vollends zu verärgern. Im Norden machten die Zeitungen das Schicksal der Garnison zur Kernfrage der Autorität und Fähigkeit der neuen Administration. „Die Regierung muss einen Plan haben", schrieb die *New York Times*, „fast alles ist besser als weitere Spannung". Ein anderes Blatt schrieb: „Wenn Fort Sumter evakuiert wird, ist es um die neue Regierung geschehen."[5] Im Süden sah die Meinung der Presse nicht viel anders aus. „Der Geist und auch der Patriotismus der Menschen verflüchtigt sich unter eine Tu-nichts-Politik", wetterte eine Zeitung in Alabama, „wenn nicht bald etwas geschieht, wird das ganze Land so von der Schimäre einer Unabhängigkeit des Südens angewidert sein, dass die Leute bei der ersten Chance einer Wahl die ganze Regierung in hohem Bogen hinauswerfen werden."[6]

Lincoln sandte eine kleine Flotte von Versorgungsschiffen, doch hinderte stürmische See vor Charleston sie an der Entladung ihrer Güter. Die Besatzungen der Schiffe mussten hilflos mit ansehen, wie das Schicksal seinen Lauf nahm. Um 4 Uhr 30 am Morgen des 12. April 1861 feuerte eine Kanone von Fort Johnson auf Fort Sumter – es war der erste Schuss des Bürgerkrieges. Dann stimmten die anderen Geschütze von Charleston ein und begannen das Bombardement der

Fort Sumter unter der Flagge der Konföderierten im April 1861.

91

kleinen Insel. Die Geschütze von Fort Sumter feuerten zurück, doch es waren ihrer zu wenige. Anderson hatte nicht genügend Männer, nicht genügend Munition und keine Mörser, die bei einem solchen Artillerieduell nützlich gewesen wären.

Die Beschießung dauerte 33 Stunden. Etwa 4000 Granaten der Armee von South Carolina und damit der Konföderation waren auf das Fort abgefeuert worden und hatten seine Fassade und seine noch leeren Gebäude kräftig durchlöchert, die Unionstruppen hatten mit rund 1000 Granaten geantwortet. Wie durch ein Wunder nahm niemand ernsteren Schaden, das einzige Todesopfer war ein Pferd der Konföderierten, das von einer Unionskugel in Stücke gerissen wurde. Ein ehemaliger Senator aus Texas, Louis T. Wigfall, ruderte unter der weißen Flagge zum Fort und beschwor Anderson, weiteren Widerstand aufzugeben. Der Major sah ein, dass seine Situation aussichtslos war und ließ am frühen Nachmittag des 13. April das Sternenbanner einholen. Wenige Minuten darauf wehte am Mast des Forts die noch provisorische Fahne des Südens mit ihren sieben Sternen. Der Bürgerkrieg hatte begonnen.

Im Norden löste die Nachricht von der Beschießung von Fort Sumter Euphorie, fast Begeisterung für den Kampf gegen die „Rebellen" aus. Am 15. April ließ Präsident Lincoln 75 000 Freiwillige für eine Dienstdauer von neunzig Tagen zu den Waffen rufen, um den Aufstand im Süden niederzuschlagen. Sowohl was die personelle Größenordnung als auch die vermutete Dauer des Konfliktes anging, unterlagen die politischen wie militärischen Führer beider Seiten einem tragischen Irrtum.

Anmerkungen

1 Kansas wurde 1861 Bundesstaat.
2 Nach heutiger Terminologie. Im Jahre 1859 gehörte das Gebiet noch zu Virginia. Der Westen dieses Bundesstaates (oder Commonwealth, wie die offizielle Bezeichnung für Virginia lautet), der soziologisch und ideologisch wenig mit der politisch tonangebenden Pflanzeraristokratie gemein hatte, blieb unionstreu, trennte sich vom sezessionistischen Rest-Virginia und wurde 1863 ein eigenständiger Bundesstaat.
3 T. Harry Williams. The Coming of the War. In: Photographic History of the Civil War. Ed. by William C. Davis und Bell I. Wiley. New York 1994. S. 26.
4 Philip B. Kunhardt: Lincoln. New York 1992. S. 28.
5 James McPherson: The Battle Cry of Freedom. New York und Oxford 1988. S. 269.
6 McPherson, S. 272.

„Gettysburg Address": 272 Worte für die Ewigkeit

19. November 1863

Der Sonderzug des Präsidenten dampfte langsam durch die von Farmen dominierte Landschaft Pennsylvanias, vorbei an Wäldern, die nur noch Reste des *Indian Summer*, der Rotfärbung des Laubes aufwiesen und deren Bäume im Begriff standen, ihre Blätter endgültig zu verlieren – Blätter eines Sommers, der zum vielleicht entscheidenden in der amerikanischen Geschichte geworden war. Abraham Lincoln saß in seinem Salonwagen über einem Papier gebeugt, auf dem er noch in Washington, in den letzten Tagen, einige seiner Gedanken festgehalten hatte. Der Präsident hatte lange über die Worte reflektiert, die er am anderen Tag sprechen wollte. Es sollten ihrer nur wenige sein, denn seine Äußerungen waren mehr als rhetorisches Beiwerk zu einer anderen Festrede eingeplant. Doch Lincoln wollte sein Credo, seine ganze Überzeugung in diese Worte legen. Und er wollte in aller Kürze auf den Punkt bringen, was das Besondere an der amerikanischen Nation, an den Werten des Landes war – Werte, für die es sich zu kämpfen lohnte. Er sah mit großem Ernst der kurzen Ansprache entgegen, empfand sie als die wohl wichtigste seiner an großen Auftritten so reichen Karriere. Denn das Ziel seiner Reise hieß Gettysburg.

In den ersten Julitagen des Jahres 1863 waren an zwei weit voneinander entfernten Orten Schlachten geschlagen worden, die für den Verlauf des Bürgerkrieges vorentscheidend waren. Dass sie nicht die Entscheidung erzwangen, die den Krieg beendete, sondern dass das Gemetzel weiterging, betrübte Lincoln zutiefst. Der Süden war angeschlagen, doch am Boden lag er noch nicht. Am Vorabend des Unabhängigkeitstages hatte die Stadt Vicksburg am Mississippi nach langer Belagerung vor den Unionstruppen unter General Ulysses Simpson Grant kapitulieren müssen. Der große Fluss befand sich damit vollständig in der Hand der Union, der Süden war förmlich entzwei geschnitten.

Fast zeitgleich mit der Belagerung und Einnahme von Vicksburg hatte in und bei einer kleinen Stadt im Süden von Pennsylvania eine Schlacht von wahrhaft epischem Ausmaß stattgefunden. Die Armee des Südens unter ihrem bis

*Schlacht von Gettysburg: Erstürmung von Cemetery Hill durch die Konföderierten.
Lithografie, um 1870.*

zu diesem Ereignis unbesiegten Feldherrn Robert E. Lee hatte eine weit aus-
holende, bogenförmige Bewegung vollzogen und marschierte von Norden her
auf Washington zu. Bei dem 2500-Seelen-Ort Gettysburg stellte sich ihr die
Hauptstreitmacht des Nordens unter dem Befehl von General George Gordon
Meade entgegen. Am 1. Juli begann die Schlacht, deren einzelne Schauplätze wie
der Little Round Top, Devil's Den und Peach Orchard in die amerikanische
Folklore eingegangen sind. Der Süden übernahm zunächst die Offensive. Lees
Soldaten erlebten, wie es in der amerikanischen Historiografie so treffend heißt,
„the high watermark of the Confederacy", den Höhepunkt im Kriegsgeschick
und in der Existenz der Konföderierten Staaten. Ab dem 3. Juli ging es für
die Südstaaten nur noch bergab. Nachdem die Truppen des Nordens dem Ansturm standgehalten hatten, kam es an jenem Vormittag in brütender Hitze zum
berühmtesten – und irrsinnigsten – Angriff der amerikanischen Geschichte:
Pickett's charge. Am Ende des dritten Tages waren 50 000 Männer in blauen und
grauen Uniformen gefallen, verwundet oder vermisst. Lee zog sich zurück, und
Meade versäumte es, die Verfolgung aufzunehmen, die Reste der konföderierten
Armee zu fangen und damit den Krieg zu beenden.

   Die Umgebung des kleinen Ortes war mit Leichen übersät, die meisten Gefallenen wurden nur notdürftig bestattet – um nicht zu sagen: verbuddelt. Einer der
führenden Bürger Gettysburgs, der Bankier David Wills, beobachtete: „An man-

chen Stellen ragten Arme und Beine und gelegentlich auch Köpfe aus dem Boden heraus, und meine Aufmerksamkeit wurde von einigen Orten gefesselt, wo die Schweine tatsächlich die Körper ausgruben und sie auffraßen."[1] Der ganze Ort war ein einziges Leichenfeld, der Gestank in der Sommerhitze unerträglich. Wills wurde Mitglied einer vom Staat Pennsylvania eingesetzten Kommission, die die Anlage eines Friedhofes organisieren sollte. Eine Bestattungsfirma wurde unter Vertrag genommen und erhielt 1,59 $ pro ordnungsgemäß beerdigter Leiche, ein Landschaftsarchitekt plante die Anlage des riesigen Areals im Süden Gettysburgs, unweit des Hauses, in dem das einzige zivile Opfer der Schlacht zu beklagen war, die 16-jährige Jenny Wade, die von einer fehlgeleiteten Kugel getötet worden war.

Der Friedhof war bei weitem noch nicht fertig gestellt, als seine feierliche Einweihung für den 19. November geplant wurde. Als Redner wurde der angesehenste Orator der Epoche verpflichtet, der fast 70-jährige Edward Everett, ein ehemaliger Präsident von Harvard und ehemaliger Außenminister der USA. Erst einen Monat, nachdem Everetts Auftritt vereinbart worden war, erging eine fast beiläufige Einladung an die Regierung in Washington, eine oder mehrere Vertreter zu der Feierstunde zu entsenden, die offiziell eine Angelegenheit des Staates Pennsylvania war. Es wurde eine bewegende Feier, die eine große Anziehungskraft auf die Menschen ausübte. Zwanzigtausend kamen an jenem 19. November in Gettysburg zusammen; es war ein Kunststück, am Vorabend ein Bett für die Übernachtung zu finden. Auch die Eisenbahnlinien waren völlig überlastet, manche Würdenträger der Nation blieben an Umsteigestationen weit entfernt von Gettysburg stecken, ohne eine Chance, das Geschehen dort verfolgen zu können. Lincolns Zug[2] erreichte das Städtchen bei Sonnenuntergang. Er wurde von Wills abgeholt, in dessen Haus er die Nacht verbrachte[3] und letzte Hand an sein Manuskript anlegte.

Am anderen Morgen machte sich Lincoln mit seinen Begleitern auf den kurzen Weg zu dem noch unfertigen Friedhof – hoch zu Ross, wobei der Präsident,

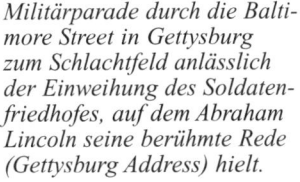

Militärparade durch die Baltimore Street in Gettysburg zum Schlachtfeld anlässlich der Einweihung des Soldatenfriedhofes, auf dem Abraham Lincoln seine berühmte Rede (Gettysburg Address) hielt.

wie Zeugen bemerkten, keine schlechte Figur abgab. Das Programm der Veranstaltung war eindeutig und führte als Hauptredner den Ehrenwerten Edward Everett auf, dem Präsidenten waren lediglich *Dedicatory Remarks* zugesprochen worden. Everett sprach zwei Stunden lang, war aber – wie es die sich um diesen Tag rankende Legende will – keineswegs langatmig, sondern gab eine durchaus spannende Schilderung der dramatischen Ereignisse vom Juli und ihrer Konsequenzen zum Besten. Nachdem Everett geendet hatte, wurde eine Hymne gespielt. Darauf erhob sich Lincoln, nahm zwei Blätter aus seiner Rocktasche und trug mit seiner hohen Stimme seine „Anmerkungen" vor:

„Four score and seven years ago our fathers brought forth on this continent a new nation, conceived in liberty and dedicated to the proposition that all men are created equal.

Now we are engaged in a great civil war, testing whether that nation or any nation so conceived and so dedicated can long endure. We are met on a great battlefield of that war. We have come to dedicate a portion of that field as a final resting-place for those who here gave their lives that that nation might live. It is altogether fitting and proper that we should do this.

But in a larger sense, we cannot dedicate, we cannot consecrate, we cannot hallow this ground. The brave men, living and dead who struggled here have consecrated it far above our poor power to add or detract. The world will little note nor long remember what we say here, but it can never forget what they did here. It is for us the living rather to be dedicated here to the unfinished work which they who fought here have thus far so nobly advanced. It is rather for us to be here dedicated to the great task remaining before us – that from these honored dead we take increased devotion to that cause for which they gave the last full measure of devotion – that we here highly resolve that these dead shall not have died in vain, that this nation under God shall have a new birth of freedom, and that government of the people, by the people, for the people shall not perish from the earth."[4]

„Dreizehn Jahre noch und es wird ein Jahrhundert vergangen sein, seit unsere Väter auf diesem Kontinent eine neue Nation gründeten, welche der Freiheit ihr Dasein verdankt und welche auf den Grundsatz vereidigt ist, dass alle Menschen als Gleiche erschaffen werden.

Mit dem großen Bürgerkrieg, den wir jetzt führen, machen wir die Probe darauf, ob diese Nation oder irgendeine Nation, welche so begründet und so vereidigt ist, lange leben kann. Wir haben uns auf einem großen Schlachtfeld dieses Krieges versammelt. Wir sind hierher gekommen, um einen Teil dieses Feldes denjenigen als letzte Ruhestatt zu weihen, die an diesem Ort ihr Leben ließen, damit die Nation leben könne. Es ist nichts als recht und billig, dass wir dies tun.

In einem höheren Sinn aber können wir dieses Stück Erde weder weihen noch heiligen. Die tapferen Männer, die hier kämpften, haben es geweiht und geheiligt, und zwar weit über unsere armseligen Kräfte, zu mehren oder zu mindern, was sie getan. Die Welt wird kaum bemerken und gewiss nicht lange im Gedächtnis bewahren, was wir sagen, aber unvergesslich wird für alle Zeiten sein, was jene hier vollbrachten. Eher also sollten wir selber, die Überlebenden, hier der großen unvollendeten Arbeit geweiht werden, welche diejenigen, welche kämpften, so edelmütig bis zu diesem Punkt vorwärts getrieben haben. Es ist also an uns, uns selber der großen Aufgabe zu weihen, die noch vor uns liegt; von

96

diesen in Ehren Gestorbenen die stets wachsende Kraft der Hingabe an das Ziel zu erben, dem sie in der Fülle ihrer äußersten Hingabe dienten; zu geloben, dass der Tod dieser Toten nicht vergeblich sein darf; dass diese Nation mit Gottes Hilfe von neuem die Freiheit aus sich hervorbringt, und diejenige Staatsform, in welcher das Volk allein durch das Volk zum Besten des Volkes herrscht, nicht von der Erde verschwindet."[5]

Es waren exakt 272 Worte, deren Rezitation keine drei Minuten in Anspruch nahm. Lincolns Rede war so schnell vorbei, dass der Fotograf, der den Präsidenten bei seiner Rede aus nächster Nähe ablichten wollte, keine Gelegenheit dazu fand.[6] Die Anwesenden waren von der Kompaktheit der Rede so verblüfft, dass sich anschließend kein Zeuge daran erinnern konnte, ob er frei gesprochen oder vom Blatt abgelesen, ob er gestikuliert hatte und ob bzw. wie oft seine Ausführungen von Beifall unterbrochen wurden. Lincoln selbst scheint von seinem Auftritt nicht überzeugt gewesen zu sein. „Lamon", so soll er zu seinem Freund und Leibwächter Ward Hill Lamon gesagt haben, „diese Rede hat keine Spuren hinterlassen".[7]

Er irrte sich. Die Resonanz, die seine *Gettysburg Address* fand, war positiv, viele Kommentatoren erkannten in ihr umgehend die historische Größe. „Wir wissen nicht, wo wir nach einer noch bewundernswerteren Rede suchen sollten", schrieb der Leitartikler einer Zeitung in Rhode Island und fragte sich, ob „die ausgefeilteste und brillanteste Rede ergreifender, schöner und inspirierender sein könnte als diese elektrisierenden Worte des Präsidenten."[8] Das Wunder, so hat es der Historiker Garry Wills genannt, bestand darin, dass diese Worte eine intellektuelle Revolution für Amerika bewirkten: „In der kurzen Zeit vor der Menge in Gettysburg webte er einen Zauber, der immer noch nicht zerbrochen ist – er rief eine neue Nation aus dem Blut und dem Trauma hervor."[9]

Anmerkungen

1 GARRY WILLS: Lincoln at Gettysburg. The Words That Remade America. New York 1992. S. 27.
2 Die Eisenbahnfahrt Lincolns wird in einem der vielen Museen Gettysburgs in einem Waggon, der sich zu bewegen scheint, perfekt simuliert.
3 Der Raum ist heute ein kleines Museum, an Lincolns Gedanken am Vorabend der großen Rede erinnernd.
4 Zit. nach WILLS, S. 263.
5 Deutsche Übersetzung: Erich Heller, in: DIE ZEIT, 2. März 2001.
6 Es existiert ein einziges, in aller Hektik entstandenes Foto Lincolns bei seiner Rede.
7 DAVID HERBERT DONALD: Lincoln. New York 1995. S. 465.
8 Ebd.
9 WILLS, S. 175.

Ein Präsident wird zum Märtyrer

14. April 1865

Wenn es neben den für die Entwicklung der USA entscheidenden Tagen auch so etwas wie einen „Schicksalsmonat" in der Geschichte des Landes gab, war es zweifellos der April 1865. Als er begann, befanden sich Nord und Süd noch im Kriegszustand miteinander. Doch das Ende des Kampfes von Bruder gegen Bruder war abzusehen. Der Süden war materiell erschöpft. Ein großer Teil seines Territoriums war von Unionstruppen besetzt, seine (wenigen) Fabriken und Plantagen waren zerstört oder ohne die benötigten Arbeitskräfte, denn viele jener Sklaven, auf denen ein großes Segment der Volkswirtschaft von *Dixie* basierte, waren weggelaufen, einer Freiheit entgegen, die mit einer völlig unsicheren Zukunft einherging. Die Küste der Konföderation wurde von der Flotte des Nordens höchst effektiv blockiert, Nachschub aus dem Ausland konnte kaum noch zu den ausgemergelten Armeen in grauen Uniformen gelangen. Diese Armeen, die 1862 noch zeitweise einem Sieg nahe schienen, waren geschrumpft, viele ihrer besten Soldaten waren tot oder zu Krüppeln geworden. Die Soldaten der Regierung von Präsident Jefferson Davis waren schlecht ernährt, ihr Schuhwerk war zerschlissen, ihre Uniformen waren abgetragen. Es war eine Armee auf dem Rückzug vor einem übermächtigen, von der auf Hochtouren laufenden Industrie des Nordens prächtig versorgten Gegner.

Doch eines hatte die Armee des Südens nicht verloren: ihren Kampfeswillen. Viele jener Veteranen, die seit Beginn des Konfliktes dabei waren, konnten auch Anfang April nicht an jene Kapitulation denken, auf die alle Anzeichen hindeuteten. Und der wichtigste Hinweis auf einen bevorstehenden Kollaps erfolgte in den ersten Tagen des neuen Monats – der Verlust der eigenen Hauptstadt. Fast vier Jahre hatte Richmond dem Ansturm der meist zahlenmäßig weit überlegenen Unionstruppen getrotzt, am 2. April brach ihre Verteidigung zusammen. Die Armee von General Robert Edward Lee zog sich, um der Umklammerung und schlimmstenfalls der physischen Vernichtung zu entgehen, nach Westen zurück. Viele (weiße) Einwohner flohen, während die afrikanischstämmigen unter der Bevölkerung zum größten Teil die einziehenden Kolonnen der Nordstaatler wie Befreier begrüßten. Doch die Stadt, in der das Sternenbanner im Triumph errichtet wurde, war ein Ruinenfeld.

Der Amerikanische Bürgerkrieg ist oft als der erste moderne Krieg bezeichnet worden, in dem zum ersten Mal Panzerschiffe, U-Boote, Maschinengewehre und Luftaufklärer[1] eingesetzt wurden und in dem vor allem eine Massenmobilisierung stattfand wie in keinem anderen Krieg zuvor. Er war auch in der totalen Zerstörung ein Sendbote eine neuen Epoche. Die Daguerrotypien von Richmond aus jenem Frühling gleichen verdächtig den Fotos, die Kriegskorrespondenten im 20. Jahrhundert von unzähligen Städten anfertigen mussten, die ein ähnliches Schicksal erlitten hatten – von den dem Erdboden gleich gemachten Ortschaften Flanderns über Warschau und Dresden bis hin zu Hiroshima. Nach monatelangem Bombardement standen in Richmond fast nur noch die gemauerten Kamine der einst prächtigen Häuser dieser Stadt, die nie wieder ihr Antebellum-Flair zurückgewinnen konnte. Auch die Regierung von Jefferson Davis verließ Richmond, um die letzten Tage ihrer Existenz auf der Flucht zu verbringen.

Die Entscheidung über die Fortführung des Krieges lag ohnehin nicht in der Händen von Davis und seinem Kabinett, sondern oblag dem mächtigsten und angesehensten Mann des Südens: Robert E. Lee. Der General, der seine fast stets materiell und personell dem Gegner unterlegene Streitmacht so virtuos geführt hatte und ohne dessen Geschick – und die beinahe gespenstische Gabe der Unionsgeneralität, ihre Chance nicht auszunutzen, wie nach Gettysburg geschehen – der Krieg vielleicht schon 1863 geendet hätte, machte sich keine Illusionen über seine Lage. Als die ihn verfolgende Unionsarmee unter seinem vielleicht weniger charismatischen, aber ähnlich hartnäckigen Kontrahenten Ulysses S. Grant seinem fliehenden Heer immer näher kam, sah Lee ein: Die Zeit für den Frieden war gekommen. Nach kurzen Verhandlungen trafen Lee und Grant in einem Privathaus in dem kleinen Ort Appomatox Courthouse zum ersten und einzigen Mal während des Bürgerkrieges persönlich aufeinander. Das Haus gehörte bemerkenswerterweise einem Mann, der einst bei Manassas gewohnt hatte und der nach der nahe dieses Ortes stattfindenden Schlacht von Bull Run im Sommer 1861 weggezogen war, weil ihm die Gegend zu gefährlich wurde. Lee unterzeichnete die Kapitulationsurkunden und musste dann die Nachricht seinen Soldaten überbringen. Viele von ihnen hatten Tränen in den Augen und beschworen ihren geradezu abgöttisch verehrten General weiter zu kämpfen. Doch Lee schüttelte nur traurig den Kopf: „Männer, ich habe alles gegeben, was ich für Euch tun konnte. Mein Herz ist zu schwer, als dass ich mehr sagen könnte."[2] Er wusste: Es war zu Ende. Mit dem 9. April 1865, dem Tag von Appomatox, hörten die *Confederate States of America*, die CSA, faktisch auf zu existieren.

So groß der Jubel im Norden auch war, als der Telegraf die Nachricht von der Kapitulation Lees nach New York, Boston und Chicago trug, so ungewiss war die nahe Zukunft. Noch standen gut 175 000 konföderierte Soldaten an anderen

Frontabschnitten, die meisten von ihnen unter dem Kommando von General Joseph Johnston in North Carolina. Eine bange Frage stellte sich nüchternen Beobachtern: Würden all diese kampferprobten Männer ihre Waffen niederlegen oder würden viele von ihnen in die Berge und Wälder ihrer Heimatregionen gehen und einen Guerillakrieg führen, der die Vereinigten Staaten auf Jahre hinaus in Atem halten könnte? Würde die Zukunft nicht in wirtschaftlicher Blüte und in der Eroberung und Besiedlung des Westens, sondern vielmehr in weiterem Gemetzel, in nicht enden wollendem Hass bestehen?

Es war ein Segen für Amerika, dass es nicht dazu kam. Die Kapitulation Lees hatte zur Folge, dass auch in Texas und North Carolina, in Georgia und Arkansas die Soldaten in Grau die Waffen streckten – vielleicht war es Lees größter Verdienst um sein Land, das jetzt wieder geeint wurde. Und es war der berühmte Aufruf General Grants, dieses rhetorisch so wenig imposanten, bescheidenen Mannes, an seine Truppen, als er das Haus in Appomatox verließ, der den Ton angab für das künftige Miteinander der nunmehr ehemaligen Feinde: *„Soldiers! The enemy is now our countryman again!"* – *„Soldaten, der Feind ist nun wieder unser Landsmann!"*

Das Ende eines vierjährigen Albtraumes

Es war ein Monat, dessen sich die Amerikaner mit Dankbarkeit erinnern könnten als jener Zeitspanne, in der ein grauenhafter Konflikt zu Ende ging und der Grundstein für die Zukunft gelegt wurde. Doch die Erinnerung an den April 1865 wird überschattet von jenem tragischen Ereignis, das aus Abraham Lincoln den Märtyrer der amerikanischen Geschichte schlechthin machte.

Vier Jahre der Präsidentschaft an der Spitze einer sich gegenseitig zerfleischenden Nation waren an *Father Abe* nicht spurlos vorübergegangen. Das Porträt des Präsidenten, das Alexander Gardner am 5. Februar 1863 anfertigte – das letzte des Abraham Lincoln –, zeigen die tiefen Linien des Grams und der Trauer, die sich in seine Züge gegraben hatten. Und doch strahlt dieses Porträt eine gewisse Würde aus. Es ist das Antlitz eines Mannes, der seine historische Mission erfüllt hat. *„The house divided"*, das in sich zerstrittene Heim, von dem er schon Jahre zuvor gesprochen hatte, war wieder vereint, sein Diktum von der Nation, die zur Hälfte frei und zur anderen Hälfte unfrei war, gehörte nunmehr der Geschichte an, da die Sklaverei, jenes Unrecht, das schon zwei Menschenalter zuvor Thomas Jefferson hatte erzittern lassen, vom Boden der USA getilgt war.

Doch Lincoln, ein Melancholiker durch und durch, wurde von merkwürdigen Träumen heimgesucht. Er habe, so berichtete er seiner Familie und seinem Kabinett, geträumt, sich in einem offenen Boot und auf der Fahrt einer unbekannten Küste entgegen zu befinden. Dergleichen, so der Präsident, habe er schon des Öfteren geträumt und zwar immer, wenn große Ereignisse bevorgestanden hatten. Das könne, so interpretierte Lincoln seinen Traum, nur bedeuten, dass bald die Kunde von der Kapitulation General Johnstons und seiner Armee eintreffen würde. Eine dergleichen optimistische Deutung bot sich bei dem anderen Traum, den Lincoln kurz vor Ostern hatte, kaum an. Des Nachts wurde der Präsident in dieser Vision durch Weinen und Wehklagen geweckt. Er machte sich auf, ging durch das nur dürftig von Kerzenschein erleuchtete Weiße Haus und suchte die Quelle des Geräuschs. Schließlich kam er zu einem der Salons, vor dem ein bewaffneter

Abraham Lincoln. Porträtfoto von Alexander Gardener, 1863.

Soldat Wache stand. Auf seine Frage, warum diese Klagelaute aus dem Raum kämen, antwortete der Soldat, ein Toter sei darin aufgebahrt. Es sei der Präsident der Vereinigten Staaten.

Um seine Sicherheit sorgte sich Lincolns Leibwächter und Freund Ward Hill Lamon ständig, doch selbst der Ausflug in das eroberte Richmond war glücklich überstanden worden. Statt konföderierter Meuchelmörder begrüßten ihn in der ehemaligen Hauptstadt des Feindes jubelnde Schwarze. *„Glory to God!"* rief ihm die Menge zu und Lincoln hatte Mühe, seine Rührung zu verbergen: „Ich danke Gott, dass ich dies erleben durfte. Es scheint mir, dass ich vier Jahre lang einen furchtbaren Traum geträumt habe und nun ist der Albdruck endlich gewichen."[3]

Auch in Washington, Heimat vieler Sympathisanten des Südens, kam es zu Freudenkundgebungen, als die Nachricht von Lees Kapitulation die zu einer Festung ausgebauten Hauptstadt der Union erreichte. Mehrere hundert jubelnde Menschen versammelten sich am Abend des 11. April auf dem Rasen des Weißen Hauses – das Gelände des Amtssitzes war damals für Passanten frei zugänglich –, als Lincoln vom Balkon herab zu ihnen sprach. Der Präsident sprach von seiner Vision für die Zukunft der einst abgefallenen, nun wieder in die Union aufzunehmenden Staaten des Südens und davon, dass niemand aufgrund seiner Hautfarbe von der Teilnahme an Wahlen ausgeschlossen bleiben dürfe. Ein Beobachter in der Menge applaudierte bei diesen Worten nicht. Stattdessen zischte der gut

aussehende, dunkelhaarige Mann seinem Begleiter zu: „Das bedeutet Bürgerrechte für die Nigger. Nun, bei Gott, ich werde ihn fertig machen. Das ist die
letzte Rede, die er je gehalten hat."[4] Der Mann hieß John Wilkes Booth.

Ein begnadeter Schauspieler auf dem Weg zur Rolle seines Lebens

Der Name Booth hatte für jeden halbwegs kulturbeflissenen Amerikaner der
Epoche einen ausgezeichneten Klang. Ein als junger Mann aus England eingewanderten Junius Booth war binnen weniger Jahre zum berühmtesten Schauspieler der Vereinigten Staaten aufgestiegen, sein vor allem auf der Interpretation
von Dramen basierender Ruf als größter zeitgenössischer Mime konnte auch
durch Berichte über sein extrem exzentrisches Verhalten und seine regelmäßigen
alkoholischen Exzesse kaum getrübt werden. Als Junius Booth im November
1852 an Bord eines Raddampfers, der ihn zu einem Bühnenengagement nach
Cincinnati bringen sollte, verstarb, hinterließ er auf seiner Farm in Bel Air,
Maryland, sechs Kinder. Drei seiner Söhne traten in seine Fußstapfen und wurden gleichfalls Schauspieler: Junius jr., Edwin und John, der jüngste. John Wilkes Booth, am 10. Mai 1838 geboren, hatte als Siebzehnjähriger im Charles
Street Theater in Baltimore seinen ersten Auftritt (als Richmond in Shakespeares
Richard III.). Binnen weniger Jahre war er ein – um einen damals in Gebrauch
kommenden Ausdruck zu verwenden – „Star", den seine Tourneen über fast das
gesamte zu diesem Zeitpunkt erschlossene Land führten und dem das Publikum
in Orten mit einem ausgeprägten Kulturleben wie in Boston und New Orleans
ebenso zujubelten wie in Fort Leavenworth, Kansas. Sein Jahreseinkommen von
20 000 Dollar war für einen Künstler geradezu astronomisch.

Seine politische Einstellung war stramm pro-Dixie. Das Recht des Südens auf
Sklavenhaltung sah er als ein konstitutionelles Grundrecht an, die Gegner der
Sklaverei im Norden, die Abolitionisten, verfolgte er mit dem ganzen Hass, zu
dem seine impulsive Seele fähig war. Die Inkarnation des Feindes war Abraham
Lincoln, den er schon bei seiner Wahl 1860 als eine Schlange bezeichnete, die
man direkt nach ihrer Geburt zertreten sollte. Der Gedanke ließ ihn nie wieder
los. Im Mai 1864 stand er in Boston ein letztes Mal auf der Bühne. Von nun an
widmete er sich – neben seinen diversen amourösen Abenteuern und einem fehl-
geschlagenen Investment in der gerade aufblühenden Ölindustrie – primär der
Ausarbeitung eines Planes, bei dem er in der Anfangsphase mindestens einmal in
Kontakt zu Agenten der Konföderierten in Kanada gestanden hatte. Für eine
direkte Verstrickung der Regierung von Jefferson Davis in die Ermordung Lincolns hat es nie einen Beweis gegeben, doch glaubten zumindest untergeordnete
Instanzen im Geheimdienst des Südens eine Zeit lang an die Chance, Lincoln

zu entführen und nach Richmond zu schaffen, um damit angesichts der sich verfinsternden militärischen Lage ein Faustpfand für Verhandlungen mit dem Norden zu haben. Mit der Kapitulation Lees am 9. April war dieses Vorhaben illusorisch, und es war längst nicht mehr das Kidnappen des Präsidenten, das John Wilkes Booth im Sinn hatte, als er wutschnaubend Lincolns (tatsächlich) letzte Rede am Abend des 11. April hörte.

Karfreitag, der 14. April 1865, war ungeachtet des ernsten Charakters dieses christlichen Feiertages für Washington und insbesondere für den Präsidenten ein Tag der Erleichterung, beinahe des Frohsinns. Mary Lincoln, die psychisch alles andere als stabile First Lady[5], erinnerte sich später, dass Abraham seit Jahren nicht mehr so gut aufgelegt war wie an jenem Tag. Zu den angenehmsten Pflichten des Präsidenten gehörte es, seine Unterschrift unter Begnadigungen zu setzen. An diesem Morgen machte er von seinem Recht noch großzügiger Gebrauch als dies während der Kriegsjahre ohnehin oft der Fall gewesen war, was ihm wiederholt Kritik von den Befürwortern strikter militärischer Disziplin eingetragen hatte: „Einige meiner Generale beschweren sich, dass ich mit meinen häufigen Begnadigungen und Strafmilderungen die Disziplin gefährde, aber nach einem harten Tag ist es mir ein Trost, wenn ich einen Grund finden kann, um das Leben eines armen Burschen zu retten. Ich gehe in dieser Nacht glücklich zu Bett, wenn ich daran denke, wie glücklich die Signatur unter seinem Namen ihn selbst, seine Familie und seine Freunde machen wird."[6]

Am Morgen konferierte Lincoln mit seinem Kabinett und mit dem Oberbefehlshaber der Unionsarmee, General Grant, wie Lincoln ein Mann aus einfachen Verhältnissen. Lincoln schätzte Grant sehr und wollte den General überreden, zusammen mit seiner Frau Julia den Abend gemeinsam mit den Lincolns bei einem Theaterbesuch in Washington zu verbringen. Grant dankte höflich und erklärte, er wolle so bald wie möglich mit Julia in Richtung New Jersey aufbrechen, um Ostern mit ihren Kindern zusammen sein zu können, die dort ein Internat besuchten. Am Nachmittag fuhren die Lincolns in einer Kutsche zur *Navy Yard* und besichtigten das Panzerschiff *Montauk*. Dreizehn Tage später sollte eben dieses Schiff die Leiche von John Wilkes Booth aus Virginia zur Autopsie nach Washington transportieren. Die Heimfahrt des Paares, das im Laufe seiner Ehe mehr als nur eine Krise zu meistern gehabt hatte, verlief in lange entbehrter Harmonie. „Lieber Gatte", so wunderte sich Mary Lincoln über ihren Mann, „Du erschreckst mich geradezu mit Deiner Fröhlichkeit!" Sie waren sich so nahe wie vielleicht schon seit Jahren nicht mehr, sprachen über die Zukunft nach Ende seiner zweiten Amtszeit, von Reisen nach Kalifornien und Europa. „Wir müssen", so schloss Lincoln dieses letzte ganz private Beisammensein, „in Zukunft leichteren Gemüts sein. Durch den Krieg und den Verlust unseres geliebten Willie[7] haben wir eine schlimme Zeit durchgemacht."[8]

Nach einem Dinner im Familienkreis fuhren Abraham und Mary Lincoln zum *Ford's Theatre* in der *Tenth Street*. Das Theater, untergebracht in einer ehemaligen Baptistenkirche, existierte seit 1861 und war für Lincoln einer der bevorzugtesten Orte, an dem er etwas Entspannung fand. Bis zu diesem Karfreitag war er mindestens dreizehn Mal Gast in der Ehrenloge des Theaters gewesen. Bei einer dieser Vorstellungen hatte er die Schauspielkünste von John Wilkes Booth bewundern können. Auch Booth würde an diesem Vierzehnten im Ford's Theatre sein, doch diesmal interessierte sich der Mime mehr für den Hinterausgang und die Fluchtroute. Möglicherweise – dieser Punkt ist umstritten – bohrte Booth an diesem Nachmittag ein Loch in die Tür zur Präsidentenloge, durch das man bequem die dortige Sitzverteilung beobachten konnte. In den Nachmittagsstunden wurde er im Theater gesehen, in einem Pferdestall im Hinterhof stellte er ein gemietetes Pferd unter. Dann schrieb er einen Brief, in dem er offenbar seine Motive zur Ermordung des Präsidenten darlegte. Das Schreiben gab er einem Bekannten mit der Bitte, es am anderen Tag einer Zeitung zuzuleiten. Als dieser am nächsten Morgen von der Tat des John Wilkes Booth hörte, zerriss er den Brief, um nicht in den Verdacht der Mittäterschaft zu geraten. Um sieben Uhr abends, während der Präsident im Weißen Haus sein letztes Dinner einnahm, traf sich Booth noch einmal mit seinen Gefährten, die in den Planungen des Abends eine wichtige Rolle spielten und, ihm selbst nicht unähnlich, fanatische Sympathisanten des gerade geschlagenen Südens waren: dem körperlich riesigen, vor keiner Brutalität zurückschreckenden Ex-Soldaten Lewis Powell (alias Lewis Paine), dem in der Apotheke der *Navy Yard* als Hilfskraft angestellten David Herold und dem massiv zum Trunke neigenden und persönlich feigen deutschen Einwanderer George Atzerodt.

Die Komödie wird zum Drama

Das Ford's Theater war an diesem Abend gut besucht, viele Menschen waren gekommen, um den Präsidenten zu sehen. Doch auch das Stück, das an diesem Abend gegeben wurde, war äußerst attraktiv. Die Komödie *Our American Cousin* von Tom Taylor porträtierte den amerikanischen Volkscharakter, der als etwas derb dargestellt wurde, im starken Kontrast zur britischen Wesensart, die als distinguiert bis snobistisch gezeichnet wurde. In der weiblichen Hauptrolle bewunderte das Publikum an diesem Abend Laura Keene, eine der damals bekanntesten und beliebtesten Schauspielerinnen der USA.

Booth kannte das Stück genau und wusste, an welchen Textstellen das Haus vom ohrenbetäubenden Gelächter des Publikums erschüttert werden würde. Es war wenige Minuten nach zehn, als der Moment gekommen war. Lincoln saß auf

Attentat auf Präsident Lincoln durch John Wilkes Booth während einer Vorstellung im Ford's Theatre in Washington. Zeitgenöss. Lithografie.

der linken Seite der Loge in einem samtbeschichteten Schaukelstuhl, neben ihm befanden sich Mary Lincoln und die Gäste der beiden, Major Henry Rathbone und seine Verlobte, Clara Harris. Booth trat unbemerkt ein, da die Aufmerksamkeit der vier Personen auf die Bühne gerichtet war. Als die kleine Pistole der Marke Derringer nur wenige Zentimeter vom Hinterkopf des Präsidenten entfernt war, drückte Booth ab. Der scharfe Knall wurde auch unten im Zuschauerraum gehört. Unzählige Blicke richteten sich auf die Loge, aus der Mary Lincolns Schrei erklang. Major Rathbone wollte sich auf Booth stürzen, erhielt jedoch von diesem einen Dolchstoß in den Arm. Dann schwang Booth sich über die Balustrade, blieb jedoch mit den Sporen seines linken Stiefels in der Fahne hängen, mit der die Präsidentenloge dekoriert war. Er stürzte auf die Bühne, dem verdutzten Schauspieler Harry Hawke vor die Füße, der gerade noch die Lacher auf seiner Seite gehabt hatte. Obwohl sich Booth bei dem Sturz sein linkes Bein gebrochen hatte, richtete er sich schnell auf, grüßte mit theatralischer Geste das Publikum und rief emphatisch aus: *„Sic semper tyrannis!"* – *„So ergeht es den Tyrannen!"*

Vermutlich konnten nicht allzu viele Theaterbesucher genügend Latein, um diesen Ausruf zu verstehen. Doch inzwischen hatten alle im Parkett bemerkt, dass etwas Außergewöhnliches vorgefallen war. Bläulicher Rauch drang aus der

Präsidentenloge, begleitet von den Schreien der Mary Lincoln. Mehrere Armee-ärzte eilten in die Loge, unter ihnen Dr. Charles Leale. Er fand den Präsidenten in seinem Schaukelstuhl vor, der Kopf war ihm auf die Brust gesunken: „Als ich Lincoln erblickte, erschien er mir tot. Seine Augen waren geschlossen und sein Kopf war nach vorn gefallen. Er wurde in seinem Sitz von Mrs. Lincoln gehalten, die bitterlich weinte."[9] Leale und ein Kollege legten Lincoln auf den Boden. Eine äußere Verletzung war zunächst nicht zu erkennen. Lincolns linke Pupille war geweitet, sodass Leale an einen Gehirnschaden zu denken begann. Als er mit seiner Hand den Hinterkopf des Präsidenten abtastete, fühlte er etwas Warmes zwischen seinen Fingern – Blut. Von den blutverklebten Haaren verdeckt, fand er ein Einschussloch. Der Durchmesser war gering, das Geschoss musste also sehr klein sein – was in Anbetracht der Lokalisation der Wunde kein Trost war. Eine Kugel im Gehirn war für Chirurgen des Jahres 1865 absolut unzugänglich. Die anwesenden Ärzte erkannten, dass der Präsident tödlich verwundet war. Inzwischen war auch Laura Keene in der Loge eingetroffen. Sie konnte zwar nichts für den Präsidenten tun, angesichts ihrer Berühmtheit traute sich jedoch niemand, die Schauspielerin fortzuschicken. Sie kniete nieder und legte den Kopf Lincolns in ihren Schoß, eine Geste von Zärtlichkeit und Hilflosigkeit zugleich.

Man kam überein, dass man den Präsidenten schlecht auf dem Fußboden liegen lassen konnte. Mehrere kräftige Männer hoben sanft den langen, hageren Körper Lincolns hoch und trugen ihn aus dem Theater hinaus. Als sie auf der Straße standen, kam den Männern zu Bewusstsein, dass man eigentlich keine Vorstellung davon hatte, wohin man den Präsidenten bringen sollte. Schräg gegenüber, auf der anderen Straßenseite, stand ein junger Mann und winkte sie zu sich herüber, auf das Haus zeigend, in dem er zur Untermiete wohnte. Das Haus gehörte Wilhelm Petersen, einem aus Hannover stammenden Schneider. Man trug Lincoln in ein kleines Zimmer im ersten Stock und legte ihn auf ein dort stehendes Bett. Es war gegen halb elf Uhr abends und über Washington prasselte ein allmählich heftiger werdender Regenschauer herab.

Das lange Warten auf das Ende im Petersen House

In den nächsten neun Stunden wurde das *Petersen House* zum Treffpunkt der Familie Lincolns sowie der politischen und militärischen Führung des Landes. Sie alle blickten hilflos auf den Präsidenten, dessen Atem unruhig ging und dessen rechtes Auge sich zunehmend bläulich zu verfärben begann. Kriegsminister Edwin Stanton nahm die Fäden in die Hand, erteilte Befehle, sandte Telegramme, um den Fortgang der Regierungsgeschäfte zu gewährleisten und die Jagd nach dem Attentäter zu eröffnen. Zu diesem Zeitpunkt ahnte noch niemand, dass das Attentat auf den Präsidenten nur ein Teil einer größeren Verschwörung war. Dann traf plötzlich die Nachricht ein, Außenminister William H. Seward sei ermordet worden. Ganz so schlimm war es nicht, doch fast zeitgleich mit Booth' Anschlag war auch im Heim des Ministers Tragisches passiert. Lewis Paine hatte geklingelt und behauptet, er sei ein Bote der Apotheke, der dem Minister ein Medikament zu überbringen habe – Seward war wenige Tage zuvor bei einem Unfall mit seiner Kutsche schwer verletzt worden. Sewards Sohn Frederick wollte dem riesengroßen Mann den Zutritt zu seinem Vater verwehren, daraufhin zog der angebliche Bote plötzlich einen Revolver und drückte ab – die Waffe hatte Ladehemmung. Sofort griff der Riese zu seinem Bowie-Messer, stach Frederick Seward nieder und drang in das Zimmer des bandagierten Ministers ein. Mit all seiner Kraft ließ er seinen Revolver auf Sewards Kopf niedersausen. Zu seinem Glück verfügte der Minister über eine äußerst harte Schädeldecke. Blutend brach er zusammen, von Paine für tot gehalten. Auf seinem Weg nach draußen stach Paine, ein Mann mit einem ungebändigten Killerinstinkt, noch drei Hausbedienstete nieder und entschwand im Dunkel der Nacht. Alle fünf Opfer überlebten.

Noch ein weiterer Mordanschlag war für diese Nacht geplant. George Atzerodt sollte Vize-Präsident Andrew Johnson umbringen. Nachdem der kleinwüchsige Deutsche eine Zeit lang vor dem Hotel herumgelungert hatte, in dem Johnson wohnte, ertränkte er seine Nervosität in verschiedenen Kneipen der Umgebung im Alkohol und floh schließlich aus der Stadt in Richtung Norden, in panischer und vielleicht nicht unbegründeter Furcht, dass Booth ihn umbringen würde, wenn er von Atzerodts Versagen erfuhr.

Als über einem regnerischen und grauen Washington der neue Tag dämmerte, ging die lange, qualvolle Nachtwache am Lager des Präsidenten ihrem Ende entgegen. Um sieben Uhr zweiundzwanzig hörte Lincoln auf zu atmen. Die beiden anwesenden Ärzte, Leale und sein Kollege Dr. Barnes, nickten schweigend Stanton und Lincolns Sohn Robert zu. Stanton sprach jene Worte, die in den amerikanischen Legendenschatz eingingen und gleichzeitig den tragischen Schlusspunkt unter das Epos des Bürgerkrieges setzten: *„Now he belongs to the ages"* – *„Nun gehört er der Geschichte an"*.

Man trug den toten Präsidenten aus dem *Petersen House* und brachte ihn zurück in seinen Amtssitz. Einer der Mieter von Schneider Petersen war der Fotograf Julius Ulke, der wenige Minuten, nachdem das Sterbezimmer sich geleert hatte, seine Kamera aufstellte und eines der unheimlichsten Fotos der amerikanischen Geschichte anfertigte: das Bett, auf dem der Präsident entschlafen war, mit seinem blutgetränkten Kopfkissen.

Im Weißen Haus nahmen noch am gleichen Morgen zwei Ärzte im Beisein mehrerer hochrangiger Kollegen die Autopsie vor. Dr. Edward Curtis beschrieb die Szene: „Dr. Woodward und ich fuhren fort, indem wir den Kopf eröffneten und das Gehirn entlang der Bahn der Kugel freilegten. Diese war etwas links von der Mittellinie des Hinterkopfes eingetreten und war dann fast geradewegs voran bis ins Zentrum des Gehirns gedrungen, wo sie stecken geblieben war. Als wir sie nicht direkt fanden, entfernten wie das ganze Gehirn und, gerade als ich dieses aus der Schädelhöhle heraushob, fiel plötzlich die Kugel zwischen meinen Fingern hindurch und unterbrach die feierliche Stille im Raum mit ihrem Scheppern, als sie in das darunter befindliche Bassin fiel. Da lag sie im weißen Porzellan, ein kleiner schwarzer Gegenstand nicht größer als die Spitze meines Fingers – die Ursache von so gewaltigen Veränderungen im Lauf der Weltgeschichte, wie wir vielleicht niemals erahnen können.“[10]

Die Verschwörer werden gefasst

Die Fahndung nach den Verschwörern verlief – in Anbetracht der damaligen Kommunikationsmöglichkeiten – außerordentlich erfolgreich. Binnen zwölf Tagen waren neun tatsächliche oder vermeintliche Mittäter und Mitwisser verhaftet, darunter Paine, Herold und Atzerodt. Bei der Suche nach dem Attentäter war es von großem Vorteil, um seine Identität zu wissen – Booth war wie gesagt eine Berühmtheit. Er hatte zunächst Unterschlupf und ärztliche Hilfe für sein gebrochenes Bein bei einem Landarzt in Maryland, Dr. Samuel Mudd, gefunden. Wegen der Behandlung dieses Patienten wurde Mudd als Mitverschwörer verurteilt und verbrachte einige Jahre in Festungshaft auf den Dry Tortugas vor Florida. Er beteuerte immer wieder seine Unschuld, doch gibt es Hinweise darauf, dass Booth für ihn kein Unbekannter war. Der Mörder Lincolns wurde schließlich in einer Farm in Virginia von den ihn verfolgenden Unionstruppen gestellt. Die Scheune, in der er sich versteckt hatte, wurde kurzerhand angezündet. Als Booth sich blicken ließ, schoss ihm Sergeant Boston Corbett aus kurzer Distanz eine Revolverkugel durch das Genick. Booth lebte noch wenige Minuten, bat die umstehenden Soldaten, seiner Mutter auszurichten, er sei für sein Land gestorben und verblich kurz nach sieben Uhr morgens am 26. April 1865 – fast auf die Minute genau elf Tage nach dem von ihm gemeuchelten Präsidenten.

Über die gefangenen Verschwörer saß ein Militärtribunal zu Gericht, dessen Terminplanung sich nachdrücklich von modernen Prozessen unterschied. Das Gericht trat am 10. Mai erstmals zusammen, gerade vier Wochen nach der Tat, und fällte seine Urteile am 29. Juni. Die Entscheidung lag ausschließlich in den Händen von Militärs, zivile Gerichtsbarkeit war in dem Prozess um die Ermordung des Staatsoberhauptes einer Demokratie gar nicht erst vorgesehen. Über die Namen der uniformierten Juroren ist die Geschichte hinweggegangen, nur einer konnte in ganz anderem Zusammenhang Nachruhm erlangen: Generalmajor Lew Wallace schrieb in seiner Freizeit gern historische Dramen und verfasste Jahre später *Ben Hur*, ein Buch, das später in Hollywood als Vorlage für einen der erfolgreichsten Filme aller Zeiten zu Ehren kam.

Auch mit der Vollstreckung der Urteile hielt man sich nicht lange auf. Am 7. Juli wurden David Herold, Lewis Paine, George Atzerodt und Mary Surratt, in deren Taverne sich die Attentäter immer wieder getroffen hatten und die als Sammelpunkt konföderierter Spione diente, im Hof eines Washingtoner Gefängnisses gehängt.

Das viktorianische Zeitalter ist als eine Epoche beschrieben worden, in dem der Totenkult eine Blüte erlangte wie kaum sonst in der europäischen oder europäisch geprägten Kultur. Auch Amerika erlag im April 1865 diesem Kult. Als der Leichnam Abraham Lincolns überführt wurde, versammelte sich ein großer Teil der Bevölkerung entlang der Bahnlinie. In Philadelphia, New York und Chicago kamen Hunderttausende, um Abschied von *Father Abe* zu nehmen. Der Trauerzug mit der schwarz verhängten Lokomotive nahm genau jene Strecke in umgekehrter Richtung bis nach Springfield (Illinois), die der neu gewählte Präsident im Frühjahr 1861 auf dem Weg nach Washington zurückgelegt hatte – die Fahrt eines Mannes, der buchstäblich aus der Mitte des Volkes kam, zu seinem Rendezvous mit der Geschichte.

Anmerkungen

1 Auf beiden Seiten kamen Fesselballons für diesen Zweck zum Einsatz.
2 JAY WINIK: April 1865. The Month that saved America. New York 2001. S. 192.
3 WINIK, S. 119.
4 EDWARD STEERS: Blood on the Moon. The Assassination of Abraham Lincoln. Lexington, Kentucky, 2001. S. 91.
5 Siehe RONALD D. GERSTE: Die First Ladies der Vereinigten Staaten. Regensburg 2000. S. 103–123.
6 DON FEHRENBACHER and VIRGINIA FEHRENBACHER: Recollected Works of Abraham Lincoln. Stanford, Kalifonien 196, S. 112.
7 Der elfjährige Sohn der Lincolns war 1862 an den Folgen einer fiebrigen Erkrankung – möglicherweise Typhus – im Weißen Haus verstorben.
8 PAUL F. BOLLER: Presidential Wives. New York 1988. S. 115.
9 STEERS, S. 121.
10 STEERS, S. 270.

DER GOLDENE NAGEL VON PROMONTORY SUMMIT

10. Mai 1869

Eines der Kennzeichen der amerikanischen Gesellschaft über die Jahrhunderte hinweg ist ihre hohe Mobilität. Von den Gründertagen an waren und sind Amerikaner von Fortbewegungsmitteln fasziniert, haben jene Innovationen schnell einen Platz in der amerikanischen Folklore gewonnen, die die Überwindung der großen räumlichen Distanzen im Land und später auch jenseits seiner Grenzen erleichterten. Der *Conestoga Wagon* der Auswanderer, dessen lange Kolonnen sich durch die Prärien zogen, gehört ebenso zu dieser Legende des ungebändigten Vorwärtsdringens, der Suche nach der letzten *frontier*, wie das vom Amerikaner Robert Fulton 1807 erste gebaute Dampfboot, das zu den großen Raddampfern mutierte, die den Mississippi, Missouri und Ohio als Verkehrswege erschlossen. Im 20. Jahrhundert trat das unverzichtbare Symbol amerikanischen Alltagslebens, das Auto, an ihre Stelle, ergänzt durch die amerikanische Erfindung des Flugzeuges, das in seiner Entwicklung so unterschiedliche, jedoch stets ein Faszinosum darstellende Berühmtheiten hervorbrachte wie den *Flyer* der Gebrüder Wright, die *Spirit of St. Louis* des Charles Lindbergh, die legendären, heute von Enthusiasten als Kunstobjekte verehrten *Silver Birds* des Zweiten Weltkrieges bis hin zum Tarnkappenbomber B-2. Die Kulmination amerikanischen Pioniergeistes kann man durchaus in der Sehnsucht nach jener imaginären *frontier* der Unendlichkeit sehen – die Apollo-Raumkapseln und Spaceshuttles werden vermutlich in späteren Jahrhunderten als frühe und und noch höchst simple Ausdrucksformen dieses die Grenzen irdischer Schwerkraft verlassenden Dranges in die Ferne angesehen werden.

Kein Transportmittel hat jedoch die Entwicklung der Vereinigten Staaten so nachhaltig geprägt, ja, die Erschließung der größeren, der westlichen Hälfte des riesigen Landes erst ermöglicht, wie die Eisenbahn. Das Knüpfen des stählernen Bandes von Ost nach West erscheint als der eigentliche Beginn der amerikanischen Moderne, als Geburtsstunde einer Ära der Technisierung. Bevor in den 1830er Jahren mit dem Bau der ersten Bahnlinien an der Ostküste begonnen wurde, war das Vorwärtskommen der Menschen den gleichen Gesetzen und Hindernissen unterworfen wie seit Jahrhunderten. Wenn Präsident Andrew Jackson (1829–1837) sich beispielsweise vom Weißen Haus zu seinem Landsitz *Hermitage* in Tennessee begeben wollte, reiste er fast mit der gleichen Geschwindigkeit wie einst Julius Cäsar oder Karl der Große. Die meisten Menschen jedoch reisten überhaupt nicht. Es ist daher einer der großen Verdienste der Eisenbahn, Angehörigen aller Gesellschaftsschichten die Chance gegeben zu haben, hinter die Grenzen ihres bislang so engen Gesichtskreises zu blicken und das Reisen, bis dahin das Privileg jener, die sich eine Kutsche oder eine Schiffspassage leisten konnten, von Grund auf demokratisiert zu haben.

Das große Zeitalter der Eisenbahn, vom Aufkommen der ersten dampfspeienden Ungetüme wie der *Philadelphia* von 1836 bis zu den mondänen Luxuszügen der ersten Hälfte des 20. Jahrhunderts, wird von Amerikanern längst in süßester Verklärung betrachtet, mit Helden, die so denkbar unaristokratisch und damit so passend für das Selbstverständnis der Republik waren: den Bauarbeitern und den die Kraft der Lokomotiven beherrschenden *Engineers*, den gierigen, aber deshalb besonders wagemutigen Eisenbahnbaronen, den Spielern und anderen eher zwielichtigen Gestalten in den entlang der Bahnstrecken emporschießenden und meist auch schnell wieder verblühenden Lasterhöhlen, den *hells on wheels*. Es ist eine Verklärung, zu der auch der Niedergang des amerikanischen Eisenbahnwesens durch den weit weniger romantischen Siegeszug der Super-Highways und der überfüllten Billigflüge, denen die Eleganz und das Abenteuer des frühen Eisenbahnfahrens völlig abgeht, beigetragen haben. Und auch der eher bemitleidenswerte Zustand der modernen staatlichen Bahngesellschaft *Amtrak*, der es kaum jemals gelungen ist, den immer noch fest im amerikanischen Bewusstsein verankerten Enthusiasmus für die (erneute) Entwicklung dieses Verkehrsmittels auszunutzen, hat dazu geführt, dass das *Gilded Age* der Eisenbahnen in genau jenem Licht gesehen wird – dem güldenen.

Nirgendwo auf der Welt wurde die englische Innovation eines auf Schienen laufenden, von einer Dampfmaschine vorwärts geschleppten Zuges so begierig aufgegriffen wie in der Neuen Welt. 1829 war die erste von George Stephenson erbaute Lokomotive aus England eingetroffen und wurde als Sendbote einer neuen Zeit bestaunt. Am Weihnachtstag 1830 fuhr der erste Zug auf einer kurzen Strecke mit 141 sorgfältig ausgesuchten Passagieren aus der gesellschaftlich tonangebenden Schicht der Stadt in Charleston, South Carolina. Im darauf folgenden Jahr wurde der erste Linienbetrieb zwischen zwei Städten aufgenommen, der nach einem beliebten Gouverneur des Staates New York benannte *DeWitt Clinton* verband Albany und Schenectady. Im Jahr 1840 gab es bereits mehr als 5000 Kilometer Bahnlinie in den USA – mehr als in allen europäischen Ländern zusammengenommen.

Und die Visionen waren schier unbegrenzt. Schon im Jahr 1832 forderte der Herausgeber der Zeitschrift *Ann Arbor Emigrant* in Michigan den Bau einer Bahnlinie von der Ostküste zu den Großen Seen und von dort weiter entlang des Missouri bis hin zur Pazifikküste in Oregon. Auch im Kongress in Washington sah man das Potenzial, das die Eisenbahn für die Erschließung des riesigen Territoriums im Westen bot. Eisenbahngesellschaften wurden in der Regel großzügig mit öffentlichen Landschenkungen bedacht, wenn sie einen erfolgversprechenden Bauplan vorlegten. Spätestens mit dem Goldrausch in Kalifornien ab 1848 war die Notwendigkeit eines Verkehrsweges in den fernen Staat offensichtlich – die gängige Route war die Schiffspassage bis zur Meerenge von Panama, die Überquerung dieses vom Gelbfieber verseuchten Landes und die Weiterfahrt mit einem Schiff. Es war eine Reise, die mehrere Wochen in Anspruch nahm und die alles andere als ungefährlich war. Eine bittere Ironie des Schicksals: Auch der Ingenieur Theodore Judah, der die spätere Transkontinentalstrecke vermaß und einer der wichtigsten Triebkräfte ihres Baus war, erkrankte auf dieser Reise und verstarb am Fieber.

Immer häufiger wurde der Bahnbau bis nach Kalifornien als nationales Anliegen und als Herausforderung für das ganze Land gesehen. So stand der Herausgeber des *American Railroad Journal*, Henry V. Poor, mit seinem Meinung nicht allein: „In einer Eisenbahn zum Pazifik haben wir ein nationales Unternehmen, das in seinen Größenordnungen und in seinen Ergebnissen alles hinter sich lässt, was die Menschheit je versucht hat. Mit seiner Ausführung werden wir die uns zugewiesene Mission erfüllen und diese ist größer als sie sich je einer Nation offenbart hat."[1]

1853 nahm die Vision allmählich Gestalt an. Der Kongress sandte verschiedene Teams von Landvermessern aus, die die mögliche Streckenführung vermessen sollten. Es gab fünf Optionen, von einer weit im Norden, unweit der Grenze zu Kanada verlaufenden Linie bis zu einer südlichen, Texas durchquerenden Variante. Die Politiker konnten sich nicht einigen; am Vorabend der Sezession des Südens war für die Abgeordneten und Senatoren der künftigen Konföderation nur die Strecke durch ihr Territorium akzeptabel, was diese Linienführung automatisch für die übrigen Volksvertreter ausschloss.

Baubeginn der transkontinentalen Eisenbahn

Der Gedanke an den Bau einer Eisenbahn von Küste zu Küste verblasste auch nicht, als der Konflikt zwischen Nord und Süd sich immer bedrohlicher abzuzeichnen begann. Der wichtigste Förderer des Projektes zog im März 1861 ins Weiße Haus ein: Abraham Lincoln. Als junger Mann hatte er sich im Abgeordnetenhaus von Illinois bereits für den Bau einer Eisenbahn in seinem Heimatstaat eingesetzt, später trat er als Anwalt in die Dienste der Illinois Central Railroad, denen der als *Honest Abe* bekannte Politiker, der einen betont bodenständigen Habitus pflegte, saftige Rechnungen schrieb und gegen die er zur Erlangung seiner Honorare (in einem Fall ging es um die für damalige Verhältnisse königliche Summe von 5000 Dollar) auch erfolgreich prozessierte. Der Bürgerkrieg mag ein Übriges getan haben, um Lincolns Begeisterung für die Eisenbahn lebendig zu halten, denn Zehntausende von Soldaten wurden mit der Bahn in bislang unvorstellbarer Geschwindigkeit von einem Abschnitt der Front an einen anderen bewegt, der Logistik erschlossen sich ganz neue Möglichkeiten. Das bei weitem besser ausgebaute Eisenbahnnetz des Nordens und seine deutliche quantitative Überlegenheit an Transportkapazität spielten eine wesentliche Rolle bei der militärischen Niederringung des eher agrarisch geprägten Südens und damit der Wiederherstellung der Union.

Im Juli 1862 setzte Präsident Lincoln seine Unterschrift unter jenes Gesetz, das den Bau ermöglichte. Ausgewählt wurde die von Theodore Judah vermessene und seit Jahren propagierte Strecke, die von Omaha (Nebraska) durch die Mitte des Kontinents am Großen Salzsee von Utah vorbei nach Sacramento, der Hauptstadt von Kalifornien, führte. Eine Eisenbahn, die einen ganzen Kontinent überzog, gab es nirgendwo auf der Welt. Die Aufgabe, so schrieb der künftige Bürgerkriegsgeneral William Tecumseh Sherman seinem Bruder John, einem Kongressabgeordneten, erfordere „die Arbeit von Riesen. Und Uncle Sam ist der einzige mir bekannte Riese, der mit einem solchen Objekt fertig wird."[2]

Zwei Gesellschaften oblag diese Arbeit der Giganten. Die Union Pacific baute von Omaha westwärts, die Central Pacific hatte, von Sacramento sich nach Osten vorwärts arbeitend, das schwierigere, weil gebirgigere Terrain vor sich. An der Spitze der Union Pacific standen ein ehemaliger Arzt, Thomas Durant, und ein früher Propagandist des Projektes, der weite Teile der Strecke vermaß und es im Bürgerkrieg bis zum General brachte, Grenville Dodge. Dodges persönliche Verbindungen waren nicht nur aus seiner Zeit bei der Armee exzellent. Er hatte überdies im Kongress gesessen und bereits 1859 einen damals außerhalb der Grenzen von Illinois noch wenig bekannten Politiker bei einem Gespräch in Council Bluffs (Iowa) für sein Projekt und für die nun Realität werdende Streckenführung fast parallel zum 42. Breitengrad begeistern können: Abraham Lincoln.

Die Central Pacific wurde von vier Männern geführt, die zum Sinnbild des wagemutigen, um nicht zu sagen skrupellosen Unternehmers des so genannten *Gilded Age* wurden. Mark Hopkins, Leland Stanford, Charles Crocker und Collis Huntington waren Kaufleute aus Sacramento, die die ungeheueren Möglichkeiten der Eisenbahn als Katalysator des Handels erkannten. Als „Big Four" wurden sie in wenigen Jahren nicht nur berühmt, sondern auch steinreich. Die Männer,

die bis vor kurzem in ihrem Gemischtwarenladen Schaufeln und andere Aus-
rüstungsgegenstände an Goldgräber verkauft hatten, stiegen dank ihres Wage-
mutes in die wirtschaftliche Führungsschicht der Vereinigten Staaten auf. Stanford, der es noch vor Vollendung des Baus zum Gouverneur von Kalifornien
gebracht hatte, setzte später immerhin einen Teil seines immensen Reichtums für
ein Projekt ein, das seinen Namen noch heute trägt. Er stiftete eine Universität,
die längst die beste im Westen der USA ist und inzwischen zu den angesehensten
überhaupt zählt: *Stanford University*, gelegen in Leland Stanfords Wohnort Palo
Alto.

Die beiden Eisenbahngesellschaften wurden vom Kongress großzügig ausge-
stattet, indem ihnen ein bis zu sechzig Meilen breiter Landstreifen beidseits der
Strecken überlassen wurde. Die Grundstücke konnten dann nach Gutdünken an
all jene weiterveräußert werden, die sich entlang dieser neuen Lebensader Ame-
rikas niederlassen, Geschäfte und Städte gründen oder Farmen anlegen wollte.
Der Verkauf von Aktien lief zwar zunächst eher schleppend an, doch bald war das
Eisenbahngeschäft ein beliebtes Refugium für Spekulanten. Zu einem wahren
Sammelbecken und zur Spielwiese obskurer Glücksritter wurde die der Union
Pacific Railroad 1867 angeschlossene Finanzgesellschaft Credit Mobilier. Ihr
Zusammenbruch und die Aufdeckung krimineller Machenschaften führte
1872/73, also wenige Jahre nach Vollendung des großen nationalen Eisenbahn-
projektes, zum schlimmsten Finanzskandal des 19. Jahrhunderts und beschädigte
unter anderem auch das Ansehen der Regierung von Präsident Ulysses S. Grant
nachhaltig.

Im amerikanischen Fortschrittskonzept blieb kein Platz für die Indianer

Bei der Landzuteilung hatte natürlich kaum jemand im Kongress und in den
Salons der künftigen „Eisenbahnbarone" (ein Begriff, der bald Teil des allgemeinen Sprachgutes wurde) einen Gedanken an diejenigen verschwendet, die
dieses Territorium als ihre Heimat ansahen. Die Indianer mussten abermals weichen. Überfälle einzelner Stämme auf Landvermesser, Bau- und Nachschub-
trupps kamen vor und gaben der Sensationspresse reichlich Stoff für blutrünstige
Geschichten, doch eine Verzögerung erlitt der Bahnbau durch sie nicht. Vor allem
Ex-General Grenville Dodge hatte keine Mühe, stets Armee-Einheiten zum
Schutz bedrohter Bauabschnitte heranzuziehen bzw. das Eingreifen der Soldaten
in Washington bewilligt zu bekommen. Mit der Namensgebung von jener Gesellschaft, in deren Dienst Dodge seine Erfahrungen stellte, wollte der Kongress
auch das patriotische Element des gigantischen Projektes ausdrücken – das

114

*Überfälle der Indianer
während des Baus der
transkontinentalen Eisenbahn.*

Union bei Union Pacific stand nicht nur für die geografische Vereinigung von Ost und West, sondern auch für die Wiederherstellung der nationalen Einheit von Nord und Süd, die mit dem Ende des Bürgerkrieges erreicht werden sollte und schließlich auch wurde. Die Politiker hatten den Ingenieuren, Architekten und Bauarbeiter auch ein klares Ziel gesetzt: Die transkontinentale Bahnlinie sollte, nein musste, am 1. Juli 1876 fertig sein – pünktlich zum hundertjährigen Jubiläum der *Declaration of Independence*.

Ein großes Interesse am Bahnbau hatten neben Geschäftsleuten und nach Westen strebenden Immigranten stets auch Militärs. Neben Dodge und dem bereits erwähnten William Tecumseh Sherman traf dies ganz besonders auch für Ulysses S. Grant zu, der die Vollendung der Strecke als Präsident im Weißen Haus erlebte. Grant war ein Eisenbahnenthusiast, seit er 1839 als Kadett auf der Fahrt nach West Point das erste Mal dieses neue Transportmittel genossen hatte: „Ich glaubte, die Perfektion des Schnellverkehrs war erreicht. Wir fuhren mit einer Höchstgeschwindigkeit von mindestens 18 Meilen in der Stunde. Es schien, als ob die Entfernung einfach ausgelöscht wurde.“[3]

Beinahe ausgelöscht wurde beim Bau der transkontinentalen Eisenbahn etwas ganz anderes. Die einst unüberschaubar großen Büffelherden wurden zum begehrten Objekt der die Bautrupps begleitenden und sie mit Nahrung versorgenden Trapper. Schließlich brachte das neue Verkehrsmittel Jäger aus dem Osten heran, die binnen weniger Jahre die Bisons bis an die Grenze der Ausrottung zusammenballerten. Damit wurde den Indianern der Great Plains die Lebensgrundlage entzogen und eine ganze ethnische Gruppe in jenes Elend gestürzt, das auch heute noch vielfach ihre soziale Situation kennzeichnet. Nicht nur die Vertreibung, sondern sogar ihre physische Ausrottung wurde durchaus beabsichtigt. Die schlimmen Worte von General Sherman, dem Oberkommandierenden der Armee, stehen für die finsteren Aspekte des großen nationalen Bauprojektes:

„Je mehr wir in diesem Jahr töten, desto weniger müssen wir im nächsten Jahr töten. Je mehr ich von diesen Indianern sehe, desto mehr bin ich davon überzeugt, dass wir sie alle töten müssen oder sie als eine Spezies von Bettlern durchbringen müssen."[4]

Die Arbeiter

Der Bau der transkontinentalen Bahnstrecke stellte die Gesellschaften vor logistische Anforderungen, wie sie die Wirtschaft des Landes noch nicht gesehen hatte. Schier unüberschaubare Materiallieferungen bewegten sich zu den Lagern der Union Pacific, zunächst per Schiff den Missouri bis Omaha hinauf, dann auf den Schienen bis zu deren täglich wechselndem Endpunkt. Noch umständlicher war die Versorgung der Central Pacific. Da es in Kalifornien keine nennenswerte Industrie gab, musste alles per Schiff um Kap Hoorn herum nach San Francisco gebracht werden, von den Werkzeugen über die eisernen Schwellen bis hin zu den Lokomotiven. Am 1. Januar 1869 beispielsweise, kurz vor Vollendung des Projektes, befanden sich nicht weniger als 35 Schiffe mit Bahnmaterial auf See, zu ihrer Ladung gehörten unter anderem 18 Lokomotiven.

Der Personalbestand – insgesamt etwa 20 000 Mann – der beiden allmählich sich aufeinander zu bewegenden Lager unterschied sich in ethnischer Hinsicht beträchtlich. Bei der Union Pacific schufteten viele ehemalige Bürgerkriegssoldaten und eine große Zahl irischer, deutscher und holländischer Arbeiter. Die Central Pacific hingegen griff auf chinesische Arbeiter zurück, die teilweise bereits in Kalifornien lebten, teilweise zuwanderten. Die Chinesen sahen sich allerdings – ähnlich erging es allen anderen Minderheiten im oft nicht allzu toleranten Amerika des 19. Jahrhunderts – einem nicht unbeträchtlichen alltäglichen Rassismus ausgesetzt. Ihre Arbeitsleistung, ihr Fleiß und ihr Verhalten, kurzum: ihre Arbeitsmoral, überzeugten jedoch die Führungskräfte der Bahngesellschaft. Anders als ihre englischsprachigen Kollegen tranken sie nicht, allenfalls Grünen Tee, und brachten ihr Salär auch nicht in die mit den Bautrupps mitziehenden Hurenhäuser. Ein unvoreingenommener Beobachter musste außerdem etwas zur Kenntnis nehmen, was sich von weißen Arbeitern nicht behaupten ließ: „Jeder Chinese kann lesen und schreiben und im Rechnen sind sie uns überlegen."[5] Als Charles Crocker, einer der „Großen Vier" der Central Pacific, mit Zweifeln konfrontiert wurde, ob die Chinesen körperlich den Strapazen wohl gewachsen wären, entgegnete der ehemalige Gemischtwarenhändler zutreffend, dass es Menschen dieses Schlages waren, die einst die chinesische Mauer errichtet hatten. Es gab kaum ein Hindernis, das die Bautrupps nicht überwinden mussten – und dies vorwiegend mit so primitiven Hilfsmitteln wie Schubkarren,

Schaufeln, Hacken, Äxten und Seilen. Allein die technischen Grenzen des Verkehrsmittels stellte die Planer der Strecken vor große Herausforderungen: Allzu scharfe Kurven waren zu vermeiden, da in solchen die Waggons der Epoche aus den Schienen zu springen pflegten. Die Steigung durfte nicht mehr als 2 Prozent betragen oder die zeitgenössischen Lokomotiven wären am Ende ihrer Zugkraft angelangt. Die Arbeiter sprengten Tunnels in unüberwindbar scheinende Berge, bauten Brücken aus Holz und ohne jede Brüstung über Flüsse und Abhänge hinweg. Sie kämpften sich durch das meterhohe Gras der Prärie ebenso wie über die schneebedeckten Hänge der Sierras.

Es gab Verzögerungen, aber keinen längeren Halt, weder Blizzards noch Dürre, nicht die Cheyenne und Sioux konnten den Fortschritt aufhalten, den die Eisenbahn in den Augen der Zeitgenossen repräsentierte wie keine andere Errungenschaft. Am jeweiligen Endpunkt eines Streckenabschnitts arbeiteten meist um die eintausend Menschen, insgesamt achttausend waren in seinem Gesamtverlauf im Einsatz. Wenn die Bedingungen günstig waren, konnten pro Tag – bei einer Arbeitszeit von 12(!) Stunden – bis zu 30 Kilometer Schienen verlegt werden.

Die Ingenieure, Bautrupps, Soldaten und andere Kräfte zogen nicht allein über die endlos scheinende Prärie und über die schneebedeckten Hänge der Rocky Mountains. Mit ihnen zog eine Art Unterhaltungsindustrie, die am Rande der Schienen fast über Nacht neue Städte entstehen ließ, von denen einige überlebten, andere nur so lange blühten, bis ihre temporären Einwohner weiterzogen – Einwohner, von denen ein Reporter der *New York Times* schrieb: „Der größte Teil der sich in Bewegung befindlichen Population besteht aus Desperados, die ihre Zeit mit allerlei Arten von Glücksspiel verbringen, von Karten über Keno bis Faro. Die Saloons sind Tag und Nacht gut besucht, und Geldbeträge zwischen fünf und fünfzig oder gar einhundert Dollar wechseln mit einer Geschwindigkeit den Besitzer, die jeden erstaunen lässt, der nicht an die Rücksichtslosigkeit gewöhnt ist, zu der das Leben an der wilden Grenze unweigerlich führt."[6] Doch in einem wesentlich größeren Bereich als der lokalen und leicht verruchten Szene führte der Eisenbahnbau zu einer grundlegenden Umstrukturierung und Modernisierung der amerikanischen Ökonomie. Der Wirtschaftshistoriker Alfred D. Chandler schrieb: „Als erstes privates Unternehmen in den USA mit modernen Verwaltungsstrukturen versorgte die Eisenbahn die Industriemagnaten mit wichtigen Erfahrungen im Aufbau von Organisationen. Mehr als jeder andere Faktor machte der Bahnbau das Wachsen der amerikanischen Industrie erst möglich. Durch die schnelle Vergrößerung des Marktes für amerikanische Gewerbeprodukte, für Rohstoffe und für die Werbung ermöglichten und erforderten die Eisenbahnen geradezu, dass die Unternehmen expandieren und ihre Aktivitäten diversifizieren."[7] Mit der Wirtschaft erblühte die Demographie. Städte, durch die die Bahn zog, verzeichneten Bevölkerungsexplosionen wie Omaha oder kamen durch den Schienenstrang überhaupt erst zu ihrer Existenz wie Cheyenne, Wyoming. Nebraska verzeichnete so viele Neubürger, dass es bereits 1867, viel früher als geplant, vom Territorium zum Bundesstaat aufsteigen konnte.

East meets West

Im Frühjahr 1869 kamen sich die beiden Linien immer näher. Man vereinbarte als gemeinsamen Endpunkt einen bis dahin menschenleeren Flecken in Utah, Promontory Summit, auch Promontory Point genannt. An einem warmen, klaren Morgen, dem 10. Mai wurde die letzte Schiene verlegt. Das Einschlagen eines goldenen Nagels war der letzte Akt des großen Bauprojektes. Obwohl mehr als einhundert Zeugen dem historischen Ereignis beiwohnten, ist nicht ganz sicher wie und von wem der goldene Nagel in den Schwellenkörper getrieben wurde. Zunächst nämlich schlug Durant für die Union Pacific, dann Stanford für die Central Pacific daneben. Wahrscheinlich waren die Eisenbahnbarone körperlicher Arbeit so entwöhnt, dass der Gebrauch des langstieligen Hammers sie überforderte. Eingeschlagen wurde der Nagel[8] irgendwie dann doch und die bei-

„Joining of the Rails": Abordnungen der Eisenbahngesellschaften Central Pacific und Union Pacific feiern die Vollendung der ersten transkontinentalen Eisenbahn in Promontory Summit.

den aus entgegengesetzten Himmelsrichtungen nach Utah gekommenen Lokomotiven, die *Jupiter* für die Central Pacific und die *Engine No. 119* für die Union
Pacific fuhren langsam aufeinander zu, bis sich ihre Kuhfänge sanft berührten –
East meets West. Fotograf Andrew J. Russell bat die mit Champagner gut versorgten Arbeiter, Ingenieure und Kapitalisten, sich zusammen mit den Lokomotiven seiner Kamera zu präsentieren, brachte seinen Apparat in Positur und entzündete sein Magnesiumpulver – es entstand eines der berühmtesten Fotos der
US-Geschichte.

Die erfolgreiche Realisierung des großen nationalen Projektes, das Zusam-
menschmieden eines Kontinents mit dem eisernen Band der *railroad* wurde fast
„live" im ganzen Land mitverfolgt. Es war der Telegraf, der die Nachricht nach
Ost und West verbreitete und binnen weniger Minuten nach Einschlagen des letzten Nagels zu Jubelfeiern Anlass gab, wie sie die Nation lange nicht und noch
niemals so simultan erlebt hatte. In New York wie in San Francisco feierten die
Menschen auf den Straßen, schossen alle verfügbaren Kanonen Salut, begannen
die Glocken der Missionskirchen in Sacramento und der Independence Hall in
Philadelphia – durch Zeitzonen getrennt, deren offizielle Einführung bald darauf
durch die Fahrpläne der Eisenbahn notwendig wurde – zu läuten. Das Bewusstsein, einen *defining moment* in der noch jungen Geschichte des expandierenden
Landes mitzuerleben, saß so tief, dass der Telegrafist in Promontory Summit kein
langes Epos eintickern musste. Es war ein einziges Wort, das von dem – wie ihn
die Indianer nannten – „Singenden Draht" durch das Land transportiert wurde
und das in seiner ganzen Bedeutung überall verstanden wurde. Um 12 Uhr 47
lokaler Zeit am 10. Mai 1869 (2 Uhr 47 nachmittags an der Ostküste) elektrisierte dieses Wort die amerikanische Nation: *„Done".*

Anmerkungen

1 ALFRED D. CHANDLER: The Golden Spike. A Centennial Remembrance. New York
  1969. S. 4.
2 WESLEY S. GRISWOLD: A Work of Giants: Building the First Transcontinental Railroad.
  New York 1962. S. 15.
3 ULYSSES S. GRANT: Personal Memoirs. Vol. 2. New York 1886. Chapter 2, S. 31.
4 STEPHEN E. AMBROSE: Nothing Like It In The World. The Men Who Built The Transcontinental Railroad 1863–1869. New York 2001. S. 223.
5 AMBROSE, S. 152.
6 GEORGE H. DOUGLAS: All Aboard! The Railroad in American Life. New York 1969.
  S. 119.
7 ALFRED D. CHANDLER: Strategy and Structures: Chapters in the History of Industrial
  Enterprise. Cambridge, Massachusetts, 1962. S. 22.
8 Aus durchaus berechtigter Angst vor Souvenirjägern wurde der Goldene Nagel alsbald
  aus dem Gleiskörper geholt und Governeur Stanford übergeben. In der nach ihm benannten Universität wird er heute noch verwahrt.

WOUNDED KNEE:
VON DER DUNKELSTEN SEITE DER
AMERIKANISCHEN GESCHICHTE

29. Dezember 1890

Drei Tage lang hatte der Schneesturm getobt und den Ort des Geschehens wie mit einem riesigen Leichentuch überdeckt. Am Neujahrsmorgen näherte sich eine Gruppe Berittener mit mehreren Planwagen aus der nächsten Ansiedlung, Pine Ridge, Sitz der für dieses Gebiet zuständigen Indianeragentur. Die Männer betraten eine gespenstische Szene: Skeletten ähnlich, ragten die zerstörten Tipis aus dem Schnee, an ihren Stangen Fetzen von Leinwand oder Büffelfell, die im eisigen Wind hin und her schaukelten. Das Feld war übersät mit zerstörten Wagen und verstreuten, armseligen Haushaltsgeräten. Das Grauen erregendste jedoch waren die sterblichen Überreste der Menschen, die hier den Tod gefunden hatten. In der Kälte steif gefroren, waren sie zu grotesken Figuren erstarrt.

Die Männer hoben ein zehn Meter langes Massengrab aus, um die Toten beizusetzen. Während dieser Arbeit erklangen immer wieder Ausrufe voll ungläubigen Entsetzens: Unter der Schneedecke, zwischen all den Toten, gab es noch Leben. Mehrere, zum Teil verletzte Indianer hatten den Blizzard überstanden; ein Baby lag unter dem schützenden Körper seiner toten Mutter.

Die Überlebenden wurden in die Wagen gelegt und nach Pine Ridge gebracht. Dort war die kleine Kirche des Ortes zu einem Notlazarett umfunktioniert worden, hier lagen und starben seit drei Tagen die notdürftig versorgten Verwundeten. An der Decke hing noch die Weihnachtsdekoration, in der Mitte ein handgeschriebenes Transparent, nun ungewollt zynisch wirkend: „Und Friede auf Erden".

Inzwischen hatten die Männer ihre Arbeit am Massengrab beendet. Pietät war es nicht, was die meisten von ihnen für diese Arbeit motivierte, sondern eher Profanes: Die Behörden hatten eine Prämie von zwei Dollar pro bestattetem Toten versprochen. Nachdem sie das Grab zugeschaufelt hatten, sammelten sich alle Teilnehmer dieser traurigen Expedition für ein Foto. Ein Gebet wurde nicht gesprochen. Ein Arzt, Dr. Charles Eastman, kümmerte sich derweil um die Verwundeten: „Wir legten die armen Kreaturen reihenweise Seite an Seite und mühten uns die ganze Nacht ab, für sie zu sorgen, so gut wir konnten. Manche waren von den Granaten auf schreckliche Art in Stücke geschossen worden. General Brooke betraute mich mit der Leitung und ich musste fast alles allein machen, denn auch wenn die Armeeärzte gerne helfen wollten, sobald ihre eigenen Patienten versorgt waren, so hätten die gequälten Indianer doch kaum einem Mann in Uniform erlaubt, sie zu berühren. Trotz unserer großen Anstrengungen verloren wir die meisten von ihnen. Einige erholten sich, darunter auch mehrere Kinder, die alle ihre Verwandten verloren hatten und die von guten christlichen Familien adoptiert wurden.“[1]

An der Biegung des Wounded Knee River in South Dakota hatte es am 29. Dezember 1890 die letzte große bewaffnete Auseinandersetzung zwischen Weißen und Indianern gegeben, offiziell zunächst „Schlacht“ genannt, nach Bekanntwerden der Umstände seither aber zutreffender als „Massaker“ bezeichnet. An dem kleinen Fluss wurde das letzte Kapitel in einem Buch geschrieben, das von der dunklen Seite der amerikanischen Pioniergeschichte berichtet. Die fast vierhundertjährige, meist gewaltsame Auseinandersetzung zweier Kulturen hatte an diesem kalten Wintertag einen letzten tragischen Höhepunkt erreicht. Schon zwei Tage nach der Entdeckung Amerikas durch Kolumbus hatte der Genueser sieben Eingeborene gefangen nehmen lassen, um die „Wilden“ am spanischen Hof vorzeigen zu können. Versklavung, Erniedrigung und oft brutales Niedermetzeln charakterisierte den Umgang der kaukasischen Neuankömmlinge mit den eigentlichen „Amerikanern“, unabhängig davon, unter welcher Flagge die Konquistadoren, Siedler, Händler und Soldaten in die Neue Welt kamen. In ihrer Rücksichtslosigkeit unterschieden sich Spanier, Portugiesen, Engländer und Franzosen nicht sehr von einander. Letztere rekrutierten indianische Verbündete für die sich über fast achtzig Jahre hinziehende Auseinandersetzung um die Vorherrschaft auf dem nordamerikanischen Kontinent. Viele Indianer ließen im Kampf für die fernen englischen oder französischen Könige ihr Leben, zum Kampf oft durch Versprechungen motiviert, die von den Weißen ohnehin nie eingehalten wurden.

Eine neue, aber keineswegs bessere Epoche begann mit der Gründung der Vereinigten Staaten. Für die Indianer galten die Maximen des Thomas Jefferson – gleich geschaffen und mit dem Recht des Strebens nach Glück ausgestattet zu sein – aus Sicht aller Regierungen der neuen Nation natürlich nicht. In der Regel gingen die Vereinigten Staaten streng legalistisch vor: Alle Landabtretungen wurden durch Verträge mit den betroffenen Stämmen, die formell wie fremde Nationen behandelt wurden, geregelt. Wie jedes internationale Abkommen mussten sie vom Senat ratifiziert werden. Allerdings war im Fall der amerikanischen Urbevölkerung diese vorher meist durch Kriege zermürbt und zur Vertragsunterzeichnung mehr oder weniger gezwungen worden. Warfen Spekulanten und Siedler gierige Blicke auf das den Indianern – jeweils für „immer" – garantierte (Rest-)Land, gab es aufs Neue eine Spirale von Gewalt und Vertreibung. Schlimmes durchlitten die so genannten „Fünf Zivilisierten Nationen des Südens" (Cherokees, Creeks, Choctaw, Chickasaws und Seminolen), die weitgehend den Lebensstil der Weißen angenommen hatten und sogar über ein eigenes Schulsystem verfügten, als sie 1838 aus Georgia vertrieben und in unwirtliche Gebiete westlich des Mississippi gebracht wurden. Mehrere Tausend kamen bei diesem gewaltsamen Exodus, dem „Zug der Tränen", um.

Von allen größeren indianischen Nationen wurden die Sioux oder Dakota als Letzte in die Auseinandersetzung mit der gewaltsam expandierenden Welt der Weißen hineingezogen. Der westliche Zweig dieser Völkergruppe, die aus sieben verschiedenen Stämmen – den Oglala, Brulé, Hunkpapa, Minneconjou, Sans Arc, Two Kettle und Blackfeet – bestehenden Teton, lebten in den nordwestlichen Teilen der Great Plains und den Ausläufern der Rocky Mountains; in jenem Gebiet, das die Administration der Weißen nach ihnen benannt hatte (North und South Dakota) sowie in Teilen Montanas und Wyomings. Als Nomaden folgten sie den jahreszeitlichen Zügen der Büffel, die für sie ein mystisches Bindeglied zwischen der Natur und den Gottheiten waren und gleichzeitig die Existenzgrundlage darstellten. Das Fleisch der mächtigen Tiere war die Hauptnahrungsquelle der Sioux. Die Haut des Büffels lieferte Kleidung und – als Bespannung der Tipis – Material für den Bau der Unterkünfte. Selbst die Exkremente des Büffels waren von Nutzen – als Brennstoff für die Feuerstellen.

Diese Grundlagen des freien Lebens, das die Sioux seit Generationen gewohnt waren, wurden von den Weißen innerhalb weniger Jahre fast vollständig zerstört. Professionelle Jäger schlachteten die Bisons in unvorstellbarer Zahl ab, um Fleisch für Tausende von Arbeitern heranzuschaffen, die Schwellen und Schienen für das „Eiserne Pferd" quer durch den Kontinent verlegten. Noch kurz vor der Mitte des 19. Jahrhunderts berichteten Reisende von riesigen Büffelherden, die sich einhundert Meilen weit erstreckten. Drei Jahrzehnte später waren die Tiere zu Millionen abgeschlachtet worden, oft auch von so genannten *sportsmen*, ohne ökonomische Not, aus reiner Lust am Abknallen. Die Sioux widersetzten sich dem rücksichtslosen Vordringen der Weißen auf so effektive Art, dass ihnen eine beispiellose Demütigung der amerikanischen Regierung und ihrer Armee gelang.

Unter der Führung des Oglala-Häuptlings Red Cloud zwangen sie im Jahr 1868 die amerikanische Regierung, in einem Vertrag darauf zu verzichten, den *Bozeman Trail* – eine Verbindung zu den Goldfeldern in Montana quer durch das Land der Indianer – militärisch zu befestigen. Mehr noch: Drei bereits errichtete Stützpunkte, die Forts Phil Kearny, C. F. Smith und Reno, mussten geräumt werden. Nie zuvor war es den Indianern gelungen, die „Blauröcke" zum Rückzug zu zwingen. Die abziehenden Soldaten mussten wütend mit ansehen, wie die erst mühsam erbauten und dann unter hohen Opfern verteidigten Forts von den triumphierenden Sioux in Brand gesteckt wurden. Red Cloud wurde überdies im Weißen Haus von Präsident Ulysses S. Grant empfangen.

Der bleibende Ruhm des George Armstrong Custer

Wenige Jahre später wurde die endgültige Niederwerfung dieses wehrhaften Volkes durch den Gang der Ereignisse besiegelt. Ziel der neuerlichen Expansion waren – ausgelöst von Berichten über Goldfunde – die *Black Hills*, das heilige Land der Sioux im Südwesten von South Dakota. Oberster Kriegstreiber war der von grenzenlosem Ehrgeiz beseelte George Armstrong Custer, der als jüngster Bürgerkriegsgeneral und Indianerkämpfer mit prächtigem Lebensstil – auf Feldzügen durch die Prärie begleiteten ihn neben anderen unverzichtbaren Utensilien der Eitelkeit auch bis zu vierzig Jagdhunde – der Liebling der amerikanischen Zeitungen war. Drei Armeekolonnen sollten die Sioux in die Zange nehmen. Custer jedoch wollte den vermeintlich sicheren Sieg nicht mit anderen teilen, hielt sich nicht an den Schlachtplan und preschte vor. Unsterblicher Ruhm und der Weg ins Weiße Haus waren das Leitmotiv des egozentrischen Mannes. Zumindest das erste Ziel sollte er erreichen. Doch ihm stand ein Feind gegenüber, wie ihn die Weißen noch nie vorgefunden hatten. Die alten Hemmnisse indianischer Kriegführung, Zersplitterung und Disziplinlosigkeit, waren zum ersten Mal – spät, zu spät – überwunden, die gesamten westlichen Sioux, die Cheyenne, Arapahoe und andere Stämme hatten sich zum *showdown* eingefunden. An ihrer Spitze standen charismatische Führungspersönlichkeiten: der visionäre geistige Inspirator Sitting Bull, der geniale Stratege Crazy Horse, der exzellente Reiterführer Gall. Am Morgen des 25. Juni 1876 vollzog Custer am Little Big Horn River mit etwa 250 Mann den Übergang vom realen Leben zum amerikanischen Mythos. Keiner von ihnen kam zurück.

Der unglaubliche und vollständige Sieg der Sioux erschütterte Amerika auf dem Höhepunkt der Einhundertjahrfeier. Die Sioux hatten erste, leise Zweifel am amerikanischen Sendungsbewusstsein geweckt. Doch trotz des Triumphes war ihre Kapitulation nur eine Frage der Zeit. Verfolgt, heimatlos und hungrig blieb ihnen nichts anderes übrig, als im Lauf der nächsten zwei, drei Jahre in die Reservate zu gehen, die die Regierung für sie ausersehen hatte. Hier wurden sie dem Prozess der Amerikanisierung unterworfen: Aus dem Nomadenvolk sollte ein Volk der Farmer und Viehzüchter werden, ihre Kinder wurden in Schuluniformen gesteckt und von Lehrern und Missionaren der Weißen erzogen. Die

Repräsentanten der Regierung in den Reservaten, die Agenten des *Indian Bureau*, waren bestenfalls durchschnittliche Gestalten, häufiger aber waren sie korrupt und steckten einen Teil der den Indianern versprochenen Mittel in die eigene Tasche. Allmählich wurden die Sioux der traditionellen Stammesbindungen beraubt, durch schlechte Ernten in den Jahren 1889 und 1890 sowie durch eine Reihe von Seuchen schwer angeschlagen. Die Sterblichkeit in den Reservaten nahm erheblich zu. Die Sioux verfielen in einen Zustand von Apathie und Hoffnungslosigkeit.

„Geistertanz"

Ein Volk in Not und Verzweiflung wird anfällig für ungewöhnliche Heilslehren und neue Propheten, manchmal auch für falsche. In diesem Fall war der Verkünder einer besseren Zeit genauso harmlos wie seine Botschaft. Wovoka, ein Mann aus dem Volk der Paiute im fernen Nevada, war angeblich gen Himmel gefahren und hatte von Gott den Auftrag erhalten, den roten Völkern von einer besseren Zukunft zu künden. Eine neue Welt würde entstehen, nur von Indianern bewohnt: Die Toten würden zurückkehren und mit ihnen – für viele der verheißungsvollste Teil seiner Offenbarung – die Büffel. Die Doktrin des bei einer weißen Familie lebenden indianischen Messias war eine Mischung aus christlicher Theologie und traditionellen Glaubensvorstellungen. Die Indianer sollten niemandem etwas tun, nur Werke der Liebe verrichten und bis zum Beginn des neuen Zeitalters eine neuartige spirituelle Zeremonie, den Geistertanz, pflegen.

Der Geistertanz erfasste in kürzester Zeit alle Stämme des Westens, die ihn als freudige Botschaft in ihrer existenziellen Trostlosigkeit empfanden und den Kult völlig friedlich ausübten. Bei den Sioux jedoch bekam die neue Religion eine militante Note. Zwei Angehörige des Volkes, die zu dem Messias gepilgert waren, betätigten sich als Interpreten des Rituals und fügten der neuen Heilslehre auf eigene Faust eine kleine, aber folgenschwere Ergänzung hinzu: Die von den Kriegern während des Tanzes getragenen Hemden würden kugelsicher werden und als „Geisterhemden" die Sioux gegen die Schüsse der Weißen unempfindlich machen.

Dies und die feurige Rhetorik der Propagandisten des Geistertanzes waren für die Weißen in den beiden Dakotas ein Alarmsignal; sowohl Siedler als auch Indianerbehörden witterten einen Aufstand. Die Agentur Pine Ridge stand erst seit wenigen Wochen unter der Leitung eines Mannes namens Daniel F. Royer, der sich würdig in die Gilde anderer Indianeragenten einreihte. Unfähig, ängstlich bis zur Feigheit und ohne das geringste Gespür für die Nöte der ihm von der Regierung anvertrauten Menschen, fühlte er sich verpflichtet, die Armee zur

Wiederherstellung von Ruhe und Ordnung im offiziellen Sinne herbeizurufen. Das Auftauchen der Blauröcke sorgte in allen größeren Indianersiedlungen für einen Rückgang der Tänze. Die Behörden wollten die Anwesenheit der Armee nutzen, um potenzielle Unruhestifter zu verhaften und bis zur vollständigen Beruhigung der Lage aus dem Verkehr zu ziehen, an allererster Stelle den berühmtesten Vertreter der Indianer im 19. Jahrhundert, Sitting Bull.

Der fast 60-jährige Hunkpapa war als unversöhnlicher Gegner des *white man's way of life* den Indianeragenten ein dauernder Dorn im Auge, zumal er alle Dissidenten in den Reservaten um sich scharte. Nach seinen Auftritten in der berühmten Wildwest-Show des Buffalo Bill Cody verfügte er auch über eine beträchtliche Popularität bei den Menschen in den großen Städten des Ostens. Sie sahen in ihm – völlig zu Recht – ein Symbol für das Streben der amerikanischen Ureinwohner, sich von einem immer korrupter werdenden System zu befreien. Am Morgen des 15. Dezember 1890 endete das Leben des charismatischen Medizinmannes, als der Versuch der Indianerpolizei, ihn unbemerkt von seinen Stammesangehörigen zu entführen, misslang. Im Verlauf eines Handgemenges wurde Sitting Bull durch die Kugel eines von den Weißen gedungenen Söldlings aus dem eigenen Volk getötet. Wie zwei andere große Sioux-Häuptlinge vor ihm, Crazy Horse und Spotted Tail, starb Sitting Bull auf eine Art, die die Indianerpolitik der Regierung symbolisierte: Der tödliche Schuss kam von hinten.

Big Foot (um 1825–1890), Häuptling der Minneconjou (Sioux).

Aufgeschreckt durch das gewaltsame Ende Sitting Bulls verließ eine Gruppe von Minneconjous unter der Führung ihres Häuptlings Big Foot ihr Dorf am Cheyenne River, da sie zunächst besonders eifrige Anhänger des Geistertanzes gewesen waren und – obwohl die neue Religion schon längst ihre Faszination zu verlieren im Begriff war – eine Strafaktion des Militärs befürchteten. Ihr Ziel war Pine Ridge, wo der alte Red Cloud kraft seiner Persönlichkeit ihnen, wie sie hofften, Schutz gewähren könnte. Die Armee indes setzte alle Kräfte in Bewegung, um der Indianer habhaft zu werden. Warum die Generalität in

125

der Gruppe von Big Foot eine Gefahr für die öffentliche Sicherheit sah, ist unklar – zwei Drittel der rund 350 Menschen, die über die verschneiten Ebenen der auch zu besseren Jahreszeiten kargen *Badlands* frierend und hungernd zogen, waren Frauen und Kinder. Die Bewaffnung der Krieger bestand in alten Jagdflinten und einigen wenigen Winchester-Gewehren. Big Foot war inzwischen an Lungenentzündung erkrankt, hustete immer wieder Blut und musste in einem Wagen transportiert werden. Bei ihrem Marsch durch die Schneewüste umgingen die Indianer sorgsam die dünn gestreuten Farmen der Weißen und ließen sich nichts zu Schulden kommen. Während sie ihre Verfolger hinter sich wähnten, wurden sie am Nachmittag des 28. Dezember von einer ihnen entgegenkommenden Kavallerieeinheit gestellt – der „Singende Draht", die Telegrafenleitung, ermöglichte den Soldaten eine die Sioux erschreckende Mobilität.

Ein kleiner Fluss wird zum Synonym des Grauens: Wounded Knee

Die Indianer wurden von der Armee zu einem Lagerplatz geleitet, der nahe einer Ansiedlung lag, die aus einer Poststation und wenigen Häusern bestand. Wie das zugefrorene Flüsschen hieß auch dieser Flecken *Wounded Knee*. Beide Seiten bauten ihr Nachtlager auf: die Indianer ihre traditionell konischen Tipis, die Armee ihre Zelte. Lebensmittel, vornehmlich Zwieback, wurde an die hungernden Indianer ausgeteilt, dem schwer kranken Big Foot wurde ein Feldofen in sein Zelt gestellt. Auch ein Militärarzt wurde zur Behandlung des Häuptlings geschickt. Als die Nacht anbrach, hatte die Armee eine Stärke von fast 500 Mann. Auf einem das Tal überblickenden Hügel, der den Bewohnern der Gegend als Friedhof diente, waren die neuesten Errungenschaften zeitgenössischer Militärtechnologie in Stellung gebracht worden: vier Hotchkiss-Kanonen mit der revolutionären Schnellfeuerfrequenz von 50 Schuss pro Minute.

Während die Sioux eine Nacht zwischen Hoffen und Bangen verbrachten, war sich der Kommandant der Armeeeinheit, Colonel George A. Forsyth, noch unschlüssig über das weitere Vorgehen. Sollte er die Indianer zu ihrem eigentlichen Ziel, Pine Ridge, geleiten oder sie in andere Reservate schaffen, bis sich die Aufregung um den Geistertanz vollständig gelegt hatte? Am anderen Morgen, dem 29. Dezember 1890, ließ Forsyth seine Männer das Indianerlager umzingeln und befahl den Sioux, alle ihre Waffen abzugeben. Wären die Sioux wirklich an einem Kampf interessiert gewesen, hätte allein diese Ankündigung zur Eskalation führen müssen, war das Gewehr doch der wertvollste Besitz eines Kriegers und bot ihm als Jagdwaffe gerade im Winter die einzige Möglichkeit, seine Familie bei etwas Glück mit Nahrung zu versorgen. Doch alles blieb ruhig. Das Ergebnis der Aktion war indes für die Soldaten enttäuschend, nur wenige und

126

Die US-Soldaten mit ihren Hotchkiss-Schnellfeuerkanonen.

meist veraltete Flinten wurden abgeliefert. Darauf ließ Forsyth das Lager durchsuchen.

Was die Katastrophe, die sicher auch die Armeeführung nicht gewollt hat, auslöste, ist nie mit absoluter Sicherheit geklärt worden. Wahrscheinlich gingen einem Medizinmann bei der Durchsuchung der Zelte die Nerven durch und er versicherte den Sioux lautstark, dass die Geisterhemden ihnen göttlichen Schutz bieten würden. Derart aufgeputscht, weigerte sich ein junger Indianer, sein teures, unter einer Decke verborgenes Gewehr abzugeben. Augenzeugen berichteten zwei Versionen: Entweder hat sich bei dem Gerangel versehentlich ein Schuss gelöst oder der – übrigens taube – Krieger mit dem Namen Black Coyote hat in äußerster Erregung vorsätzlich einen Soldaten erschossen. Indianische Überlebende stritten dies allerdings ab und gaben den Soldaten die Schuld. Unbestreitbar bleibt, dass innerhalb weniger Sekunden, nachdem der erste Schuss gefallen war, alle Kompanien, die das Lager fast rechteckig umzingelt hatten, ohne zu zögern aus allen Rohren in die Menschen feuerten. Ein Teil der Soldaten muss von Beginn an zum Blutbad bereit gewesen sein, vielleicht aus Hass, vielleicht auch aus Angst vor einer fremden, nie verstandenen Lebensart.

Die Geschichte der Vereinigten Staaten hat keinen Mangel an Überfällen weißer Soldaten und auch Zivilisten auf Dörfer der Indianer; nie zuvor jedoch fand ein derartiges Geschehen in einer so brutalen Einseitigkeit statt, wurde ein so zielstrebiger Mechanismus des Tötens in Gang gesetzt wie an jenem Morgen von *Wounded Knee*. Einige Krieger versuchten sich zu wehren, schossen mit den wenigen vorhandenen Gewehren auf die Soldaten oder stürzten sich verzweifelt mit Messern und Beilen in den Nahkampf. Mit der ersten Salve aus den Gewehren der Soldaten nahmen auch die auf dem Hügel bei der kleinen Kirche postierten Schnellfeuerkanonen ihre todbringende Arbeit auf. Die Granaten zerfetzten die Zelte und metzelten ohne Unterschied Männer, Frauen und Kinder nieder. „Wir versuchten wegzulaufen", erinnerte sich eine Überlebende, Louise Weasel Bear, „aber sie schossen auf uns, als wären wir Büffel. Ich weiß, dass es auch gute weiße Menschen gibt, doch Soldaten, die Frauen und Kinder erschießen, müssen niederträchtige Menschen sein. Indianische Krieger würden weißen Kindern so etwas nicht[2] antun."[3]

Die von Apologeten des Vorgehens der Armee gebrauchte These, dass diese die Auseinandersetzung nicht gesucht habe und von Indianern, die an die Unverwundbarkeit durch die Geisterhemden glaubten, dazu provoziert wurden, wird allein durch die Tatsache widerlegt, dass auch fliehende und unbewaffnete Indianer verfolgt und umgebracht wurden. Noch zwei Meilen vom Lagerplatz entfernt wurden die Leichen von Frauen und Kindern gefunden. Big Foot war, hilflos und todkrank, schon durch die erste Salve getötet worden.

Nach dem Massaker am Wounded Knee.

Nach etwas mehr als einer halben Stunde war das Massaker vorüber, schwiegen in den USA die Waffen zwischen Rot und Weiß für immer. Niemand machte sich die Mühe, die toten Sioux zu zählen. In dem Massengrab am Rande des Hügels, auf dem an jenem Morgen die Kanonen standen, liegen fast 150 Opfer. Nur von einigen sind die Namen bekannt, die auf einem kleinen, heute mit Bändern des Gedenkens geschmückten Obelisken stehen. Insgesamt dürften zwischen 200 und 300 Indianer umgekommen sein. Die Armee verzeichnete 25 Tote und 39 Verwundete. Die meisten Verluste fügten sich die Soldaten selbst zu, als sie, im Karree aufgestellt, gleichzeitig das Feuer eröffneten und durch das Indianerlager hindurch unbeabsichtigt auch ihre eigenen, gegenüber aufgestellten Kameraden unter Beschuss nahmen. Nicht nur die Gewehrkugeln, auch die Granaten und Schrapnells der Hotchkiss-Kanonen wüteten unter den eigenen Leuten.

In der amerikanischen Öffentlichkeit hielten sich die Betroffenheit über das Massaker und Stimmen der Genugtuung („Rache für Custer!") die Waage. Der Oberbefehlshaber der Armee im Westen, General Nelson A. Miles, der für die Indianer Sympathien hegte, war schockiert und strengte ein Kriegsgerichtsverfahren gegen Colonel Forsyth an, den er umgehend seines Postens enthob. Das Kriegsministerium in Washington jedoch setzte den Colonel wieder auf seinen Posten, einen Mann, der das Massaker sicher nicht beabsichtigt hatte, der aber mit etwas mehr Sensibilität für die Nöte der Indianer und einem Gespür für die Gewaltbereitschaft seiner Soldaten das Drama vom *Wounded Knee* möglicherweise hätte verhindern können.

Die Indianerkriege, seit der Entdeckung des Kontinentes durch und für die Europäer ein roter Faden in der Geschichte Amerikas, waren vorüber. Aber auf einen würdigen Platz in der modernen amerikanischen Gesellschaft warten viele *native americans* heute noch.

Anmerkungen

1 ROBERT M. UTLEY: The Last Days of the Sioux Nation. New Haven, Connecticut, 1963. S. 234–235.
2 Dafür gibt es leider auch Gegenbeispiele.
3 JAMES H. MCGREGOR: The Wounded Knee Massacre. Rapid City, South Dakota, 1987. S. 101.

THEODORE ROOSEVELT
UND DER BEGINN DER
„IMPERIALEN PRÄSIDENTSCHAFT"

14. September 1901

Durch die regenverhangene Nacht bewegte sich eine Kutsche vom Mount Marcy im Norden des Staates New York vorsichtig – auf den matschigen, unbefestigten Wegen immer wieder bedenklich schaukelnd – hinab zu Tal. Als das erste Morgenlicht auf die Hänge der Adirondack Mountains fiel, erreichte das Gefährt sein Ziel. Die Eisenbahnstation North Creek Station war der äußerste Vorposten technischen Fortschrittes in der Abgeschiedenheit der Berge. Trotz der frühen Stunde stand ein Sonderzug bereit, um auf den einzigen Passagier zu warten. Dieser entstieg müde seiner Kutsche. Er war ein noch jugendlich wirkender, kräftig gebauter Mann mit einem ausgeprägten Stiernacken und einer dicken Brille, einem so genannten Kneifer, auf der Nase. Er blickte mit Anspannung der kleinen Gruppe von Männern entgegen, die vor dem Salonwagen auf ihn warteten. Einer von ihnen trat vor und übergab ihm das Telegramm, dessen Inhalt er fürchtete und der doch in seinen Auswirkungen die Erfüllung eines Lebenstraumes bedeutete. Er las die Zeilen voller unumkehrbarer Endgültigkeit, die Außenminister John Hay vom hier so unendlich weit entfernt scheinenden Washington an ihn geschrieben hatte: „Der Präsident starb um 2 Uhr 15 heute Morgen." Damit stand Theodore Roosevelt in der Verantwortung – und an der Spitze einer Nation, die bereit war, ihre jugendliche Kraft voll zu entfalten.

So undramatisch der weitere Ablauf jenes 14. September 1901 verlief, so markiert die Übernahme der Präsidentschaft durch Roosevelt doch den Beginn eines neuen Zeitabschnitts der amerikanischen Geschichte und mit ihr der Präsidentschaft. Während der mit 42 Jahren jüngste Präsident aller Zeiten[1] nach Buffalo fuhr, wo Vorgänger William McKinley den Kugeln eines Attentäters erlegen war, dämmerte eine Epoche herauf, die man vielleicht als die beste in der Entwicklung des Landes ansehen kann. Für die meisten Zeitgenossen bestand wenig Anlass daran zu zweifeln, dass es Amerikas goldene Jahre waren: Der Kontinent war erschlossen, es herrschte weithin Prosperität, der innere und äußere Frieden war gesichert, technische Errungenschaften breiteten sich bis ins Alltagsleben hinein aus. Es waren die Jahre, in denen Amerikas Lieblingskind, das Automobil, auf den Straßen sein Debüt gab, in denen das erste Motorflugzeug am Strand von Kitty Hawk zu einem kurzen Flug abhob und in denen das Telefon Einzug in Amts- und Wohnstuben hielt. Und es war eine Zeit, in der – zumindest im Bürgertum – eine intakte Familie als Fundament des Daseins galt, in der sich Eltern und Kinder zur „blauen Stunde" (ein beliebter Terminus für die Zeit zwischen der Heimkehr des Vaters von der Arbeit und dem Dinner) versammelten, um zu musizieren, miteinander zu sprechen und sich gegenseitig an den eigenen Erlebnissen teilnehmen zu lassen, wie es nur in einer Zeit vor der Erfindung von Fernseher, Gameboy und Selbstverwirklichungswahn möglich war. Und über diesen goldenen Jahren präsidierte ein Mann, der mit seiner legendären Dynamik, seiner Jovialität und seiner brillanten Intelligenz nicht nur das perfekte Sinnbild einer Epoche war, sondern auch ein Präsident wurde, der in der Galerie seiner Amtskollegen in vielerlei Hinsicht ein Exot war und bis heute blieb.

Das Leben, das der neue Präsident zu diesem Zeitpunkt hinter sich hatte, schien der Fantasie eines Romanschriftstellers entsprungen zu sein. Es war voller Pathos und Dynamik, voller Aktion und Tragik und dabei eine Erfolgsstory wie sie wohl nur im Amerika jener Jahre hätte geschrieben werden können. Im Herzen von Manhattan am 27. Oktober 1858 als Sohn einer begüterten, alteingesessenen Familie geboren, war „Teddy" oder „Teedy", wie er von seinen drei Geschwistern genannt wurde, ein schwächliches Kind. Er litt unter Asthma und war hochgradig kurzsichtig. Mit unglaublicher Willensstärke kämpfte er gegen seine körperlichen Probleme an und ließ sich im elterlichen Heim eine Ausrüstung installieren, die eine spätere Zeit als Fitness-Studio bezeichnet hätte. Er wurde ein exzellenter Gewichtheber, ein ausdauernder Wanderer, ein geschickter Reiter und ein sicherer Schütze. Dabei vernachlässigte er die geistige Entwicklung nicht.

Roosevelt besuchte eine renommierte Privatschule und studierte in Harvard, Bücher verschlang er geradezu. Bei aller urwüchsigen Kraft, die dieser ungewöhnliche Mann Zeit seines Lebens ausstrahlte, darf sein scharfer Intellekt nicht übersehen werden. Er schrieb in jungen Jahren mehrere historische Bücher, die von der Kritik mit Lob überschüttet wurden und denen sogar ein beträchtlicher Verkaufserfolg beschieden war, darunter ein Werk über den Seekrieg gegen England 1812 und über die Erschließung des amerikanischen Westens.

In Boston lernte Roosevelt Alice Hathaway Lee kennen, eine bildschöne junge Frau aus einer der besten Familien dieser ältesten amerikanischen Großstadt. Die beiden heirateten, doch bald wurde das junge Glück von einer schrecklichen Tragödie zerstört. Alice starb bei der Geburt ihrer Tochter, und am gleichen Tag, im gleichen Haus, verschied auch Roosevelts Mutter. Theodore stand unter

Schock, gab das Baby Alice zu seiner Schwester in Pflege und zog sich in den „Wilden Westen", nach North Dakota zurück. Hier führte er das Leben eines Ranchers, fernab jedweder so genannten Zivilisation, jagte Elche und Büffel, kämpfte – wenn man der Rooseveltschen Familienlegende, die diese Phase seines Lebens gehörig aufbauschte, glauben darf – mit Indianern, Viehdieben und anderen *outlaws*. Er entwickelte eine ganz eigene Form der Trauerarbeit: Seine verstorbene Frau wurde von ihm nie wieder erwähnt, nichts mehr in seinem Leben sollte an sie und diesen schlimmen Verlust erinnern. Entsprechend konfliktbeladen war auch sein Verhältnis zu seiner Tochter.

Nach seiner Rückkehr aus dem Westen schloss Roosevelt bald einen erneuten Bund fürs Leben. Seine Auserwählte war eine Jugendfreundin, Edith Carow. In den nächsten Jahren wirbelte Teddy die politische Szene seines Heimatstaates New York kräftig durcheinander und erklomm eine Reihe von Posten, darunter jene des Polizeichefs an der Hudson-Metropole, wo er dem Gesetz unerbittlich Geltung verschaffte.[2] Der 1896 neu gewählte Präsident William McKinley berief ihn zum stellvertretenden Marineminister.[3] Bald ging es in atemberaubendem Tempo aufwärts.

Sturm auf San Juan Hill

Im Frühjahr 1898 brach Krieg mit Spanien aus. Schon seit langem hatte es Spannungen zwischen den USA und der letzten europäischen Kolonialmacht gegeben, die eine überseeische Besitzung in unmittelbarer Nachbarschaft der Vereinigten Staaten besaß. Vor allem die blutige Unterdrückung der für die kubanische Unabhängigkeit kämpfenden einheimischen Rebellen löste in den USA Stürme des Protestes aus, die von der Sensationspresse durch die Schilderungen tatsächlicher oder vermeintlicher Gräueltaten kräftig geschürt wurden. Im Februar 1898 zuckte der Funke herab, der das emotionale Pulverfass zur Explosion brachte. Das im Hafen von Havanna anlässlich eines „Freundschaftsbesuches" vor Anker liegende amerikanische Schlachtschiff *Maine* explodierte, sank und riss mehr als 200 Seeleute in den Tod. Für die Medien, aber auch für viele amerikanische Politiker konnte es sich bei der Katastrophe nur um einen spanischen Sabotageakt handeln. In neuerer Zeit angestellte Untersuchungen deuten indes eher auf eine spontane Entladung von Kohlestaub hin – dem „Schlagwetter" in einem Bergwerk nicht unähnlich –, die ihrerseits die benachbarte Munitionskammer zur Detonation brachte. Die spanische Urheberschaft konnte nie bewiesen werden.

Nachdem Theodore daraufhin eigenmächtig und über den Kopf des abwesenden Marineministers hinweg die amerikanische Pazifikflotte für einen Schlag gegen die zu Spanien gehörenden Philippinen in Stellung gebracht hatte, nahm er Abschied von seinem Amt. Er rüstete eine Brigade von Freiwilligen aus, die sich größtenteils aus Raubeinen aus seiner Zeit im „Wilden Westen" (darunter auch einige Indianer) und Harvard-Studenten rekrutierte. Diese bizarre Mischung erregte größte mediale Aufmerksamkeit und wurde von den Reportern umgehend *rough riders* getauft. Wenige Wochen später ging Roosevelt mit seiner Einheit als Teil der amerikanischen Invasionsstreitmacht in Kuba an Land. Die auf dem kubanischen Kriegsschauplatz anwesenden Korrespondenten, auf deren Anwesenheit Theodore durchaus Wert legte, beschrieben den Sturm dieser unkonventionellen Truppe auf eine Stellung der Spanier bei San Juan Hill am 1. Juli 1898 in den leuchtendsten Farben. Fast gleich-

Präsident Theodore Roosevelt mit seinen „Rough Riders" in Kuba.

zeitig vernichtete die U.S. Navy in der Bucht von Manila die spanische Fernostflotte in einer der einseitigsten Seeschlachten der Geschichte. Roosevelt wurde quasi über Nacht zum Nationalhelden, zu einem *household name* in jedem amerikanischen Heim. Entsprechend viel umjubelt gestaltete sich seine Heimkehr von dem kurzen Krieg.

Noch im gleichen Jahr nominierte ihn die Republikanische Partei zu ihrem Kandidaten für die Gouverneurswahl im Staate New York. Mit geradezu schicksalhafter Unvermeidbarkeit wurde er in das höchste Amt des damals noch größten Bundesstaates gewählt. Doch auch die *governors mansion* in Albany war nur eine Zwischenstation. Als McKinley sich 1900 zur Wiederwahl stellte, kam er nicht umhin, den jungen und ungemein populären Mann als seinen *running mate*, als Vize-Präsidentschaftskandidat, aufzustellen. McKinleys Förderer, der einflussreiche Senator Mark Hanna aus Ohio, warnte ihn, ob dieser Personalentscheidung erschreckt, dass es des Präsidenten höchste Pflicht gegenüber dem Land sei, die nächsten vier Jahre am Leben zu bleiben, um den Einzug „dieses verrückten Cowboys" ins Weiße Haus zu verhindern. Der Anarchist Leon Czolgos, der McKinley bei einem Empfang während der Panamerikanischen

Ausstellung in Buffalo einen in einem Taschentuch verborgenen Revolver vor den stattlichen Bauch hielt und dann zweimal abdrückte, sorgte für einen anderen Lauf der Geschichte.

Diplomatie und dicker Knüppel

Die Präsidentschaft Theodore Roosevelts, die an jenem regnerischen Spätsommermorgen anfing, als sich der nachdenkliche 42-Jährige auf die Fahrt nach Buffalo begab, steht in verschiedener Hinsicht für eine Transformation in der amerikanischen Geschichte. Nirgendwo sind die Impulse, die „Teddy" von nun an permanent der Entwicklung seines Landes gab, so markant wie in der Außenpolitik. Unter Roosevelt etablierte sich Amerika endgültig als Weltmacht. Diesen Anspruch und die Erwartung, als solche von allen übrigen Staaten auch respektiert zu werden, brachte der literarisch so begabte, nie um eine griffige Formulierung verlegene Roosevelt mit einer Redewendung zum Ausdruck, die wie keine andere seinen Stil und seine Politik charakterisiert: *„Speak softly and carry a big stick".*

Die „sanfte Sprechweise", sprich: die Diplomatie, übernahm er kurzerhand selbst, sein Außenminister war meist Befehlsempfänger, weniger Gestaltender. Der „dicke Knüppel" hingegen, mit dem Amerika seiner Position Nachdruck verleihen musste, wann immer es die Situation erforderte, war für Roosevelt die Marine. Die Navy, zu der er ein beinahe liebevolles Verhältnis während seiner kurzen Amtszeit als Stellvertretender Marineminister entwickelt hatte, erfreute sich nun allerhöchster Protektion. Dank eines alles andere als antiimperialistisch gestimmten Kongresses konnte Roosevelt eine Vergrößerung der Schiffsflotte durch Bewilligung von Neubauten durchsetzen. Die amerikanische Marine wurde, zumindest in der westlichen Hemisphäre, zu einem Machtfaktor, wenngleich sich die USA mit ihrem vergleichsweise begrenzten Bauprogramm nicht an dem allmählich leicht manische Formen annehmenden maritimen Rüstungswettlauf zwischen Großbritannien und Deutschland beteiligten.

Es gab allerdings noch ein anderes – geographisch bedingtes – Problem der Navy: Die USA grenzten an zwei Meere, die Verlegung von Einheiten aus dem Atlantik in den Pazifik via Kap Hoorn war ein äußerst zeitraubendes Unterfangen. Auch hier war es Roosevelt, der zielstrebig nach einer Lösung dieses Problems suchte. Er wurde zum treibenden Motor beim Bau des Panamakanals. Das Projekt war von dem berühmten französischen Ingenieur Ferdinand de Lesseps 1879 begonnen worden, doch 10 Jahre später vor allem aus technischen Gründen gescheitert. Der Abschluss eines Vertrages über den Bau eines transkontinentalen Wasserweges mit Großbritannien am 18. September 1901 war eine der ersten

Amtshandlungen des neuen Präsidenten. Bemerkenswerterweise, und damit typisch für dieses so genannte Zeitalter des Imperialismus, wurde ein solches Abkommen mit der Welt- und Seemacht Nummer Eins geschlossen, nicht mit einem der als Standort in Frage kommenden Länder. Welche dieser längst von der Gunst des großen Nachbarn USA abhängigen Nationen allerdings das Vergnügen haben würde, der Welt größte Baustelle zu beherbergen, war zu diesem Zeitpunkt noch nicht klar. Eine Mehrheit der Experten befürwortete Nicaragua. Doch am 19. Juni 1902 stimmte der Senat schließlich mit 67 gegen 6 Stimmen für den Bau eines Kanals in Panama.

Sein Kanal

Ein Problem gab es indes. Panama war eine Provinz Kolumbiens, und dessen Regierung verspürte den natürlichen Drang, an dem Bauvorhaben der „Gringos" finanziell zu gesunden. Bereits 1846 hatten die USA mit dem Land (das damals noch Neu-Granada hieß) ein Abkommen geschlossen, in dem die Amerikaner sich zum Schutz der nationalen Integrität dieser Nation mit ihrem geostrategischen Reichtum, dem Isthmus von Panama, verpflichteten. Mehrfach hatten die USA gar Truppen an die künftige, damals noch urwaldbewachsene Baustelle geschickt, um die Zentralregierung in Bogotá gegen panamesische Separatisten zu unterstützen. Nachdem die neueste Geldforderung der kolumbianischen Regierung in Höhe von 40 Millionen Dollar von Roosevelt als unverschämt zurückgewiesen wurde, kam es in der Außenpolitik der USA zu einer radikalen 180-Grad-Kehrtwende.

Diesmal wurde – unter leicht operettenhaften Begleitumständen – allen nach Unabhängigkeit von Bogotá strebenden Politikern und „Pistoleros" in Panama mehr als nur diskret zu verstehen gegeben, dass die USA einer kleinen „Insurrektion" höchst wohlwollend gegenüberstünden. Ein amerikanisches Kriegsschiff setzte einige hundert Marines an Land, die entlang einer Eisenbahnlinie in Sichtweite kolumbianischer Truppen in Stellung gingen. Zwar waren die Spannungen spürbar, doch zu einer gewaltsamen Entladung kam es nicht. Zwischen beiden Seiten wurden zwar Verwünschungen und Obszönitäten ausgetauscht, aber glücklicherweise keine Kugeln. Ein lokales Komitee erklärte am 5. November 1903 in, wie es hieß, Übereinstimmung mit der gesamten Bevölkerung der Provinz die Unabhängigkeit. Nur wenige Stunden später sandte Außenminister John Hay dem amerikanischen Konsul in Panama City ein Telegramm, aus dem die Anerkennung des neuen Staates durch den großen Bruder im Norden hervorging. Panama hatte damit das Recht, im Falle einer kolumbianischen „Aggression" die USA um Hilfe zu bitten. Die Regierung in Bogotá fügte sich jedoch zähneknirschend in das Unvermeidliche, wozu die Anwesenheit von Einheiten der U.S. Navy beitrug. So einfach können Revolutionen sein.

Dem Bau eines Kanals unter amerikanischer Protektion und damit in letzter Konsequenz der Beherrschung zweier Ozeane durch die amerikanische Marine – Roosevelts langfristig bedeutendstes Vermächtnis für die internationale Stellung seines Landes – stand nichts mehr im Wege. Allerdings traf die Regierungsentscheidung nicht auf einhelligen Jubel. Die *New York Evening Post* fällte ein hartes moralisches Urteil: „Mit einem Federstrich haben Präsident Roosevelt und Außenminister Hay die Prinzipien in den Wind gestreut, für die dieses Land Kriege zu führen bereit ist. Sie haben dieses Land einer Politik verpflichtet, die so schändlich ist, dass einem die Worte fehlen."[4]

Als der Kanal 1914 feierlich eingeweiht wurde, war Roosevelt längst im selbst verschuldeten politischen Ruhestand. Dass das Bauwerk, „Amerikas Kanal", sein Erbe an die neue Weltmacht war, stand für die Zeitgenossen außer Zweifel. Roosevelt selbst tönte in seiner Autobiografie voller Stolz: „Ich nahm den Isthmus, begann den Kanal und überließ es dann dem Kongress, nicht über den Kanal, sondern mit mir zu streiten."[5] Recht und Moral bei der Realisierung dieses Zieles waren für ihn sekundär gewesen. Als bei einer Kabinettssitzung Justizminister Philander Knox ironisch äußerte, dass das Vorgehen der Roosevelt-Administration im Umgang mit Kolumbien und dem neu erschaffenen Zwergstaat „unbefleckt von jeder Legalität" sei, versuchte der Präsident sich zu rechtfertigen und fragte darauf den Minister: „Habe ich mich gegen diese

Bauarbeiten am Panama-Kanal.

Vorwürfe ausreichend verteidigt?" Darauf entgegnete Knox schmunzelnd: „Das haben Sie ganz gewiss, Mr. President. Sie haben dargelegt, dass Sie wegen Verführung angeklagt sind und haben eindeutig bewiesen, dass sie der Vergewaltigung schuldig sind."[6]

Der Friedensnobelpreis für einen Haudegen

An der Spitze einer selbstbewussten Nation stehend, war die peinliche Einhaltung der Monroe-Doktrin einer der Pfeiler Rooseveltscher Außenpolitik. In Konflikt kamen die USA dabei bemerkenswerterweise mit jenem Land, für das der Präsident durchaus große Sympathien hegte: Deutschland. Als Schüler hatte Theodore, Sohn weit gereister und hochkultivierter Eltern, längere Zeit in Dresden gelebt. Er sprach recht passabel Deutsch und war als Jüngling sehr angetan von der Prophezeiung seiner Lehrerin, Teddy würde bestimmt dereinst amerikanischer Präsident werden. Doch zu Beginn des 20. Jahrhunderts stand an der Spitze des Deutschen Reiches mit Kaiser Wilhelm II. ein Mann, der in manchem Roosevelt nicht ganz unähnlich war: von oft rastloser Energie und verbalem Bombast, mit einer Neigung zu Nationalismus, Imperialismus und einer Vorliebe für „schimmernde Wehr", vor allem für die Flotte. „Es scheint mir", hatte Roosevelt noch als Vizepräsident, im April 1901 bemerkt, „dass Deutschlands Einstellung uns gegenüber es zu der einzigen Macht werden lässt, mit der aneinander zu geraten für uns möglich oder gar wahrscheinlich ist."[7]

Diese Situation schien in den letzten Wochen des Jahres 1902 bedrohlich näher zu rücken. Venezuela hatte beim Deutschen Reich nicht nur Schulden gemacht, sondern zeigte sich auch unfähig, diese zu zahlen. Die Antwort dieses Zeitalters, in dem es noch keine Weltwirtschaftsgipfel, Weltwährungskonferenzen und andere Mechanismen des monetären Krisenmanagements gab, war die „Kanonenbootpolitik". Deutschland und Großbritannien (bei dem Venezuela gleichfalls in der Kreide stand) sandten Kriegsschiffe zur sichtbaren Untermauerung ihrer Ansprüche nach Südamerika. Die englische Regierung erkannte jedoch, wann man sich rechtzeitig aus einem Unternehmen zurückzuziehen hatte, bei dem Ungemach mit den USA drohte. So geriet Deutschland in die Lage, in Washington als alleiniger Aggressor zu gelten.

Mit Blick auf tonangebende Kräfte in Berlin lag die Roosevelt-Administration mit dieser Einschätzung sicher nicht falsch. Sowohl Reichskanzler Bernhard von Bülow als auch der einflussreiche Admiral Alfred von Tirpitz waren Expansionisten, die nach der Möglichkeit der Etablierung von Stützpunkten in der westlichen Hemisphäre, zum Beispiel in der Karibik oder in Brasilien, zu schielen schienen. Roosevelt bestellte den deutschen Botschafter Theodor von Holleben zu sich und machte ihm unmissverständlich deutlich, dass Admiral Dewey mit der Flotte zu „Manövern" in westindische Gewässer auslaufen würde und dass jeder Versuch Deutschlands, sich Territorien in der Karibik oder auf dem südamerikanischen Kontinent anzueignen, zu unüberschaubaren Konsequenzen führen könne. Nach dem eher symbolischen Abfeuern einiger Kanonen der deutschen Blockadeschwadron sah die Reichsregierung am 17. Dezember ihrer Position Genüge getan und nahm das freundliche amerikanische Angebot der Vermittlung dankend an. Wie ernst die Situation damals war, gab Roosevelt Jahre später zu, als er davon sprach, „dass die Vereinigten Staaten am Rande des Krieges mit Deutschland standen."[8]

Ein wirklicher Krieg brach 1904 in Fernost aus. Japan, in Roosevelts Einschätzung eine „zivilisierte, moderne Macht"[9], brachte dem zaristischen Russland (auf das diese Beschreibung herzlich wenig passte) erst zu Land, dann schließlich in der epochalen Seeschlacht bei Tsushima verheerende Niederlagen bei. Als Anhänger des Konzeptes der *balance of power* wollte Roosevelt keinen überlegenen Sieger, keinen gedemütigten und unwiderruflich geschwächten Verlierer. Auf seine Initiative hin wurde eine Friedenskonferenz nach Portsmouth im US-Bundesstaat New Hampshire einberufen. Er wirkte hinter den Kulissen, ließ beide Delegationen die Sprache der Diplomatie, aber auch den *big stick* der jungen Weltmacht spüren. Am Ende kam es zum Friedensschluss und Theodore Roosevelt, der einstige Haudegen, wurde als Friedensbringer gelobt: „Er hat nicht nur diplomatische Fähigkeiten der höchsten Kategorie gezeigt, sondern auch großen Takt, große Weitsicht und außergewöhnliche Finesse. Allein, ohne Hilfe und Ratschlag, ist er mit jeder sich entwickelnden Situation fertig geworden, hat die Ereignisse so geformt, dass sie seinen Zwecken dienten und zeigte bemerkenswerte Geduld, Sorgfalt und Mäßigung. Als Diplomat darf Mr. Roosevelt einen hohen Rang als seiner würdig ansehen."[10] Für seine Bemühungen wurde ihm 1906 der Friedensnobelpreis verliehen.

„Trustbuster" *und Naturschützer*

Im Inneren stand Roosevelts Agenda im Zeichen der Kontrolle der sich zu Trusts und Großkonzernen zusammenfügenden Wirtschaftsmacht einiger weniger Industriebarone wie John D. Rockefeller und John Pierpoint Morgan. „Es herrscht die weit verbreitete Überzeugung", so ließ der Präsident in seiner ersten Botschaft zur Lage der Nation verkünden, „dass das Zusammenwachsen und die Konzentration zwar nicht verboten, wohl aber überwacht und innerhalb vernünftiger Grenzen kontrolliert werden sollten. Diese Überzeugung ist nach meiner Einschätzung richtig."[11]

Diese Einschätzung wurde auch von weiten Teilen der Geschäftswelt (vor allem von kleinen und mittelständischen Unternehmen) und der Bevölkerung geteilt. Ein neues, von Eisenbahn- und Bankbaronen geplantes Konglomerat, die *Northern Securities Company*, wurde 1902 von Roosevelt für ungesetzlich erklärt, eine vom Großkapital mit Empörung aufgenommene Entscheidung, die indes vom *Supreme Court* in einer 5:4-Entscheidung für rechtens erklärt wurde. Auch die reichsten und mächtigsten Männer des Landes, so betonte Roosevelt im Wahlkampf 1904, stünden nicht über dem Gesetz, dies deutlich zu machen, war Ziel seiner Antitrust-Politik. Er war kein Feind von *big business*, doch der Arroganz der Macht großer Konzerne trat er wiederholt während seiner Präsidentschaft entgegen. Er zog unter anderem gegen *Standard Oil*, gegen Tabak- und Fleisch-Konzerne zu Felde, stand andererseits jedoch nicht einer beträchtlichen Machterweiterung von *U.S. Steel* im Wege, als es die wirtschaftliche Situation zu fordern schien. Für Konzernchefs war Roosevelt trotzdem ein „Radikaler".

An dieser Einschätzung änderte auch sein Eingreifen in den Streik der Grubenarbeiter im Jahr 1902 nichts. Er zwang die Minenbesitzer und den Arbeiterführer John Mitchell an einen Tisch und drohte vor allem Ersteren mit dem *big stick*. Ein Winter ohne ausreichende Versorgung der Bevölkerung mit dem wichtigsten Brennstoff entspräche einer nationalen Krise, die Vorstellung von der Besetzung der Minen durch Truppen und gar ihre Verstaatlichung schien plötzlich nicht ganz unrealistisch. Abermals war ihm Erfolg beschieden. Es war das erste Mal in der Geschichte der Industrienationen, dass sich ein Regierungschef in einen Arbeitskampf eingeschaltet und ihn zu einer nationalen Angelegenheit erklärt hatte. Die *Times* in London ahnte, dass ein Laisser-faire für verantwortungsbewusste Regierungen künftig nicht mehr die Leitlinie sein konnte: „In der ruhigsten und unaufdringlichsten Weise hat der Präsident etwas gänzlich Neues und Großes bewirkt. Wir sind nicht nur Zeugen des Endes eines Bergarbeiterstreiks, sondern erleben den endgültigen Eintritt einer kraftvollen Regierung in einer ganz neuen Sphäre."[12]

An der Wall Street hingegen kursierten weniger wohl gesonnene Charakterisierungen. Theodore Roosevelt, so hieß es dort, sei „ein extrem gefährlicher Mann", er vertrete gar „eine ziemlich ausgeprägte Form von Sozialismus."[13]

Sein nachhaltigster Verdienst in der amerikanischen Innenpolitik prägt noch heute das Land, nicht zuletzt zur Freude der Besucher der USA. Roosevelt, seit seinen Tagen als Rancher in North Dakota stets der Natur verbunden, wich nie von seinem Credo ab: „Wir bauen dieses, unser Land nicht für den Tag. Es muss für Epochen bewahrt werden."[14] Er war Amerikas erster und effektivster Umweltschützer, lange bevor dieser Terminus in Mode kam. Viele National- und Naturparks wurden von seiner Administration geschaffen[15], große Flächen unberührter Natur im Westen vor Ausbeutung und Zersiedlung geschützt. Er sah die

Bewahrung von Amerikas Naturschätzen als eine nationale Aufgabe an und berief 1908 die erste große sich mit diesem Thema befassende Konferenz ins Weiße Haus ein, deutlich machend, wie sehr *conservation* ein Herzensanliegen des Präsidenten war.

Dies zeigte er auch bei seinen Reisen durch das große Land. Ob in den Sümpfen von Mississippi, den Prärien von Dakota oder den bizarren Felsformationen des Yosemite – seine Exkursionen waren Bekenntnisse zu der großartigen Natur, mit der der Mensch in Einklang zu leben hatte. Dabei war Roosevelt kein Feind das Wachstums; er wusste, dass Amerika einhundert Millionen Menschen Platz bieten konnte, ohne dass man dabei zwangsläufig die Landschaft bis zur Unkenntlichkeit zersiedeln musste. Kaum etwas erfreute sein Herz so wie der Anblick großer und vor Gesundheit strotzender Familien im Westen: „Ich gratuliere Euch zu Eurer reichen Ernte", rief er den zu seiner Begrüßung angetretenen, ihm ihre Kinder entgegenhaltenden Menschen zu, „aber der beste Ertrag ist es, reich an Kindern zu sein."[16]

Der populärste Mensch der Vereinigten Staaten

Kinder waren auch privat sein großes Glück. Neben seiner Tochter Alice bevölkerten fünf kleine Zöglinge aus der zweiten Ehe mit Edith das Weiße Haus. Nie zuvor und niemals nach Theodore Roosevelt war der Amtssitz des Präsidenten so sehr Schauplatz eines intakten und turbulenten Familienlebens wie in den Jahren von 1901 bis 1909. Selbst hochrangige Besucher mussten darauf gefasst sein, einen Präsidenten anzutreffen, der auf allen Vieren durch ein Kinderzimmer robbte und zur Freude seines Nachwuchses indianische Kriegsschreie ausstieß, oder der am Gedeihen der unzähligen Haustiere höchstpersönlich Anteil nahm. Cecil Spring Rice, britischer Diplomat und Theodores Trauzeuge bei seiner Hochzeit mit Edith, sah bei Roosevelt stets das Kind im Manne: „Sie dürfen niemals vergessen, dass der Präsident ungefähr sechs Jahre alt ist."[17]

Der Historiker Henry Adams, Nachfahre zweier Präsidenten[18], hatte eine andere Interpretation bereit: „Theodore ist niemals nüchtern. Allerdings ist er von sich selbst trunken und nicht vom Rum."[19] Die wohl präziseste Beschreibung Roosevelts lieferte der englische Schriftsteller H. G. Wells nach seinem Empfang im Weißen Haus: „Niemals war ein Präsident so sehr ein Spiegelbild seiner Epoche."[20] Er war ein *family man* im besten Sinne und drückte auch darin das Lebensgefühl seiner Zeit auf das Perfekteste aus. Der Presse mangelte es während seiner knapp acht Präsidentenjahre nie an Geschichten über das fröhliche, stets von Kinderlachen erfüllte Treiben im Weißen Haus.

Im Winter 1902, pünktlich in der Vorweihnachtszeit, tauchten im berühmten

New Yorker Spielwarenhaus F. A. O. Schwarz etwa 3000 Spielzeugbären aus der deutschen Plüschtierfabrik der Margarete Steiff auf. Das urwüchsige und dabei so gemütlich dreinblickende Tierchen erinnerte viele der großen und kleinen Kunden, die sich an den Schaufenstern die Nase platt drückten, an ihren Präsidenten. Und so dauerte es nicht lange, bis die Exponate den Namen „Teddy-Bären" trugen. Er sollte von Bestand sein.

Der Schriftsteller Mark Twain sah in Roosevelt „den populärsten Menschen, den es je in den Vereinigten Staaten gegeben hat".[21] Diese Einschätzung bestätigte die Wahl vom November 1904, bei der Roosevelt mit großer Mehrheit im Amt bestätigt wurde. Der Präsident, dem das Herz allzu oft auf der Zunge lag, beging im Überschwang der Gefühle noch am Wahlabend die unglaubliche politische Dummheit, anzukündigen, dass er in vier Jahren nicht wieder kandidieren[22] würde. Jeder Präsident mit einer schwächeren Persönlichkeit wäre unweigerlich für vier Jahre zu einer *lame duck* geworden. Dies verstand Roosevelt in all seiner prallen Dynamik zu verhindern, doch das allmählich näher kommende Ende seiner Amtszeit bedrückte ihn nichtsdestotrotz. Niemand, so erzählte er später, habe die Präsidentschaft so genossen wie er.

Typisch für ihn war eine der letzten Amtshandlungen, mit der er Amerika und auch sich selbst noch einmal feierte. Er schickte die gesamte Flotte, the *big white fleet*, zu einer Goodwill-Tour um den Globus. Es war eine Demonstration der Stärke, letztlich aber auch einer gewissen, fast unschuldig zu nennenden Friedfertigkeit, denn damit waren Amerikas Küsten über Monate jedweden Schutzes entblößt. Am 22. Februar 1909, zwei Wochen vor dem Ende von Roosevelts Amtszeit, kehrte die Flotte nach Hampton Roads, Virginia, zurück. Sie feuerte aus allen Rohren ihren Salut für einen sie erwartenden Präsidenten, der kaum seiner Tränen Herr werden konnte.

Anmerkungen

1 John F. Kennedy, der oft als Inbegriff der Jugend in diesem Amt gewürdigt wird (und damit zusammen mit „T. R." und Bill Clinton eine Ausnahme darstellt), war der jüngste gewählte Präsident. Er war 1960 43 Jahre alt. Dem bei Amtsantritt ein Jahr jüngerem Roosevelt fiel die Präsidentschaft zunächst wegen des Todes McKinleys zu, 1904 wurde er, kurz nach seinem 46. Geburtstag, *in his own right* (regulär) wieder gewählt.

2 Sein dortiges Wirken hat jüngst Eingang in die amerikanische Gegenwartsliteratur gefunden: Der Autor Caleb Carr lässt Roosevelt in seinen beiden zu Bestsellern gewordenen Psychothrillern *„The Alienist"* (deutsch: „Die Einkreisung") und *„Angel of Darkness"* („Engel der Finsternis") als eine Art Beschützer der Guten, der immer im rechten Moment zur Rettung derselben aus dem Dunkel erscheint, auftreten.

3 Dies war auch der erste Posten in der Bundesregierung, den einst Theodores Neffe vierten Grades, Franklin Delano Roosevelt, antreten sollte. Und auch im New Yorker

Gouverneursposten folgte ihm dieser entfernte Verwandte, bevor er, seinem Vorbild nachstrebend, ebenfalls Präsident der USA werden sollte. Im Unterschied zu dem Republikaner Theodore gehörte Franklin allerdings der Demokratischen Partei an.

4 New York Evening Post, 7. November 1903.
5 RICHARD M. ABRAMS: Theodore Roosevelt. In: The Presidents. Ed. by Henry F. Graff. New York 1996. S. 343.
6 H. W. BRANDS: T. R. The Last Romantic. New York 1997. S. 488.
7 BRANDS, S. 465.
8 The Letters of Theodore Roosevelt. Ed. by Elting E. Morison. Cambridge, Mass. 1951. Vol. 5, S.358–359.
9 EDMUND MORRIS: Theodore Rex. New York 2001. S. 387.
10 London Morning Post, 12. Juli 1905.
11 The Works of Theodore Roosevelt. New York 1923–26. Vol. 17, S. 104.
12 MORRIS, S. 169.
13 MORRIS, S. 227.
14 MORRIS, S. 231.
15 5 Nationalparks, 13 Nationalwälder, 16 nationale Vogelschutzgebiete.
16 MORRIS, S. 224.
17 MORRIS, S. 81.
18 John Adams und John Quincy Adams
19 The Letters of Henry Adams. Ed. by J. C. Levenson. Cambridge, Mass. 1982–1988. Vol. 5, S. 322.
20 MORRIS, S. 446.
21 MARK TWAIN: Autobiography. New York 1924. Vol. 2, S. 291.
22 Dies wäre unter Beachtung der von George Washington eingeführten und bis dato respektierten Sitte, sich nur zweimal für die Präsidentschaft zur Wahl zu stellen, durchaus möglich gewesen, denn die Zeit vom September 1901 bis März 1905 galt streng genommen nicht als originär Rooseveltsche Amtsperiode, sondern als die zu Ende geführte Präsidentschaft McKinleys. Strikt verboten wurde eine dritte Kandidatur durch Verfassungszusatz erst nach dem Zweiten Weltkrieg, als der weniger feinfühlige entfernte Verwandte Franklin D. Roosevelt sogar viermal erfolgreich kandidiert hatte. Theodore Roosevelt kandidierte schließlich doch noch einmal. 1912 trat er als Kandidat der Progressiven Partei an, splittete dabei das republikanische Wählerpotenzial und ermöglichte die Präsidentschaft Woodrow Wilsons.

WOODROW WILSON
UND DIE SAAT DES MISSTRAUENS

26. September 1919

Zu jeder funktionierenden Demokratie gehört die Kontrolle der Regierenden durch die Regierten, für die eine Prise gesunden Misstrauens ein fast unentbehrliches Ingredienz ist. In Amerika ist in der zweiten Hälfte des 20. Jahrhunderts eine kontinuierliche Erosion des Vertrauens in „Washington" (als Synonym für den politischen Apparat und die so genannte politische Klasse) eingetreten. Nach unzähligen Skandalen trauen viele Amerikaner grundsätzlich ihren Politikern (fast) jede Schandtat zu, nicht nur jenen im Abgeordnetenhaus und im Senat, sondern wiederholt auch dem wichtigsten Repräsentanten des Systems mit der Wohnadresse „1600 Pennsylvania Avenue".

Die Unaufrichtigkeit über die Verstrickung in Vietnam unter John F. Kennedy und Lyndon B. Johnson, das Doppelleben Kennedys (das indes erst nach seinem gewaltsamen Ableben weiten Teilen der Öffentlichkeit bekannt wurde), schließlich Watergate als ultimatives Beispiel von Lüge, Vertuschung und gar Ansätzen von Paranoia im Weißen Haus sind Meilensteine dieser Desillusionierung. Kleinere Skandale wie Bill Clintons Vorliebe für junge Frauen in modischen Dessous mit anschließenden Wortklaubereien (*„I did not have sex with that woman, Miss Lewinsky"*), für die gelernte Anwälte in den USA so perfekt ausgebildet sind, haben dazu geführt, dass die „Charakterfrage" für Beobachter stets aktuell bleibt und der Inhaber des mächtigsten Amtes der Welt keineswegs über jeden Zweifel erhaben ist.

Der Grundstein für diese Entwicklung, die Saat des Misstrauens, wurde jedoch schon viel früher gelegt. Im zweiten Jahrzehnt des 20. Jahrhunderts lernte Amerika, dass das Weiße Haus nicht per se ein Ort der Offenheit und des Anstandes sein muss. Die ersten und wegweisenden Kapitel der Saga von Lüge und Vertuschung, von – ein in den USA in Zusammenhang mit Skandalen fest etablierter Begriff – *cover-up*, wurden ausgerechnet von jenem Präsidenten und seinem engsten Umfeld geschrieben, der wie kein anderer höchste moralische Prinzipien zu verkünden pflegte. An einem sonnigen Herbsttag begann das Verhältnis von Präsident und Volk für immer seine Unschuld zu verlieren.

Die Geschichte von Vertuschung und Beschönigung

Schon früh am Morgen hatte sich eine große Menschenmenge am Bahnhof von Wichita, Kansas, versammelt, um den Präsidenten zu sehen. Woodrow Wilson fuhr seit drei Wochen durch die Weite des amerikanischen Westens, um sich direkt an die Bürger zu wenden. Er wollte ihnen von seinen Visionen künden und um Unterstützung für seine Politik eines amerikanischen Engagements im Völkerbund werben, einer Politik, die am Widerstand des Senats zu scheitern im Begriff war. Wie bei all seinen Stopps auf dieser achttausend Meilen umfassenden Rundreise im Sonderzug, wurde auch an diesem 26. September 1919 eine Grundsatzrede erwartet – warum amerikanische Jungs zu Zehntausenden in Frankreich hatten sterben müssen, warum ihr Tod nicht vergeblich gewesen sei, warum die Alte Welt das Eintreten der neuen Großmacht USA so dringend benötigte, damit endlich das Lebensziel des Präsidenten Wirklichkeit werden konnte – *„to make the world safe for democracy"*.

Doch an diesem klaren Herbstmorgen warteten die Zuschauer in Wichita vergebens. Sie ahnten nichts von dem Drama, das sich im Salonwagen abspielte, wo ein körperlich und geistig hinfälliger Präsident von seiner ihn ständig umgebenden Troika – Privatsekretär Joseph Tumulty, Leibarzt Dr. Cary Grayson und Gattin Edith – mit Mühe daran gehindert werden konnte, auf die Plattform des Waggons zu treten und sich der Menge zu zeigen. Der Zustand des *chief executive*, darin waren sich die drei einig, durfte nicht der Öffentlichkeit demonstriert werden. Eine Viertelstunde, nachdem der Zug eingelaufen war, trat Tumulty vor die Menge und erklärte, der Präsident leide an „nervöser Erschöpfung", was allerdings „nicht alarmierend" sei. Langsam setzte sich der Zug gen Osten in Bewegung, während sich die Menge zerstreute. Woodrow Wilson würde als Präsident nie wieder zum amerikanischen Volk sprechen.

Wenige Tage nach der Rückkehr nach Washington erreichte die gesundheitliche Krise des Präsidenten einen grausigen Höhepunkt. Am Morgen des 2. Oktober fand Edith ihren Mann auf dem Boden des Badezimmers des Weißen Hauses liegend. Er konnte nicht mehr sprechen, seine linke Körperhälfte war gelähmt und sein Gesicht blutüberströmt. Beim Sturz infolge des Schlaganfalles, der ihn ereilt und dessen Vorboten sich bei der Reise in den Westen angekündigt hatten, war er auf die Toilettenschüssel gefallen und hatte tiefe Schnittwunden im Kopfbereich erlitten.

Es war eine persönliche Tragödie – und gleichzeitig der Höhepunkt in einem politischen Drama, in dessen Verlauf die Verfassung der USA von den unmittelbar Beteiligten, zurückhaltend ausgedrückt, höchst flexibel interpretiert wurde. In dem nun aufgeführten Schauspiel von Verschleierung und Lüge, von Streben nach Machterhalt und Sorge um den Erkrankten, wurde eine Lücke in jenem

konstitutionellen Meisterwerk, das die Verfassungsväter im Jahre 1787 in Philadelphia geschmiedet hatten, ausgenutzt. Die Frage, wer die politische Verantwortung übernimmt, wenn der Präsident aus gesundheitlichen Gründen ausfällt, war
in der Verfassung nicht eindeutig beantwortet worden. Erst ein 1967 angehängter
Zusatz *(the 25th amendment)* regelt dieses Problem auf zumindest theoretisch
befriedigende Weise. Vom Oktober 1919 bis praktisch zum Ende der Amtszeit
Wilsons im März 1921, in einer weltpolitisch entscheidenden Phase, gab es im
Weißen Haus ein Machtvakuum, das die Laien der Troika mit ungenügenden
Mitteln zu füllen suchten – ob aus idealistischen Motiven oder in usurpatorischer
Absicht, hängt vom Standpunkt des Historiografen ab.

Die Lähmung des Mannes, der hinter den zugezogenen Vorhängen des Weißen
Hauses vor sich hindämmerte, fand ihre Entsprechung in einer weitgehenden
außenpolitischen Paralyse des Landes – kurz nach dem Abkommen von Versailles und in einer Phase der Neuausrichtung der internationalen Beziehungen
zu einem denkbar ungünstigen Zeitpunkt. Doch die Erkrankung des Präsidenten
war kein Blitz aus heiterem Himmel. Es war lediglich der fast unvermeidbare
Höhepunkt in einer Krankengeschichte, die den Patienten von vornherein unge-
eignet für das höchste Amt gemacht hätte. Die Geschichte von Vertuschung und
Beschönigung im Leben des Thomas Woodrow Wilson hatte schon Jahre zuvor
begonnen.

Je größer die Machtfülle wird, mit der das Präsidentenamt ausgestattet ist,
desto größer wird die Frage nach der gesundheitlichen – der physischen wie der
psychischen – Eignung des Amtsinhabers oder eines Bewerbers. Der Gesundheitszustand des ersten Mannes wurde im 20. Jahrhundert wiederholt zum Poli-
tikum, über das die Öffentlichkeit, wenn überhaupt, nur wohl dosiert unterrichtet werden durfte: Franklin Delano Roosevelts Rollstuhl – für Fotografen
tabu; John F. Kennedys Morbus Addison (eine Nebennierenerkrankung) – die
Krankenakten sind noch heute der Forschung unzugänglich in Boston unter
Verschluss; George Bushs sen. schwallartige Rückgabe des Mittagessens, dem
japanischen Premier zielsicher auf den Maßanzug – keine Panik, nur eine leichte
Magenverstimmung nach langem Flug.

Bei den geringsten Krankheitssymptomen des Präsidenten schlägt die Stunde
der Pressesprecher, kommt es zu wahren Meisterleistungen des Abwiegelns,
Schönredens und Bagatellisierens. Der Anschein strahlender Physis muss, sollte
dem Präsidenten tatsächlich das allzu Menschliche einer Erkrankung zustoßen,
umgehend wiederhergestellt werden – wie bei Dwight D. Eisenhower, der sich
bald nach dem Herzinfarkt gut gelaunt auf dem Golfplatz zeigte oder bei Lyndon
B. Johnson, der nach überstandener Gallenblasenoperation vor laufenden Kameras seine Narbe als Beweis komplikationsloser Genesung zur Schau stellte.
Nie jedoch ist die Öffentlichkeit so schamlos belogen worden wie im Falle des

28. Präsidenten, der sich stets als Mann mit höchsten moralischen und ethischen Ansprüchen gebärdete.

Der 1856 in Staunton (Virginia) als Sohn eines Predigers geborene Wilson war zu keiner Phase seines Lebens als kerngesund zu bezeichnen. Körperliche und psychische Symptome wechselten sich ab und gingen oft auch eine unheilvolle Symbiose ein. Im Alter von neun Jahren konnte Woodrow immer noch nicht lesen, was spätere Biografen zu der Vermutung veranlasste, er habe unter Dyslexie gelitten. Eines konnte man ihm jedoch nicht absprechen: Willensstärke, manchmal bis zum Fanatismus. Er arbeitete an sich, gleichzeitig litt er darunter, die sich selbst gesetzten Anforderungen nicht erfüllt zu haben. Er neigte zu verbaler Selbstgeißelung, die objektiv wenig angebracht erscheinen mag, denn Wilson lernte, wenn auch verspätet, nicht nur Lesen, sondern entwickelte einen Intellekt, der ihn an die Spitze einiger der renommiertesten Universitäten des Landes brachte, vor allem auf den Rektorensessel seiner Alma Mater, Princeton (New Jersey). Psychosomatische Beschwerden begleiteten ihn auf dem Weg zu hohen akademischen Würden, Nervenkrisen waren immer wiederkehrende Begleiter seines Aufstieges.

Im Mai 1896 schlug jenes Leiden zu, das Wilsons Leben dominieren sollte. In einer Phase großen beruflichen Stresses erlitt er einen Schlaganfall. Möglicherweise war es nicht das erste derartige Vorkommnis, denn schon fünf Jahre zuvor war ihm für längere Zeit der Gebrauch der beim Schreiben benötigten rechten Hand versagt geblieben. Auch diesmal war die rechte Körperseite betroffen. Vermutlich war der junge Professor schon in jenen Jahren Hypertoniker, war sein Gefäßsystem vor allem im Kopfbereich permanenten Schädigungen ausgesetzt. Wilson verschanzte sich hinter einer Taktik, der er bis an sein Ende treu sein sollte: Er negierte die Krankheit, ignorierte so weit als möglich die daraus resultierenden Behinderungen und stürzte sich wie ehedem in seine Arbeit. Er glaubte fest daran, dass der Körper dem Geist zu gehorchen habe und dass er seine Behinderung durch gottgefälliges Wirken, durch bürgerliche Wohlanständigkeit und Fleiß überwinden konnte. In der Tat gab es in den nächsten Jahren Phasen der Erholung, auch konnte er den rechten Arm wieder gebrauchen. Doch jenseits der rein neurologischen Symptome legte Wilson wiederholt irrationale Verhaltensweisen an den Tag, so zum Beispiel in einem sich Wochen hinziehenden Streit mit Universitätsverwaltung und Studenten in Princeton wegen eines Zaunes, den er als Rektor (1902–1910) um seine Residenz hatte errichten lassen, da das Haus und seine Bewohner seiner Meinung nach das Ziel allzu vieler Touristen geworden war.

Streitbar und in allen beruflichen wie privaten Belangen wenig kompromissbereit, geriet er an der Eliteuniversität in New Jersey, wo seine intellektuellen Fähigkeiten durchaus gewürdigt wurden, in wiederholte Phasen hoher nervlicher

Anspannung. Im Jahr 1904 erlitt er vermutlich einen neuerlichen Apoplex, der Vorbote kommenden Unheils war: Am 28. Mai 1906 wachte Wilson auf und bemerkte, dass er auf seinem linken Auge erblindet war. Der hinzugezogene Augenarzt aus Philadelphia diagnostizierte eine Embolie der zentralen Netzhautarterie, bei Menschen mit schlecht oder gar nicht behandeltem Bluthochdruck eine häufige Komplikation. Während Wilsons Familie ob dieses Schicksalsschlages der Verzweiflung nahe war, zeigte sich der Professor überraschend „ruhig, beinahe fröhlich". Die Verleugnung seiner Gebrechen war bei Woodrow Wilson in ein fortgeschrittenes Stadium getreten.

Aufgrund mannigfacher Auseinandersetzungen in Princeton beendete Wilson 1910 abrupt seine akademische Karriere und suchte sich ein neues Aufgabenfeld: die Politik. Er kündete von hohen moralischen Grundsätzen, die er nach eigener Einschätzung viel stärker verkörperte als die überkommene Politikergeneration. Sein Sendungsbewusstsein, gespeist aus dem tief religiösen familiären Umfeld, der akademischen Brillanz und wohl auch aus der – aus seiner Sicht – erfolgreichen Überwindung der bisherigen Prüfungen, die ihm der Herr auferlegt hatte, kannte kaum Grenzen. Wilsons Aufstieg kann man nur als kometenhaft bezeichnen. Noch im selben Jahr wurde er zum Gouverneur von New Jersey gewählt. Zwei Jahre später ernannten die Demokraten den Newcomer zu ihrem Präsidentschaftskandidaten. Da sich der amtierende republikanische Präsident Taft und dessen ebenfalls republikanischer, nun als progressiver Kandidat antretender Vorgänger Theodore Roosevelt gegenseitig die Stimmen wegnahmen, war Wilsons Wahl zum 28. US-Präsidenten geradezu unvermeidbar. Über seinen Gesundheitszustand, seine halbseitige Blindheit und seine diversen Krisen gab der Rhetoriker den Wählern (Wählerinnen gab es 1912 bei einer amerikanischen Präsidentenwahl noch nicht) natürlich keine Auskunft. Seine Reden waren jedoch voll medizinischer Metaphern, so verkündete er einmal die These, dass die Welt seit Jahren an Entzündungen der Eingeweide leide. Immer wieder musste er Reden unterbrechen, da ihm schwindlig wurde – „transiente ischämische Attacken des Gehirns" (vorübergehende Minderdurchblutungen) hat es der Neurologe Dr. Edwin Weinstein genannt, der Wilsons posthume Pathobiografie[1] verfasste.

Wilsons „14 Punkte"

Es bleibt Spekulation, wie sehr Wilsons Leiden seine Politik beeinflusste. Der Präsident, der 1916 nicht zuletzt dank des Slogans *„He kept us out of war!"* („Er bewahrte uns vor dem Krieg!") wiedergewählt wurde, führte sein Land nur wenige Monate später in den Ersten Weltkrieg, Zehntausende junger Amerikaner starben in den Schützengräben der Westfront. Gleichzeitig kam es im eigenen Land zu einer bis dahin beispiellosen Aufhebung demokratischer Grundrechte. Tatsächlich oder vermeintlich Andersdenkende wurden verfolgt und inhaftiert, es gab Fälle von obrigkeitlich geduldeter oder zumindest strafrechtlich kaum verfolgter Körperverletzung bis hin zur Lynchjustiz, stets unter dem Deckmantel nationaler Sicherheitsinteressen. In Kentucky wurde ein Mann gehängt, dem sein deutscher Nachname und seine sozialistische Weltanschauung zum Verhängnis wurde, die selbst ernannten Vollstrecker wurden, bei der Gerichtsverhandlung Bändchen in den amerikanischen Nationalfarben tragend, freigesprochen. Gegen die aus dem Umfeld des Ku-Klux-Klan stammenden Mörder von achtunddreißig (1917) bzw. vierundsechzig (1918) Amerikanern afrikanischer Abstammung, deren Hautfarbe sie in den Augen mancher Südstaatler als nicht ausreichend patriotisch abstempelte, wurde gar nicht erst ermittelt.

Wilson widmete derartigen Exzessen keinerlei besondere Aufmerksamkeit. Er verkündete indes die berühmten „14 Punkte" für eine gerechte Nachkriegsordnung. Als sich das erschöpfte Deutsche Reich bei seiner Kapitulation im Herbst

Friedenskonferenz in Versailles. V.l.: Vittorio Emanuele Orlando (Italien), Lloyd George (England), Georges Clemenceau (Frankreich) und Woodrow Wilson.

1918 auf diese „14 Punkte" berief und viele Deutsche in Wilson eine Art Retter sahen, wurde nur allzu schnell offenbar, dass die Realität des Versailler Friedens nichts mit den hehren Idealen gemein haben sollte. Wilson erschien zu Weihnachten 1918 in Frankreich und wirkte auf Beobachter erschreckend. Er war abgemagert, seine Augen zuckten nervös und zunehmend traten nicht nachvollziehbare, fast irrsinnige Verhaltensweisen an den Tag. So schrie er einmal seinen Stab zusammen und klagte über die Farben der Möbel in seinem Zimmer in Versailles. Hart gesottenen Politikern wie dem Franzosen Georges Clemenceau und dem Briten Lloyd George gegenüber fehlten dem angeschlagenen Präsidenten in den Verhandlungen Energie und Willenskraft. Statt eines Verständigungsfriedens gab es einen Revanchefrieden, die junge Demokratie von Weimar trat unter erdrückenden Bedingungen an.

Einer seiner Ärzte reflektierte über des Präsidenten Verfassung in Paris und über die Konsequenzen: „Dass Wilson seine Fähigkeit verlor, sich geistig den sich wandelnden Bedingungen anzupassen, war ein Ereignis von signifikanter Bedeutung für die Vereinigten Staaten und die Welt."[2] Der Präsident flüchtete zunehmend in eine Welt, die seinen Idealvorstellungen, aber nicht der harten Realität entsprach. Er interpretierte den Vertrag von Versailles als die Umsetzung seiner „14 Punkte" und zeigte sich enttäuscht, dass sich im Senat, vornehmlich unter republikanischen Senatoren aus dem eher zum Isolationismus neigenden Mittelwesten, Widerstand gegen „Versailles" formierte. Vor allem in Artikel 10 des Abkommens sah die Opposition unter Führung von Wilsons Erzfeind, Senator Henry Cabot Lodge, die Gefahr der Verwicklung in Auseinandersetzungen unter Völkerbundmandat – den modernen Vorbehalten gegen ein Unterstellen amerikanischer Streitkräfte unter UN-Befehl nicht unähnlich – und entwarf eine Modifizierung, die die Zustimmung des Kongresses zu jeder amerikanischen Teilnahme an eventuellen friedenserhaltenden Missionen des Völkerbundes zwingend vorschrieb. Wilson entschloss sich, seine Vision den Menschen im Lande näher zu bringen und brach zu eben jener Eisenbahn-Tournee auf, die das Ende seiner aktiven politischen Karriere markierte.

Eine Regierung findet kaum mehr statt

Die Desinformation von Kongress und Öffentlichkeit oblag Grayson. In regelmäßig veröffentlichten Kommuniqués wurde das Wort *stroke* (Schlaganfall) vermieden. Als Erklärung für das völlige Verschwinden Wilsons aus dem politischen Alltagsgeschäft wurden „Erschöpfungszustände" angegeben, stets garniert mit der Prognose, dass der Präsident auf dem Wege der Besserung sei. Der Leibarzt betonte später, er habe auf Anweisung der Präsidentengattin so gehandelt.

149

Derweil beriet die Troika die verfassungsrechtliche Seite der Wilsonschen Krankheit. Dass der Vize-Präsident im Falle des Todes des Amtsinhabers automatisch nachrücken würde, war allen Beteiligten klar, hatte es diesen Fall doch schon fünfmal seit Gründung der USA gegeben. Wie sollte jedoch vorgegangen werden, wenn der Präsident lediglich *incapacitated* (geschäftsuntüchtig) war? Tumulty, Grayson und Edith stießen auf einen, wie sie fanden, würdigen Präzedenzfall. Im Sommer 1881 war Präsident James Garfield bei einem Attentat schwer verletzt worden. Seine Amtsgewalt blieb in der sich über mehrere Wochen hinziehenden Phase seines Siechtums bis zum Tag seines Todes ungeschmälert, sein Vize-Präsident und Nachfolger Chester A. Arthur hielt sich dezent im Hintergrund.

An dessen Vorbild schien sich auch Wilsons Stellvertreter, Thomas Marshall, halten zu wollen. Er legte keinerlei Initiative an den Tag, als er endlich über den wahren Zustand des Präsidenten unterrichtet wurde. Bemerkenswerterweise hielt niemand im Präsidentschaftsgefolge eine persönliche Unterredung mit dem zweithöchsten Mann im Staat für notwendig, man wählte vielmehr einen befreundeten Journalisten als Überbringer der Botschaft. Solange Wilson lebte, war eine Übertragung der Amtsgeschäfte auf Marshall – der keinerlei Machtstreben, aber gleichzeitig ebenso wenig Verantwortung gegenüber dem Land zeigte – nur möglich, wenn der Präsident für amtsunfähig erklärt würde. Und zu dieser ärztlichen Maßnahme fand sich Grayson nicht bereit, bestärkt durch Edith und Tumulty. So ging die Scharade monatelang weiter. Tumulty, Grayson und Edith[3] kontrollierten den Zugang zu dem Bettlägerigen und trafen Entscheidungen, die eigentlich dem Präsidenten vorbehalten waren. Sie führten seine zitternde, gefühllose Hand bei Signaturen und versuchten den Eindruck zu erwecken, das Land habe nach wie vor eine funktionierende Administration. Der Schriftverkehr aus dem Weißen Haus begann mit einem stereotypen *„The President says ... "* Gelegentlich wurden Besucher in das abgedunkelte Zimmer des Präsidenten geführt, der geringe Lichteinfall wurde vorher so arrangiert, dass man die verzerrte Hälfte seines Gesichtes nicht sehen konnte. Stundenlang vorab von seiner Frau präpariert, gab

Der amerikanische Präsident Woodrow Wilson mit Gattin Edith.

Wilson kurze Antworten auf die dem Besucher vorgeschriebenen Fragen. Nach wenigen Minuten waren die Audienzen beendet. Zum Ritual gehörte abschließend, dass die Besucher vor der Presse versicherten, wie großartig der Präsident aussähe und dass er sicher bald wieder im Vollbesitz seiner Kräfte sein werde.

Eine Regierung des Landes fand kaum noch statt, Kabinettssitzungen degenerierten zur Farce. Außenminister Lansing schenkte den Verlautbarungen der Troika wenig Glauben und vertraute seinen privaten Aufzeichnungen an: „Grundsätzlich handelt jemand für ihn und denkt auch für ihn. Wenn das herauskommt, gibt es Stoff für einen feinen Skandal." Der Präsident, so beobachtete der Minister, „sehe aus wie eine Karikatur seiner früheren Erscheinung."[4] Offener Widerspruch gegen die demokratisch nicht legitimierte Dreier-Exekutive regte sich am Kabinettstisch nicht. Die Minister redigierten vielmehr die Rede „des Präsidenten" zur bevorstehenden Eröffnung des am 1. Dezember 1919 erstmals zusammentretenden neuen Kongresses, einen Text, der nicht von dem kaum aufnahmefähigen Präsidenten, sondern von der First Lady abgesegnet wurde.

Als die parlamentarische Auseinandersetzung um den Vertrag von Versailles im November auf der Tagesordnung stand, wurde aus dem Weißen Haus die nachdrückliche Ablehnung der von Lodge eingebrachten Bedingungen bezüglich Artikel 10 unterstrichen. Die zunehmend misstrauisch werdenden Senatoren bemerkten, dass die Briefe des Präsidenten keine Unterschrift trugen, sondern einen Faksimilestempel mit dem Namenszug „Woodrow Wilson" in lila Tinte. Auf hartnäckiges Insistieren wurde zwei Mitgliedern dieser Kammer, den Senatoren Fall und Hitchcock, endlich Zugang zum Präsidenten gewährt. Die Begegnung wurde für den 6. Dezember 1919 arrangiert. Zwei Monate nach dem Schlaganfall waren leichte Erholungszeichen zu beobachten. Wilson war zwar nach wie vor halbseitig gelähmt, hatte aber zumindest seine Sprachfähigkeit, wenn auch verlangsamt, teilweise wiedererlangt. Der Präsident wurde von der Troika sorgfältig präpariert und empfing die Besucher im Bett liegend. Das Zimmer war weitgehend abgedunkelt, der gelähmte Arm war unter einer Decke verborgen. Senator Hitchcock notierte später, dass der Präsident zwar schwerfällig spreche, sich aber durchaus verständlich machen könne. Einmal blitzte sogar etwas von jenem Esprit auf, den der kranke Mann in seiner akademischen Karriere in so reichem Maße besessen haben muss. Als Senator Fall, bekanntermaßen ein scharfer Gegner Wilsons, dem Präsidenten versicherte: „Wir beten für Sie, Sir", kam aus dem Halbdunkel die durchaus realistische Replik: „In welche Richtung?"

Amerika entzieht sich internationaler Verantwortung

Auch wenn es in den folgenden Monaten langsam gesundheitlich aufwärts ging – Wilsons außenpolitisches Lebenswerk war zum Scheitern verurteilt. Er hatte inzwischen auch seinen Einfluss auf die eigenen Parteifreunde verloren: Fast die Hälfte der demokratischen Senatoren stimmte am 19. März 1920 mit den Republikanern für Lodges vorbehaltsgeladene Fassung einer Ratifizierung des Versailler Vertrages. Da diese Version genauso wenig eine Zweidrittel-Mehrheit erhielt wie Wilsons ursprüngliche Fassung, waren „Versailles" und ein amerikanisches Engagement im Völkerbund tot.

Wilson nahm die Nachricht von dieser Niederlage mit Fatalismus auf. Obwohl er vier Wochen später erstmals in der Lage war, eine Kabinettssitzung zu „leiten" – im Rollstuhl sitzend und nachdem die Namen seiner Minister vorher mit ihm eingeübt worden waren –, war seine Flucht aus der Realität offensichtlich. Er verbrachte immer mehr Zeit damit, sich Filmmaterial von seiner Reise nach Frankreich zu Weihnachten 1918 vorführen zu lassen und bestand darauf, auch Besucher an diesen cinematografischen Erinnerungen teilnehmen zu lassen. Gegen den allseits geschätzten britischen Botschafter und ehemaligen Außenminister des engsten Verbündeten, Lord Grey, begann Wilson – selbsttätig oder gelenkt – eine Vendetta, weil dessen Sekretär angeblich abfällige Bemerkungen über Edith gemacht hatte. Grey wurde zur Persona non grata erklärt und durfte an einem Empfang für den auf Staatsbesuch in Washington weilenden Prince of Wales nicht teilnehmen.

Ein makabrer Höhepunkt seiner Flucht in Traumwelten war jedoch der Gedanke, für eine dritte, bislang noch nie da gewesene Amtszeit zu kandidieren. Der schwer kranke Mann arbeitete bereits an seiner Antrittsrede (eines seiner Dokumente trägt die Titelaufschrift (*„3rd Inaugural"*) nach erfolgreicher Wiederwahl. Dazu kam es jedoch nicht, da die Demokratische Partei ihres Präsidenten und die Wähler und Wählerinnen (denn 1920 durften auch erstmals Amerikanerinnen bei einer Präsidentschaftswahl abstimmen) der Demokratischen Partei überdrüssig waren.

Im Oktober 1920 errang der republikanische Senator aus Ohio, Warren Gamaliel Harding, einen Erdrutschsieg, da er mit seinem Wahlkampfslogan die größte Sehnsucht der Menschen angesprochen hatte: „Zurück zur Normalität". Dass dieser seine Nächte oft mit trinkfesten Pokerrunden verbringende Mann, der mit seinen unzähligen außerehelichen Eskapaden Bill Clinton wie einen Chorknaben aussehen lässt, überhaupt in das Amt gelangen konnte, ist ein Erbe der letzten Wilson-Jahre: Die Wähler zogen einen „Sünder" mit Nachdruck, ja Erleichterung, einem „Heiligen" vor. Schwerwiegender war jedoch der Nachlass, den Amtsunfähigkeit und Paranoia im Weißen Haus dem Land und seiner Stellung in der Welt, vor allem in Europa aufgebürdet haben. Das industriell stärkste Land der Welt, im Gegensatz zu den klassischen Großmächten wie Frankreich und England trotz des – vergleichsweise kurzen – Aderlasses im Krieg unverbraucht, trotz des Machtvakuums im Gegensatz zu dem geschlagenen Deutschland und dem von Bürgerkrieg erschütterten Russland stabil, entzog sich internationaler Verantwortung. Erst nach der Katastrophe eines zweiten Weltkrieges und eines unvorstellbaren Völkermordes waren die USA bereit, ihre Führungsrolle anzunehmen.

Anmerkungen

1 EDWIN A. WEINSTEIN: Woodrow Wilson. A Medical and Psychological Biography. Princeton 1981.
2 LEVIN, S. 311.
3 Zur Rolle und zum Charakter von Wilsons Gattin siehe RONALD D. GERSTE: Die First Ladies der USA. Regensburg 2000.
4 LEVIN. S. 315.

CHARLES LINDBERGH:
DER FLUG DES „EINSAMEN ADLERS"

20. Mai 1927

Der Pilot setzte seine Fliegerbrille auf, stopfte sich kleine Wattebällchen in die Ohren und ließ den Motor aufheulen. Schwerfällig setzte sich der Hochdecker, auf dessen metallisch-glänzendem Rumpf der Schriftzug *Spirit of St. Louis* gemalt war, in Bewegung. Als die Hälfte der nach schweren Regenfällen von unzähligen Pfützen gesäumten Piste passiert war – der *point of no return* –, hatte die Maschine, in der jeder denkbare Hohlraum mit Treibstoff beladen war, noch nicht annähernd die Startgeschwindigkeit erreicht, kam das Ende der Landebahn mit den dahinter verlaufenden Telegrafenleitungen bedrohlich näher. Doch der groß gewachsene Mann im engen Cockpit behielt die Nerven. Als noch 600 Meter Strecke verblieben, zog er den Steuerknüppel sanft zu sich heran, nur um mitzuerleben, dass das Flugzeug nach einem kurzen Hüpfer immer noch den Gesetzen der Schwerkraft folgte. Noch 300 Meter: Er unternahm einen zweiten Versuch. Fast wie in Zeitlupentempo erhob sich die *Spirit of St. Louis*, flog knapp drei Meter über einen auf dem Feld stehenden Traktor hinweg und passierte die Telegrafen- und Telefondrähte in einer so knappen Distanz, dass den Zuschauern am Flugfeld der Atem stockte. Es war 7 Uhr 54 am Morgen des 20. Mai 1927, und Charles Lindbergh war auf seinem Weg.

Für Amerika ist eine Betrachtung seiner Geschichte ohne Helden, ohne Persönlichkeiten *larger than life* undenkbar. Viele zu nationalen Ikonen erhobene Gestalten gehören zu den Annalen der Nation, die ihnen in aller Regel prachtvolle, nicht selten an antike Tempel erinnernde Monumente setzte, wie jene zu Ehren von Thomas Jefferson und Abraham Lincoln in der Hauptstadt Washington. Kein Amerikaner jedoch schien das Bedürfnis seiner Zeitgenossen nach dem Prototyp des jugendlichen Helden so perfekt zu erfüllen wie der 1902 in Detroit (Michigan) geborene und in Minnesota aufgewachsene Charles Augustus Lindbergh. Mut, Bescheidenheit, gutes Aussehen und jener so typisch amerikanische Pioniergeist, der scheinbar unüberwindliche Grenzen hinter sich und zu neuen Horizonten aufbrechen lässt – all das schien Lindbergh für die mit Begeisterung jede seiner Unternehmungen beobachtende Bevölkerung zu verkörpern.

Eine weitere Voraussetzung für die Kreierung eines Heldenepos war durch die moderne Kommunikationstechnologie gegeben: Nie zuvor konnten dank des Siegeszuges des Radios, der minutiös berichtenden *newsreels* (Wochenschauen) in den Kinos und der allgegenwärtigen Pressevertreter so viele Menschen im ganzen Land, nein, auf der ganzen Welt, beinahe in „Echtzeit" an einem epochalen Ereignis teilnehmen. Und dass es sich bei Lindberghs Vorhaben um ein solches handelte, das bezweifelten im Frühsommer 1927 nur wenige. Der erste Soloflug über den Atlantik von New York nach Paris, von der Metropole der Neuen in jene der Alten Welt, würde endgültig der Triumph einer noch jungen, aber bereits deutlich von Amerikanern geprägten Technologie sein und gleichzeitig die definitive Erfüllung des uralten Menschheitstraumes bedeuten: des Fliegens.

Flugfieber

Auch die Anfänge des Motorfluges hatten amerikanische Wurzeln: Im Dezember 1903 kam es auf einer der Küste von North Carolina vorgelagerten Insel zu einem formal recht undramatischen, aber folgenschweren Ereignis. An dem Ort mit dem sympathisch klingenden Namen Kitty Hawk hob, am Hang eines Hügels mit der wesentlich düstereren Bezeichnung Kill Devils Hill, vor nur wenigen Zeugen ein unförmiges Gerät mit zwei Tragflächen und einem laut knallenden Motor ab. Der Flug dauerte zwar nur gut zwölf Sekunden und die Strecke bemaß bescheidene 37 Meter, doch der Apparat der Gebrüder Wilbur und Orville Wright aus Ohio bewies, dass Maschinen, die schwerer als Luft waren, fliegen und auch gesteuert werden konnten.

Innerhalb weniger Jahre brach in fast allen industrialisierten Ländern das Flugfieber aus. Wo immer die zerbrechlich aussehenden Maschinen am Himmel auftauchten, liefen die Menschen zusammen, um diese Symbole des Fortschrittes und jene Wagemutigen, die der Schwerkraft trotzten, zu bewundern. Doch die Menschheit wäre nicht die Menschheit, hätte sie nicht Wege gefunden, auch diese grundsätzlich segensreiche Erfindung zu missbrauchen. Der Weltkrieg (den als den Ersten zu bezeichnen damals niemand Anlass hatte) führte zu einem Boom im Flugzeugbau. Die Zahl der von den Krieg führenden Nationen hergestellten Maschinen ging in die Tausende, technische Verbesserungen erfolgten in rasanter Abfolge.

Die größte Herausforderung für die Luftfahrt nach Friedensschluss stellte jedoch der Atlantik dar. Ihn zu überqueren erschien den Zeitgenossen als die ultimative Barriere, die das Flugzeug zu durchbrechen hatte, um seine Zukunftsträchtigkeit unter Beweis zu stellen. Zum einen waren die fliegerischen Herausforderungen auf einer meist von Schlechtwetter und Stürmen geprägten Strecke enorm, zum anderen stellte die Überwindung des Ozeans mit diesem Verkehrsmittel per se einen Mythos dar – zwangsläufig Erinnerungen wachrufend an die erste, für die Entwicklung des modernen Amerika existenzielle Überwindung dieser großen Wasserwüste durch ähnlich kühne Navigatoren vier Jahrhunderte zuvor.

Im Mai 1919 hob eine Gruppe von drei Wasserflugzeugen der U.S. Navy unter dem Kommando von John H. Towers von den Wellen im Hafen von Trepassey Bay (Neufundland) mit Ziel Lissabon ab. Der Flug verlangte den Besatzungen der Maschinen alles ab. Die Piloten und Navigatoren kämpften mit der Einnahme von Strychnin gegen die ständig schlimmer werdende Müdigkeit an. Zwei Flugzeuge, darunter das von Towers, schieden frühzeitig aus dem Rennen aus. Als Zwischenstopp inmitten des Ozeans hatten sie die Azoren gewählt, jene Inselgruppe, in der Kolumbus auf der Rückreise geankert hatte. Nur das Flugzeug mit der Bezeichnung „NC 4", geflogen von Albert Read und mit fünf weiteren Besatzungsmitgliedern an Bord, erreichte am 27. Mai Lissabon und vollendete damit die erste Atlantiküberquerung. Von Portugal aus setzten die Pioniere ihre Reise in Richtung England fort. Der nächste Zielflughafen – im Falle des Wasserflugzeuges ein wirklicher Hafen – war mit Bedacht gewählt worden: Die kühne Expedition endete in Plymouth, von wo fast genau drei Jahrhunderte zuvor die Pilgerväter auf der *Mayflower* Segel in Richtung Westen gesetzt hatten.

Im Juni 1919 überflogen dann John Alcock (als Pilot) und Arthur Witten Brown (als Navigator) den Atlantik in ihrem bis zum Rand mit Benzin voll gefüllten Doppeldecker auf der nördlichen Route. Die beiden Briten starteten von St. Johns (Neufundland) und erreichten nach 16 Stunden und 28 Minuten Galway in Irland, auch wenn der Abschluss des Fluges alles andere als bilderbuchreif war. Die Maschine setzte auf dem sumpfigen Boden auf und bohrte sich fast sofort mit der Nase ins Erdreich. Die Piloten trugen jedoch keinen Schaden davon. Der Medienrummel um die beiden Flieger war ungeheuer, die Liste offizieller Empfänge ebenso. Den Preis für diesen ersten Nonstopp-Flug erhielten sie aus der Hand des für Luftfahrt zuständigen Ministers Seiner Majestät, eines Mannes namens Winston Churchill.

Die Krönung jenes Pionierzeitalters musste jedoch ein Direktflug von den USA zum europäischen Kontinent sein, vorzugsweise in das stets die amerikanische Imagination beflügelnde Frankreich. Unter den Aspiranten, die sich auf den Flugplätzen der amerikanischen Millionenstadt New York versammelten, waren auch einige Berühmtheiten, so die Mannschaft um Polarflieger Richard Byrd und Frankreichs Flieger-Ass René Fonck. Dieser hob mit zwei Begleitern am 21. September 1926 ab, um nur wenige Meter hinter dem Ende der Startbahn wieder niederzugehen. Die Maschine brannte lichterloh, Fonck entkam, die beiden anderen Besatzungsmitglieder fanden den Tod.

Auch der Versuch der anderen Kultfigur der französischen Luftfahrt endete als Tragödie: Charles Nungesser, wie Fonck ein hoch dekorierter Weltkriegs-Veteran, stieg im Mai 1927 mit seinem Copiloten François Coli in Paris auf, um den Atlantik in westlicher Richtung zu überqueren. Beide wurden nie wieder gesehen.

Charles Lindbergh erklimmt „olympische Höhen"

So gab es im Frühsommer 1927 nach wie vor nur zwei erfolgreiche Atlantik-überquerungen per Flugzeug – die von Albert C. Read und die von Alcock und Brown. Es schien schon fast so, als stieße der technische Fortschritt hier auf eine naturgegebene Grenze, da stellte die Presse plötzlich einen neuen Aspiranten vor: Charles Lindbergh. Er hatte mit Hilfe von Sponsoren eine Maschine der Firma Ryan Airlines zum Preis von 10 580 Dollar erworben, sie auf den Namen *Spirit of St. Louis* getauft und sie von San Diego (mit nur einem Zwischenstopp in St. Louis) nach Roosevelt Field, einem Flugplatz auf Long Island, vor den Toren New Yorks, geflogen. Der Hochdecker war mit einem Minimum an technischen Hilfsmitteln ausgerüstet und vergleichsweise unbequem – die Sicht nach vorn war teilweise eingeschränkt. Ein Vorteil war jedoch die hohe Treibstoffzuladung sowie die Zuverlässigkeit und Robustheit der Maschine. Eine Schlechtwetterfront zwang Lindbergh – über die Vorbereitungen des Fliegers berichtete die Presse nun täglich – jedoch zunächst zur Untätigkeit, sodass der junge Mann aus dem puritanischen Mittelwesten sich am Abend des 19. Mai 1927 eine Broadway-Show mit dem verheißungsvollen Titel „Rio Rita Girls" ansehen wollte. Die Wolkenkratzer Manhattans waren von tief hängenden Wolken verschleiert, als ein Begleiter Lindberghs während der Fahrt in die Innenstadt auf die Idee kam, an einer Telefonzelle zu halten und beim Dienst habenden Meteorologen anzurufen. Über dem Atlantik, so lautete die Prognose des Wetteramtes, sei innerhalb der nächsten Stunden mit einem vorübergehenden Aufklaren zu rechen. Lindbergh entschloss sich daraufhin, zu seinem Hotel zurückzufahren, einige Stunden zu schlafen und dann mit seiner Maschine zu starten. Den „Rio Rita Girls" war die einmalige Chance genommen, jenen Mann persönlich kennen zu lernen, der in wenigen Tagen der berühmteste der Welt sein sollte.

Während die *Spirit of St. Louis* über Long Island flog, die Küste Neu-Englands entlang und schließlich über der kanadischen Provinz Neufundland den amerikanischen Kontinent hinter sich ließ, verband Lindberghs Abenteuer Menschen auf der ganzen Welt. Wie am New Yorker Times Square, so wurden auch in London, Berlin und Paris den Zeitungsboten die Extrablätter aus den Händen gerissen. „In dem Moment, da Lindbergh jeden Kontakt mit der Erde verlor", schreibt sein Biograf A. Scott Berg, „und auf 10 000 Fuß, über den Nebel hinweg, stieg, erklomm er im Bewusstsein der Menschen olympische Höhen. Sein Erfolg würde auf die ganze Menschheit zurückstrahlen und ihn in die einzigartige Position versetzen, jeden lebenden Helden in den Schatten zu stellen. Die Welt hatte in der Tat eine lange Abfolge von Athleten, Schauspielern, Künstlern, Wissenschaftlern, politischen wie religiösen Führern, sogar Königen erlebt, zu denen man aufblickte, doch eine solche Verehrung hing stets vom Geschmack und vom Glauben ab. An Lindbergh hatte ein jeder Interesse. Als am 20. Mai 1927 die Nacht hereinbrach, erkannte der moderne Mensch, dass niemals jemand sich einem so extremen Test des Mutes und der Befähigung ausgesetzt hatte. Selbst Columbus war nicht allein gesegelt."[1]

Der einsame Pilot kämpfte gegen die Witterung, die Dunkelheit, die Kälte, den gelegentlichen Verlust der Orientierung, vor allem aber gegen die Müdigkeit und die diversen Warnsignale seines Körpers: „Mein Rücken ist steif, meine Schultern schmerzen, mein Gesicht brennt, meine Augen verschwimmen. Es scheint unmöglich, weiterzumachen. Alles, was ich im Leben wünsche ist, mich flach hinzulegen, mich auszustrecken – und zu schlafen."[2] Nach mehr als 24 Stunden sah Lindbergh die ersten Möwen, schließlich schemenhaft eine ferne Küste, die sogleich wieder im Nebel verschwand, ihn im Ungewissen lassend, ob sie Chimäre oder Realität gewesen war. Schließlich tauchten Fischerboote auf. Lindbergh umkreiste sie in niedriger Höhe und rief *„Which way is Ireland?"* aus dem Fenster. Er erhielt keine Antwort von den verblüfften Seeleuten. Bald darauf tauchte eine Küstenlinie vor ihm auf. Es war keine Täuschung der Sinne – er verglich ihre Form mit seinen Karten und identifizierte sie als Dingle Bay im Südwesten Irlands. Nach 28 Stunden Flug war Charles Lindbergh in einem Zeitalter ohne Funkverbindung, ohne Radar, ohne wirklich hochmoderne Navigationsmittel nur knapp fünf Kilometer vom voraus berechneten Kurs abgekommen.

Als er endlich die Mündung der Seine überflog, nahm er zum ersten und einzigen Mal während des Fluges Nahrung zu sich: ein unter seinem Sitz verstautes, nicht mehr ganz frisches Sandwich. Dann ging es dem Flugplatz Le Bourget bei Paris entgegen. Merkwürdig, dachte Lindbergh beim Anflug, dass alle zum Flugplatz führenden Straßen verstopft waren. Erst nach dem Aufsetzen dämmerte es ihm, dass diese unüberschaubaren Menschenmassen allein seinetwegen gekommen waren und dass er, Charles Augustus Lindbergh, von nun an wohl keinen Schritt mehr tun konnte, ohne die Aufmerksamkeit seiner Zeitgenossen zu erregen. Alle wollten den Mann sehen, der es allein und ohne Zwischen-

Charles Lindbergh mit seiner „Spirit of St. Louis" über Paris.

Charles Lindbergh nach seiner Landung am Flughafen Le Bourget bei Paris am 21. Mai 1927.

stopp geschafft hatte, den Atlantik in der sagenhaften Zeit von 33 Stunden und 30 Minuten zu überfliegen. Die Pariser Polizei konnte nur mit Mühe verhindern, dass Lindbergh von der enthusiastischen Masse erdrückt wurde. „Ich bin sicher", schrieb der stürmisch Gefeierte später über den Volksauflauf, „dass ein jeder mit der besten Absicht gekommen war, nur schien niemand zu wissen, was die beste Absicht sein mochte."[3]

Das Leben eines Helden

Gefeiert wurde Charles Lindbergh in den folgenden Wochen und Monaten wie wohl kein Sterblicher seit den Tagen des Römischen Reiches mit seinen Triumphzügen. Er wurde allen Berühmtheiten, Regierungschefs und gekrönten Häuptern vorgestellt, deren Land er betrat. Ausgerechnet der englische König George V. entpuppte sich als besonders am Praktisch-Menschlichen interessiert, als er Lindbergh zur Seite nahm und das fragte, was Seine Majestät offenbar am meisten bewegte: „Nun sagen Sie schon, Captain Lindbergh, da gibt es eine Sache, die ich unbedingt wissen muss: Wie haben Sie gepinkelt?"[4]

Doch Lindbergh sollte für seinen Ruhm einen hohen Preis zahlen. Im März 1932 wurde sein gerade erst 20 Monate alter Sohn Charles Jr. – der längst zu Wohlstand gekommene Flieger hatte 1929 die Diplomatentochter und spätere Schriftstellerin Anne Morrow geheiratet – entführt und Wochen später ermordet aufgefunden. Der Medienrummel um das „Verbrechen des Jahrhunderts" kannte keine Grenzen und auch kein Schamgefühl: Lindberghs Glauben an die Segnungen einer „freien" Presse wurde für immer erschüttert, als Reporter in die Leichenhalle in New Jersey einbrachen und Fotos von der halb verwesten, von Ratten angefressenen Leiche des Babys veröffentlichten.

Machten die üblen persönlichen Erfahrungen mit den Medien Lindbergh anfällig für die „Ordnung" totalitaristischer Staaten? Seine sechs Reisen nach Deutschland in den Jahren 1936 bis 1939 galten schon vielen Zeitgenossen als dunkle Flecken auf der bis dahin weißen Weste der nationalen Ikone.

Den Heldenstatus verlor Charles Lindbergh für viele Amerikaner wenige Jahre später vollends, als er sich zum Fürsprecher der Isolationisten (die Amerika aus dem Zweiten Weltkrieg heraushalten wollten) machte, sich zu Bemerkungen hinreißen ließ, die als antisemitisch ausgelegt wurden, und er überdies bei einem Deutschlandbesuch eine Medaille von Hermann Göring entgegennahm (eine von hunderten aus fast allen Ländern der Welt, die er für seinen Pionierflug erhalten hatte und die er umgehend an ein Museum in St. Louis weiterreichte). Lindberghs Aufmerksamkeit wurde im Übrigen – wie er selbst berichtet – weit weniger von dem Stück Blech in Anspruch genommen, als vielmehr von Görings Streicheltier, einem zahmen, aber nicht stubenreinen Löwen, der auf des Reichsmarschalls Galauniform urinierte.

Mit dem Kriegseintritt im Dezember 1941 wurde Lindbergh endgültig zur Unperson für die Regierung Roosevelt und für weite Teile der Öffentlichkeit. Doch sein mutiger Einsatz als Kampfpilot im Pazifik (ohne offizielle Genehmigung durch das Kriegsministerium) und seine Beratertätigkeit für verschiedene Nachkriegsregierungen führten allmählich zu einer milderen Beurteilung dieses problematischen Starrkopfes, der für seine nachdenklichen, fast pazifistischen Memoiren 1954 sogar den Pulitzer-Preis erhielt. Als alter Mann setzte er sich für bedrohte Völker und gegen hemmungslosen Raubbau an der Natur ein – zu einer Zeit, als Umweltschützer noch belächelt wurden. Auch darin wurde Lindbergh, der 1974 auf Hawaii starb, seinem Beinamen gerecht: *The Lone Eagle* – der einsame Adler.

Anmerkungen

1 A. Scott Berg. Lindbergh. New York 1998. S. 120.
2 Berg, S. 124.
3 Charles Lindbergh: We. New York 1927. S. 226.
4 Berg, S. 142.

DER GROSSE CRASH

29. Oktober 1929

Der Besucher aus England wurde von den aufgeregten Rufen auf der Straße geweckt. Winston Spencer Churchill, der ehemalige Schatzkanzler Großbritanniens, der zu politischen Gesprächen in den USA weilte, blickte aus seinem Fenster im New Yorker Savoy-Plaza Hotel und stellte mit Entsetzen, aber auch der professionellen Neugier des Literaten fest, dass „direkt unter meinem Fenster ein Gentleman sich fünfzehn Stockwerke in die Tiefe gestürzt hatte und in Stücke zerrissen worden war. Das löste einen Aufruhr und das Erscheinen der Feuerwehr aus. Eine ganze Reihe von Personen scheint auf dieselbe Art die Balance zu verlieren."[1]

Es war Mittwoch Morgen, der 30. Oktober 1929. Am Tag zuvor hatte die amerikanische Finanzwelt die schlimmsten Einbußen ihrer Geschichte hinnehmen müssen. Für dieses Datum kam umgehend der Name *Black Tuesday* („Schwarzer Dienstag") auf, der indes nur eine Steigerung des desaströsen Donnerstags der Vorwoche, des *Black Thursday*, war. Der Wall-Street-Crash kam indes nicht völlig unerwartet. Schon seit Wochen ging es mit den meisten Aktiennotierungen bergab und mit ihnen – und dies war psychologisch viel folgenschwerer – das Gefühl der Sicherheit, der scheinbar auf unabsehbare Zeit garantierten Prosperität. Amerikas Selbstverständnis als einer auf stetigem Wachstum beruhenden Nation wurde nachhaltig erschüttert.

Die Zwanzigerjahre waren für viele Amerikaner eine Ära des Wirtschaftsaufschwunges und eines noch nie da gewesenen Konsums. Für viele, doch nicht für alle. In den *roaring twenties* lebten nach wie vor Millionen Menschen, an denen Wachstum, Aktienfieber und die Welt der Hochglanzkataloge fast spurlos vorbeiging: in ländlichen Regionen, in den Slums der boomenden Großstädte und bei den ethnischen Minderheiten, vor allem den Afro-Amerikanern.

Für weite Teile des Mittelstandes indes schien es nur noch aufwärtszugehen. Konsumgüter wurden in nie da gewesenem Maße produziert und waren für weite Bevölkerungskreise zunehmend erschwinglicher. Die Zahl der Autos auf Amerikas Straßen stieg von 1920 bis 1929 von 9 Millionen auf 27 Millionen, nicht zuletzt dank des von Henry Ford in Dearborn, Michigan, massenhaft produzierten

„Model T". Die in Detroit bzw. seinen Vororten konzentrierte Autoindustrie brachte 1929 die Rekordzahl von 5 Millionen Neuwagen auf den Markt, was Bedarf für immer größere und breitere Schnellstraßen[2] schuf und Tausende von Jobs sicherte. Eine direkte Folge der neuen Mobilität war die Gründung von *suburbs*, jenen typisch amerikanischen Vororten, die ein „Leben im Grünen" ermöglichen. In die Haushalte zogen Gegenstände ein, die von nun an nicht mehr wegzudenken waren, wie der Kühlschrank, der Staubsauger, die Waschmaschine und das Radio. Zur Förderung der Konsumfreudigkeit etablierte sich ein vollständig neuer Wirtschaftszweig (in Amerika wegen der Konzentration vieler namhafter Firmen an einer der großen Straßen New Yorks bald als „Madison Avenue" bekannt): die Werbebranche. Bedürfnisse wurden mit all den subtilen Mitteln moderner Verkaufspsychologie geweckt, die von nun an das Leben mitbestimmen sollten.

Die Wirtschaftsdaten waren berauschend: Das Bruttosozialprodukt der USA stieg in den „Zwanzigern" um durchschnittlich 5 Prozent pro Jahr, die industrielle Produktion erlebte in der Dekade eine Steigerung um 60 Prozent. Arbeitslosigkeit war kein die Schlagzeilen dominierendes Thema, da sie selten höher lag als 2 Prozent. Das Pro-Kopf-Einkommen stieg kontinuierlich und führte bei weitgehender Preisstabilität zu einer verbesserten Kaufkraft. Natürlich war, wie zu allen Zeiten und in allen Systemen, der Reichtum höchst ungleich verteilt. Nach einer amtlichen Statistik gehörten 90 Prozent des Volksvermögens 13 Prozent der Bevölkerung. Immerhin stieg die Zahl jener, die als reich gelten konnten, beträchtlich an. 1928 gab es in den USA 40 000 Millionäre, anno 1914 waren es noch rund 7 000 gewesen. Indes, es gab auch Warnzeichen, die darauf hindeuteten, dass im amerikanischen Wirtschaftsleben nicht rundum eitel Sonnenschein herrschte: Nicht weniger als 5000 Banken gingen im Laufe der Zwanzigerjahre pleite.

Blütezeit dank Silent Cal

Das Lebensgefühl der Epoche drückte sich nicht nur in Wirtschaftsdaten und Konsumverhalten aus. Für viele Amerikaner war die Zeit ab 1921 – dem Jahr des Ausscheidens von Moralprediger Woodrow Wilson aus dem Präsidentenamt – eine Ära der Lebensfreude. Es war die Blütezeit des Jazz, der Theater und Kinos.

An der Spitze der offenbar blühenden Nation stand ein Mann, der das Zeitgefühl auf das Perfekteste zu verkörpern schien: Calvin Coolidge. Er war 1923 nach dem plötzlichen Ableben des skandalgebeutelten Präsidenten Warren G. Harding in das höchste Staatsamt gelangt und wurde 1924 mit der deutlichen Mehrheit überwiegend zufriedener Wähler für weitere vier Jahre bestätigt. Sein

Credo brachte der maulfaule Mann mit dem meist mürrischen Gesicht – genannt *Silent Cal* – in der Kurzformel *„America's business is business"* auf den Punkt. Nach seiner Auffassung war die beste Regierung eine solche, die sich aus möglichst vielen Aspekten des öffentlichen Lebens heraushält und den Dingen ihren Lauf lässt. Da dieser Lauf so blendend erschien, dass man von *„Coolidge prosperity"* („Coolidge-Wohlstand") sprach, empfanden die Menschen den kauzigen ehemaligen Gouverneur von Massachusetts als einen guten Präsidenten. Seine Ankündigung, 1928 nicht wieder kandidieren zu wollen, wurde überwiegend mit Enttäuschung aufgenommen.

Nichts sprach noch zu Beginn des Jahres 1929 gegen einen optimistischen Blick in die Zukunft. Der Mann, der am 4. März die Nachfolge von Silent Cal antrat, schien die Verkörperung des amerikanischen Traumes zu sein, demzufolge man sich aus Armut in die Millionärsvilla hocharbeiten kann, wenn man nur an sich glaubt und die immensen Chancen, die Amerika bietet, zu nutzen weiß. Herbert Hoover war in einem weltabgeschiedenen Nest namens West Branch, Iowa, als Sohn armer Quäker geboren und mit neun Jahren Vollwaise. Er gelangte mit Intelligenz und Fleiß nach oben und brachte es als Geologe und Minenspezialist fertig, zu einem – buchstäblich – steinreichen Mann zu werden. Als Freund von *big business* bekannt, schien der „Große Ingenieur" die Garantie für eine Fortsetzung des Aufschwungs zu sein. Mit entsprechend breiter Mehrheit wurde der Republikaner im November 1928 zum neuen Präsidenten gewählt.

Zu den wenigen, die Hoovers Amtszeit unenthusiastisch entgegensahen, gehörte ausgerechnet sein Vorgänger und Parteifreund, dem er als Wirtschaftsminister gedient hatte. Coolidge ließ sich zu einer seiner seltenen, aus mehr als einem Satz bestehenden Äußerungen herab, als er über Hoover schimpfte: „Dieser Mann hat mir sechs Jahre lang unerbetene Ratschläge gegeben. Alle waren schlecht!"[3] In der Regierung Coolidge hatte der universell gebildete und mit diesem Kenntnisstand nicht hinter dem Berg haltende Hoover den Spitznamen „Minister für Wirtschaft und Stellvertretender Minister in allen anderen Ressorts" erhalten. Als Coolidge aus dem Amt schied, fand er Worte, die jene, die sie hören wollten, als Warnung verstehen konnten: „Frieden und Wohlstand sind nichts Endgültiges, sie sind Zustände. Es ist allzu leicht für eine Nation, unter ihrem Einfluss selbstsüchtig und dekadent zu werden. Vor dieser Prüfung stehen die Vereinigten Staaten."[4]

Ein Volk von Aktionären verspekuliert sich

Einen besonderen Boom hatte die Börse erlebt. 1921 noch waren an der Wall Street 173 Millionen Aktien pro Jahr umgesetzt worden, bis 1928 hatte sich diese Zahl fast verfünffacht. Immer mehr Amerikaner sahen daher in Aktienerwerb und -spekulation einen Quell schnellen Reichtums. Nicht selten wurden Kredite aufgenommen, um Geld für den Einstieg in das große Spiel zu haben. Und als solches sah ein aufmerksamer Beobachter wie der Humorist Will Rogers die Börse: „Es war ein großes Spiel. Alles, was man tun musste, war zu kaufen und bis zum nächsten Morgen zu warten, um beim Blick in die Zeitung zu erkennen, wie viel man ‚gemacht‘ hatte. Auf dem Papier zumindest.“[5]

Hoover schien die Hoffnungen auf neuen und noch schnelleren Reichtum zunächst durchaus zu rechtfertigen. Die *New York Times* teilte ihren Lesern mit, dass das Jahr 1929 alle Rekorde brechen würde, womit das Blatt in ganz anderem Sinne schließlich Recht behalten sollte. Kurz nach Hoovers Sieg konstatierte die Zeitung, dass „die Spielsucht, die sich seit der Wahl eingestellt hat, alle Erwartungen übertrifft. Es hat schon Bullen-Märkte vorher gegeben, doch dieser lässt alle anderen hinter sich.“[6] Schon bald wurde *Hoover bull market* zum geflügelten Wort. Die Märkte waren längst nicht mehr ausschließlich in Männerhand. Etwa 20 Prozent des Aktienkapitals wurde nach Schätzungen 1929 von weiblichen Investoren gehalten.

Doch es ging keineswegs nur steil nach oben. Gegen Ende März 1929 kam es zu ersten Irritationen in den Charts, als die Kurse oszillierende Auf- und Abwärtsbewegungen vollführten, am 26. März erfasste eine erste Panik die Wall Street. Die Aktien sanken auf das Niveau von Dezember 1928. Am Glanz der Stock Exchange konnte dies noch wenig kratzen. Lord Rothermere, der Besitzer der *Daily Mail* in London, bemerkte im Juli 1929: „Wall Street ist eine neue Weltmacht geworden, mit mehr Autorität als der Völkerbund und mehr Raffinesse als der Bolschewismus.“[7] Positive Wirtschaftsdaten und ungeminderte Dividendenausschüttungen führten in den Sommermonaten zu Kursgewinnen, die sich indes schon nicht mehr auf alle Branchen und alle Notierungen erstreckten.

Der August brachte neue Rekorde, und am 3. September erreichte der Dow-Jones-Index ein *all-time high,* den höchsten Stand aller Zeiten. Das Fieber war erneut entfacht, nach den Worten eines Beobachters waren viele Amerikaner „entschlossen, zu spekulieren. Sie waren sicher, dass jedes Papier morgen doppelt so viel wert sei wie heute.“[8] Viele Standardwerte wie U.S. Steel hatten sich binnen 18 Monaten verdoppelt, einige, wie RCA (*Radio Corporation of America*), in diesem Zeitraum gar verfünffacht. In Massachusetts warnte der Wirtschaftswissenschaftler Roger Babson („der Weise von Wellesley“) vor einem bevorstehenden, fast unvermeidlichen Kollaps, bei dem selbst die Aktien der großen Unternehmen 60 bis 80 Prozent ihres Wertes verlieren würden. Es war eine ungeheuer präzise Voraussage, von deren schneller Realisierung selbst Babson überrascht gewesen sein dürfte.

Es war nicht mehr der gute, alte Markt

Es waren indes seine Statements, die einige Broker für die Einbußen verantwortlich machten, die ab dem 10. September eintraten. Doch entscheidender war die Situation der amerikanischen Industrie. Ihre hohe Produktivität (und jene der Landwirtschaft) hatte zu Überkapazitäten geführt, welche ein Absinken der Gewinne nach sich zogen. Einer Ausweitung der Märkte standen Handels- und Zollschranken im Wege. Da Aktienkurse auch von der Erwartung auf zukünftige Gewinne beflügelt werden, war die, wie es in der Sprache der Broker heißt, Kursphantasie nicht nur ausgereizt, die Kurse begannen vielmehr zu sinken. Viele Anleger gerieten in Panik, verkauften ihre Aktien – der Kurssturz beschleunigte sich. Diese Entwicklung setzte sich von nun an fast kontinuierlich fort, mit nur vereinzelten und punktuellen Erholungen. „Das dünne Eis des Kaufrausches", so schrieb *Business Weekly*, „brach unter dem Markt ein und Wall Street lernte wieder, wie sich das kalte Wasser der Verzweiflung anfühlte."[9] Es begann die Zeit der allmählich immer hohler klingenden Beschwichtigungen. Der bekannte Kolumnist der Hearst-Presse, Arthur Brisbane, versicherte seinen Lesern, dass „Wohlstand, wirklicher Wohlstand, gerade erst angefangen hat"[10] und dass nur Spekulanten unter den Rückschlägen zu leiden hätten. Im Oktober beschleunigte sich der Abwärtstrend. Doch Insider äußerten die Überzeugung, dass eine Panik wie jene von 1873 aufgrund der immensen amerikanischen Wirtschaftskraft längst unmöglich geworden war. Was das *Wall Street Journal* am 25. des Monats seinen Lesern kundtat, kann als eine der größten Understatements der amerikanischen Pressegeschichte gelten: „In jüngster Zeit ist es einfach nicht mehr der alte Markt gewesen."

Am Tag zuvor, dem Schwarzen Donnerstag, war es nach verhaltenem Auftakt ab etwa 10 Uhr 30 rapide abwärts gegangen. Aus dem ganzen Land strömten Verkaufsaufträge bei den Händlern ein. Nach gut einer Stunde war etwas ganz und gar Unerhörtes eingetreten: Zum Verkauf angebotene Aktien fanden keine Käufer, zu keinem Preis. „Um elf Uhr dreißig", so schrieb der Ökonom John Kenneth Galbraith, „hatten die Märkte einer blinden, rücksichtslosen Furcht nachgegeben."[11] Von der Besuchertribüne beobachtete Winston Churchill das Geschehen und die Panik in den Gesichtern der Börsenhändler: „Die Ereignisse, die meine Augen sahen, waren von überraschender Ruhe. Da waren sie [die

Händler], bewegten sich wie in Zeitlupe gefilmte Ameisenhaufen vor und zurück, boten einander enorme Pakte von Papieren zu einem Drittel ihres alten Preises und der Hälfte ihres gegenwärtigen Wertes an und fanden für viele lange Minuten niemanden, der sich stark genug fühlte, um das offerierte Angebot auf Reichtum anzunehmen."[12]

Doch die Ruhe war auf allgemeines Entsetzen, nicht auf Souveränität zurückzuführen. Die Nachricht vom „Crash" breitete sich über das Land aus und schuf Panik. Nicht alle versuchten so schnell, eine Gewinnmöglichkeit zu erspähen, wie jener Spekulant, der umgehend bei seinem Broker anrief und sich nach der Notierung von *„National Casket"* erkundigte – dem größten Sarghersteller.

Die führenden Banker an der Wall Street trafen sich um die Mittagszeit zu einer Krisensitzung und entschlossen sich, als offensichtliches Zeichen ihres Vertrauens in die baldige Gesundung des Marktes sofort 240 Millionen Dollar zu investieren. Der Vize-Präsident der Börse, Richard Whitney, betrat das Parkett und orderte mit lauter Stimme Aktienpakte zu einem Preis, der deutlich über dem gerade gehandelten lag. Diese Aktion wurde mit allseitigem Jubel bedacht, und für einige Stunden galt Whitney als Retter der Börse. Die Kurse gingen ab zwei Uhr nachmittags leicht nach oben. Als um drei Uhr der Gong das Ende des Handelstages markierte, war ein Rekordvolumen von fast 13 Millionen Aktien gehandelt worden. Die ganze Finanzwelt stand unter Schock angesichts dessen, was sich an diesem Donnerstag in New York abgespielt hatte, doch nicht überall überwogen Trauer und Mitgefühl. In London drückte der *Daily Express* aus, was viele dachten: „Der Zusammenbruch der New Yorker Börse ist gekommen, so wie er hat kommen müssen. Das Erwachen der vielen vom Spielfieber Erfassten ist rau, schmerzlich und es wird sie kaum trösten, dass es bis zu diesem Erwachen – also bis Amerikas Spekulationsrausch normalisiert ist – nirgendwo finanzielle Stabilität geben konnte."[13] Doch auch in den USA gab es Stimmen wie die des Gouverneurs von New York, Franklin D. Roosevelt, der den Aktienrausch der letzten Jahre mit Missfallen beobachtet hatte: „Es ist für niemanden gut, wenn die Theorie zu weit geht, dass man etwas für nichts haben könnte."[14]

Am darauf folgenden Sonntag, dem 27. Oktober, wandten sich Prediger der unterschiedlichen Religionsgemeinschaften im ganzen Land gegen die Habsucht, die bei der Anbetung des Goldenen Kalbes Börse neue Höhen erklommen hatte, und sprachen von göttlicher Strafe für diese Sünde des Spekulierens. Die Stimmung im Land war schlagartig umgekippt. Wo bislang Optimismus und Fortschrittsglaube geherrscht hatten, machte sich Düsternis breit, es wurde von ersten Selbstmorden aus finanzieller Verzweiflung berichtet. Tausende von Menschen waren ruiniert, sahen keinen Ausweg mehr aus ihren Schulden.

Ein trauriger Rekord

Doch es sollte noch schlimmer kommen. Am Dienstag, dem 29. Oktober, wechselten in der ersten halben Stunde über drei Millionen Aktien den Besitzer, so viel wie innerhalb von fünf Stunden an einem normalen Tag. Doch dieser Dienstag war alles andere als normal. Der Abwärtstrend war nicht zu stoppen und ehemalige Favoriten der Anleger rutschten auf schier unglaubliche Notierungen. RCA beispielsweise war vom September-Höchststand von 110 auf 26 Dollar gesunken, AT&T lag bei 204 (einige Wochen zuvor bei 310) und den erst kurz zuvor mit einem Wert von hundert Dollar aufgelegten Fond Blue Ridge Corporation konnte man für drei Dollar erstehen. Am frühen Nachmittag war es kaum noch möglich, den jeweiligen Stand der Notierungen bekannt zu geben, der Absturz vollzog sich mit rasender Geschwindigkeit. Vor der Börse hatte sich eine vieltausendköpfige Menge versammelt. Die vorsorglich herbeigerufenen Polizeieinheiten mussten jedoch nicht intervenieren. Es kam zu keinen Ausschreitungen, die Menschen waren durch den Schock viel zu lethargisch, um ihrer Ver-

Menschenauflauf in der Wall Street nach Bekanntwerden des Zusammenbruchs der Aktienkurse an der New Yorker Börse.

zweiflung gewaltsam Ausdruck zu verleihen. Die Zeitungen überboten sich in unheilverkündenden Schlagzeilen, Berichte von Herzinfarkten und Selbstmorden machten die Runde.

Um 15 Uhr schloss die Börse – wie immer. Überlegungen, sie noch während des Crashs zu schließen, waren von der Leitung der Stock Exchange zurückgewiesen worden, weil dies die Panik nur noch weiter angeheizt hätte. Den Brokern auf dem Parkett stand die Anspannung ins Gesicht geschrieben. Mit dem Gong hielten sie in ihrem hektischen Treiben inne und verließen schweißgebadet und leise, wie in Trance, die Börse an der Wall Street.

Auch diesmal war der Ticker überlastet gewesen und stellte erst in den Abendstunden seinen Dienst ein. Trotzdem war mit 16,4 Millionen Aktien ein Rekordumsatz erzielt worden – zu Niedrigpreisen, die niemanden diesen Rekord bejubeln ließ. Ausnahmen waren vielleicht jene Investoren, die sich in Vorahnung des Crashs rechtzeitig aus dem Markt zurückgezogen hatten, wie der Bostoner Geschäftsmann Joseph Kennedy, der in den Zwanzigerjahren den Grundstock für einen Reichtum gelegt hatte, mit dem 1960 die erfolgreiche Präsidentschaftskampagne seines zweitältesten Sohnes, John F., finanziert wurde. Am „Schwarzen Dienstag" hatten in Wertpapiere investierende Amerikaner einen Verlust von rund 15 Milliarden Dollar hinnehmen müssen.

Der Schwarze Donnerstag und der Schwarze Dienstag waren die dramatischsten Tage des Börsencrashs von 1929, doch der Abwärtstrend hielt noch mehrere Wochen lang an. Erst am 13. November erreichten die Aktiennotierungen ihren tiefsten Stand, um von nun an auf niedrigem Niveau zu verharren. Am 30. Oktober hatte die Zeitschrift *Variety* die unübertreffliche Headline gefunden: „*Wall Street lays an egg*". Es war weniger ein Ei als vielmehr der Auslöser eines Mechanismus, der weltweit zunächst die Börsen, dann die Volkswirtschaften in die schlimmste Krise seit Menschengedenken stürzte.

Winston Churchill verließ die Hochburg der Weltfinanz am 31. Oktober, ohne eine Vorahnung, dass auch seine Heimat von der dem Crash folgenden Weltwirtschaftskrise bis ins Mark erschüttert werden würde – und mit ihr ganz Europa. Auf seinem Dampfer an der Reling stehend, warf der Sohn eines englischen Lords und einer Amerikanerin einen letzten Blick auf das Land, das in den noch vor ihm liegenden Jahren eine entscheidende Rolle für seine Biografie wie für das Schicksal der Alten Welt spielen würde und resümierte: „Niemand, der ein solches Schauspiel verfolgt hat, kann daran zweifeln, dass dieses Finanzdesaster, so riesig, so grausam es zu Tausenden ist, nur eine vorübergehende Episode auf dem Marsch eines entschlossenen und arbeitswilligen Volkes ist, das mit einem kühnen Experiment neue Wege für die Menschheit ebnet, und das allen Nationen vieles zeigt, das es zu versuchen gilt und vieles, das vermieden werden muss."[15]

Anmerkungen

1 ROBERT PILPEL: Churchill in America. New York 1976. S. 94.
2 Das heutige System kreuzungsfreier *Interstates* ist allerdings eine Schöpfung der Administration von Präsident Dwight D. Eisenhower in der Fünfzigerjahren.
3 KARL SCHRIFTGIESSER: This was Normalcy. Boston 1948. S. 248.
4 New York Times, 29. Januar 1929.
5 ROGERS, S. 214.
6 Literary Digest, 24. November 1928.
7 WILLIAM K. KLINGAMAN: 1929. The Year of the Great Crash. New York 1990. S. 159.
8 KLINGAMAN, S. 230.
9 Business Weekly, 28. September 1929.
10 EDWARD ROBB ELLIS: A Nation in Torment. The Great American Depression 1929–1939. New York 1995. S. 69.
11 JOHN KENNETH GALBRAITH: The Great Crash:1929. Boston 1979. S. 99.
12 PILPEL, S. 93–94.
13 Zitiert in der New York Times, 26. Oktober 1929.
14 ELLIS, S. 81.
15 WILLIAM MANCHESTER: The Last Lion: Winston Spencer Churchill, Visions of Glory, 1872–1932. Boston 1968. S. 827.

„Das einzige, was wir zu fürchten haben, ist die Furcht selbst"

4. März 1933

Es blieb nicht beim Niedergang der Börsenkurse. Die gesamte amerikanische Wirtschaft und mit ihr die globale Ökonomie erlebten zu Beginn der Dreißigerjahre ihre schlimmste Krise. Es gab kaum einen Wirtschaftszweig, der nicht betroffen war. Das Bankwesen brach auf breiter Front zusammen, allein im Jahr 1931 mussten fast 2300 Kreditinstitute ihre Pforten schließen. Die Preise für landwirtschaftliche Produkte halbierten sich und führten zu Verelendung der Farmen. Die schlimmste Dürre seit Menschengedenken schlug dem amerikanischen Kernland, dem von schier endlosen Weizenfeldern geprägten Mittelwesten, tiefe Wunden. Viele Familien verließen ihre Farmen und machten sich auf den Weg gen Westen, nach Kalifornien, dem Land, in dem angeblich Milch und Honig flossen – es war der düstere Stoff, aus dem ein John Steinbeck schöpfen konnte. Sein Roman „Früchte des Zorns" zeichnet ein realistisches Bild einer Epoche und eines Landes, das im Begriff war, den Glauben an sich zu verlieren. Überall sah man Heimatlose, so genannte *hoboes*, die entlang der Eisenbahnschienen den Weg in eine bessere Zukunft suchten und meist doch nur in der nächsten Stadt in ähnlichem Elend landeten.

Die Zahl der produzierten Industriegüter sank im Schnitt um die Hälfte. Beim Automobil, in der vorausgegangenen Dekade der ganze Stolz jedes halbwegs begüterten Amerikaners, ging die Produktion gar um mehr als 70 Prozent zurück. Die Arbeitslosigkeit nahm dramatische Formen an, jeder vierte Amerikaner in erwerbsfähigem Alter – rund 12,8 Millionen Menschen – war schließlich ohne Beschäftigung. Spuren grassierender Armut waren überall sichtbar. Keine Stadt, keine größere Gemeinde, in der nicht Siedlungen aus primitiven Wellblechhütten entstanden, in denen oft vielköpfige Familien dahinvegetierten. Der Name dieser Slums sagte einiges aus über die Enttäuschung der Menschen von ihrer Regierung: *„Hoovervilles"*. In der Tat schien Präsident Herbert Hoover mit seinen Hilfsprogrammen, die von Historikern mit dem Kommentar *„too little, too late"*[1] versehen wurden, keinen Ausweg aus der Misere aufzeigen zu können. Schlimmer noch: Dem Präsidenten gelang es nicht, auch nur den Eindruck zu erwecken, als könne er mitfühlen, das Leid, wenn schon nicht teilen, so doch erkennen und sich von ihm berührt zeigen. Angesichts millionenfacher Not wirkte er kalt und entrückt. Einen einsamen Tiefpunkt seines Ansehens erreichte Hoover, als er eine in Washington in einer Zeltstadt kampierende Gruppe arbeitsloser Weltkriegs-Veteranen, die *Bonus Expeditionary Force* (BEF), vom Armeestabschef General Douglas MacArthur brutal aus der Hauptstadt treiben ließ.

Franklin D. Roosevelts Aufstieg

Hoover wurde im Sommer 1932, wenige Monate vor der Präsidentschaftswahl, als praktisch chancenlos angesehen. Die republikanische Partei nominierte den unpopulären Präsidenten nichtsdestotrotz, wohl wissend, dass sie sich schlecht von der Politik der letzten zwölf Jahre abwenden und damit aus der Verantwortung stehlen konnte. Es war abzusehen: Wen immer die Demokraten als ihren Spitzenkandidaten aufstellten, würde der nächste Amtsinhaber sein. Der Mann, für den sich die Partei entschied, war von seiner bisherigen Biografie geradezu ein Symbol dafür, dass auch schlimmste Rückschläge mit Ausdauer und Willenskraft zu überwinden waren.

Der am 30. Januar 1882 geborene Franklin Delano Roosevelt war das einzige Kind einer wohlhabenden, fast aristokratischen Familie, die am Hudson River in *upstate* New York lebte. Sein Vater, James Roosevelt, im Ostasienhandel reich geworden, lehrte den jungen Franklin, dass Wohlstand kein Selbstzweck ist, sondern die Verpflichtung enthält, sich um die Nöte der weniger Glücklichen zu kümmern. Der Junge besuchte die elitäre Privatschule Groton in Connecticut und studierte in Harvard – Stationen, die auch sein entfernter Verwandter Theodore Roosevelt durchschritten hatte. Der Präsident der Jahre 1901 bis 1909 war in vielerlei Hinsicht Franklins Vorbild, lediglich in der parteipolitischen Orientierung wich er von Theodores Pfad ab und wurde nicht Mitglied bei den Republikanern, sondern bei den Demokraten. Es war der Präsident selbst, der Franklins Braut zum Altar führte: Am 17. März 1905 heiratete der junge Harvard-Absolvent die Nichte Theodores, Eleanor Roosevelt. Der Präsident erklärte zwar launig: „Es geht doch nichts darüber, einen Namen in der Familie zu bewahren"[2], doch nicht wenige Freunde des hoch gewachsenen und gut aussehenden Franklin wunderten sich darüber, dass dieser gelegentlich zur Arroganz neigende Charmeur ausgerechnet ein vergleichsweise hässliches Mädchen wie Eleanor heiratete. Wahrscheinlich spielte neben der Bewunderung für Eleanors ernsthaftes, an sozialen Fragen interessiertes Wesen auch eine kleine Portion Berechnung bei der Wahl seiner Braut eine Rolle. Konnte für einen an der Politik interessierten Jung-Anwalt die Aufnahme in den Familienkreis des Präsidenten denn von Nachteil sein?

Franklins Karriere war atemberaubend und schien eine exakte Kopie des Aufstieges von Theodore Roosevelt zu sein. Wie der Präsident wurde Franklin stellvertretender Marineminister (in der Wilson-Administration von 1913 bis 1917) und bewährte sich in einem internationalen Konflikt. Danach stellte seine Partei ihn als Vizepräsidentschafts-Kandidaten auf, ganz wie es bei Theodore 1900 der Fall gewesen war. Franklin allerdings verlor auf dem demokratischen *ticket* (Kandidatenliste) 1920 an der Seite des farblosen James M. Cox gegen die Republikaner Warren G. Harding und Calvin Coolidge. Er konnte sich jedoch mit einiger Berechtigung als der einzige „moralische Sieger" bei der erdrutschartigen Niederlage der Demokraten fühlen. Fortan nämlich galt der junge Mann – bei der Wahl war er erst 38 Jahre alt – als der künftige Hoffnungsträger seiner Partei.

Doch im Sommer 1921 ging der steile Aufstieg auf tragische Weise in einen tiefen Fall über. Nach einem Bad im Meer während eines Urlaubs im kanadischen Campobello erlitt Roosevelt einen Fieberanfall, am nächsten Tag konnte er seine Beine nicht mehr bewegen. Die Diagnose der Ärzte: Poliomyelitis. Die Kinderlähmung machte den bis dahin so vitalen Politiker zum Krüppel. Andere wären vielleicht an dem Schicksalsschlag zerbrochen, doch Roosevelt meisterte ihn dank seiner enormen Willenskraft. In den warmen Quellen von Warm Springs, Georgia, suchte er Linderung und errichtete aus seinem Privatvermögen ein Sanatorium für Poliokranke. Der Kontakt mit anderen Betroffenen aus allen Gesellschaftsschichten machte ihn sensibel für menschliches Leid und öffnete ihm die Augen für die Welt jener Mehrzahl der Amerikaner, die nicht wie er in der *high society* lebten. Sein ausgeprägtes soziales Empfinden, sein Mit-Fühlen mit sozial Schwachen rührte nach Ansicht von Zeitgenossen und Biografen aus den eigenen Erfahrungen als eines plötzlich Benachteiligten her.

Die Politik hatte ihn in den Jahren seit seiner Erkrankung nie ganz losgelassen. Im Herbst 1928 trat er als Spitzenkandidat der Demokraten im Rennen um den Gouverneursposten des Staates New York an; abermals ein Posten, den einst Theodore Roosevelt innegehabt hatte. Seine Behinderung war kein Thema im Wahlkampf, nicht nur, weil die Presse damals noch etwas feinfühliger war und keine Fotos des sich auf Krücken zum Podium schleppenden Kandidaten veröffentlichte, sondern auch, da Roosevelt ungebrochene Energie und eine geradezu ansteckende Zuversicht ausstrahlte. Seine Frau Eleanor schrieb: „Er sprach nie über seine Zweifel ... Ich habe nie erlebt, dass er dem Leben oder irgendeinem Problem, das auftauchte, mit Furcht begegnete und ich habe mich oft gefragt, ob diese mutige Entschlossenheit sich nicht auf die Menschen übertrug, mit denen er kommunizierte."[3]

Während der bisherige Amtsinhaber Al Smith als Präsidentschaftskandidat deutlich gegen Herbert Hoover verlor und sogar in seinem eigenen Staat nicht die Mehrheit erhielt, gewann Roosevelt entgegen dem Trend die Wahl und zog in die *governors mansion* in Albany, der Hauptstadt des *Empire State*, ein. Beherzt ging er die Aufgaben an, vor die der Ausbruch der Depression ab Oktober 1929 den damals noch bevölkerungsreichsten Staat der USA stellte und errang nationalen Bekanntheitsgrad, als er das erste bundesstaatliche Hilfsprogramm für Arbeitslose etablierte. 1930 wurde er mit überwältigender Mehrheit wieder gewählt.

Zwei Jahre später richteten sich bei den Demokraten immer mehr Blicke auf den erfolgreichen Gouverneur von New York. Allerdings war seine Nominierung auf dem Parteitag der Demokraten Ende Juni 1932 in Chicago alles andere als eine Selbstverständlichkeit. Da in Anbetracht der Unbeliebtheit Hoovers der demokratische Kandidat sich mit an Sicherheit grenzender Wahrscheinlichkeit als der nächste Präsident der USA fühlen konnte, warfen mehr als ein halbes Dutzend Kandidaten ihren Hut in den Ring. Erbittertster Widersacher Roosevelts war sein New Yorker Parteifreund Al Smith, der es ihm auf das Schwerste verübelt hatte, dass Roosevelt während seiner Zeit als Gouverneur auf die Ratschläge und Einmischung des Vorgängers so erkennbar wenig Wert gelegt hatte. Im vierten Wahlgang und nach den auf Parteiversammlungen üblichen Gesprächen von Delegationsleitern in verqualmten Hinterzimmern wurde Roosevelt zum Kandidaten gekürt. Er machte sofort deutlich, dass er bereit war, Konventionen zu überwinden und sich selbst keinerlei Schonung zu gönnen.

Während bis zu diesem Zeitpunkt die Kandidaten stets den Parteitagen fern blieben und ihre *acceptance speech* meist einige Wochen später von der heimischen Veranda aus zu geben pflegten, unternahm Roosevelt einen höchst wagemutigen und die nationale Aufmerksamkeit fesselnden Schritt: Er begab sich umgehend nach Chicago und wählte als Transportmittel ausgerechnet das Flugzeug. Das stärkte nicht nur das Vertrauen in diese gerade bei hochrangigen Persönlichkeiten noch längst nicht akzeptierte Art des Reisens, sondern demonstrierte auch den Wagemut des Hoffnungsträgers. Als er in die Wahlkampfarena einzog[4], bereiteten ihm die Delegierten einen frenetischen Empfang und applaudierten stehend für mehrere Minuten. In seiner Rede gebrauchte Roosevelt eine Wendung, die, live im Radio übertragen, das ganze Land zu elektrisieren schien: „*I pledge you, I pledge myself, to a new deal for the American people*"[5] – „Ich gelobe Ihnen, ich gelobe mir, eine neue Politik zu Gunsten des amerikanischen Volkes zu machen."

Ebenso fulminant wie seine Befähigung zu eingängigen Formulierungen war sein Wahlkampf, der ihn auch in abgelegene Teile des Landes führte und den er mit einer Energie führte, als stünde alles noch auf Messers Schneide – obwohl niemand an Roosevelts Wahlsieg zweifelte. Um die große Chance nicht selbst zu

*Amtseinführung Präsident
Franklin D. Roosevelts
(am Rednerpult stehend) am
4. März 1933.*

verspielen, vermied Roosevelt kontroverse Themen ebenso wie unbequeme Festlegungen. Dies verführte einige intellektuelle Beobachter zu wenig positiven Urteilen über den Kandidaten. Der Journalist Walter Lippmann sah in ihm „einen netten Mann, der ohne irgendwelche wichtigen Qualifikationen für das Amt allzu gern Präsident sein möchte" und der Oberste Bundesrichter Oliver Wendell Holmes registrierte einen „zweitklassigen Intellekt", aber einen „erstklassigen Instinkt" bei dem Kandidaten.[6]

Die Resonanz, auf die Roosevelt im Wahlkampf stieß, spiegelte das Verlangen eines großen Teils der amerikanischen Bevölkerung wider, dass die Regierung stärker als zuvor eine aktive Rolle bei der Sicherstellung der Lebensbedürfnisse ihrer Bürger übernehmen sollte. Vollkommen richtig erkannte Herbert Hoover in einer seiner humorlosen Wahlreden: „Dieser Wahlkampf ist mehr als ein Wettstreit zweier Kandidaten. Es ist mehr als ein Wettstreit zweier Parteien. Es ist ein Wettbewerb zwischen zwei verschiedenen Philosophien von Regierung."[7] Die Entscheidung der Wählerinnen und Wähler für die eine und gegen die andere Philosophie fiel eindeutig aus. Im November 1932 vereinigte Roosevelt über 57 Prozent der Stimmen auf sich, Hoover gewann nur in fünf Staaten eine Mehrheit. Mit dem neuen Präsidenten wurde eine demokratische Mehrheit ins Repräsentantenhaus und in den Senat gewählt.

Der neue Präsident gibt der Nation ihr Selbstvertrauen zurück

Die Übergangszeit war diesmal unerträglich lang, denn in den nächsten Monaten kam es zum fast völligen Zusammenbruch des amerikanischen Bankensystems, zu weiterer Verunsicherung und nochmals steigenden Arbeitslosenzahlen. Bis zu Roosevelts Amtseinführung schlossen mehr als 5000 Banken mit Einlagen im

Wert von fast 3,5 Milliarden Dollar. Es war das letzte Mal, dass die Inauguration des neuen Präsidenten am 4. März, wie seit den Gründertagen, erfolgte. Ein Verfassungszusatz legte künftig den 20. Januar als neues Datum der Vereidigung fest und reduzierte damit die Zeit, in der ein aus dem Amt scheidender Präsident als *lame duck* („lahme Ente") zu amtieren gezwungen ist, auf zweieinhalb Monate.

Hoovers letzte Monate erschienen den Amerikanern wie eine letzte Phase der Agonie; die Erwartungen und Hoffnungen, die sich mit der Person von Franklin D. Roosevelt verknüpften, waren riesig. Immer wieder wurde sein Amtsantritt mit dem Abraham Lincolns im März 1861 verglichen, als sich ebenfalls das weitere Schicksal der Nation entschied. Roosevelts Furchtlosigkeit wurde noch vor seiner Amtseinführung fast schon zur Legende. Am 15. Februar 1933 verübte ein mental instabiler Zeitgenosse ein Attentat auf den *President-elect*[8], bei dem dieser unverletzt blieb, der ihn begleitende Bürgermeister von Chicago, Anton Cermak, aber so schwer verwundet wurde, dass er bald darauf seinen Schussverletzungen erlag. Roosevelt kümmerte sich kaum um seine eigene Sicherheit, sondern nahm sich sofort des verletzten Parteifreundes an.

Samstag, der 4. März 1933, war ein bitterkalter Tag in Washington. Dieses Klima herrschte auch zwischen den Mitgliedern der alten und der neuen Regierung. Die künftige Arbeitsministerin Frances Perkins wurde nicht nur niemals von ihrem Vorgänger zu einem Übergabegespräch empfangen, sie fand auch ihr Büro in verdrecktem Zustand und voller Kakerlaken vor. Auch auf der traditionellen Fahrt des alten mit dem neuen Präsidenten zum Capitol hatten sich Hoover und Roosevelt nach Augen- und Ohrenzeugenberichten wenig zu sagen, obwohl immerhin ein Foto existiert, dass einen lächelnden Hoover zeigt – Roosevelts Charme war legendär und verfing gelegentlich auch bei einem verbitterten politischen Gegner. Ganz andere Sorgen hatte Mrs. Roosevelt. Im Mayflower Hotel, in dem das Paar abgestiegen war, hing wie in anderen Übernachtungsbetrieben ein Schild, wonach Schecks von *out-of-town banks* (auswärtigen Banken) nicht akzeptiert werden könnten. Die First Lady fragte sich, wie Franklin und sie die Hotelrechnung begleichen sollten.

Trotz der Kälte standen Tausende von Zuschauern an der in Rot-Weiss-Blau geschmückten Pennsylvania Avenue, als der neue Präsident zum Capitol fuhr. Auf dessen Hügel und auf der Mall hatten sich rund 100 000 Zuschauer versammelt, die fasziniert beobachteten, wie sich der groß gewachsene Mann am Arm seines ältesten Sohnes mühsam auf die Tribüne schleppte. Seinen Eid legte er auf einer 263 Jahre alten holländischen Familienbibel ab, die seine aus den Niederlanden stammenden Vorfahren einst in die neue Welt mitgebracht hatten. Darauf spielte die Kapelle des U.S. Marine Corps die Präsidentenhymne *Hail to the Chief*. Roosevelt trat ans Rednerpult. Im ganzen Land saßen Menschen vor den Radiogeräten und lauschten der kräftigen Stimme des Präsidenten. Er sprach –

176

wie alle seiner Vorgänger und Nachfolger bei diesem Anlass – von den Herausforderungen, die es zu überwinden galt. Es war jedoch vor allem folgender Satz, der die Nation elektrisierte und nicht wenigen der in Washington fröstelnd zuschauenden Bürger Tränen in die Augen trieb: „Lassen Sie mich meiner festen Überzeugung Ausdruck verleihen, dass das Einzige, was wir zu fürchten haben, die Furcht selbst ist – namenloser, unbegründeter, nicht zu rechtfertigender Terror, der die notwendigen Maßnahmen lähmt, um aus dem Rückzug wieder einen Vormarsch zu machen."[9]

Es war der Funke, der in Amerika den längst verschütteten Glauben an sich selbst wieder entfachte. Selbstverständlich konnte ein neuer Mann in der Staatsspitze nicht allein das Steuer herumreißen, das Land aus der Depression und die Arbeitslosen von der Straße holen. Doch Roosevelt vermittelte von den ersten Minuten seiner Amtszeit an den Menschen das Gefühl, dass die Probleme lösbar sind und, mehr noch, dass sie mit ihren Sorgen und Nöten nicht (mehr) allein waren. In der Folgezeit knüpfte er ein stetig fester werdendes Band zwischen dem Weißen Haus und den Bürgern zwischen Boston und San Diego, zwischen Anchorage und Key West, indem er sich regelmäßig direkt an sie wandte. Seine Radioansprachen, die *fireside chats*, im gemütlichen Plauderton eines am Kamin sitzenden Vaters gehalten, waren Ausdruck seines ausgeprägten psychologischen Geschicks. Diese Begabung half ihm auch im Umgang mit den Medien. Seine regelmäßigen Pressekonferenzen – wie die Radioansprachen ein Novum – waren ein überwiegend gelungener Versuch, die Journalisten regelrecht einzuwickeln. Er sprach auf diesen bald „die größte Show in Washington" genannten Veranstaltungen die Reporter mit Vornamen an und legte eine Jovialität ihnen gegenüber an den Tag, die selbst kritische Geister schwankend werden ließ. Arthur Krock von der *New York Times* bemerkte sehr wohl diesen Versuch, die Medien zu manipulieren, und meinte etwas ironisch zum Präsidenten: „Sie sind so charmant zu mir, dass ich, wenn ich zurückkomme und über die Vorgänge schreibe, kaum die Balance halten kann."[10]

Roosevelt gab an jenem 4. März 1933 den Amerikanern nicht nur die Hoffnung wieder, indem er die Furcht zum eigenen zu überwindenden Gegner erklärte. Er ließ auch keine Zweifel daran, dass er umgehend zur Tat schreiten und die Befugnisse des Amtes ausnützen, vielleicht gar über alles bisher Dagewesene erweitern würde. „Diese Nation", so rief er in seiner Antrittsansprache aus, „verlangt Handeln und zwar Handeln jetzt! Ich werde den Kongress um das einzige verbleibende Instrument bitten, um der Krise entgegenzutreten – eine weit gefasste Macht der Exekutive, um einen Krieg gegen die Not zu führen, so groß wie die Macht, die man mir geben würde, wenn wir in der Tat die Invasion eines fremden Feindes erleben müssten."[11]

177

Die ersten hundert Tage des New Deal

Selbstverständlich wurde diese Ankündigung von seinen Gegnern als Beleg dafür gewertet, dass es „FDR" nach diktatorischen Vollmachten gelüste. Mit den regulativen Maßnahmen des *New Deal* wurde immer wieder der Vorwurf laut, Roosevelt steuere auf eine amerikanische Version des Sozialismus zu, ein Vorwurf, der vor allem aus Unternehmerkreisen laut wurde. Der Präsident selbst bezeichnete sich gern als „ein bisschen links vom Zentrum", sah sich jedoch nicht als Gegner der Geschäftswelt, sondern vielmehr als deren Retter. Einer seiner Mitarbeiter schrieb: „FDR hat immer wieder mir gegenüber und auch öffentlich seine Verwunderung über die Anschuldigung bekundet, er sei ein Feind der Wirtschaft. Er glaubte vielmehr, dass er der beste Freund des Kapitalismus sei, indem er den Weg zu dessen Überleben aufzeigte."[12]

In der Tat war das Programm, das er umgehend nach dem 4. März einleitete, interventionistischer als alles, was das Verhältnis von Politik und Wirtschaftsleben in den USA bislang bestimmt hatte, doch gab es keine Abkehr von amerikanischen Grundwerten, vor allem nicht von dem Respekt vor dem Eigentum, der im Sozialismus bekanntlich gering ausgeprägt ist. Der New Deal bestand zunächst darin, das Elend zu erfassen und erste Hilfsmaßnahmen zu organisieren. Roosevelt legte ein ungeheures Tempo an den Tag und gab den Menschen mit seinem Aktivismus den Eindruck, dass Washington endlich handle, um ihre Not zu lindern. In den ersten hundert Tagen wurden vor allem zahlreiche neue staatliche Institutionen geschaffen, die in erster Linie auf eine Beschäftigung der Arbeitslosen zielten. Seine erste Bewährungsprobe bestand der neue Präsident jedoch in der Überwindung der Bankenkrise, für die der Kongress ihm mit einem *Emergency Banking Act* die notwendigen legalen Mittel an die Hand gab. In seinem ersten *fireside chat* am 12. März, der von rund 60 Millionen Amerikanern in ihren Wohnzimmern mitverfolgt wurde, legte er den Menschen seine Maßnahmen dar. Das damit geschaffene Vertrauen trug dazu bei, dass die Bürger ihre Spareinlagen von den allmählich wieder öffnenden Banken nicht abzogen. Bereits Ende März hatte die Mehrzahl der Banken wieder geöffnet.

Zur Stimmungsaufhellung trug auch bei, dass Präsident und Kongress noch im März jenen Verfassungszusatz aufhoben, der ab 1920 die Prohibition begründete und damit unbeabsichtigt eine kriminelle Schattenwirtschaft hatte entstehen lassen. Am 21. März wurde das *Civilian Conservation Corps* (CCC) ins Leben gerufen, das junge erwerbslose Männer zur Arbeit an Projekten heranzog, die man in einem späteren Zeitalter vielleicht als ökologisch bezeichnet hätte – wie die Säuberung von Stränden, das Pflanzen von Bäumen, aber auch das Trockenlegen von Sümpfen und der Bau von Staudämmen. Letzteres, der Bau von Staudämmen in großem Maßstab, war das Ziel des größten staatlichen Baupro-

Besuch Franklin D. Roosevelts (im Automobil) auf der Baustelle des Joe Wheeler-Staudammes am Tennessee River, der im Zuge des „New-Deal-Programmes" entsteht. (Foto: 17. 11. 1934)

gramms, das im Rahmen des New Deal initiiert wurde. Die *Tennessee Valley Authority* (TVA) war nicht nur ein gigantisches Arbeitsbeschaffungsprogramm, mit der Elektrifizierung des bis dahin wirtschaftlich zurückgebliebenen Südens leitete es auch den Aufschwung in einer von Armut besonders hart betroffenen Region ein. Der darniederliegenden Landwirtschaft sollte mit der *Agricultural Adjustment Administration* (AAA), der Industrie mit der *National Recovery Administration* (NRA) geholfen werden. Letztere strebte nach einer Stabilisierung des Lohn- und Preisniveaus und der Ankurbelung der Wirtschaft durch ein System der Selbstregulierung in der Industrie. Kritiker beobachteten ein hemmungsloses Anwachsen der Bürokratie, und in der Tat galten die Jahre des New Deal mit seinen vielfältigen, überwiegend unter ihrer Abkürzung bekannten Behörden als Keimzelle von *big government*.

Nach einem Jahr Roosevelt und einem Jahr New Deal konnte Walter Lippmann ein vorsichtig-positives Fazit ziehen: „Es gibt heute noch schwer wiegende Probleme. Aber es ist keine unüberwindbare Krise mehr. Die große Masse der Menschen hat ihren Mut und ihre Hoffnung wieder gefunden. Sie sind wegen der

179

aktuellen Gegenwart nicht länger hysterisch. Sie haben nicht nur einen kleinen Teil ihres Lebensstandards wiedergewonnen, sondern vor allem ihr Selbstwertgefühl."[13] Es waren erste Schritte, und Roosevelt mit seinen bald „New Dealern" genannten Mitarbeitern wusste es. Ab 1935, der zweiten Phase des New Deal, legte Roosevelt den Schwerpunkt vor allem auf sozialreformerische Maßnahmen. Die *National Youth Administration (NYA)* kümmerte sich u. a. um Teilzeitarbeitsplätze für Studenten. Mit dem *Social Security Act (SSA)* wurde eine Arbeitslosen- und Altersversicherung eingeführt, und der so genannte *Wagner Act (WA)* stärkte die Rechte der Arbeitnehmer.

Nachdem die Wähler 1936 Roosevelt mit überwältigender Mehrheit erneut ins Weiße Haus gewählt hatten, stellte er in seiner zweiten Antrittsrede im Januar 1937 fest, dass nach wie vor ein Drittel der Bevölkerung schlecht ernährt, schlecht gekleidet und schlecht untergebracht sei. Die Erholung ging sehr langsam voran. Die Farmpreise lagen 1939 noch um ein Drittel unter jenen des Jahres 1929. Im Juni 1939 erhielten 19 Millionen Amerikaner staatliche Unterstützung, die Arbeitslosenquote sank in den beiden ersten Amtsperioden Roosevelts kaum unter 17 Prozent. Es ist eine bittere Ironie der Geschichte, dass die Erlangung von Vollbeschäftigung nicht den Bemühungen eines funktionierenden rechtsstaatlichen Systems wie der amerikanischen Demokratie zu verdanken war, sondern dem Aufstieg und der Aggression eines fernen Diktators. Es waren nicht die Rooseveltschen Programme der Hilfe zur Selbsthilfe, sondern der von Adolf Hitler im September 1939 ausgelöste Krieg, der Amerikas Wirtschaft auf ungeahnte Weise ankurbelte und das Land, wie der Präsident in einer seiner großen Reden es nannte, zum Arsenal der Demokratie auf dieser Welt werden ließ.

Anmerkungen

1 ROGER BILES: A New Deal for the American People. DeKalb (Illinois) 1991, S. 24.
2 TED MORGAN: FDR. A Biography. New York 1985. S. 102.
3 Zit. n. JAMES R. MCGOVERN: And a Time for Hope. Americans in the Great Depression. Westport, Connecticut, 2000. S. 29.
4 Er bewegte sich bei derartigen Auftritten mühsam auf seinen Beinschienen und auf den Arm eines seiner Söhne gestützt fort. Der Einzug wurde in der Regel von den anwesenden Journalisten weder fotografiert noch gefilmt.
5 MORGAN, S. 355.
6 ROGER BILES: A New Deal for the American People. DeKalb (Illinois) 1991. S. 27.
7 BILES, S. 28.
8 Bezeichnung für den gewählten Präsidenten vor Amtsantritt.
9 MORGAN, S. 375.
10 MCGOVERN, S. 37.
11 BILES, S. 34.
12 MCGOVERN, S. 51.
13 MCGOVERN, S. 41.

Ein amerikanischer Mythos:
Amelia Earhart – Flugpionierin und
Frauenrechtlerin

2. Juli 1937

Abermals war es der Start eines Flugzeuges, der Amerika in Bann hielt und einen Mythos hervorbrachte, das weibliche Gegenstück zu Charles Lindbergh und eine der populärsten Streiterinnen für die Emanzipation der Frau; ein Mythos indes mit einem geheimnisumwitterten, tragischen Ende.

Die Luft über dem kleinen Flugplatz schien trotz der frühen Stunde bereits vor Hitze zu vibrieren. Von dichtem Regenwald gesäumt, war der knapp vierhundert Meter lange Landestreifen lediglich eine grobe, unbetonierte Piste, die abrupt auf einer Klippe über dem Meer endete und doch in all ihrer Primitivität davon kündete, dass das Zeitalter der Luftfahrt auch in Lae (Neuguinea) Einzug gehalten hatte. Nur eine Handvoll Menschen hatte sich an diesem Morgen des 2. Juli 1937 auf dem Aerodrom (wie man solche Einrichtungen damals noch nannte) eingefunden, um der Besatzung der silbrig in der Sonne funkelnden *Lockheed Electra* zuzuwinken.

Kurz vor zehn Uhr bestiegen die Pilotin, eine schlanke, groß gewachsene Frau, deren Gesicht von den Strapazen der zurückliegenden Wochen gezeichnet war, und der Navigator die zweimotorige Maschine, warfen die Motoren an und fuhren bis ans äußerste Ende der Startbahn, um deren begrenzte Länge so gut es ging auszunutzen. Schwerfällig kam die Electra in Fahrt, als wollte das Gewicht ihres Treibstoffs sie an den staubigen Boden fesseln. Als sie wenige Schritte vor Ende der Startbahn abhob, schien es sich der Aluminiumvogel noch einmal überlegen zu wollen, sackte zum Entsetzen der Zuschauer auf das Meer hinunter, bevor er kurz über den Wellen an Kraft gewann und schwerfällig in die Höhe stieg. In nordöstlicher Richtung entschwand die Electra schließlich den Blicken, in den blauen Himmel über der endlosen Wasserwüste des Südpazifik hinein. Es wurde ein Flug, der nie zu Ende ging.

Auf der anderen Seite der Erdkugel, in den Vereinigten Staaten, bereiteten sich die Menschen auf den höchsten Feiertag ihres Landes vor. Dieser *Fourth of July* sollte einen ganz besonderen Höhepunkt erleben. Amelia Earhart würde wieder eine jener fliegerischen Glanztaten vollbringen, die sie zu einer der bekanntesten Frauen der USA gemacht hatten, an Popularität nur der First Lady, Eleanor Roosevelt, vergleichbar.

Genau an diesem 4. Juli sollte sie wieder auf amerikanischem Boden landen, nachdem sie als erster Pilot die Erde an ihrem „Bauch", entlang des Äquators, umrundet hatte. Zeitungsredaktionen, Radiosender und die Kameraleute des beliebtesten Nachrichtenmediums, der in den Kinos vorgeführten *newsreels* (Wochenschauen), waren vorbereitet, die Nation umgehend über die triumphale Heimkehr des Publikumslieblings zu informieren. Der Äquatorflug würde erneut die scheinbar grenzenlosen Möglichkeiten aufzeigen, die das Flugzeug dem technikgläubigen Zeitalter zu bieten schien. Darüber hinaus würde die Pilotin, wie schon oft in ihrer Karriere, bei dieser Gelegenheit demonstrieren, dass Frauen über die gleiche Leistungsfähigkeit verfügen wie Männer – am Himmel und auf der Erde.

Doch der Unabhängigkeitstag ging vorüber, ohne dass Amelia Earharts Flugzeug mit quietschenden Reifen auf einem Flugplatz in Hawaii oder Kalifornien aufsetzte. Der Frau im Cockpit gehörten die Schlagzeilen der nächsten Tage und Wochen, denn die Pilotin und ihr Navigator Fred Noonan wurden nie wieder gesehen. Irgendwo über der blauen, trügerisch ruhigen Unendlichkeit eines Ozeans, dessen Monotonie nur selten durch ein Atoll unterbrochen wird, endete das Leben der Amelia Earhart. Am gleichen Tag wurde eine Legende geboren, die die Menschen in Amerika auch heute noch in ihren Bann schlägt. Die Frage, was mit Amelia Earhart geschah, gibt in den USA mehr als sechzig Jahre nach ihrem Verschwinden immer noch reichlich Stoff für Artikel, Bücher und Verfilmungen her. Lediglich ein anderes Ereignis im 20. Jahrhundert scheint vielen Amerikanern noch geheimnisumwitterter – die Ermordung John F. Kennedys.

Faszinosum „Fliegen"

Wer einen Dartpfeil auf die Karte der USA wirft, um das Zentrum der 48 Kontinentalstaaten zu treffen, kommt seinem Ziel ziemlich nahe, wenn das Geschoss auf Atchison in Kansas stecken bleibt. Der kleine Ort liegt ziemlich genau in der Mitte des riesigen Landes und ist eine typische Pionierstadt, die ihre Gründung in den 1840er Jahren und die bis heute spürbare Prosperität dem technischen Wunder des 19. Jahrhunderts verdankte: der Eisenbahn, die entscheidend dazu beitrug, den Kontinent zu erschließen. Zu den angesehensten Bürgern des aufblühenden Ortes gehörte Richter Alfred Otis, in dessen Haus an der North Terrace Street am 24. Juli 1897 seine Enkeltochter zur Welt kam, das erste Kind seiner mit dem Advokaten Edwin Earhart verheirateten Tochter Amy. Das auf den Namen Amelia Mary getaufte Mädchen verbrachte einen großen Teil seiner Kindheit in dem geräumigen Haus der Großeltern, das, auf einer Anhöhe über dem Missouri River prächtig gelegen, heute als Museum eine Wallfahrtsstätte für Amelia-Earhart-Fans aus aller Welt ist.

Amelia wuchs derweil wohl behütet unter den wachsamen Augen des Richters heran, der zwar seine Freude an ihrer Fröhlichkeit und ihrem Lernhunger hatte, jedoch weniger daran, dass sie eine Schwäche für halsbrecherische Spiele besaß, die nach damaligem Verständnis Jungen vorbehalten waren und als unschicklich für Mädchen galten. Sie baute sich mit Hilfe eines Onkels eine lange Rutschbahn, auf der sie vom Obergeschoss des Otisschen Heimes mit Bravour und einem Vorgefühl vom Rausch des Fliegens hinuntersauste, sprang über Gartenzäune, statt wohlanständig durch das Tor zu schreiten, und raste eines Winters mit ihrem Schlitten zum Entsetzen der Zuschauer unter einer die Straße entlang fahrenden Pferdekutsche hindurch. Sie wollte all das tun, was die Jungen machten und dies, wenn möglich, besser.

Sie war eine fleißige, fast übereifrige Schülerin mit einem Hang zum Einzelgängertum. Im Winter 1917 besuchte sie ihre in Toronto studierende Schwester und bemerkte mit Entsetzen die vielen verletzten, verstümmelten jungen Männer in britischer Uniform, die in den Schützengräben Europas das Grauen gesehen hatten und zur Erholung in den überseeischen Teil des Commonwealth geschickt worden waren. Sie warf sofort ihre Pläne, in Pennsylvania ein College zu besuchen, über den Haufen, und verdingte sich in einem Hospital Torontos als Schwesternhelferin, um das Leid der Patienten nach Kräften zu mildern. Das tägliche Zusammensein mit den Opfern des Krieges ließ Amelia zur Pazifistin werden und schärfte überdies ihr politisches Bewusstsein.

Ebenfalls prägend sollte ein Erlebnis werden, das Amelia in ihrer Freizeit hatte. Einige der Rekonvaleszenten vom *Royal Flying Corps* nahmen sie zu einem Feldflugplatz am Rande der Stadt mit, wo Amelia langsam begann, dem Faszinosum des Fliegens zu erliegen.

Die Arbeit im Krankenhaus hatte in ihr kurzfristig den Wunsch ausgelöst, Ärztin zu werden. Nach einem Semester an der Columbia University in New York folgte sie jedoch ihren inzwischen nach Los Angeles verzogenen Eltern und probierte verschiedene Berufstätigkeiten aus, offensichtlich auf der Suche nach ihrer eigentlichen Bestimmung. Auf dem Flugplatz *Kinner Field* in der Nähe von Long Beach machte sie die Bekanntschaft von Neta Snook, eine der wenige Frauen, die 1920 in die Männerdomäne des Fliegens eingedrungen waren. Amelia überredete Neta, ihr Flugunterricht zu geben. Um dieses teure Hobby zu finanzieren, nahm sie nach eigenen Angaben in den kommenden Jahren 28 verschiedene Jobs an, von der Telefonistin bis zur Würstchenverkäuferin auf Volksfesten.

Pilotinnen waren damals eine derartige Rarität (ihre Pilotenlizenz der „Fédération Aéronautique Internationale" von 1922 war erst die sechzehnte für eine Fliegerin weltweit), dass Amelia zu einer lokalen Berühmtheit wurde. Der örtlichen Presse war sie immer für eine Schlagzeile gut, sei es dass Amelia einen neuen Höhenrekord aufstellte oder eine Bruchlandung absolvierte (in der damaligen Fliegerei fast etwas Alltägliches).

Auch nach ihrem Umzug nach Boston, wo sie als Sozialarbeiterin die Kinder von Einwanderern betreute, verbrachte sie ihre Freizeit überwiegend auf dem nächsten Flugplatz, lernte von den Mechanikern und verdiente sich obendrein ein paar Dollar durch den Abwurf von Flugblättern über der Stadt. Verdient oder journalistisch übertrieben – der angesehene „Boston Globe" bezeichnete sie bald als eine der besten Pilotinnen der Vereinigten Staaten.

„20 Stunden und 40 Minuten"

Es war diese zumindest lokale Berühmtheit, die ihr im April 1928 einen Telefonanruf einbrachte, der ihr Leben verändern sollte. Am anderen Ende der Leitung befand sich einer der Initiatoren eines Unternehmens, mit dem die Bedeutung des Flugzeuges für den künftigen Passagierverkehr über den Atlantik unterstrichen werden sollte. Knapp ein Jahr nach dem triumphalen Flug des Charles Lindbergh sollte abermals eine Maschine nonstop von der Neuen in die Alte Welt fliegen – diesmal mit einer Frau an Bord. Für diese Publicity-Aktion waren die Organisatoren auf Amelia gestoßen, die nach kurzem Zögern einwilligte. Einer der Planer des neuen Unternehmens war der Verleger George Palmer Putnam, der sich auf die Produktion von Büchern über Abenteuer, Expeditionen und Pioniertaten spezialisiert hatte – bei ihm waren u. a. Charles Lindberghs Memoiren erschienen, die der wortkarge Flieger in aller Kürze, aber mit langsam schwindender Bescheidenheit schlicht und quasimajestätisch *„We"* tituliert hatte.

Die erste Frau auf einem Transatlantikflug – das versprach in Putnams Kalkül ein gutes Geschäft zu werden. Außerdem konnte dies einer weiteren Absicht des Fluges, nämlich die guten Beziehungen zum Zielland Großbritannien zu unterstreichen – die dreimotorige Fokker war auf den Namen *Friendship* getauft –, nur förderlich sein. Ein erstes Treffen mit Amelia Earhart überzeugte Putnam und die anderen Verfechter des *Friendship*-Fluges völlig: Amelia zeigte den gleichen hohen Wuchs und die zurückhaltenden Rhetorik wie Nationalheld Lindbergh, strahlte wie jener burschikose Jugendhaftigkeit und persönliche Integrität aus. Die Öffentlichkeit würde sie lieben.

Amelias Hoffnung auf eine neue fliegerische Herausforderung sollten jedoch enttäuscht werden. Mit dem Piloten Wilmer Stultz und dem Mechaniker Louis

Amelia Earhart nach ihrem ersten Transatlantikflug im Juni 1928 mit ihrem Flugzeug „Friendship".

Gordon hatten zwei Männer das Heft und vor allem die Instrumente fest in der Hand. Während der langen Wartezeit auf besseres Wetter in Neufundland bemerkte Amelia überdies mit Missfallen, dass die Herren ihre Freizeit am liebsten mit Trinken verbrachten. An Bord der *Friendship* waren Gordon und Stultz glücklicherweise nüchtern, die Atlantiküberquerung gelang trotz widriger Witterungsverhältnisse und mangelhafter Navigation. Amelias Aufgabe beschränkte sich zu ihrem Verdruss darauf, in der Kabine des randvoll mit Treibstoff gefüllten Wasserflugzeuges vor sich hin zu dösen und die Wolken zu zählen. Umso peinlicher war ihr der Medienrummel, der umgehend nach der glücklichen Landung in Burry Port (Wales) am 18. Juni 1928 einsetzte – und sich fast ausschließlich auf sie bezog: Sie wurde in der britischen Gesellschaft herumgereicht, mit Interviewwünschen überhäuft und erhielt sogar ein Glückwunschtelegramm von Präsident Coolidge, dem sie umgehend – doch ohne Überzeugungskraft – antwortete, dass der Flug ausschließlich dank der Fähigkeiten von Mr. Stultz geglückt war. Sie selbst hatte sich, so erklärte sie bald, nutzlos wie ein Sack Kartoffeln gefühlt. Den Piloten, um die sich fast niemand im jubelnden London kümmerte, war es gleich – sie ergaben sich bald nach der Landung erneut dem Trunke.

Der Empfang in den USA war ein Triumphzug sondergleichen. Konfettiparaden, Empfänge und die Überreichung der Stadtschlüssel durch strahlende Bürgermeister hielten Amelia nach ihrer Rückkehr (per Dampfer) für Wochen in Atem. Für die Presse war die Frau, die als erste den Atlantik überflogen hatte, der Stoff, der die Auflagen ins Astronomische trieb. Vor allem ihre Ähnlichkeit mit Charles Lindbergh wurde herausgestellt, und selbst die *New York Times* verstieg sich zu einer semantischen Glanzleistung, als sie schrieb: „Sie sieht eigentlich mehr wie Lindbergh aus als Lindbergh selbst."[1]

An eine Rückkehr zu ihrem Arbeitsplatz war nicht mehr zu denken. Amelias Leben drehte sich nun um öffentliche Auftritte, Schauflüge, gut bezahlte Vorträge, Werbeverträge und Artikel, die sie für die Zeitschrift *Cosmopolitan* schrieb und in denen sie ihre Leserinnen aufforderte, die sich rasant entwickelnde Luftfahrt nicht den Männern allein zu überlassen. Organisiert wurden ihre öffentlichen Auftritte von George Putnam, der sich zu ihrem Manager aufschwang und mit seinem untrüglichen Sinn für Marketing ihre künftig geplanten Rekordflüge medienwirksam vor- und aufbereitete. Amelia ging auf diese Strategie ein, weil ihr so die Möglichkeit geboten wurde, in dem ab Oktober 1929 von tiefster Rezession gebeutelten Land genug Geld zu verdienen, um sich ausschließlich auf das Fliegen konzentrieren zu können, ihre Fähigkeiten zu vervollkommnen und eines Tages den Ruhm, den sie als unverdient empfand, doch noch zu

Zum Markenzeichen Amelias wurde ihre für damalige Verhältnisse unkonventionelle Kurzhaarfrisur.

rechtfertigen. Infolge der von Putnam professionell betriebenen PR-Arbeit standen jedoch andere, gleichfalls herausragende Pilotinnen oft im Schatten des öffentlichen Interesses an Amelia Earhart. Amelia suchte dieser Entwicklung entgegenzuwirken, indem sie zusammen mit anderen Fliegerinnen die erste Pilotinnenvereinigung, die *Ninety-Nines,* gründete.

Ihr autobiografisch gefärbter Erlebnisbericht über den Atlantikflug *„20 Hours 40 Minutes"* war inzwischen der erhoffte Bestseller geworden, erschienen natürlich im Verlagshaus Putnam & Sons. George Putnam beriet sie auch bei ihren öffentlichen Auftritten. Er überzeugte sie davon, dass es besser sei, auf ihre schrecklichen Hüte zu verzichten. Und bald wurde ihre unkonventionelle Kurzhaarfrisur – das rotblonde Haar so zerzaust, als sei sie gerade dem Cockpit entstiegen – zu ihrem Markenzeichen. Putnam schulte zudem ihre Rhetorik, sodass sie bald auch längere Vorträge inklusive Zwischenfragen bravourös meisterte, dabei stets Blickkontakt mit ihrem Publikum haltend, das immer wieder fasziniert war von ihren leuchtenden Augen.

Die enge Zusammenarbeit mit dem agilen Verleger führte schließlich im Februar 1931 zur Eheschließung. Amelia, die der Institution Ehe mehr als zurückhaltend gegenüberstand, weil diese die Frauen an der Entfaltung ihrer Selbstverwirklichung hindere, war auf Georges Werben erst bei seinem sechsten Heiratsantrag eingegangen. Am Vorabend der Trauung überreichte sie ihm eine Art Ehevertrag, der den Charme eines Ultimatums hatte. In dem Schreiben nannte sie ihren Schritt schon a priori eine Dummheit und bedingte sich völlige Unabhängigkeit aus, keiner von beiden solle sich „an irgendeinen mittelalterlichen Treueschwur gebunden fühlen". Falls man nach einem Jahr nicht mehr glücklich miteinander sei, müsse das Experiment als gescheitert angesehen werden.

Der erste Soloflug einer Frau über den Atlantik

Im Frühjahr 1932 wollte Amelia endlich den Atlantik überfliegen – allein, als Pilotin und nicht als Passagier. Eine derartige Leistung war in den fünf Jahren seit Lindberghs Flug niemandem gelungen, mehrere Piloten hatten den Versuch mit dem Leben bezahlt. Am Abend des 19. Mai bestieg sie ihre feuerrote *Lockheed Vega* (sie hatte bei Autos wie Flugzeugen eine Schwäche für auffallende Lackierungen) in Harbor Grace (Neufundland), der letzten Piste vor dem großen Meer. Versehen mit Sandwiches, Tomatensaft, einer Thermoskanne mit Hühnerbrühe, einer Zahnbürste und Navigationsinstrumenten hob sie um 19 Uhr 12 zu einem Flug über den Atlantik ab, der wirklichen, selbst verdienten Ruhm oder ein kaltes Ende bringen mochte. Zunächst sah es nach Letzterem aus. Erst gab der Höhenmesser seinen Geist auf, der Geschwindigkeitsanzeiger folgte umgehend. Die Kälte übertraf alle Erwartungen und die nachts noch nie so deutlich wahrgenommenen Auspuffflammen erinnerten sie daran, dass in der „Vega" praktisch jeder verfügbare Hohlraum mit Treibstoff gefüllt war und den einmotorigen Hochdecker, der heute im *Air and Space Museum* in Washington zu besichtigen ist, zu einem fliegenden Molotow-Cocktail machte.

Als Amelia die Übelkeit, verursacht durch die Benzindämpfe, halbwegs überwunden hatte, kam der nächste Schreck: Einer der Tanks hatte ein Leck. Sie wusste fortan nicht mehr, wie viele Gallonen an Bord waren und gab den Plan, in Paris zu landen, auf. Als gegen Mittag des folgenden Tages, dem 20. Mai

1932 – genau fünf Jahre nach Lindberghs Start – Land in Sicht kam, ging sie auf der erstbesten grünen Wiese nieder. Ein erstaunter, zu dem roten Fluggerät eilender Farmer antwortete, von Amelia gefragt, wo sie denn hier sei, verstört, aber korrekt: „In Gallaghers Grünfutter".[2] Farmer Gallagher und die anderen Bewohner des Fleckens in der Nähe des nordirischen Londonderry brachten bei Amelias Angabe, geradewegs aus Amerika zu kommen, nur ein verstörtes *„Holy Mother of God!"* heraus.

Der Jubel in der Presse über die erste Frau, die allein den Atlantik überflogen hatte, übertraf noch jene Huldigungen vom Flug mit Gordon und Stultz. Unter den unzähligen Glückwunschtelegrammen berührte sie eines ganz besonders. Es kam von Charles und Anne Lindbergh, denen sie freundschaftlich verbunden war und die gerade den schrecklichsten Preis des Ruhmes hatten bezahlen müssen: Wenige Tage zuvor war die Leiche ihres kleinen Sohnes gefunden worden.

Die Pilotin begab sich auf eine Rundreise durch mehrere europäische Staaten, die einem Triumphzug glich. Amelia wurde von Staatsoberhäuptern empfangen, erhielt in Paris das Kreuz der Ehrenlegion, schüttelte in Rom zwei höchst unterschiedlichen Persönlichkeiten die Hand – dem Papst und dem „Duce" – und tanzte bei einem Empfang in London mit dem künftigen (allerdings nur kurzzeitigen) König Edward VIII., der, wie sich bald zeigen sollte, eine besondere Schwäche für Amerikanerinnen hatte. In New York harrte ihrer eine der größten Konfettiparaden des Jahrhunderts und in Washington ein Empfang durch Präsident Hoover.

Durch ihren Soloflug war Amelia nicht nur endgültig zur populärsten Frau geworden, ihr stand auch bald die erste Adresse des Landes offen. Mit der Amtseinführung Franklin D. Roosevelts im März 1933 lebte ein Politiker im Weißen Haus, der Amelias linksliberaler Einstellung entsprach und dessen Programm umfassender sozialer Reformen sie nachhaltig unterstützte. Ihre Popularität und die Zahl ihrer öffentlichen Auftritte – allein im Jahr 1936 absolvierte sie 136 Vorträge, in Kansas City beispielsweise vor über zweitausend Zuhörern – ermöglichten es ihr, zu den Menschen auch über ihr ganz besonderes Anliegen zu sprechen: Amelia, Mitglied der *National Women's Party*, versetzte es in Rage, dass „entgegen der gesetzlichen Richtlinien Frauen zunächst einmal als inkompetent gelten, solange, bis das Gegenteil bewiesen ist."[3] Frauen müssten nach ihrer Erfahrung in jedem Wirtschaftszweig Hürden überwinden und doppelt so gut sein wie Männer, um halb so viel Respekt zu ernten. Das selbstbewusste Auftreten junger Frauen – die sie in ihren Reden immer wieder ermunterte, die bestmögliche Ausbildung zu erwerben und sich möglichst nicht in die Abhängigkeit eines Mannes zu begeben – machte ihr Mut für die Zukunft, auch wenn der amerikanische Alltag der Dreißigerjahre noch weit von ihrer Vorstellung wirklicher Gleichheit der Geschlechter entfernt war: „Ohne Zweifel befinde ich mich in der

Gefahr, eine radikale Feministin zu werden. Dessen mache ich mich schuldig, da ich zunehmend der unangefochtenen männlichen Vormachtstellung überdrüssig werde."[4]

Die Berufung zu einer Beraterin für Studentinnen an der *Purdue University* in West Lafayette, Indiana, dürfte sie wahrscheinlich besonders gefreut haben. Mehrmals pro Semester verbrachte sie einige Tage auf dem Campus fernab der Hektik des um sie veranstalteten Medienzirkus und stand, im Studentenwohnheim logierend, den jungen Frauen mit Rat und ihrer Lebenserfahrung zur Seite. Amelia forderte ihre Zuhörerinnen auf, gegen jede Diskriminierung von Frauen anzugehen und sich alle Berufe zu erschließen, die modernen Frauen aufgrund ihrer Intelligenz und Kreativität zustünden.

Der letzte Flug

Nachdem ihr im Januar 1935 der erste Transpazifik-Flug von Hawaii nach Kalifornien gelungen war, gab es nicht mehr allzu viel *virgin sky*, bislang ungeflogene Strecken, auf denen Amelia ein weiteres „*first*" ihrer Sammlung hätte hinzufügen können. Das Zeitalter waghalsiger Flugpioniere schien sich dem Ende entgegenzuneigen. Binnen kurzem würden zahlungskräftige Passagiere an Bord der komfortablen Pan Am Clipper ohne Gefahr für Leib und Leben den Atlantik überfliegen – gerade gut zehn Jahre nach Lindbergh.

Sie habe noch Reserven für einen guten Flug, erklärte die bald Vierzigjährige, und George Putnam verkündete auf einer Pressekonferenz, dass seine Frau die Erde am Äquator zu umrunden gedenke – als Erste natürlich.

Ein Flug um die ganze Erde verlangte wesentlich detailliertere Vorbereitungen als alle früheren Unternehmungen – und mehr Geld. Amelia wandte sich Hilfe suchend an einen Mann, dem sie rückhaltlos vertraute. Sie bat Präsident Roosevelt um Unterstützung. Diese wurde ihr umgehend gewährt. Doch in welchem Umfang und zu welchen Bedingungen – an diesem Punkt beginnt das Rätselhafte in Amelia Earharts letztem Lebensjahr. Mehrere moderne Autoren sehen plötzlich einen Bruch in ihrer sonst so geradlinigen Biografie und vermuten eine Verstrickung mit Regierungskreisen und Militär, die wenig zu ihrer offenen Persönlichkeit passen will. Viele Jahre nach ihrem Verschwinden tauchte nämlich ein Foto auf, das Amelia, die Pazifistin, in Gegenwart hochrangiger Militärs bei einer Art Vereidigungszeremonie zeigt. Die Hypothese, dass die Roosevelt-Administration sie verpflichtet habe, im Südpazifik „ein wenig" von der öffentlich bekannt gegebenen Flugroute abzuweichen und die japanischen Besitzungen in den Karolinen und den Marschall-Inseln zu überfliegen, hat in einem Amerika, das nach Vietnam und Watergate offizielle Versionen kritisch zu hinterfragen geneigt ist, nicht wenige Anhänger. Könnte „FDR", jener Meister gewiefter Taktik, ihre Popularität und ihren Pazifismus – vielleicht mit dem Hinweis, ein paar Fotos über den Zustand dortiger japanischer Militäranlagen könnten mithelfen, einen Krieg im Pazifik zu verhindern – derart schamlos ausgenutzt haben, darauf spekulierend, dass im Falle des Misslingens die Japaner einer weltberühmten Pilotin nichts zuleide tun würden? Die Fragen bleiben offen, auch weil nicht alle Dokumente der Forschung zugänglich sind.

Die benötigten Mittel flossen jedenfalls prompt – und mehr als das: Auf dem gottverlassenen Inselchen Howland, etwa auf halber Strecke zwischen Neu-Guinea und Hawaii gelegen, trafen auf Roosevelts Geheiß Baukolonnen ein, um eine Landebahn zu bauen, die Amelia dringend für einen Zwischenstop benötigte.

Am 1. Juni 1937 stieg die Pilotin in Miami zusammen mit dem für die Navigation (die nicht Amelias Stärke war) zuständigen Fred Noonan mit der *Electra* in Richtung Karibik auf. Die zweimotorige Maschine war von der Purdue University als *„fliegendes Labor"* deklariert worden, um die Auswirkungen langer Flüge in großer Höhe auf den menschlichen Organismus zu studieren – so die offizielle Begründung für das Unternehmen.

Der Flug um die Welt verlief dank perfekter Planung zunächst reibungslos. Selbst auf die entlegensten Pisten am Rande der Sahara waren Treibstoff und anderes Zubehör geschafft worden, die Regierungen diverser Staaten unterstützten das Unternehmen logistisch und durch die prompte Erteilung der benötigten Landegenehmigungen. Die Strapazen in extremen klimatischen Verhältnissen waren für Amelia und ihren Navigator jedoch beträchtlich. In den kurzen Pausen verfasste sie ihre Berichte, die sie an die „New York Herald Tribune" telegrafierte und die den Grundstock zu einem Buch *World Flight* hergeben sollten, dessen Erscheinen George Putnam für das lukrative Weihnachtsgeschäft plante. Das Werk erschien pünktlich, nur unter anderem Titel: *Last Flight*.

Nach vier Wochen der Entbehrung, des Ausweichens vor tropischen Stürmen und unerträglicher Hitze, standen Amelia und Noonan in Lae vor der letzten und schwierigsten Etappe. Das Ziel, jenes von der Regierung für sie präparierten Inselchens Howland mit damaligen Navigationsmitteln auf Anhieb zu finden, erinnert an das sprichwörtliche Suchen der Nadel im Heuhaufen: Nach einem Flug von fast 4000 Kilometern musste ein Atoll gefunden werden, das gerademal drei Kilometer lang und weniger als einen Kilometer breit war!

Vor Howland kreuzte indes ein Schiff des U.S. Coast Guard, die *Itasca*, die mit ihren Radiosignalen die Suche erleichtern sollte. Es waren die Funker der *Itasca*, die am folgenden Tag mehrmals Amelias Stimme vernahmen, jedoch keinen dauerhaften und vor allem beiderseitigen Kontakt aufnehmen konnten. Zwanzig Stunden nach dem Start in Lae hörten sie zum letzten Mal die Stimme der Amelia Earhart, die offensichtlich jede Orientierung über der Wasserwüste verloren hatte: *„... we are running north and south ...".*[5] Und dann war Stille.

Die bald nach dem Ausbleiben der *Electra* eingeleitete Suchaktion, die größte, die je nach einem einzigen Flugzeug unternommen wurde, brachte keine Spur der Maschine und ihrer Besatzung. Was mag mit Amelia und Fred Noonan geschehen sein? Sind sie wirklich, wie einige Autoren behaupten, von den Japanern gefangen genommen und später hingerichtet worden? Oder überlebten sie den Krieg in einem japanischen Gefangenenlager und kehrten mit neuer Identität in die Vereinigten Staaten zurück? Bis heute gibt es keine schlüssigen Beweise für diese abenteuerlichen, aber deswegen die Öffentlichkeit besonders faszinierenden Hypothesen. Wiederholte Expeditionen mit den Mitteln moderner Spürtechnologie in das Reich der Atolle um Howland haben zwar ein Stück verbogenes Metall zu Tage gefördert, aber es konnte nicht zweifelsfrei einer Maschine vom Typ *Electra* zugeordnet werden.

Solange man keine anderen Beweise hat, muss man wohl vom wahrscheinlichsten Szenario ausgehen: dass Amelia und ihr Navigator den höchsten Preis für ihren Wagemut zahlten, wie andere Entdecker vor ihnen und andere nach ihnen. Vielleicht hat sich in jenem Flugzeug gar der geheime Traum jener Frau erfüllt, die nicht alt werden wollte, sondern, wie sie einmal äußerte, zusammen mit ihrer Maschine „abtreten" wollte, einer Frau, die, bevor sie berühmt wurde, ihr Credo in einem Gedicht niedergeschrieben hatte:

„Courage is the price that Life exacts for granting peace ..."[6] – „Mut ist der Preis, den das Leben um des Friedens willen fordert."

Anmerkungen

1 New York Times, 5. Juni 1928.
2 MARY S. LOVELL: The Sound of Wings. The Life of Amelia Earhart. New York 1989. S. 183.
3 AMELIA EARHART: The Fun of It. New York 1932. S. 179.
4 AMELIA EARHART: Women and Courage. In: Cosmopolitan, September 1931, S. 148.
5 LOVELL, S. 285.
6 AMELIA EARHART: Courage. In: Survey, 1. Juli 1928. S. 60.

„Luftangriff auf Pearl Harbor. Dies ist keine Übung!"

7. Dezember 1941

Eigentlich wäre der Dienst der beiden Gefreiten Joseph Lockard und George Elliott bereits vorbei gewesen. Die beiden jungen Soldaten waren jedoch von dem unförmigen Kasten, der das Neueste an damaliger Technologie darstellte, so fasziniert, dass sie auch nach sieben Uhr noch vor dem oszillierenden Bildschirm saßen, der das Herzstück der Anlage bildete. Das Gerät hieß Radar und es war auf einem der höchsten Punkte von Oahu, der Hauptinsel der Archipels Hawaii, installiert. Man wollte erste Erfahrungen mit der neuen Technik sammeln und hatte den Berg Opana als geeigneten Standpunkt ausgewählt. Die Strahlen, die das Monstrum aussandte, waren nach Norden gerichtet, über die scheinbar endlose Wasserwüste des Pazifischen Ozeans. Den militärischen Wert wusste das Oberkommando in Honolulu kaum einzuschätzen, anders wäre es kaum zu erklären gewesen, dass an jenem stillen Sonntagmorgen um sieben Uhr die Einheit abgeschaltet werden sollte. Ablösung für Lockard und Elliott, die seit drei Stunden auf der Bergkuppe das Gerät bedient hatten, war nicht vorgesehen. Als der Truck eintraf, der die beiden einsamen Männer zum Frühstück ins Tal bringen sollte, erregte plötzlich etwas die Aufmerksamkeit der beiden Soldaten. Auf dem Schirm war ein großer Fleck aufgetaucht, das Echo eines Objektes, auf das die Radarstrahlen gestoßen waren und von dem sie reflektiert wurden. Oder von mehreren Objekten.

Lockard und Elliott hatten sich bei ihrer Arbeit längst die Grundlagen der Interpretation von Radarmessungen angeeignet. Sie errechneten schnell, dass die Reflexe auf dem Schirm eine große Ansammlung fliegender Objekte repräsentierte, die sich in 123 Meilen Entfernung befanden. Ihr Kurs: geradewegs auf Oahu zu. Lockard telefonierte umgehend mit dem Hauptquartier der Armee in Fort Shafter. Der Dienst habende Telefonist hatte zunächst Schwierigkeiten, überhaupt einen Teilnehmer zu finden, der Lockards Meldung entgegennehmen konnte – Sonntagmorgen war keine Zeit, in der das *Information Center* vor lauter Geschäftigkeit überquoll. Die meisten Bediensteten hatten – natürlich – frei, wer zum Dienst eingeteilt war, gönnte sich um diese Zeit ein herzhaftes amerikanisches Frühstück mit Eiern, Speck und Buchweizenpfannkuchen. Man schrieb den 7. Dezember 1941, in Europa tobte seit mehr als zwei Jahren der Krieg, und die Beziehungen der USA zu dem aggressiv-militaristischen Japan standen kurz vor dem Abbruch. In Hawaii war bei diesem letzten Sonnenaufgang, den Amerika in Frieden erleben sollte, von alldem nichts zu spüren. Schließlich fand der *operator* doch einen Offizier. Lieutenant Kermit Tyler nahm das Gespräch entgegen. Ruhig hörte er sich Lockards Beobachtung an, dann besänftigte er den Gefreiten mit jener Bemerkung, die als eine von vielen denkwürdigen Äußerungen dieses Tages Eingang in die Geschichtsbücher fand: *„Don't worry about it"* – *„Machen Sie sich deswegen keine Sorgen"*.

Es war die letzte Warnung, eine von vielen, die nicht beachtet, nicht gehört oder nicht richtig ausgewertet wurden. Noch wäre fast eine Stunde Zeit gewesen, um die Armee in den Forts der Insel und das diesem unterstehende Fliegerkorps auf seinen Flugplätzen zu warnen und vor allem die geballte Macht der amerikanischen Pazifikflotte in Alarmbereitschaft zu versetzen, die in jenem einmalig schönen Naturhafen von Pearl Harbor vor Anker lag. Niemand drückte auf den Alarmknopf, das Verhängnis nahm seinen Lauf, und der Sonntagmorgen von Hawaii wurde zu einem nationalen Trauma der USA, aber auch zu jener Schicksalsstunde, die die Nation so einte, wie es nur dramatische Ereignisse dieser Größenordnung vermögen. Ein Angriff aus buchstäblich heiterem Himmel heraus – diese Vision saß seit jenem Tag fest verankert in der amerikanischen Psyche. Als der Albtraum sich sechzig Jahre später wiederholte, sprach man, um das Ausmaß des Entsetzens in seiner ganzen Dimension zu erfassen, noch am gleichen Tag, am 11. September 2001, von einem „zweiten Pearl Harbor".

Die Beziehungen zwischen den USA und Japan hatten sich kontinuierlich verschlechtert, seit Japans Kriegführung in China immer brutaler, sein Expansionsdrang immer ungezügelter wurde. Als die Japaner bei der Eroberung von Nanking im Dezember 1937 zu einer hemmungslosen Vergewaltigungs- und Mordorgie ansetzten (*The Rape of Nanking*), hatten sie jedwede Sympathien bei der amerikanischen Öffentlichkeit verspielt. Eurozentriert, wie die amerikanischen Eliten damals waren, blickte man jedoch mit größerer Sorge nach Europa als nach Asien. Im Aufstieg Nazi-Deutschlands wurde eher eine Gefahr für den Weltfrieden gesehen (aus gutem Grund) als in der japanischen Aggression. 1937 verhängten die USA ein erstes Rohstoffembargo gegen das fernöstliche Kaiserreich, das 1940 noch einmal verschärft wurde. Vor allem unter dem Importverbot von Treibstoffen begann das rohstoffarme Japan zu leiden. In Tokio begannen Taxis mit einem Holzverbrennungsmotor zu fahren, und die kaiserliche Militärführung musste befürchten, dass die mangelhafte Ölversorgung die Reichweite japanischer Operationen entscheidend begrenzen würde. Im Sep-

Isoruku Yamamato, japanischer Admiral, arbeitete den Plan für den Luftangriff auf Pearl Harbor aus.

tember 1940 machte sich Japan die Entwicklung in Europa zu Nutze. Die Armee landete in Französisch-Indochina, dessen Kolonialmacht nach der Niederlage gegen Hitlers Armeen im Juni des Jahres zu energischem Widerstand nicht in der Lage war. Von den Basen in Indochina aus lag das rohstoffreiche, zu den Niederlanden gehörende Indonesien ebenso in greifbarer Nähe wie die britische Kolonie Singapur und das amerikanische Protektorat der Philippinen.

Die Japaner begannen, sich auf die scheinbar unvermeidliche Auseinandersetzung mit den USA vorzubereiten, der einzigen Macht, die ihrem Expansiondrang im Wege zu stehen schien, nachdem das britische Weltreich im Sommer 1940 damit beschäftigt war, im Kampf gegen Hitlers Bomber und U-Boote zu überleben. Die Planung für diese Eventualität lag in den Händen des Oberkommandierenden der Kaiserlichen Marine, Admiral Isoruku Yamamoto. Als junger Offizier war Yamamoto in den Zwanzigerjahren als Marineattaché an der japanischen Botschaft in Washington tätig gewesen. Er hatte Amerika und die Amerikaner kennen gelernt und machte sich keine Illusionen über die Wirtschaftskraft, die in dem Land schlummerte und der Japan nichts Vergleichbares entgegenzusetzen hatte. Den politischen Kurs seines Landes, die Annäherung an Nazi-Deutschland und die Bildung der „Achse Berlin–Rom–Tokio" lehnte Yamamoto ab: „Mich fröstelt es, wenn ich an das Problem der Beziehungen Japans zu Deutschland und Italien in einer Zeit denke, in der es in Europa zu ungeheuren Veränderungen kommt."[1] Mit noch größerer Sorge erfüllte ihn die Aussicht, Krieg gegen Amerika führen zu müssen: „Sollten Feindseligkeiten zwischen Japan und den Vereinigten Staaten ausbrechen, wäre es nicht genug, wenn wir Guam und die Philippinen oder gar Hawaii und San Francisco einnehmen. Um den Sieg sicherzustellen, müssten wir in Washington einmarschieren und die Friedensbedingungen im Weißen Haus diktieren. Ich frage mich, ob unsere Politiker, bei deren Schaukelstuhl-Debatten so leichtfertig über Krieg im Namen der Staatsräson gesprochen wird, Vertrauen in den Ausgang desselben haben und ob sie bereit sind, die dafür notwendigen Opfer zu erbringen."[2]

Trotz seiner persönlichen Bedenken und seiner grundsätzlichen Abneigung gegen einen Krieg mit Amerika begann Yamamoto mit der Erstellung eines Plans, der gleichermaßen kühn wie brillant war. Der Admiral sah nur dann eine geringe Chance für einen japanischen Erfolg, wenn es gelänge, mit einem Schlag die amerikanische Pazifikflotte, die wegen der sich zuspitzenden Krise in Ostasien 1940 von San Diego nach Hawaii verlegt worden war, zu vernichten oder in ihrer Operationsfähigkeit entscheidend zu schwächen. Ein Angriff auf Pearl Harbor, den großen, mit mehreren Flugplätzen in seiner Umgebung ausgestatteten Flottenstützpunkt auf Oahu, müsste auf mehreren Prämissen basieren:

1. Er hatte völlig überraschend zu kommen und dem Gegner keine Zeit für effektive Gegenwehr zu lassen.

2. Die zeitliche Koordination müsste makellos sein und der Angriff wegen der besseren Sichtverhältnisse bei Sonnenaufgang erfolgen – an einem Wochenende, einem Zeitpunkt, zu dem nach Ansicht Yamamotos, der amerikanische Lebensgewohnheiten außerordentlich gut kannte, viele Angehörige der Streitkräfte auf Hawaii dienstfrei hätten und/oder noch schlafen würden.

3. Das wichtigste Ziel würden die amerikanischen Flugzeugträger sein, jene Instrumente, mit denen Amerika seine politischen Ziele fern seiner eigenen Küsten würde durchsetzen können. Im Gegensatz zu vielen seiner Kollegen in der Admiralität – der japanischen wie der amerikanischen – hatte Yamamoto erkannt, dass der Flugzeugträger *das* Mittel der Seekriegführung und der Projizierung von Seemacht war und nicht länger das in den kommenden vier Jahren in der Tat obsolet werdende Schlachtschiff, das für die Marineführungen der Welt anno 1940 nach wie vor die Ultima Ratio maritimer Strategie war.

4. Japan müsste seine gesamte Seemacht bei dem Unternehmen in die Waagschale werfen – sprich: seine sechs großen Flugzeugträger. Entsprechend groß war das Risiko, bei vorzeitiger Entdeckung den Kern der Marine Seiner Kaiserlichen Majestät zu verlieren.

5. Nicht nur die in Pearl Harbor liegende Flotte, sondern auch die rund 300 auf Hawaii stationierten Flugzeuge der Navy und der Army müssten zerstört werden. Das gleiche galt für Werfteinrichtungen und Treibstoffvorräte. Die vollständige Ausschaltung Pearl Harbors als Flottenbasis würde zu einer Rückverlegung der Reste der *U. S. Pacific Fleet* nach San Diego führen, von wo aus sie Japans Eroberungszug in Fernost nicht länger gestört hätte.

So genial der Plan war, selbst im Falle seines Gelingens machte sich Yamamoto wenig Hoffnungen für den weiteren Kriegsverlauf. „Wenn es notwendig wird zu kämpfen", so schrieb er seinem Premierminister Konoye, „werde ich in den ersten sechs Monaten oder im ersten Jahr des Krieges gegen die Vereinigten Staaten oder England wild um mich schlagen. Ich werde eine ununterbrochene Serie von Siegen erringen. Aber ich muss Ihnen sagen, dass ich nicht an unseren endgültigen Sieg glaube, wenn der Krieg sich über zwei oder drei Jahre hinzieht."[3] Erstaunlicherweise war die Idee, dass Pearl Harbor Ziel eines japanischen Angriffs werden könnte, auch der amerikanischen Marine schon gekommen. Bei einer Flottenübung hatten im Jahr 1932 zwei US-Flugzeugträger, die *Saratoga* und die *Lexington*, einen Angriff auf den Stützpunkt simuliert und die Verteidiger bei dem Kriegsspiel vollständig überrascht. Die Lehre aus dieser Übung war jedoch im Marineministerium offenbar vollständig in Vergessenheit geraten.

Zusammen mit seinen engsten Vertrauten traf Yamamoto seine Vorbereitungen. Seine rechte Hand war ein erfahrener Pilot, Minoru Genda. In der Bucht von Kagoshima, die gewisse geografische Ähnlichkeiten mit Pearl Harbor hat, übten Gendas Piloten die beiden wesentlichen Komponenten des Angriffs: die Attacke mit Sturzkampfbombern und den Einsatz von Torpedoflugzeugen. Da Pearl Harbor recht flach und die Bucht an kaum einer Stelle tiefer als 15 Meter war, würden vom Flugzeug abgeworfene Torpedos fast unweigerlich im Hafenschlamm versinken. Genda und sein Team rüsteten ihre Torpedos daher mit Holzstabilisatoren aus, die ein zu tiefes Eintauchen nach dem Abwurf verhindern sollten. Die dritte Säule der Angriffsvorbereitungen war der Bombenabwurf aus großer Höhe. Dank unermüdlichem Training verzeichneten auch die Bomber nach einigen Monaten eine Trefferquote, die Yamamotos Wohlgefallen fand. Der Einfallsreichtum seiner Gruppe war kaum zu übertreffen: Da die Flotte nicht genügend panzerbrechende Bomben besaß, die für den Einsatz gegen die amerikanischen Schlachtschiffe unverzichtbar waren, baute man die 40-Zentimeter-Geschosse, die in den Magazinen der japanischen Schlachtschiffe lagen, fügte ihnen kleine Flügel zur Stabilisierung nach dem Abwurf hinzu und besaß damit tödliche, panzerbrechende Waffen.

„Die stärkste Festung der Welt"

Während Yamamotos Männer sich bei ihren Trainingsflügen kaum Ruhe gönnten, bereiteten die beiden höchstrangigen Militärs auf Hawaii sich auf die Verteidigung der Inseln und der ihnen anvertrauten Einrichtungen und Menschen vor. Doch Admiral Husband E. Kimmel für die Navy und General Walter C. Short von der Army zerbrachen sich weniger über einen japanischen Luftangriff den Kopf als vielmehr über die „fünfte Kolonne". Japanische Sabotagetrupps, aus einer Bevölkerung heraus operierend, die zum großen Teil japanischer Abstammung war, erschienen den Strategen als die gefährlichste Bedrohung. So wurden die Sicherheitsvorkehrungen an den Basen verstärkt und auf den Flugplätzen die

Maschinen eng zusammenstehend geparkt, um sie leichter schützen zu können – für die japanischen Piloten stellten am 7. Dezember 1941 diese zielscheibenähnlich arrangierten Flugzeuge ein lohnendes Objekt dar. Gegen einen Angriff von außen glaubte man indes bestens geschützt zu sein. General George C. Marshall, der Chef des Stabes der Armee, hatte Pearl Harbor als die stärkste Festung der Welt bezeichnet, die Zeitschrift *Fortune* schrieb im August 1940, dass „ein Krieg mit Japan der einzige Konflikt ist, auf den die Vereinigten Staaten gut vorbereitet sind."[4] Die Insel verfügte über beträchtliche Artillerieeinrichtungen (zur Abwehr einer Invasion, die nie kam), über hunderte von Kampfflugzeugen und mit der Pazifikflotte über eine Armada, die jedem Gegner gewachsen schien. Nicht weniger als neun Schlachtschiffe und drei Flugzeugträger nebst den dazugehörigen Kreuzern, Zerstörern, U-Booten und Versorgungseinheiten standen unter Kimmels Kommando. Doch nicht jeder in der Marineführung teilte dieses Selbstvertrauen. Admiral James O. Richardson, Chef der Pazifikflotte bis 1940, nannte Pearl Harbor „eine gottverdammte Mausefalle"[5] und erklärte gegenüber Präsident Franklin D. Roosevelt, die Navy und mit ihr das ganze Land seien denkbar schlecht auf einen Krieg mit Japan vorbereitet. Dies war offenbar nicht die Art von Analyse, die Roosevelt gern zu hören pflegte, denn bald darauf wurde Richardson seines Postens enthoben.

Trotz vereinzelter Warnungen sah niemand in der politischen und militärischen Führung der USA Veranlassung, Japans militärische Fähigkeiten zu überschätzen oder zumindest realistisch einzuschätzen. Das Inselreich erschien als ein weitaus harmloserer Gegner als der wahrscheinlichste Feind bei einem amerikanischen Kriegseintritt: Hitler-Deutschland. Dessen Blitzkriege mit der schnellen Unterwerfung Frankreichs, der zunehmenden Abschnürung der Versorgung Englands durch Admiral Dönitz' U-Boote und, ab Sommer 1941, der scheinbar unaufhaltsame Vormarsch in der Sowjetunion galten als Besorgnis erregend. Dass Roosevelt immer mehr Kriegsschiffe zur Unterstützung Englands in den Atlantik verlegte und die Pazifikflotte damit schwächte, wurde von Kimmel und seinem Stab mit Missfallen beobachtet. Zur Unterschätzung der Japaner trugen vor allem zwei Faktoren bei. Zum einen herrschte in der amerikanischen Gesellschaft des Jahres 1941 ein mehr als nur unterschwelliger Rassismus mit Blick auf das fernöstliche Kaiserreich vor. Japaner galten als wenig kreativ, ihre Industrieprodukte als Nachahmungen westlicher Patente und ihre Waffen als minderwertig. Vor allem japanische Flugzeuge wurden als bestenfalls zweitklassig eingeschätzt und Ähnliches galt auch für ihre Piloten. Die in den Zeitungen auftauchenden Karikaturen japanischer Flieger, die zu klein waren, um auf den Sitz in der Flugzeugkanzel zu passen und außerdem so kurzsichtig waren, dass ihre dicken Brillengläser sie bei der Navigation behinderten, wurden zu Klischees, die in der amerikanischen Wahrnehmung schließlich fast für die

Realität gehalten wurden. Vor allem das Auftauchen der Zero-Jäger war für Amerika in den ersten Kriegsmonaten ein Schock, als man feststellte, dass die eigene Flugzeugproduktion dieser Maschine nichts Gleichwertiges entgegenzusetzen hatte.

Noch wichtiger war ein zweiter und diesmal tatsächlicher Vorzug, den die Amerikaner gegenüber den Japanern genossen. Es war den Amerikanern gelungen, den japanischen Geheimcode *Purple* zu entschlüsseln, über den die Regierung in Tokio mit ihren diplomatischen Vertretungen im Ausland in Kontakt stand. Mehrere Dechiffriermaschinen – genannt *Magic* – arbeiteten rund um die Uhr daran, die japanische Kommunikation zu knacken. In Pearl Harbor gab es keine derartige Maschine, wohl aber auf den Philippinen – es machte keinen Unterschied: Die amerikanischen Streitkräfte in der fernen Überseebesitzung wurden am 7. Dezember ebenso vom japanischen Angriff überrascht wie Pearl Harbor. Auch konnten mit *Magic* keine militärischen Nachrichten entschlüsselt werden, doch die diplomatischen Meldungen allein hatten es auch in sich, wären sie nur richtig interpretiert worden: Beispielsweise das von den amerikanischen Cryptanalysten abgefangene Telegramm Tokios an die Washingtoner Botschaft vom 5. November, in dem es um die nach wie vor stattfindenden Verhandlungen und die Aussicht ging, dass es doch noch zu einem Abkommen mit den Amerikanern kam: „Wegen verschiedener Umstände ist es unbedingt notwendig, dass die Unterzeichnung eines Abkommens bis zum 25. des Monats erfolgt ist. Dies ist eine schwierige Anweisung, aber unter den Umständen unvermeidbar." Die Umstände: An jenem 25. November würde die Flotte Yamamotos ihre Anker lichten und die japanischen Heimatgewässer verlassen.

Die diplomatischen Bemühungen gingen derweil weiter. In Washington verhandelten zwei hochrangige japanische Gesandte, Saburo Kurusu und Kichisaburo Nomura, mit Außenminister Cordell Hull – ein Schelm, wer Böses dabei dachte, dass Nomura eigentlich kein Diplomat, sondern Admiral war! Die Gespräche zwischen den höflichen Japanern und Hull, dem verbindlichen Grandseigneur aus Tennessee, fanden in durchaus freundlicher Atmosphäre statt, doch in der Sache kam man keinen Schritt weiter. Die amerikanische Regierung forderte einen Rückzug Japans aus Indochina und China, bevor an eine Aufhebung der die Japaner sichtlich schmerzenden Sanktionen zu denken war. Botschafter Kurusu erklärte Hull sichtlich enttäuscht, dass er nicht sehe, wie es noch zu einer Einigung kommen könne und dass dies wohl das Ende der Diplomatie sei. Dies geschah am 26. November, als sich die japanische Flotte bereits auf hoher See befand. Verhandelt wurde nichtsdestotrotz noch bis zum Tag des Angriffs.

Immerhin ahnten die Amerikaner zu diesem Zeitpunkt bereits, dass etwas in der Luft lag. Es war ihnen seit ein paar Tagen nicht mehr möglich gewesen, den

Funkverkehr der japanischen Flugzeugträger eindeutig zu orten. Die Flotte Yamamotos, die sich auf dem Marsch durch den Nordpazifik befand, hielt absolute Funkstille, stattdessen setzte die kaiserliche Marine irreführende Funksprüche ab, die die amerikanischen Analysten darüber rätseln ließen, ob sich die Flugzeugträger des potenziellen Feindes nach wie vor in ihren Heimatgewässern oder auf der Fahrt zu einem Einsatzgebiet befanden. Die wahrscheinlichste Zone japanischer Operationen waren nach amerikanischer Einschätzung die Gewässer von Indochina. Oder Indonesien. Oder – schlimmstenfalls – der amerikanisch verwalteten Philippinen. Dieses eine Mal immerhin erfuhr auch Admiral Kimmel in Pearl Harbor, dass nicht alles zum Besten stand. „Sie meinen", so fragte er seinen Nachrichtenoffizier, „sie [die Japaner] könnten gerade Diamond Head umfahren und Sie würden es nicht wissen?"[6]

Nein, sie umfuhren nicht Diamond Head, den großen erloschenen Vulkan an der Südostküste Oahus, sondern sie dampften fernab der gebräuchlichen Schifffahrtsrouten durch den stürmischen, regenverhangenen Nordpazifik. Die sechs japanischen Träger näherten sich Hawaii schließlich aus nordwestlicher Richtung. Sie hatten in jeder Hinsicht Glück, weder wurden sie gesichtet (oder falls doch, wie in einem Fall zu vermuten, wurde keine Meldung abgesetzt) noch erstreckten sich die Luftpatrouillen der Amerikaner auf den Sektor nördlich der Inseln. Das Kernstück von Yamamotos Verband bestand aus den sechs Flugzeugträgern *Akagi, Kaga, Hiryu, Soryu, Zuikaku* und *Shokaku*, die von Kreuzern, Zerstörern und Tankern begleitet wurden. Vor Pearl Harbor waren mehrere Klein-U-Boote in Stellung gegangen, die zu den Kampfhandlungen indes nichts beitragen konnten.

Am Abend des 6. Dezember machte sich in Washington eine Atmosphäre gespannter Erwartung breit, als Präsident Roosevelt die ersten Teile einer insgesamt 14 Abschnitte umfassenden Anweisung Tokios an die japanischen Unterhändler vorgelegt wurden, deren Entschlüsselung dank *Magic* möglich war. Der Text deutete auf den unmittelbar bevorstehenden Abbruch der diplomatischen Beziehungen hin. „Das bedeutet Krieg", sagte Roosevelt spontan zu seinem Vertrauten Harry Hopkins. Bemerkenswert war der präzise Hinweis an die Gesandten, die Botschaft exakt um 1 Uhr mittags Washingtoner Zeit zu überreichen, was genau 7 Uhr 30 morgens in Hawaii entsprach. Zur restlosen Beschämung der beiden japanischen Diplomaten gelang es dem eigenen Botschaftspersonal nicht, rechtzeitig alle 14 Teile des Memorandums zu entschlüsseln – die letzte diplomatische Note konnte nicht mehr in Friedenszeiten überreicht werden.

Alle Warnungen verhallen ungehört – Schicksal oder Absicht?

Warnungen vor einem japanischen Angriff auf Pearl Harbor gab es reichlich, von Beginn des Jahres 1941 bis zur letzten Stunde vor dem Angriff. Im Januar hatte der amerikanische Botschafter in Tokio, Joseph C. Grew, seiner Regierung von einer merkwürdigen Geschichte berichtet, die ein lateinamerikanischer Geschäftsträger in der japanischen Hauptstadt ihm hatte zukommen lassen: „Mein peruanischer Kollege hat einem Mitglied meines Stabes mitgeteilt, er habe aus verschiedenen Quellen, einschließlich japanischer Quellen, erfahren, dass die japanischen Streitkräfte im Falle von Verwicklungen mit den Vereinigten Staaten planen, mit all ihrer militärischen Kapazität einen massiven Überraschungsangriff auf Pearl Harbor durchzuführen. Er fügte hinzu, er habe aus so vielen Quellen darüber gehört, dass er – obgleich das Projekt allzu phantastisch klinge – diese Informationen weitergeben müsse."[7]

Die Warnung, die Admiral Kimmel und sein Kollege von der Armee, General Short, am 27. November aus Washington erhalten hatten, war alles andere als spezifisch und erwähnte Hawaii mit keinem Wort: „Betrachten Sie diese Depesche als Kriegswarnung. Die Verhandlungen mit Japan über eine Stabilisierung der Bedingungen im Pazifik sind beendet, und ein aggressiver Schritt der Japaner wird für die nächsten Tage erwartet. Die Größe und Ausrüstung der japanischen Truppen und die Organisation ihrer Seestreitkräfte deuten auf eine amphibische Operation entweder gegen die Philippinen oder die Kra-Halbinsel oder Borneo hin. Führen Sie alle notwendigen Verteidigungsmaßnahmen durch."[8]

Auch die wichtigste japanische Nachrichtenquelle im Umfeld Pearl Harbors erfreute sich amerikanischer Aufmerksamkeit. Takeo Yoshikawa war offiziell Vize-Konsul im japanischen Konsulat in Honolulu, doch gab sich der Marineangehörige nicht mit Pass- und Visaangelegenheiten ab, sondern mit der Beobachtung der amerikanischen Flotte. Auch seine Korrespondenz mit Tokio wurde von der amerikanischen Abwehr entschlüsselt und gelesen. So fanden sich in diesem Schriftverkehr so delikate Anfragen Tokios wie jene nach Anti-U-Boot-netzen in der Hafeneinfahrt und, am 2. Dezember, die Bitte, doch zu melden, ob sich Ballons, wie sie damals gegen Tiefflieger gebräuchlich waren, über dem Hafen befänden. Erst nach dem Angriff wurde man auf Yoshikawas Aktivität aufmerksam, und Admiral Kimmel, den man erwartungsgemäß zum Sündenbock machte, erklärte, er hätte seine Flotte ganz anders kommandiert und sicher nicht in den engen Hafengewässern gelassen, hätte er von einem so detaillierten Interesse der Japaner gewusst.

Es hat vermutlich weitere Hinweise gegeben. So soll das FBI angeblich von dem Funker eines Passagierschiffes, das wenige Tage vor dem Angriff in Honolulu einlief, über Funkverkehr im Nordpazifik informiert worden sein (was allerdings der japanischen Behauptung absoluter Funkstille widerspräche). Ferner sei ein sowjetisches Schiff auf die japanische Flotte gestoßen, habe deren Anwesenheit jedoch nicht gemeldet (oder die Meldung sei von Stalin nicht an seinen künftigen Verbündeten Roosevelt weitergeleitet worden).

Pearl Harbor ist seit dem Ende des Zweiten Weltkrieges Gegenstand einer heftigen Debatte geworden zwischen jenen, die die offizielle Geschichtsschreibung vertreten, welche in den USA das hilflose Opfer jenes Angriffs sieht, und den Revisionisten, die der Regierung Roosevelt vorwerfen, von dem Angriff gewusst (oder zumindest über genügend Hinweise verfügt zu haben) und nichts unternommen zu haben, da die Ereignisse des 7. Dezember perfekt in ihre Agenda passten und das amerikanische Volk, in dem die Isolationisten immer noch eine große Anhängerschaft hatten, „reif" für den Krieg machten. Auch die britische Regierung soll a priori Kenntnisse von den japanischen Plänen gehabt haben. Churchill wurde bekanntlich, wie er seinem Tagebuch anvertraute, an diesem 7. Dezember all seiner Albträume ledig: „Kein Amerikaner wird es mir verdenken, wenn ich erkläre, dass es die größte Freude war, die Vereinigten Staaten an unserer Seite zu haben. England würde leben, Britannien würde leben, der Commonwealth und das Empire würden leben. Von Emotionen und Erschütterungen erfüllt und erschöpft, legte ich mich nieder und schlief den Schlaf des Geretteten und Dankbaren."[9] Noch im Frühjahr 2002 stellte einer seiner Biografen fest: „FDR [Franklin D. Roosevelt] hat wahrscheinlich nichts gewusst. Churchill fast mit Sicherheit schon."[10]

Was immer die Regierenden in Washington, London oder Moskau gewusst bzw. geahnt haben mögen, in Hawaii war man kaum auf einen Angriff vorbereitet. Die letzte Friedensnacht war eine von Samstag auf Sonntag. Dies bedeutete, dass viele Angehörige der Streitkräfte Ausgang hatten und die Restaurants, Bars und Kinos von Honolulu ebenso glänzende Geschäfte machten wie die Tanzpaläste, in denen sich die Matrosen und Flieger in schöner Regelmäßigkeit um die Aufmerksamkeit der Krankenschwestern aus den Militärhospitälern und der einheimischen Schönheiten stritten. Auch Admiral Kimmel hatte sich einen netten Abend gegönnt und an einer Dinnerparty im Halekulani Hotel teilgenommen. Für Sonntagmorgen um zehn Uhr hatte er eine Verabredung zum Golfspielen mit General Short, der seinerseits am Vorabend eine Tanzveranstaltung im Offiziersklub besucht hatte. Während Hawaii noch in tiefem Schlummer lag, drehten die japanischen Flugzeugträger um 5 Uhr 30 rund 230 Meilen nördlich von Oahu in den Wind und starteten ihre Staffeln. Insgesamt 183 Bomber, Torpedoflugzeuge und Jäger der ersten Angriffswelle machten sich auf den Weg zu ihrem Ziel, während an Bord der Träger die Maschinen der zweiten Welle munitioniert und aufgetankt wurden.

Während sich die japanischen Flieger der Insel näherten, während Lockard und Elliott noch ahnungslos vor ihrem Radargerät saßen, feuerte Amerika die ersten Salven des Krieges ab. Auch sie wurden nicht in den Kommandozentralen von Honolulu gehört. Kurz vor vier Uhr morgens beobachtete der wachhabende Offizier des außerhalb des Hafens von Pearl Harbor kreuzenden Minenräumers *Condor*, Ensign R. C. McCloy, eine merkwürdige Unregelmäßigkeit auf der Wasseroberfläche. Als er das Objekt mit einem Feldstecher ansah, glaubte McCloy seinen Augen nicht trauen zu können: Es war eindeutig ein Periskop. Das Gebiet war für U-Boote gesperrt, sodass es sich nicht um ein eigenes Schiff handeln konnte. McCloy machte mit Lichtsignalen den in der Nähe befindlichen Zerstörer *Ward* auf die Beobachtung aufmerksam. Dessen Kommandant, Lieutenant William Outerbridge, erkannte mit Schrecken, dass das fremde Klein-U-Boot sich anschickte, hinter einem gerade die Hafeneinfahrt ansteuernden Versorger durch die für diesen geöffneten Stahlnetze zur U-Boot-Abwehr durchzufahren und in Pearl Harbor einzudringen. Um 6 Uhr 40 gab Outerbridge den Feuerbefehl. Bereits die zweite Granate traf das U-Boot, das sofort sank. Die *Ward* fuhr darauf über die vermeintliche Position des Eindringlings und warf noch einige Wasserbomben. Um 7 Uhr 01 setzte Outerbridge den Funkspruch an das Marinehauptquartier ab: „Wir haben Wasserbomben auf U-Boote geworfen, die in der restringierten Zone operieren".[11] Auch ein auf Patrouillenflug befindliches Flugboot des Typs PBY sah das U-Boot und warf Bomben. Der Pilot berichtete ebenfalls umgehend über den Zwischenfall. Wie Outerbridges Meldung, blieb

Rettung eines Seemanns von der brennenden „West Virginia".

auch dieser Report ohne Konsequenzen. Amerikanische Soldaten hatten den Kampf gegen die japanischen Angreifer eröffnet – doch niemand auf Kommandoebene nahm die Meldungen davon zur Kenntnis.

Das große Sterben auf Battleship Row

Um 7 Uhr 40 erreichte der Führer der ersten Angriffswelle, Commodore Mitsuo Fuchida, Pearl Harbor und setzte den Funkspruch ab, der als Signal dafür vereinbart worden war, wenn die Überraschung vollständig gelingen sollte: *„Tora! Tora! Tora!"* Allerdings sah Fuchida auch, dass der ganz große Preis den Japanern nicht in die Hände fallen würde: Alle drei Flugzeugträger der amerikanischen Pazifikflotte waren verschwunden (zwei brachten Verstärkungen zu den Stützpunkten auf Wake bzw. den Midway-Inseln, der Dritte befand sich zur Reparatur in San Diego). Doch immerhin lag der Stolz der amerikanischen Schlachtflotte säuberlich aufgereiht an ihren Liegeplätzen zu beiden Seiten von Ford Island, der kleinen Insel in der Mitte des Hafens.

Die große, weithin sichtbare Uhr am Aloha Tower zeigte 7 Uhr 55, als die ersten Torpedos im Tiefflug abgeworfen wurden und als fast gleichzeitig Bomben auf die Flugplätze Ford Island, Hickam Field und den Marineluftstützpunkt Kaneohe hinabregneten. Auf dem Flugplatz Ford konnte Commander Logan Ramsay gerade noch den Funkspruch *„Air Raid on Pearl Harbor. This is no Drill"*[12] absetzen, bevor das flammende Inferno die Flugzeuge verschlang. Bin-

Über 1000 Besatzungsmitglieder der „Arizona" verloren ihr Leben.

nen weniger Minuten waren alle großen Schiffe von Torpedos oder Bomben getroffen: die *Nevada, Arizona, Oklahoma, West Virginia, California, Tennessee, Maryland* und auch das Flaggschiff, die *Pennsylvania*. Auch einige kleinere Schiffe wurden getroffen wie der Minenleger *Oglala* und der Tender *Utah*, der das Pech hatte, an einem Liegeplatz vertäut zu sein, der normalerweise für Flugzeugträger reserviert war. „Es fühlte sich an", so beschrieb es einer der Matrosen auf der *California*, „als ob das Schlachtschiff aus dem Wasser herausgehoben, geschüttelt und wieder zurückgesetzt wird. Durch die von den Torpedos gerissenen Löcher könnte man mit einem Lastwagen durchfahren."[13]

Die Schäden waren unterschiedlich schwer. Die *California* sank langsam auf den Grund, bis nur noch ihre Aufbauten aus dem Wasser ragten. Die *Oklahoma* kenterte und überschlug sich; einige ihrer Besatzungsmitglieder überlebten im Rumpf und wurden in den nächsten Tagen von mit Schneidbrennern ausgerüsteten Rettungsmannschaften befreit, die auf dem nach oben weisenden Kiel des Schiffes verzweifelt gegen die Zeit und den knapper werdenden Sauerstoffvorrat im Schiff ankämpften. Am schlimmsten erwischte es jedoch die *Arizona*. Um 8 Uhr 06 traf eine von einem Sturzkampfbomber abgeworfene panzerbrechende Bombe das Schlachtschiff leicht rechts neben der Brücke. Das Geschoss, vermutlich eine von den umfunktionierten 40-cm-Granaten, durchschlug mehrere Decks und detonierte in der vorderen Munitionskammer. Das Schiff wurde von einer gewaltigen Explosion zerrissen. In dem Inferno fanden 1177 Mann Besatzung den Tod, darunter auch der Kapitän, Franklin Van Valkenburgh, und der Kommandant der *Battleship Division One*, Admiral Isaac C. Kidd. Mehr als jedes andere Schiff wurde die *Arizona* zum Symbol für Pearl Harbor und für die Opfer, die Amerika an diesem Schicksalstag erbringen musste. Das auf ihrem Wrack 1962 errichtete Monument ist nach wie vor eines der emotionalsten Denkmäler Amerikas, vergleichbar nur dem *Vietnam War Memorial* in Washington D.C.

Um 8 Uhr 30 war die erste japanische Angriffswelle zu Ende, knapp zwanzig Minuten später tauchte die zweite, aus 171 Maschinen bestehende Formation über der Insel auf, die sich auf jene Ziele konzentrierte, die noch übrig waren. Das lohnendste schien das angeschlagene Schlachtschiff *Nevada* zu sein, das versuchte, auf hohe See zu entkommen. Die *Nevada* genau in der engen Hafeneinfahrt zu versenken hätte bedeutet, Pearl Harbor auf Monate hinaus unbrauchbar zu machen. Die japanischen Piloten konzentrierten sich auf dieses Ziel, doch gelang es der Besatzung des verwundeten Riesen, sie an weniger gefährlicher Stelle auf Grund zu setzen. Wie fünf andere Schlachtschiffe, konnte auch die *Nevada* später gehoben und repariert werden, sie würde in den nächsten knapp vier Jahren an einer Reihe von Gefechten mit den Japanern teilnehmen können. Die zweite Angriffswelle wurde von heftigem amerikanischen Abwehrfeuer begrüßt. Nach dem Überwinden des ersten Schocks schossen die Schiffsgeschütze aus allen Rohren. Ein schwarzer Steward (Farbige durften bis zum Beginn des Zweiten Weltkrieg nur in untergeordneten Positionen, vor allem in der Küche und als Kellner in der Offiziersmesse bei der Navy dienen) namens Doris Miller setzte sich über alle Regularien hinweg und feuerte eigenmächtig und so unermüdlich auf die Angreifer, dass ihm später eine der höchsten Tapferkeitsauszeichnungen verliehen wurde. Die Konfusion wurde noch dadurch verstärkt, dass eine Staffel amerikanischer B 17-Bomber plangemäß in Hawaii landen wollte und nicht nur brennende Flugplätze vorfand, sondern auch von den eigenen Leuten beschossen wurde. Inzwischen war es auch einigen noch unzerstörten amerikanischen Jagdflugzeugen gelungen, aufzusteigen und eine Reihe japanischer Bomber und Jäger anzuschießen.

Um 10 Uhr war der Albtraum vorüber, die letzten japanischen Maschinen drehten nach Norden ab. Der Gedanke an einen dritten Angriff wurde von der japanischen Führung verworfen. Man hatte bisher mehr erreicht als man realistischerweise erhoffen konnte. Unter Verlust von 29 eigenen Flugzeugen hatten Yamamotos Piloten fast alle amerikanischen Schlachtschiffe versenkt oder schwer beschädigt und 323 amerikanische Flugzeuge zerstört. Insgesamt 2403 Amerikaner kamen bei dem japanischen Angriff um, mehr als 1100 wurden verwundet. Es war ein gewaltiger Blutzoll an einem milden pazifischen Sonntagmorgen.

Entschlossenheit, aber auch Erleichterung in der Roosevelt-Administration

Die erste Nachricht vom Angriff auf Pearl Harbor traf um 1 Uhr 30 mittags in Washington ein, sie bestand aus den berühmten zwei kurzen Sätzen: *Air raid on Pearl Harbor. This is no drill.*[14] Wenige Minuten später wurde Präsident Roosevelt informiert, der die Nachricht erschüttert aber gefasst, zur Kenntnis nahm. Dies sei „genau die Art von unerwartetem Handeln, zu dem die Japaner greifen würden. Zum gleichen Zeitpunkt, da sie über den Frieden im Pazifik verhandeln, schmieden sie Pläne, um diesen zu vereiteln."[15] Wegen der geringen Chance, einer Falschmeldung aufgesessen zu sein, sollte Außenminister Hull die beiden japanischen Diplomaten ein letztes Mal empfangen. Der Minister hatte Mühe, die Form zu wahren, als Nomura und Kurusu ihm um 2 Uhr 20 jene Botschaft überreichten, deren Inhalt er längst kannte. Hull packte seine ganze Verachtung in die Worte, bevor er den beiden völlig geschockten Japanern (die erst nach der Heimfahrt in die Botschaft vom Überfall erfuhren) die Tür wies: „Ich muss Ihnen sagen, dass ich in all meinen Unterhaltungen mit Ihnen in den letzten neun

Monaten kein einziges Wort der Unwahrheit gesprochen habe. Dies geht aus allen Aufzeichnungen hervor. In meinen fünfzig Jahren im Dienste der Öffentlichkeit habe ich kein Dokument gesehen, dass so voller infamer Lügen und Verdrehungen war – infame Lügen und Verdrehungen von so gigantischem Ausmaß, dass ich bis heute nicht geglaubt hätte, ein Land auf diesem Planeten wäre in der Lage, sie zu äußern."[16]

Überall im Land erfuhren Amerikaner aus dem Radio von den Ereignissen, meist, als das Konzertprogramm zum sonntäglichen Mittagessen unterbrochen wurde. Der Schock saß tief. Niemand würde zeit seines Lebens vergessen, wo er sich gerade aufgehalten hatte, als die Nachricht von Pearl Harbor eintraf – ähnlich, wie es bei späteren traumatischen Ereignissen wie der Ermordung John F. Kennedys und dem Terror des 11. September der Fall sein würde. Doch in den nächsten Tagen wich das Entsetzen der Entschlossenheit. Präsident Roosevelt konnte sich breiter Zustimmung sicher sein, als er am 8. Dezember vor den Kongress trat und seine Rede hielt, die in ihren wichtigsten Abschnitten zu den bekanntesten der amerikanischen Geschichte wurde: „Gestern, am 8. Dezember 1941, ein Datum, das als Tag der Schande fortleben wird, sind die Vereinigten Staaten plötzlich und vorsätzlich von See- und Luftstreitkräften des Japanischen Kaiserreiches angegriffen worden … Die Feindseligkeiten haben begonnen. Die Augen dürfen nicht davor verschlossen werden, dass unser Volk, unser Territorium und unsere Interessen in großer Gefahr sind. Mit Vertrauen in unsere Streitkräfte, in die unbedingte Entschlossenheit unseres Volkes werden wir den endgültigen Sieg erringen, so wahr uns Gott helfe. Ich bitte den Kongress zu erklären, dass durch den unprovozierten und heimtückischen japanischen Angriff vom 7. Dezember der Zustand des Krieges zwischen den Vereinigten Staaten und dem Kaiserreich Japan besteht."[17] Unter minutenlangem Beifall wurde des Präsidenten Antrag mit einer Gegenstimme angenommen. Vier Tage darauf erklärte Nazi-Deutschland den USA den Krieg.

Kriegsminister Henry L. Stimson erkannte noch am Tag von Pearl Harbor die Tragweite der Ereignisse und fasste die Gefühle der Regierungsmitglieder zusammen: „Als die ersten Nachrichten eintrafen, dass Japan uns angegriffen hat, war meine erste Empfindung die Erleichterung darüber, dass die Unschlüssigkeit vorbei war und eine Krise heraufgezogen war, die unser ganzes Volk einen würde."[18]

Anmerkungen

1 GORDON W. PRANGE: At Dawn We Slept. The Untold Story of Pearl Harbor. London 1981. S. 10.
2 PRANGE, S. 11.
3 MICHAEL SLACKMAN: Target Pearl Harbor. Honolulu 1990. S. 10.
4 SUSAN WELS: Pearl Harbor. America's Darkest Day. San Diego 2001. S. 59.
5 WELS, S. 60.
6 SLACKMAN, S. 33.
7 PRANGE, S. 31.
8 SLACKMAN, S. 57.
9 JAMES RUSBRIDGER and ERIC NAVE: Betrayal at Pearl Harbor. New York – London 1991. S. 154.
10 CHRISTOPHER HITCHENS: The medals of his defeat. Atlantic Monthly. April 2002. S. 134.
11 SLACKMAN, S. 75.
12 „Luftangriff auf Pearl Harbor. Dies ist keine Übung."
13 WELS, S. 123.
14 SLACKMAN, S. 60.
15 PRANGE, S. 553.
16 PRANGE, S. 554.
17 WELS, S. 167.
18 PRANGE, S. 554.

In Alamogordo geht die Sonne zweimal auf

16. Juli 1945

Der vermutlich folgenschwerste Brief der amerikanischen Geschichte wurde in einem idyllischen Sommerhaus auf Long Island, weit weg von dem unter einer Hitzewelle stöhnenden New York, geschrieben. Albert Einstein, Nobelpreisträger und Physikprofessor in Princeton, empfing zwei Kollegen, die wie er jüdischer Abstammung und aus dem totalitären Mitteleuropa emigriert waren. Leo Szilard und Edward Teller hatten die lange Fahrt unternommen, um mit dem weltberühmten Wissenschaftler und Nobelpreisträger über die politische Großwetterlage in der Alten Welt zu sprechen. Zwei Wochen zuvor war Szilard bereits bei Einstein gewesen und hatte auf eine ihm real erscheinende Gefahr hingewiesen: Sechs Monate, nachdem die beiden deutschen Physiker Otto Hahn und Fritz Strassmann erfolgreich die erste Kernspaltung durchgeführt hatten, konnte nach Szilards Einschätzung nicht ausgeschlossen werden, dass die Machthaber in Nazi-Deutschland das gewaltige Energiepotenzial der Radioaktivität für finstere Zwecke ausnutzen könnten. Nicht nur Kernphysiker, auch Publikumszeitschriften diskutierten in den späten Dreißigerjahren fasziniert die Möglichkeiten, die sich aus den Entdeckungen der Atomphysik ergeben konnten. Wie andere Fachleute, dachte Szilard nicht nur an eine friedliche Nutzung dieser neuen Energiequelle, sondern an die Entwicklung einer schrecklichen Waffe. Das für die Herstellung einer nuklearen Waffe notwendige Uran – und besonders dessen seltenes Isotop 235 – war ziemlich ungleich über die Rohstofflager der Welt verteilt. Große Vorkommen gab es in der belgischen Kolonie Kongo – und Belgien war bekanntlich ein kleines Land mit Deutschland als übermächtigem und zunehmend aggressiverem Nachbarn.

Szilard wollte zunächst Einstein bewegen, einen Brief an die belgische Königinmutter zu schreiben und diese eindringlich davor zu warnen, das wertvolle Metall in deutsche Hände fallen zu lassen. Ein Bekannter, der zu Präsident Franklin D. Roosevelts ökonomischem Beratergremium gehörte, überzeugte Szilard jedoch davon, dass der Präsident der geeignete Adressat eines Schreibens aus der Hand des Entdeckers der Relativitätstheorie sei. Einstein, der sich als Pazifist gerierte, ließ sich überzeugen. Er verfasste einen Brief mit der Ortsangabe „Peconic, Long Island" und unter dem Datum des 2. August 1939.

Gewisse Aspekte der modernen physikalischen Forschung, so teilte Einstein dem Präsidenten mit, ließen Wachsamkeit und gegebenenfalls schnelles Handeln der Regierung ratsam erscheinen: „Im Laufe der letzten Monate ist es wahrscheinlich geworden – durch die Arbeiten von Joliot in Frankreich als auch von Fermi und Szilard in Amerika –, dass die Auslösung einer nuklearen Kettenreaktion in einer großen Masse Uran möglich wird. Dabei werden riesige Mengen von Energie und dem Radium ähnliche neue Elemente frei gesetzt. Es erscheint jetzt als fast sicher, dass dies schon in naher Zukunft geschehen kann. Dieses neue Phänomen würde auch zur Konstruktion von Bomben führen und es ist denkbar – wenn auch weniger sicher –, dass extrem starke Bomben eines neuen Typs auf diese Weise konstruiert werden können. Eine einzige Bombe dieser Bauart, die mit einem Schiff transportiert und in einen Hafen gebracht würde, könnte sehr gut den ganzen Hafen zusammen mit dem umliegenden Territorium zerstören. Allerdings könnten sich diese Bomben als zu schwer erweisen, um sie mit dem Flugzeug zu transportieren … In Anbetracht dieser Situation mögen Sie es für ratsam erachten, einen permanenten Kontakt zwischen der Regierung und jener Gruppe von Physikern zu etablieren, die in Amerika an der Kettenreaktion arbeiten, … um die experimentelle Arbeit mit Staatsmitteln zu beschleunigen, die sich bislang innerhalb der Grenzen der Budgets von Universitätslabors abspielt.

Ich habe gehört, dass Deutschland gerade den Export von Uranerz aus den tschechischen Minen, von denen es Besitz ergriffen hat, eingestellt hat. Dass es zu einer so schnellen Maßnahme gegriffen hat, mag auf die Tatsache zurückzuführen sein, dass der Sohn des deutschen Staatssekretärs von Weizsäcker zum Kaiser-Wilhelm-Institut in Berlin gehört, wo die amerikanischen Uranforschungen jetzt nachvollzogen werden. Hochachtungsvoll, Ihr A. Einstein."[1]

Die Grundlagenforschung machte in den nächsten Monaten enorme Fortschritte. Im April 1940 wurde in einem Memorandum die Anreicherung von Uran mit Hilfe der Gasdiffusion beschrieben, ein Verfahren, mit dem es möglich wurde, das für den Bombenbau essenzielle Isotop 235 von dem in der Natur überwiegend vorkommenden Uran 238 zu trennen. Im Februar 1941 gelang Glenn Seaborg und Arthur Wahl die Entdeckung eines neuen Elementes: Plutonium. Man fand schnell heraus, dass sich dieser Stoff noch besser für eine Kernfusion eignet als Uran und somit die ideale Grundlage für den Bau einer Bombe darstellt. Als der Krieg auch Amerika bedrohlich nahe kam, wurde aus der Förderung ein Projekt, das mit höchster Priorität betrieben werden musste. Nach dem japanischen Überfall auf Pearl Harbor waren die bewilligten Ressourcen für Forschung und Entwicklung praktisch unbegrenzt. Das am 18. Dezember 1941 offiziell, aber natürlich geheim begonnene Vorhaben trug ab Juni 1942 den Codenamen *„Manhattan Project"*, zu dessen Leiter der 1904 in New York geborene Atomphysiker J. Robert Oppenheimer ernannt wurde. Oppenheimer, der in Berkeley unterrichtete und jene kritische Masse von Uran 235 errechnet hatte, die zur Auslösung einer Kettenreaktion notwendig ist, versammelte um sich die Elite der zeitgenössischen Physik, viele von ihnen aus Europa vor den Nazis geflohen. Der militärische Leiter des Projektes, General Leslie Groves, beobachtete den spindeldürren Wissenschaftler mit einer Mischung aus Bewunderung und den Vorurteilen eines Soldaten gegenüber einem Intellektuellen: „Er ist ein Genie, ein richtiges Genie. Oppenheimer weiß einfach alles. Er kann mit Dir über jedes Thema reden, das Du einbringst. Na ja, nicht hundertprozentig. Es gibt, schätze ich, ein paar Dinge, von denen er nichts weiß. Er hat keine Ahnung von Sport."

Groves besaß hervorragende administrative Fähigkeiten und verstand es, unterschiedliche Institutionen in das gigantische Projekt einzubinden, die Armee ebenso wie bestimmte Universitäten und auch einzelne Industrieunternehmen wie DuPont und Kellog. Dass man die im Atom schlummernden Kräfte offenbar zu kontrollieren vermochte, bewies der aus Italien emigrierte Enrico Fermi, dem es im Dezember 1942 gelang, in einem noch recht primitiven Reaktor – unterhalb der Tribüne des Fußballstadions der Universität von Chicago – eine Kettenreaktion zu kontrollieren.

An verschiedenen Stellen im Land wurden riesige industrielle Komplexe angelegt, um waffenfähiges Material herzustellen. In Oak Ridge, Tennessee, wurde ab 1942 eine Anlage errichtet, die Uran 235 gewinnen sollte. Einem vergleichbaren Zweck diente Hanford im Bundesstaat Washington, wo das zweite nach damaligem Kenntnisstand für den Bombenbau geeignete Element, Plutonium, erzeugt werden sollte. Die Nähe zweier großer Flüsse war für Hanford essenziell – die Reaktoren verbrauchten bis zu 100 000 Liter Kühlwasser pro Minute. Neben diesen industriellen Großkomplexen wurde Los Alamos in New Mexico zur dritten Basis der Atombomben-Herstellung. Der kleine Ort wurde das Herzstück der Forschung und zur vorübergehenden Heimat von Wissenschaftlern wie Oppenheimer, Fermi, Szilard und Teller.

Mit den Briten arbeitete Amerika beim Bombenbau eng zusammen, ein Abkommen zwischen Roosevelt und Premier Churchill – *Anglo-American Declaration of Trust* – wurde am 13. Juni 1944 unterzeichnet. Churchill hatte bereits ein Jahr zuvor über den Tag – im Sinne von: über das Kriegsende – hinausgedacht, als er nebulös davon sprach, dass man weder Deutschland noch Russland das Rennen nach *„something"* erlauben dürfe, mit dem die ganze Welt erpresst

Der amerikanische Physiker Robert Oppenheimer (1904–1967), Leiter des sog.
„Manhattan-Projects", im Gespräch mit Albert Einstein.

werden konnte. Eine solch kritische Einstellung gegenüber Stalin und der Sowjetunion war im Weißen Haus des Franklin D. Roosevelt nicht wohl gelitten, was sich nach Trumans Amtsantritt schnell und gründlich ändern sollte.

Der neue Präsident wird mit dem Geheimprojekt konfrontiert

Nach dem Tod von Franklin D. Roosevelt am 12. April 1945 oblag es den Leitern des Manhattan Projects, den neuen Mann im Weißen Haus über das Programm zu informieren – das Amt des Vize-Präsidenten, das zweithöchste im Staat, war offenbar nicht für wichtig genug befunden worden, als dass sein Inhaber von Beginn an hätte eingeweiht werden müssen. Es dauerte immerhin noch zwei Wochen, bis Kriegsminister Stimson und General Groves eine Gelegenheit fanden, Harry Truman unter sechs Augen sprechen zu können. Der neue Präsident hatte gerade eine erste verbale Konfrontation mit dem sowjetischen Außenminister Molotow hinter sich[2] und eine Vorahnung davon bekommen, wer Amerikas weltpolitischer Rivale nach der Niederringung Deutschlands und Japans sein würde. Stimson erklärte Truman, dass „wir innerhalb von vier Monaten aller Wahrscheinlichkeit nach die schrecklichste Waffe in der Geschichte der Menschheit gebaut haben werden, eine Bombe, mit der eine ganze Stadt zerstört werden kann."[3] Truman nahm die Mitteilung ohne größere Emotionsäußerung zur Kenntnis. Als General Groves ihm ein 24-seitiges Memorandum über das Projekt vorlegte, war er wenig zur sofortigen Lektüre geneigt und gab, so erinnerte sich jedenfalls der General, zum Besten, dass er eigentlich nicht gern längere Schriftstücke lese.

Dokumente ganz anderer Art beschäftigten derweil die militärischen Planer. Ein *Target Committee* war eingesetzt worden, um ein adäquates Ziel für die Erstanwendung der neuen, schrecklichen Waffe auszuwählen. Die Crux bei diesen Überlegungen: Die konventionellen Angriffe der US-Bomber hatten nicht mehr allzu viele Ziele übrig gelassen, an denen die verheerende Wirkung der Bombe studiert werden konnte: „Um den Effekt der Bombe akkurat abzuschätzen, sollten die Ziele nicht durch vorhergehende Luftangriffe beschädigt sein. Es wäre außerdem erstrebenswert, dass das erste Ziel von einer solchen Größe ist, dass sich der Schaden innerhalb seiner Grenzen hält, sodass wir die Kraft der Bombe genauer bestimmen können."[4]

Die Hauptstadt des Gegners, Tokio, erfüllte diese Qualifikation schon längst nicht mehr. Am 9. März hatte die Luftwaffe mit 334 Bombern des Typs B 29 angegriffen und mehr als 2000 Tonnen neuartiger Brandbomben unter der technischen Bezeichnung M 69 über den fast ausschließlich aus Holzhäusern bestehenden Wohngebieten abgeworfen. Der in dieser Nacht vorherrschende kräftige

Wind hatte aus Tokio eine Feuerhölle gemacht, die Hitze war so stark, dass nachfolgende Bomber noch in zweitausend Meter Höhe abdrehen und die Besatzungen zu ihren Sauerstoffmasken greifen mussten. In dieser Nacht starben mehr als 100 000 Menschen, überwiegend Zivilisten. Einer der amerikanischen Flieger nannte den Angriff „das schrecklichste Erlebnis, das ich je hatte". In der militärischen Führungsschicht der Amerikaner hingegen herrschte Hochstimmung vor. Luftwaffenchef Hap Arnold telegrafierte dem für die strategischen Bombenangriffe auf Japan verantwortlichen General Curtis LeMay begeistert: „Gratulation. Dieser Einsatz zeigt, dass Ihre Jungs das Zeug zu allem haben."[5]

Nach eingehenden Studien der potenziellen Ziele in Japan kam das *Target Committee* dann zu einer Empfehlung: „Hiroshima ist die größte unbeschädigte Stadt auf der Prioritätsliste des 21. Bomber Command. Die Überlegungen sollten dieser Stadt gelten."[6] Hiroshima durfte noch eine Kirschblüte und einen tropischen Sommer erleben, bevor der Name dieser Stadt zu einer Wegmarke in der Evolution der Menschheit werden würde. Die Planer des Angriffs mussten sich des Eifers der konventionell bombenden Kameraden von der 20th Air Force erwehren, die wenig Sinn für Ausnahmen hatte und deren Kampagne in den zynischen Worten eines Colonels umrissen wurde: „Bei der Auswahl unserer Ziele sollte daran erinnert werden, dass die 20th Air Force hauptsächlich nach dem Prinzip vorgeht, alle wichtigen japanischen Städte in Trümmer zu legen und sie haben kein Verständnis dafür, irgendein wichtiges Ziel für uns aufzusparen, wenn dies nicht mit ihrer Sichtweise der Kriegführung vereinbar ist. Die 20th Air Force bombardiert systematisch die folgenden Städte mit dem primären Ziel im Sinn, keinen Stein auf dem anderen zu lassen: Tokio, Yokohama, Nagoya, Osaka, Kyoto, Kobe, Yawata & Nagasaki."[7]

Nagasaki wurde zum zweiten Ziel eines Atombombenangriffs, da das von den Militärs ursprünglich ausgewählte Kyoto auf Drängen des humanistisch gebildeten Stimson von der Liste genommen wurde. Der Minister wollte dem Zentrum des religiösen Lebens in Japan mit seinen hunderten von Tempeln und Schreinen das Schicksal ersparen, das schließlich über Nagasaki hereinbrach, welches als Ersatzziel diente – die zweite Atombombe war eigentlich für Kokura bestimmt, über dem die Wetterbedingungen beim Angriff am 9. August nicht gut genug waren.

Doch alle Überlegungen hinsichtlich des Einsatzes waren hypothetischer Natur, solange es keinen Test gegeben hatte. Selbst die Physiker waren sich nicht sicher, wie gewaltig die Explosion, wie stark die Strahlung ausfallen würde. Die Aufgabe, eine passende Lokalität für die Erprobung zu finden, oblag dem Harvard-Physiker Kenneth T. Bainbridge. Das Testgelände sollte möglichst flach und von guten klimatischen Bedingungen sein, es dürfte nicht allzu weit von Los Alamos entfernt und abgelegen genug sein, um keinerlei öffentliche Aufmerksamkeit zu erregen. Neben Arealen in Texas und Kalifornien verfügte vor allem der größtenteils wüstenähnliche Staat New Mexico über die erforderliche Geografie. Zusammen mit Oppenheimer, der froh war, gelegentlich dem Labor zu entkommen, nahm Bainbridge die einzelnen Kandidaten in Augenschein. Die Wahl fiel schließlich auf ein Gelände, das etwa sechzig Meilen nordwestlich der Stadt Alamogordo lag und durch das zu spanischen Kolonialzeiten ein Weg mit dem angemessenen Namen Jornada del Muero führte – *Dead Man's Trail*. Das Areal, das Teil eines gigantischen Bombenabwurfplatzes war, wurde eingezäunt und hatte die respektablen Ausmaße von 24 Meilen Länge und 18 Meilen Breite.

Am vorgesehenen Ort der Explosion wurde ein Stahlgerüst gebaut, an dem die Bombe zur Detonation gebracht werden sollte. Für dieses Zentrum des Geschehens bürgerte sich der technokratische Terminus *Ground Zero* ein – er würde ein Menschenalter später im Herzen New Yorks eine grausige Renaissance erleben. Ein Kommandobunker wurde in rund zehn Kilometern Entfernung errichtet, ein Aussichtsposten für „VIPs" befand sich auf einem in garantiert sicherer Entfernung von 35 Kilometern gelegenen Berg, Compañia Hill.

Ab Anfang Juli begannen die Techniker mit dem Zusammenbau des Kerns von *Trinity*[8], wie der Codename für die Probezündung lautete, zwei Halbkugeln von Plutonium, die zusammengesetzt nicht viel größer als eine Apfelsine waren. Die einzelnen Bestandteile der *Gadget* genannten Bombe wurden in der Nacht von Los Alamos zur *Trinity site* gebracht, um auf wenig Autoverkehr zu stoßen. Am Nachmittag des 13. Juli wurde unter der glühenden Sonne New Mexicos *Gadget* zusammengesetzt. Mit Verblüffung registrierten die Experten, dass der zylindrische Zünder nicht in die dafür vorgesehene Öffnung zwischen den Plutonium-Halbkugeln passen wollte. Die Ursache war die unterschiedliche Temperatur – der Zünder war von der Sonne aufgewärmt, die Plutoniumkugel war gekühlt transportiert worden. Nach einer kurzen Pause hatten sich beide Bestandteile in ihrer Temperatur angeglichen und passten makellos ineinander. *Gadget* war eine Plutoniumbombe und damit jenem *Fat Man* ähnlich, der über Nagasaki zum Einsatz kommen sollte. *Little Boy,* die Hiroshima-Bombe, verfügte über einen Urankern. Dieser Typus wurde nicht in Alamogordo getestet, da er simpler als der Plutoniumsprengsatz war und man außerdem nicht über genügend Uran 235 verfügte. Fast gleichzeitig mit diesen Vorbereitungen wurden die einzelnen Bestandteile von *Little Boy*, der ersten für einen Einsatz vorgesehenen Atombombe, von Albuquerque nach San Francisco geflogen, wo der Kreuzer *Indianapolis* darauf wartete, sie zu der Pazifikinsel Tinian zu liefern, auf der die B 29-Langstreckenbomber stationiert waren.

Am Sonntag, dem 15. Juli, war *Gadget* vollständig zusammengesetzt. Groves gab die Devise aus, nach Hasenpfoten, vierblättrigen Kleeblättern und anderen Glücksbringern Ausschau zu halten und stellte die Überlegung an, ob man einen

Pfarrer bitten sollte, in der entscheidenden Stunde geistlichen Beistand zu geben. Oppenheimer bestieg in den Abendstunden das Gerüst von *Ground Zero* und betrachtete noch einmal *Gadget*, eine dicke metallene Kugel, aus deren dunklem Leib unzählige Drähte herauskamen, die eine auf die Millisekunde genaue Zündung der einzelnen Bestandteile der Kettenreaktion gewährleisten sollten.

Ein Blitz, wie ihn niemand zuvor gesehen hat

Gegen zwei Uhr in der Nacht zog ein heftiges Unwetter über die Wüste hinweg. Das Lager der Techniker und Wissenschaftler wurde völlig durchnäßt und von heftigen Winden erschüttert. Die Bombe von *Ground Zero* zappelte in ihrer Verankerung. Es war, als wollte die Natur mit all ihrer Gewalt gegen die Überschreitung einer Grenze protestieren, zu der der Mensch sich gerade bereit machte. Bei einer Konferenz im Kommandobunker erklärte der verantwortliche Meteorologe, dass man in den frühen Morgenstunden mit einer Wetterberuhigung rechnen könne. Die Zündung wurde nun für 5 Uhr 30 geplant. Eine Verschiebung war aus politischen Gründen inopportun: Präsident Truman befand sich gerade zur Siegerkonferenz in Potsdam, die Meldung von dem erfolgreichen Experiment könnte, so hatten die Strategen im Weißen Haus und im State Department argumentiert, der amerikanischen Position bei den Verhandlungen mit Stalin nur nützlich sein, kündete sie doch von Amerikas technologischer Überlegenheit.

Seit den frühen Morgenstunden waren ganze Busladungen von Beobachtern am Compañia Hill eingetroffen, neben Militärs war die gesamte Elite der an dem Projekt beteiligten Wissenschaftler erschienen – wenn sie sich nicht mit Oppenheimer und seinem Team im *Ground Zero* wesentlich näher gelegenen Unter-

Der erste Atombombentest der Geschichte. Die Aufnahme entstand 6 Meilen vom Explosionszentrum in Alamogordo entfernt.

215

stand befanden. „Es war ein unheimlicher Anblick", so erinnerte sich Edward Teller, „mit ansehen zu müssen, wie eine Reihe unserer hochrangigsten Wissenschaftler allen Ernstes Sonnenschutzöl in der finsteren Nacht auf ihre Gesichter und ihre Hände auftrugen, zwanzig Meilen vom erwarteten Blitz entfernt."[9] Um 5 Uhr 25 stieg eine grüne Signalrakete in den Himmel auf, als Signal, dass es noch fünf Minuten bis zur Zündung waren. Um 5 Uhr 29 zog die Ein-Minuten-Rakete ihre Bahn in den immer noch ziemlich dunklen Himmel. Zehn Sekunden vor der Zündung dröhnte im Basislager, das etwas 20 Kilometer von *Ground Zero* entfernt lag, eine Sirene. Die Männer warfen sich auf den Boden, nicht ganz ohne Zweifel, ob die Entfernung großzügig genug gewählt worden war.

Um 5 Uhr 29 und 45 Sekunden zündeten die 32 einzelnen Detonatoren simultan und lösten in *Gadgets* Innerem eine Reaktion aus, wie es sie auf der Erde seit den Ursprungstagen des Planeten nicht gegeben hatte. Die vom konventionellen Sprengstoff ausgelöste Fusion von Beryllium und Polonium setzte jene Neutronen frei, die in das Plutonium eindrangen und dort innerhalb von wenigen Millionstel einer Sekunde die Kettenreaktion auslösten, die im Mittelpunkt des Strebens von Wissenschaftlern und Politikern, von Militärs und Technikern gestanden hatte. Es war eine jener kaum messbaren Bruchteile einer Sekunde, in der an *Ground Zero* Bedingungen herrschten, mit Millionen Grad Hitze und Millionen Atmosphären Druck, wie sie, „bevor die Strahlung sich ausbreitete, dem Zustand des Universums in den Momenten nach seiner Erschaffung ähnelten."[10]

Es waren Bruchteile von Sekunden, die dem Planeten und seinen Bewohnern für immer den Weg zurück in die Welt, wie sie vor den 16. Juli 1945 existiert hatte, verbauten. Der Physiker Isidor Rabi sah im Base Camp eine Zukunft vor sich, die Unheimliches verhieß: „Wir lagen da, sehr angespannt, im allerersten Morgengrauen, es gab nur einige Streifen von Gold am östlichen Himmel. Seinen Nachbarn konnte man kaum erkennen. Diese zehn Sekunden waren die längsten zehn Sekunden, die ich je erlebt habe. Plötzlich war da dieser enorme Lichtblitz, das hellste Licht, das ich oder das, so glaube ich, sonst jemand jemals gesehen hat. Es explodierte, es vibrierte, es fraß sich geradezu durch dich hindurch. Es war eine Vision, die man mit mehr als nur den Augen wahrnahm. Man würde es für immer sehen. Du wünschtest dir, es würde aufhören, insgesamt dauerte es zwei Sekunden. Dann war es vorbei, wurde schwächer, und wir blickten zu dem Ort, wo die Bombe gewesen war. Da war ein enormer Feuerball, der wuchs und wuchs und rotierte, während er wuchs. Er stieg in die Luft auf, mit gelben Blitzen, dann roten und grünen. Es sah bedrohlich aus. Es schien auf uns zuzukommen. Etwas Neues war gerade geboren worden. Eine neue Kontrolle, ein neues Verständnis des Menschen, das dieser der Natur abgetrotzt hatte."[11]

Enrico Fermi, der mit seinem ersten Reaktor Pionierarbeit geleistet hatte, war auch an jenem Morgen dabei: „Obwohl ich das Objekt nicht direkt angesehen hatte, erschien es mir, dass die Landschaft plötzlich heller war als in strahlendem Tageslicht. Ich sah schließlich durch die stark getönten Gläser in die Richtung der Explosion und sah etwas nach oben steigen, was wie eine Konglomeration von Flammen aussah. Nach ein paar Sekunden verloren die aufsteigenden Flammen ihre Helligkeit und erschienen wie eine große Rauchsäule, deren ausgedehnter Kopf an einen riesigen Champignon erinnerte und der bis auf etwa 10 000 Meter stieg. Nachdem er sich bis zu seiner größten Höhe ausgedehnt hatte, blieb der Rauch dort eine Zeit lang stehen, bevor er vom Wind auseinander getrieben wurde."[12]

Die Beobachter verfolgten das Schauspiel schweigend, manche fasziniert, andere betroffen. Einer der Physiker fragte sich in diesem Moment, ob die Explosion nicht die ganze Atmosphäre in Brand setzen und den Planeten vernichten würde. Robert Oppenheimer sagte nur zwei Worte: *„It worked."* Nachdem der Feuerball an Kraft verloren hatte und die von nun an ein ganzes Zeitalter prägende *mushroom cloud*, die pilzförmige Wolke, in der Luft schwebte, gratulierten sich die Wissenschaftler und Techniker. Vielleicht fand Bainbridge die passendsten Worte, als er erklärte: *„Now we all are sons of bitches"*[13] – „Jetzt sind wir alle Hurensöhne".

In Potsdam erreichte Präsident Truman die Nachricht vom erfolgreichen Test. Er erzählte fast umgehend Stalin davon, dass die USA eine verheerende neue Waffe besaßen. Der sowjetische Diktator nickte beifällig und machte ein paar höfliche Bemerkungen – überrascht war er mitnichten, da er durch sein Spionagenetzwerk in den USA und vor allem innerhalb der wissenschaftlichen *community* bestens informiert war. Auch in der Sowjetunion griff man längst nach der Waffe der Zukunft.

Vier Stunden nach der Explosion in der Wüste verließ die *Indianapolis* mit ihrer für Hiroshima bestimmten Fracht die Bucht von San Francisco. Das Schiff, das tausendfachen Tod in seiner modernsten Form transportierte, fuhr in einer bizarren Ironie des Schicksals einem geradezu archaischen Ende entgegen. Nach Ablieferung von *Little Boy* wurde es auf der Heimreise von einem japanischen U-Boot torpediert. Die meisten Besatzungsmitglieder überlebten den Untergang, um dann in den nächsten Stunden, in ihren Rettungswesten in den sanften Wogens des Pazifik dahindümpelnd, mehrheitlich von den Haien gefressen zu werden.

Keine Waffe ist je erfunden worden, ohne nicht auch angewendet zu werden. Am 6. August 1945 verglühte Hiroshima im Feuersturm von *Little Boy*, drei Tage später brachte *Fat Man* das Verhängnis über Nagasaki. Kurz darauf kapitulierte Japan. Der Zweite Weltkrieg war zu Ende.

* * *

Robert Oppenheimer war am Tag von Alamogordo eine Textstelle aus dem Hindu-Schrifttum, dem Epos „*Bhagavad-Gita*", in den Sinn gekommen:

> „*Now I am become Death, the Destroyer of Worlds*"
> „Nun bin ich zum Tod geworden, zum Zerstörer der Welten."

Anmerkungen

1 Quelle: www.nuclearfiles.org
2 Molotow hatte sich nach Trumans Vorwürfen über das eigenmächtige Vorgehen der Sowjets bei der Installierung eines Marionettenregimes in Polen (für dessen Freiheit England und Frankreich 1939 gegen Hitler in den Krieg gezogen waren) theatralisch entrüstet, dass noch nie jemand in seinem ganzen Leben so mit ihm gesprochen habe. Worauf ihm Truman die berühmte Antwort gab: „*Carry on your agreements and you won't get talked to like that*" – „Wenn Sie sich an Ihre Vereinbarungen halten, wird niemand so mit Ihnen sprechen".
3 RICHARD RHODES: The Making of the Atomic Bomb. New York 1986. S. 624.
4 RHODES, S. 627.
5 RHODES, S. 599.
6 RHODES, S. 627.
7 Ebd.
8 Oppenheimer, der eine Schwäche für Poesie hatte, wurde durch das Gedicht „Hymne to GOD my GOD, in my sickenesse" von John Donne bei der Namensgebung inspiriert. Im dritten Vers heißt es dort u. a.:
   > As West and East
   > In all flatt Maps (and I am one) are one,
   > So death doth touch the Resurrection.
   Das vollständige Gedicht ist nachzulesen u. a. in: HERBERT J. C. GRIERSON: Metaphysical Lyrics & Poems of the 17th C., 1921.
9 RHODES, S. 668.
10 RHODES, S. 670.
11 RHODES, S. 672.
12 Quelle: www.nuclearfiles.org
13 RHODES, S. 675.

Ein Oberbefehlshaber muss gehen: MacArthurs Rolle im Koreakrieg

11. April 1951

US-Präsident Harry Truman hatte sich auf ein ruhiges Wochenende daheim in Independence, Missouri, gefreut, weit weg von der Hauptstadt und ihrem Parteiengezänk, für die er jenes geflügelte Wort fand, das im Umkreis von Capitol und Weißem Haus noch zwei Generationen später eine gern zitierte Weisheit darstellt: „Wenn du in Washington einen Freund brauchst, kauf' Dir einen Hund!" Doch am Samstagnachmittag, dem 25. Juni 1950, war es mit des Präsidenten Beschaulichkeit vorbei. In einer der abgelegensten Regionen der Welt – zumindest aus amerikanischer Sicht – war Krieg ausgebrochen.

Die Streitkräfte Nordkoreas hatten den 38. Breitengrad, die Grenze zum Süden des geteilten Landes, überschritten und schickten sich an, die relativ schwächliche Armee Südkoreas zu zerschlagen. Binnen kurzem wurde ersichtlich, dass die von den USA protegierte südkoreanische Regierung vor dem Zusammenbruch stand und die sich rapide entwickelnden Ereignisse auf eine Wiedervereinigung des Landes unter kommunistischen Vorzeichen hindeuteten. Für Truman und seine Berater bedeutete die Invasion des Südens durch die Streitkräfte des Diktators Kim Il Sung mehr als einen lokalen Konflikt. Der Kalte Krieg wurde auf der koreanischen Halbinsel heiß, und für die amerikanische Regierung stand es außer Frage, dass die Welt Amerika und seinen Anspruch auf die Führungsrolle im ideologischen und machtpolitischen Konflikt zwischen Ost und West nach seiner Reaktion auf diese Herausforderung beurteilen würde. Es war eine Denkweise, die einige Jahre später im Vietnamkonflikt abermals das Handeln einer amerikanischen Regierung bestimmen würde.

Ähnlich wie später in Vietnam war Korea ein Land, das für sich genommen keine erkennbare Bedeutung für die nationale Sicherheit der USA oder ihr wirtschaftliches Wohlergehen spielte. Hätte man im Juni 1950 Amerikaner nach Korea gefragt, auch die gebildeteren US-Bürger wären mehrheitlich kaum in der Lage gewesen, das Land auf einem Globus zu finden. Noch schwerer vorstellbar dürfte es für die überwiegende Mehrheit der Bevölkerung gewesen sein, nachzuvollziehen, warum amerikanische Soldaten ausgerechnet für dieses Land des asiatischen Kontinents in den Tod gehen sollten. Das gleichfalls geteilte Europa stand fünf Jahre nach Ende des großen Krieges nach wie vor im Zentrum der Aufmerksamkeit, die dortige Demarkationslinie galt als die mögliche Konflikt-stelle mit der Sowjetunion, die sich binnen kurzer Zeit vom Verbündeten zum Erzrivalen gewandelt hatte. Doch Korea?

Es gab nichts, was die Halbinsel auf den ersten Blick für Amerika interessant erscheinen ließ. Korea war ein wenig entwickeltes Land, ohne nennenswerte Bodenschätze und Industrien. Es war erst ein Menschenalter zuvor ins amerika-nische Blickfeld geraten. Im Mai 1882 war ein Freundschafts- und Handels-abkommen zwischen Korea und den USA abgeschlossen worden, das zu den ver-gessensten und folgenlosesten Verträgen amerikanischer Diplomatiegeschichte gehört. Stattdessen wurde das von einer Adelsclique regierte Land zum Objekt japanischer Begehrlichkeiten. Als sich Japan nach seinem Sieg über Russland 1905 als aufsteigende Macht in Asien etabliert hatte, wurde das zu einer Ver-teidigung unfähige wie unwillige Korea zu einem japanischen Protektorat. Ver-suche, die Unabhängigkeit zurückzugewinnen, wurden von Japan mit eiserner Hand niedergeschlagen. Erbarmungslos ausgeplündert wurde das Land von seinen Herren während des Zweiten Weltkrieges. Da Korea keinen nennenswer-ten Beitrag für die japanische Kriegsmaschinerie leisten konnte, war es seine Be-völkerung, die von den Besatzern ausgebeutet und in einem sklavenähnlichen Zustand gehalten wurde – was besonders für koreanische Frauen galt, die zu Tau-senden zur Zwangsarbeit in japanischen Armeebordellen gezwungen wurden. Das Augenmerk der USA richtete sich mitten im Krieg erstmals wieder auf das Land, als im State Department Überlegungen über das Machtgleichgewicht in Asien nach dem Sieg über Japan angestellt wurden. Bereits im Jahr 1943, als die Waffenbrüderschaft mit Stalins Sowjetunion propagandistisch hochgehalten wurde, wiesen Strategen des Außenministeriums in Washington darauf hin, dass eine Besetzung der koreanischen Halbinsel durch die sowjetischen Freunde ein-schneidende Folgen für das Machtgleichgewicht in Fernost und für die weitere Entwicklung in China und Japan haben würde.

Die amerikanische Regierung kam mit der Sowjetunion überein, Korea mit Kriegsende zu teilen und die Grenze entlang des 38. Breitengrades zu ziehen. Dass die rote Armee an dieser ungefähr die Mitte der Halbinsel markierenden Linie anhielt und nicht weiter nach Süden vordrang, obwohl die Amerikaner noch nicht in „ihrem" Teil von Korea gelandet waren, kann man als Musterbei-spiel sowjetischer Vertragstreue auslegen oder auch als Hinweis dafür, wie wenig interessant das ausgeblutete Land für den Kreml war. Zu einer von gegenseitiger Zuwendung geprägten Beziehung zwischen Koreanern und Amerikanern kam es zunächst nicht. Ganz im Gegenteil – die amerikanischen Besatzungstruppen stützten sich bei Verwaltungsaufgaben und der Aufrechterhaltung der öffentliche Ordnung auf japanische Beamte und Polizisten und zogen die ehemaligen Feinde ganz eindeutig den von diesen Befreiten vor. Die Japaner galten als kooperativ, tüchtig und vor allem als gehorsam, bei den Koreanern glaubten amerikanische Offiziere gegenteilige Charaktereigenschaften zu entdecken.

Wenig verheißungsvoll schien auch die politische Entwicklung im geteilten Land. Im Norden etablierte sich eine kommunistische Diktatur unter Kim Il Sung nach jenem Muster, das auch in anderen von der Roten Armee „befreiten" Ländern wie Polen und der Tschechoslowakei zu beobachten gewesen war. Die Verhältnisse im Süden waren leicht, aber nicht wesentlich besser. Hier brachten die Amerikaner Dr. Syngman Rhee an die Macht, einen 70-jährigen Autokraten, der den Vorteil hatte, aufgrund seines Studiums in Harvard gut Englisch zu sprechen, was ihn nicht nur zu einem exzellenten Befehlsempfänger prädestinierte, sondern ihn auch zu einer Ausnahme in einem Land machte, in dem die Amerikaner auf Kommunikationsprobleme stießen. Die in Südkorea abgehaltenen Wahlen waren alles andere als ein Musterprozess demokratischer Willensbildung, Rhees Regime machte durch Knebelung der Presse und Massenverhaftungen auf sich aufmerksam.

Doch Korea stand auf der Agenda Washingtons längst weit unten. Über Amerikas Rolle in dem geteilten Land fand der britische Militärbeobachter in Fernost, Major J. R. Ferguson Innes, im Dezember 1949 wenig positive Worte: „Was die amerikanische Politik gegenüber Südkorea betrifft – sofern es eine solche überhaupt gibt –, wissen wir kaum etwas und über ihre künftigen Pläne sogar noch weniger. Über die nordkoreanischen (oder sowjetischen) Pläne bezüglich Südkoreas bestehen Zweifel, doch dürfte eine Invasion zum gegenwärtigen Zeitpunkt unwahrscheinlich sein. Wenn es jedoch dazu käme, halte ich es für kaum denkbar, dass Amerika hineingezogen wird. Der Besitz Südkoreas ist für die strategischen Pläne der Alliierten nicht entscheidend, und wenn es auch wünschenswert wäre, dem Gegner diesen Besitz zu verweigern, so ist er nicht bedeutend genug, um ihn zu einem Anlass für den Dritten Weltkrieg zu machen. In der Zwischenzeit müssen wir den ungemütlichen Status quo akzeptieren und das Beste hoffen."[1]

Im Juni 1949 zogen die letzten amerikanischen Truppen (mit Ausnahme eines kleinen Teams von Ausbildern für die südkoreanische Armee) ab und folgten damit dem Beispiel der Sowjets, die kurz zuvor den Norden verlassen hatten. Ein Gleichgewicht herrschte jedoch mitnichten auf der Halbinsel. Die Sowjets hatten ihren Schützling Kim Il Sung großzügig mit Panzern, Flugzeugen und Artillerie ausgestattet, während die Streitkräfte des Südens in dieser Hinsicht von den Amerikanern höchst spartanisch gehalten wurden. Dies sollte Ende Juni 1950 weitreichende Folgen haben. Binnen weniger Tage nämlich brach der Widerstand der schlecht ausgerüsteten (und motivierten) südkoreanischen Truppen zusammen. Bereits drei Tage nach dem Angriff marschierten die kommunistischen Truppen in Seoul ein. In Pjöngjang wandte sich Diktator Kim Il Sung mit jener Art von Rhetorik in einer Radioansprache an die Bevölkerung, die während des Kalten Krieges noch öfter aus kommunistischen Hauptstädten zu hören war: „Das südkoreanische Marionettenregime hat alle Vorschläge für eine friedliche Wiedervereinigung seitens der Demokratischen Volksrepublik Korea zurückgewiesen und drohte mit bewaffneter Aggression nördlich des 38. Breitengrades. Die Demokratische Volksrepublik Korea hat einen Gegenangriff befohlen, um die Invasoren zurückzutreiben. Das südkoreanische Marionettenregime ist für alle Folgen verantwortlich, die sich aus dieser Entwicklung ergeben."[2] Lediglich die Formulierung „brüderliche Hilfe" fehlte in dieser Erklärung.

In Washington vermutete man sofort die Sowjets als Drahtzieher des Angriffs. Nach Einschätzung moderner Historiker hat Stalin jedoch eher seine zurückhaltende Zustimmung gegenüber den nordkoreanischen Plänen bekundet als diese direkt initiiert. Die nationalistische Komponente im Verhalten Nordkoreas wurde von den USA ebenso gegenüber ideologischen Motiven unterschätzt wie dies bei der Beurteilung der chinesischen Haltung geschah. Umgekehrt hatten allerdings auch Kim Il Sung und seine Förderer, ob in Moskau oder Peking, die amerikanische Haltung grundlegend missverstanden. In Washington griff seit dem vorausgegangenen Jahr zunehmend die Sorge um sich, im Kalten Krieg auf die Verliererstraße zu geraten. 1949 hatten in China die Kommunisten den Bürgerkrieg endgültig für sich entschieden, was in Washington zu heftigen gegenseitigen Schuldzuweisungen mit der Standardformulierung *Who lost China?* führte. In der amerikanischen Hauptstadt trieb in der Zwischenzeit Senator Joseph McCarthy sein Unwesen und witterte überall und ganz besonders im State Department kommunistische Verschwörungen. Die Regierung Truman kam unter Druck, und sah sich dem Vorwurf ausgesetzt, zu milde im Umgang mit dem Kommunismus zu sein.

Amerikas Prestige als Schutzmacht der freien Welt steht auf dem Spiel

Die Nachricht vom Angriff der Nordkoreaner am 25. Juni 1950 sensibilisierte daher die Machtzentren Amerikas. Außenminister Dean Acheson beschrieb die Situation, vor der die Regierung Truman plötzlich stand: „Dieser Angriff stellte ganz offensichtlich keinen *casus belli* gegenüber der Sowjetunion dar. Doch genau so offensichtlich war es eine bewusste Herausforderung unserer international akzeptierten Position als Protektor Südkoreas, einer Region, die von großer Bedeutung für die Sicherheit des amerikanisch besetzten Japans war. Vor dieser Herausforderung zurückzuschrecken, obwohl wir über die Kapazität verfügten ihr zu begegnen, wäre für die Macht und das Prestige der Vereinigten Staaten höchst destruktiv gewesen."[3] Dass es bei einer Unterstützung Südkoreas nicht darum ging, der Sache der Freiheit zu dienen, war Amerikas Führungselite genau so bekannt wie dem Leitartikler der *New York Times*: „Die Unbeliebtheit der Regierung von Syngman Rhee und die fragwürdige politische wie militärische Zuverlässigkeit seiner Armee sind die größten Schwächen der Kräfte der Verteidigung."[4] Mit dem Angriff hatte Kim Il Sung dem Regime von Rhee in gewisser Hinsicht einen großen Gefallen getan – der Autokrat im Süden konnte sich als das Opfer einer Aggression fühlen und bei seinem großen Verbündeten das Gefühl auslösen, eine moralisch gerechtfertigte Sache zu unterstützen.

Die Entscheidung Trumans, direkt nach seiner Rückkehr nach Washington getroffen, markiert einen Meilenstein für den weiteren Verlauf der Nachkriegszeit. Nachdem der Präsident im Rahmen der „Truman-Doktrin" bereits materielle Hilfe für europäische Länder, die von kommunistischen Untergrundbewegungen bedroht waren (vor allem Griechenland), zur Norm amerikanischer Außenpolitik hatte werden lassen, entschloss sich Truman jetzt zu einem aktiven militärischen Vorgehen. Amerika, dies wurde in Korea erstmals deutlich gemacht, würde auch vor dem Einsatz eigener Streitkräfte nicht zurückscheuen, wenn „die andere Seite" ihren Einflussbereich auszudehnen suchte. Es war eine Warnung, die bis in die Achtzigerjahre hinein in der Auseinandersetzung mit der Sowjetunion und ihren Verbündeten eine konstante Rolle spielte. In Krisen um Berlin und Kuba schien sie in den heißesten Phasen der Konfrontation kurz vor der Verwirklichung zu stehen, in Vietnam schien man unbedingt dem Korea-Paradigma folgen zu müssen. Fatalerweise hatte man zu Beginn der Verwicklung in Vietnam nicht die wichtigste machtpolitische Lehre aus dem Koreakrieg gezogen: dass man in einem Krieg nicht auf Unentschieden spielen darf oder, wie es in der Welt des Sports heißt: *There is no substitute for victory* – es gibt keinen Ersatz für einen Sieg.

An einen Sieg war in den letzten Tagen des Juni 1950 zunächst nicht zu denken. Dem größten Rüstungsprogramm der amerikanischen Geschichte während des Zweiten Weltkrieges war das größte, weitgehend unkoordinierte Abrüstungsprogramm gefolgt. Die Streitkräfte waren förmlich dahingeschmolzen, aus den 12 Millionen Mann unter Waffen im Sommer 1945 waren 1,6 Millionen fünf Jahre danach geworden. Das Verteidigungsbudget 1950 betrug nur ein Sechstel jenes Jahres, in dem Harry Truman als Nachfolger von Franklin D. Roosevelt ins Weiße Haus gekommen war. Zu groß war das Vertrauen in den Monopolbesitz der Atombombe, als dass man im frisch erbauten Pentagon noch Gedanken an einen größeren konventionellen Krieg verschwendete. Der Angriff der Nordkoreaner erforderte ein sofortiges Umdenken.

Als Erstes machte Truman den wankenden Verbündeten mit einer bombastischen historischen Analogie Mut, die er dem südkoreanischen Gesandten mit auf den Weg gab: „Ich sage Ihnen zwei Dinge: Vor vielen Jahren kämpften Amerikaner für ihre Unabhängigkeit. In Valley Forge fehlte unseren Soldaten Essen, Medizin, Kleidung. Dann kamen ein paar Freunde und halfen. 1917 schien Westeuropa in Stücke zu fallen. Die Europäer waren verzweifelt, aber dann kamen Freunde und halfen."[5] Das Abgeordnetenhaus verlängerte umgehend mit 314 zu null Stimmen die Wehrpflicht, im Senat passierte eine Initiative zur sofortigen Militärhilfe für Südkorea mit 66 zu null Stimmen. Amerika wollte jedoch nicht allein agieren, die Gelegenheit, sich als Führungsnation der gesamten Welt zu gerieren und von der Weltgemeinschaft mit der Verteidigerrolle belehnt zu werden, war einfach unwiderstehlich. Der Sicherheitsrat der Vereinten Nationen war noch am 25. Juni einberufen worden und entwarf mit 9 zu null Stimmen eine Resolution, die zum sofortigen Rückzug der Nordkoreaner aufrief.

Die Tatsache, dass die Sowjets seit Januar wegen der Frage, wer für China in der UNO sprechen dürfe, den Sicherheitsrat boykottierten und somit auch nicht ihr Veto ausüben konnten, vereinfachte die Angelegenheit sehr. So war der Krieg praktisch vom ersten Tag an eine Angelegenheit der Vereinten Nationen. Eine Vielzahl von Mitgliedsstaaten nahm mit meist kleineren Kontingenten am Krieg teil, andere – wie zum Beispiel Panama und El Salvador – boten Truppen an, was von den tonangebenden Amerikanern dankend abgelehnt wurde. Die größten Einheiten stellten Großbritannien, die anderen anglophonen Länder wie Australien und Kanada sowie die Türkei (die selbst jüngst in den Genuss amerikanischer Unterstützung gekommen war) zur Verfügung. Es war eine historische Stunde: Die noch jungen Vereinten Nationen waren entschlossen, einer Aggression entgegenzutreten. In den folgenden fünfzig Jahren gelang dies nur selten so eindrucksvoll.

Den Befehl über diese Streitmacht übernahm ein Mann, der längst schon zur Legende geworden war und der in den folgenden Monaten mehr als einmal der Regierung in Washington Anlass zur Sorge geben sollte. „Im Alter von siebzig Jahren", schrieb *New York Times*-Kolumnist James Reston mit der gebührenden Heldenverehrung, „ wird General Douglas MacArthur noch einmal ersucht, nicht nur als großer Soldat, sondern als großer Staatsmann zu agieren und nicht nur die Schlacht zu leiten, sondern auch während dieses Vorgangs das Pentagon, das State Department und die Vereinten Nationen zufrieden zu stellen."[6] MacArthur war nicht nur der in die Jahre gekommene Held des Pazifikkrieges 1941–45, der sein Versprechen „Ich kehre zurück!" anlässlich der Flucht von den Philippinen bei Kriegsausbruch gleichermaßen eindrucksvoll wie theatralisch eingehalten hatte. Er war darüber hinaus eine Primadonna, ein Narziss, der in seinem Palast in Tokio regelrecht Hof hielt und sich am liebsten mit ständig den Kotau vollführenden Schranzen in Uniform umgab. Den Titel *American Cesar*, den posthum ein Biograf für ihn fand, hätte er wahrscheinlich als Ehre angesehen.

Neben seinen militärischen Fähigkeiten war eines an MacArthur unbestritten: Er hatte eine tiefe Zuneigung zu asiatischer Kultur, zu den Menschen Asiens und er verstand sich als Mittler zwischen dem Orient und Amerika. Um seine politische Urteilsfähigkeit war es indes nicht zum Besten bestellt – um seine Fähigkeit zur Selbstkritik ebenfalls nicht, diese war schon vor vielen Jahren restlos von ihm gewichen. Mit Entsetzen und Verachtung blickte er auf die Politiker in Washington, deren Hauptaugenmerk nach wie vor dem alten, dekadenten Europa galt. Für ihn lag Amerikas Zukunft im Pazifik und den sich nun entwickelnden Krieg hielt er für die früher oder später unausweichliche Entscheidungsschlacht zwischen Amerika und seinen ideologischen Feinden. Das Führen eines Konfliktes mit begrenzten Kräften hielt er für einen Ausdruck unamerikanischer Verweichlichung – heute würde man im Pentagon und wohl auch mehrheitlich im Kongress nach den Erfahrungen von Vietnam und dem Golfkrieg das Konzept des Generals für richtig erachten. Die Administration Truman sollte allerdings in einigen Monaten ein solch restriktives Agieren von ihm erwarten. Der Konflikt zwischen politischer und militärischer Führung war vorprogrammiert.

Doch zunächst legte MacArthur noch einmal seine gerühmte militärische Brillanz an den Tag. Während die Südkoreaner und die ihnen eiligst aus dem besetzten Japan zu Hilfe eilenden amerikanischen Truppen immer weiter zurückgedrängt wurden und schließlich ein überschaubares Territorium um die Hafenstadt Pusan alles blieb, was nicht vom Norden erobert war, arbeitete MacArthur an einem kühnen Plan. Die zur Besprechung in Tokio versammelte Armee- und Marineführung war fast geschlossen dagegen, als MacArthur diesen, seinen letzten Geniestreich vorstellte: eine amphibische Landung in Inchon, einer Hafenstadt unweit von Seoul und damit tief im Rücken der Nordkoreaner. Für den General war es eine Art Armageddon, dem der Westen sich in Korea ausgesetzt sah und bei dem Zurückweichen fatale Konsequenzen hätte: „Es ist ganz offensichtlich, dass die kommunistischen Konspirateure sich entschieden haben, hier in Asien das Spiel um die Weltherrschaft zu wagen. Der Test findet nicht in Berlin oder Wien, in London, Paris oder Washington statt, sondern hier und jetzt."[7]

MacArthur setzte sich schließlich durch, sein Plan wurde am 23. August akzeptiert, wenn auch mit kaum verhohlenen Bedenken seitens der für den Transport zuständigen U.S. Navy. MacArthur hatte zwei entscheidende Argumente auf seiner Seite. Zum einen hatten die Nordkoreaner ihre Nachschublinien so weit ausgedehnt, dass eine Versorgung ihrer Truppen immer schwieriger wurde.

Zum anderen war das eingetreten, was für Amerikaner seit dem Zweiten Weltkrieg die Grundvoraussetzung jedweden militärischen Engagements war: Die
totale Luftüberlegenheit war erzielt worden, die Flugzeuge der Air Force und
jene der Navy, die von ihren Flugzeugträgern im Gelben Meer starteten, konnten
nach Belieben nordkoreanische Stellungen und Nachschubwege bombardieren.
Die moralische Rechtfertigung für Amerikas nunmehr massives Eingreifen in
den Konflikt war auch gesichert, nachdem Berichte über Gräueltaten der Nordkoreaner in den besetzten Gebieten den Westen erreichten und, nach Rückeroberung Südkoreas, ihre grausige Bestätigung[8] fanden.

MacArthur und sein Stab zogen alles an Transportschiffen und Landungs-
booten zusammen, dessen sie habhaft werden konnte. Wie andere Teile der Streitkräfte waren auch die amphibischen Einheiten in den letzten fünf Jahren sträflich
vernachlässigt worden. Auch hier war das Vertrauen auf die Wunderwaffe der
neuen Zeit übermächtig gewesen. General Omar Bradley, einer der Planer der
Normandie-Invasion und zeitweise wichtigster Mitarbeiter Eisenhowers bei der
Niederwerfung Nazi-Deutschlands, hatte noch 1949 vor einem Kongressaus-
schuss erklärt, im Atomzeitalter werde es nie wieder groß angelegte amphibische
Operationen geben.

Eine letzte militärische Großtat des „amerikanischen Cäsar"

Der 15. September 1950 sollte diese Einschätzung widerlegen. In den frühen
Morgenstunden tauchte eine gewaltige, aus 260 Schiffen bestehende Armada
vor der Küste unweit Inchons auf. Zunächst feuerten Kreuzer, Zerstörer und
Schlachtschiffe stundenlang aus allen Rohren auf die Stellungen der Nordkoreaner, dann gingen die Marines in ihre Landungsboote und nutzten die Flut aus, um
abermals einen feindlichen Strand zu erstürmen, wie in jenen Schlachten von
Guadalcanal, Tarawa, Iwo Jima und Okinawa, die bereits zur Legende geworden
waren. Auf der Brücke des Kommandoschiffes *Mount McKinley* inszenierte
sich der *Supreme Commander* ein letztes Mal für die Fotografen und für die
Geschichte. Mit der längst zu seinem Markenzeichen gewordenen Maiskolbenpfeife im Mundwinkel blickte er durch die Gläser seiner verspiegelten Sonnen-
brille mit dem majestätischen Habitus des Feldherrn auf das grandiose Szenario
einer mit der Wucht eines Orkans an Land gegangenen Armee und hinterließ
der Nachwelt ein letztes Mal eine seiner epochalen Aussagen: *„The Navy and
Marines have never shone more brightly than this morning."*[9]

MacArthurs Vorhersagen erwiesen sich als richtig. Die Landung in der Flanke
der Nordkoreaner führte zum Zusammenbruch der nordkoreanischen Offensive.
Die bis weit nach Süden vorgestoßenen Truppen begannen einen unkoordinierten

Landung amerikanischer Kriegsschiffe im Hafen von Inchon, etwa 21 km von Seoul entfernt.

Rückzug, binnen weniger Tage war Südkorea von den Aggressoren befreit. Am 29. September stand MacArthur im Mittelpunkt einer Zeremonie, bei der im Capitol von Seoul die Regierung Rhee offiziell wieder die Amtsgeschäfte in einer weitgehend zerstörten Hauptstadt übernahm. Erleichtert war der General vor allem darüber, dass seine größte Sorge, der er täglich mit der Frage *„Have we seen or heard anything of the Russians or Chinese?"* an seine Subordinierten Ausdruck verliehen hatte, nicht Realität geworden war. Die beiden Schutzmächte der Nordkoreaner schienen den plötzlichen Umschwung des Kriegsglückes akzeptiert zu haben, es gab keine Anzeichen für eine Intervention der beiden Nachbarn Kim Il Sungs.

Die mögliche Reaktion der kommunistischen Großmächte stand im Mittelpunkt der Überlegungen darüber, wie es mit dem Krieg weitergehen würde. Sollte mit Erreichen des 38. Breitengrades der Auftrag der UNO zur Befreiung Südkoreas als erfüllt angesehen werden oder sollten die Aggressoren bis weit in ihr eigenes Territorium hinein verfolgt und unschädlich gemacht werden? War gar eine Wiedervereinigung Koreas unter der Schutzherrschaft der Vereinten Nationen – sprich: der Vereinigten Staaten – eine Option? Die Frage wurde in Washington mehrere Wochen lang diskutiert, am 29. September erging an MacArthur die Direktive, wonach er für den von ihm favorisierten Vormarsch über die Grenze hinaus freie Hand erhielt. In den Vereinten Nationen wurde eine Resolution verabschiedet, in der etwas unscharf die Rede davon war, dass alle notwendigen Schritte zu ergreifen seien, um in ganz Korea Stabilität zu erzielen. Zwischen Washington und MacArthur kam es zu Spannungen, die Regierung hoffte, dass man ein Vorrücken in nordkoreanisches Gebiet hinein möglicherweise den Südkoreanern überlassen könnte. MacArthur indes hielt jede Zurückhaltung für unangebracht und feige. Am 9. Oktober überschritten seine Truppen die Grenzen zum Norden.

Eine Woche später kam es zu einem ungewöhnlichen, fast bizarren Treffen zwischen dem Oberbefehlshaber und seinem Präsidenten auf Wake Island, einem amerikanischen Stützpunkt in der Wasserwüste des Pazifiks. MacArthur war ungehalten darüber, von seinen Aufgaben an der Front abberufen zu werden und selbst die Tatsache, dass der Präsident eine wesentlich weitere Anreise für das Treffen in Kauf genommen hatte, stimmte ihn nicht gnädiger. Bei der Besprechung in einer Wellblechhütte am Rande des Flugfeldes wurde kein Protokoll angefertigt, sodass man sich auf die – widersprüchlichen – Memoiren der beiden eigenwilligen Männer verlassen muss. Truman erinnerte sich, dass MacArthur ihm zugesichert habe, der Krieg sei praktisch gewonnen und bis zum Thanksgiving Day würde der Widerstand der Nordkoreaner völlig gebrochen sein. MacArthur seinerseits vermerkte mit Spuren von Verachtung, dass die Entschlossenheit eines Franklin D. Roosevelt in Washington offenbar der Vergangenheit angehörte und eine hasenfüßige Zögerlichkeit an die Stelle eines unbedingten Willens zum Sieg getreten sei. Truman versäumte es offenbar, den Generalissimo nachdrücklich daran zu erinnern, bei wem in einer Demokratie die letztendliche Entscheidungsbefugnis, auch in militärischen Fragen, liegt.

Der Konflikt, beruhend auf der euphorischen Einschätzung der Situation durch MacArthur, sollte bald in aller Dramatik offensichtlich werden. Die amerikanischen und südkoreanischen Truppen stießen scheinbar unaufhaltsam nach Norden vor, am 19. Oktober eroberten sie die Hauptstadt Pjöngjang. Der Vormarsch ging so schnell, dass eine weitere amphibische Operation MacArthurs an der Ostküste Koreas, bei Wosan, erfolgte, als das dortige Territorium bereits von der Army besetzt war – die frustrierten Marines mussten erfahren, dass Amerikas in jeder Krise aktivierter Truppenunterhalter Bob Hope bereits vor ihnen angekommen war. Am 25. Oktober kam es zu ersten Gefechten zwischen südkoreanischen und chinesischen Truppen. In Washington wurde das Auftauchen chinesischer Truppen zunächst als reine Geste Mao Tse Tungs zur Wahrung des Gesichts interpretiert. Bald trafen auch Amerikaner auf chinesische „Freiwillige" (so die offizielle Sprachregelung der Regierung in Peking), die Tatsache, dass – überwiegend nachts – rund 130 000 chinesische Soldaten über den Grenzfluss Yalu nach Nordkorea eingesickert waren, war der amerikanischen Aufklärung völlig entgangen. Am 24. November, Thanksgiving Day, war der Krieg entgegen MacArthurs Prophezeiung keineswegs zu Ende gegangen. Stattdessen war er in eine neue, ungleich gefährlichere Phase getreten und amerikanische Truppen befanden sich auf dem Rückzug – mit der demoralisierenden Aussicht, dass ein Ende des Sterbens im Schlamm und Schnee einer düsteren Landschaft nicht abzusehen war.

Der Einsatz der Atombombe wird erwogen

Der Winter wurde für Amerikaner daheim und an der Front zu einer deprimierenden Zeit. Zu Weihnachten überschritten die Chinesen den 38. Breitengrad, am 4. Januar 1951 wechselte Seoul abermals den Besitzer. Alle bislang erbrachten Opfer schienen vergebens gewesen zu sein. In den USA machte sich Kriegsmüdigkeit breit. In den Stäben wurde der Einsatz der Atombombe diskutiert, MacArthur reichte an Heiligabend(!) eine Liste von Zielen in Nordkorea und China ein, auf die insgesamt 26 Atombomben abgeworfen werden sollten. Der Einsatz der Bombe wurde in Washington offenbar ernsthaft erwogen. Der erneute Umschwung in Korea, die erfolgreiche Offensive der Amerikaner im Januar 1951 ließen die Regierung von dieser Option wieder Abstand nehmen. Der neue Befehlshaber der 8. Armee, Matthew Ridgesway, hatte seine geschlagenen Truppen erfolgreich motivieren und die fast auf eine halbe Million Mann angewachsene Armee der Kommunisten zurückschlagen können. Am 14. März 1951 eroberte er Seoul zurück   und dies alles ohne die Grandeur eines Douglas MacArthur.

Dieser wurde in Washington zusehends als Belastung empfunden. Seine Forderung nach Bombardierung chinesischen Gebietes hätte eine Ausweitung des Krieges bedeutet, die Washington um jeden Preis vermeiden wollte. Nachdem MacArthurs Voraussage, dass China sich nicht einmischen werde, sich als so gänzlich verfehlt erwiesen hatte, fürchtete die Truman-Administration nun sogar eine Auseinandersetzung mit der inzwischen ebenfalls über Nuklearwaffen verfügenden Sowjetunion. MacArthur drängte auf die vollständige Eroberung Koreas, eine Forderung, die er in seinen Demarchen mit apokalyptischen Visionen über den Verfall amerikanischer Macht und amerikanischen Ansehens würzte. Der britische Außenminister Ernest Bevin brachte die Ursachen des Konfliktes zwischen dem Oberbefehlshaber und der zivilen Gewalt auf den Punkt: „Unsere größte Schwierigkeit ist MacArthur. Seine Politik unterscheidet sich von der Politik der UN. Er scheint einen Krieg mit China zu wünschen. Wir tun dies nicht. Es ist keine Übertreibung, wenn man behauptet, dass seine öffentlichen Äußerungen in diesem Land und in Westeuropa das öffentliche Vertrauen in die

Präsident Harry S. Truman gibt die Entlassung MacArthurs bekannt.

General Douglas MacArthur (1880–1964) mit seiner legendären Maiskolbenpfeife.

Qualität des amerikanischen politischen Urteilsvermögens und seine Führungskraft erschüttern. Wir scheinen hier den Fall eines Oberbefehlshabers zu haben, der öffentlich andeutet, dass seine Vorgehensweise nicht jene seiner Regierung ist, dass er von dieser Regierung nicht kontrolliert wird und dass diese Regierung unwillig und unfähig ist ihn zu disziplinieren."[10]

Auch im Kongress hatte man inzwischen den Eindruck, dass es zwei Arten amerikanischer Außenpolitik gäbe, diejenige MacArthurs und die des Präsidenten. Doch Truman war nicht gewillt, dieser Entwicklung länger tatenlos zuzuschauen. Am 11. April 1951 wurde MacArthur in Tokio eine Botschaft des Präsidenten überreicht, deren Inhalt Truman in Washington bekannt gab und in der die verfassungsrechtlichen Prioritäten mit bewundernswerter Klarheit herausgestellt wurden: „Eine offene und lebhafte Debatte über Fragen der nationalen Sicherheit ist ein vitales Element im konstitutionellen System unserer freien Demokratie. Es ist jedoch von fundamentaler Bedeutung, dass die militärischen Befehlshaber von der Politik und den Direktiven geleitet werden, die auf unseren Gesetzen und der Verfassung basieren. In Zeiten der Krise ist diese Überlegung von besonderer Bedeutung. General MacArthurs Platz in der Geschichte ist fest und gesichert. Die Nation ist ihm zu großem Dank für seine vorzüglichen und herausragenden Dienste verpflichtet, die er seinem Land in Positionen mit hoher Verantwortung erwiesen hat. Aus diesem Grunde wiederhole ich mein Bedauern über die Notwendigkeit des Handelns, zu dem ich in diesem Fall gezwungen bin."[11]

MacArthur wurde bei seiner Rückkehr in die Vereinigten Staaten wie ein Held gefeiert, er durfte vor einem Senatsausschuss aussagen und eine Konfettiparade genießen. Viele Amerikaner waren entsetzt darüber, wie kalt der alte

General von Truman abserviert worden war. In vielen Pressestimmen und auch in den Korridoren der Macht war jedoch auch Erleichterung über die Lösung des Problems zu spüren, das er mit seinem Starrsinn und seinem gelegentlichen Realitätsverlust darstellte. MacArthur genoss die öffentliche Verehrung, der an ihn herangetragene Gedanke, dass er Präsidentschaftskandidat der Republikaner bei der Wahl 1952 werden sollte, schmeichelte seiner Eitelkeit ungeheuer. Auf dem Parteitag der Republikaner erhielt er jedoch nur ganze zehn Stimmen, sein von ihm nicht besonders geschätzter Generalskollege Dwight D. Eisenhower wurde mit 595 Stimmen zum Kandidaten gekürt. MacArthur entschwand bald danach aus dem öffentlichen Bewusstsein, eine etwas traurige Verkörperung des alten amerikanischen Sprichwortes *Old soldiers never die, they just fade away.*

Der Krieg in Korea dauerte noch zwei weitere Jahre. Am 27. Juli 1953 wurde in Panmunjom der Waffenstillstand geschlossen. Die beiden Koreas nahmen danach eine diametral entgegengesetzte Entwicklung: Der Süden wurde zu einem modernen Industriestaat und schließlich auch zu einer westlichen Demokratie, der Norden verharrte auf dem Status eines spätstalinistischen, seiner eigenen Bevölkerung jedwedes Opfer aufbürdenden Diktatur. Ein junger Leutnant der 27th Infantry, Clyde Fore, brachte auf dem Heimtransport in die Vereinigten Staaten seine Gedanken zur Rolle seines Landes zu Papier, Gedanken, die von der Mehrheit einer nachdenklich gewordenen Bevölkerung geteilt wurden: „Es war das erste Mal, dass Amerikaner einen Krieg ohne Sieg akzeptierten. Alle anderen waren an einen unentschiedenen Kriegsausgang gewöhnt, aber nicht wir. Für mich war Korea eine Qual. So viele Menschen waren gestorben. Wofür?"[12]

Anmerkungen

1 Max Hastings: The Korean War. New York 1988. S. 47.
2 Hastings, S. 53.
3 Dean Acheson: Present at the Creation. New York 1969. S. 248.
4 New York Times, 27. Juni 1950.
5 Hastings, S. 59.
6 Zit. n. Hastings, S. 61.
7 Hastings, S.101/102.
8 Nach Schätzungen der UN wurden rund 26 000 südkoreanische Zivilisten von den kommunistischen Besatzern in der Zeit von Ende Juni bis Mitte September 1950 ermordet.
9 Hastings, S. 107. („Die Navy und die Marines haben nie heller geleuchtet als an diesem Morgen.")
10 Hastings, S. 201.
11 Hastings, S. 203.
12 Hastings, S. 326.

DER TRAUM DES MARTIN LUTHER KING

28. August 1963

Die *Mall*, jene sich vom Capitol bis zum Lincoln Memorial erstreckende parkähnliche Meile in Washington D. C., ist im Laufe des 20. Jahrhunderts immer wieder zu einer Art Schaubühne der amerikanischen Demokratie geworden. Die Nähe zu Kongress und Präsidentensitz, die Inspiration durch die den Gründervätern gewidmeten Monumente stellen ein eindrucksvolles Szenario für Demonstrationen dar. Keine Zusammenkunft auf dieser Achse ist so nachdrücklich im kollektiven Gedächtnis Amerikas verhaftet wie jene Kundgebung vom 28. August 1963, als Menschen aller Hautfarben für die Bürgerrechte nichtweißer Amerikaner demonstrierten.

Der *March on Washington* an jenem heißen Sommertag war der Höhepunkt in der Geschichte der Bürgerrechtsbewegung, deren Wurzeln bis ins 19. Jahrhundert zurückreichen, als Amerikaner afrikanischer Abstammung wie Frederick Douglas und Booker T. Washington für die Anliegen der Schwarzen eintraten und das Gehör von Präsidenten wie Abraham Lincoln und Theodore Roosevelt fanden. Zwar waren mit dem Ende des Bürgerkrieges alle Schwarzen „frei", doch für weite Teile der Gesellschaft galten sie bestenfalls als Amerikaner zweiter, wenn nicht gar dritter Klasse. Der *Supreme Court* bestätigte diese Einstellung 1896 mit einem Urteil, das die verlogene Formel *separate but equal* (getrennt, aber gleichberechtigt) für die nächsten Jahrzehnte fest im Rechtsbewusstsein wie im Selbstverständnis Amerikas verankerte. Ein dem äußeren Anschein nach weißer Amerikaner, Homer Plessy, hatte ein Ticket für den Zug von New Orleans nach Covington, Louisiana, erstanden und nahm im Eisenbahnwaggon in der für Weiße vorgesehenen Zone Platz. Dem Schaffner war indes bekannt, dass eine von Plessys Urgroßmüttern afrikanischer Abstammung war. Dieses Erbgut, mithin ein Sechzehntel von Plessys Genmaterial, wurde für ausreichend befunden, den Passagier in die „schwarze" Sektion des Wagens zu verbannen. Plessy protestierte, was zu seiner Verhaftung führte. Er prozessierte gegen diese Behandlung, die für ihn im Widerspruch zum *Civil Rights Act* von 1875 stand. Das Oberste Gericht machte seine Hoffnungen zunichte. In weiten Teilen der USA, vor allem im Süden, war spätestens mit diesem Urteil eine Dichotomie der

Gesellschaft legitimiert, die leicht humoristisch als „Jim Crow" bezeichnet wurde. Benannt nach einer – natürlich schwarzen – Witzfigur aus den 1830er Jahren, gab es Jim-Crow-Schulen, Jim-Crow-Restaurants und sogar Jim-Crow-Wasserspender – alle existierten ausschließlich für *negroes* und waren von durchweg minderer Qualität als vergleichbare Einrichtungen für Weiße, was besonders für die Schulen galt. Schwarze hatten auf dem Bürgersteig Weißen auszuweichen und sie mit *Sir* oder *Ma'am* anzureden, während umgekehrt die Farbigen von Letzteren bei ihren Vornamen genannt wurden, für schwarze Männer – gleich welchen Alters – war ohnehin meist *boy* die für angemessen gehaltene Anrede.

Auch die meisten Gewerkschaften blieben Afro-Amerikanern verschlossen. Ein Beruf, den praktisch ausschließlich Farbige ausübten, war der des Bediensteten in den Schlafwagen der Eisenbahngesellschaften. A. Philip Randolph, der *elder statesman* der Bürgerrechtsbewegung, gründete 1925 die *Brotherhood of Sleeping Car Porters* (BSCP), die sich zunehmend nicht nur für die Rechte ihrer Mitglieder am Arbeitsplatz, sondern auch für deren Bürgerrechte einsetzte. Als zu Beginn der Vierzigerjahre die Depression endgültig durch die gewaltigen Rüstungsprogramme überwunden wurde, entstanden Hunderttausende von Arbeitsplätzen in den militärisch relevanten Industriezweigen – für Weiße. Randolph begann 1941, einen Protestmarsch auf Washington zu planen, bei dem Jobs auch für Arbeiter afrikanischer Abstammung gefordert werden sollten. Kurz vor der geplanten Demonstration bat Präsident Franklin D. Roosevelt den schwarzen Gewerkschaftsführer zu einem Gespräch. Das Ergebnis war eine Verfügung des Präsidenten, wonach „es keine Diskriminierung bei der Einstellung von Arbeitern in der Verteidigungsindustrie oder der Regierung aufgrund von Rasse, Glauben, Hautfarbe oder nationaler Herkunft geben darf."[1] Randolph sagte im Gegenzug den Marsch auf Washington ab, behielt dieses Konzept des Massenprotestes jedoch im Gedächtnis.

In den Fünfzigerjahren wirkte eine Reihe von Ereignissen als Katalysator des zunehmend besser organisierten und vor allem außerhalb des Südens auch auf immer mehr Sympathie bei der weißen Bevölkerung stoßenden Protestes schwarzer Bürgerrechtler. Dazu trugen allerdings auch Vorfälle von Lynchjustiz und anderen Gewalttaten bei. So wurde im Sommer 1955 der auf Besuch in Mississippi weilende 14-jährige Emmett Till aus Chicago, der sich mit den „Sitten" im Süden nicht auskannte und ein wenig zur Großmäuligkeit neigte, umgebracht, als er sich von einer weißen Frau mit der flappsigen Formulierung *„Bye, baby"* verabschiedet hatte. Elektrisierend wirkte jedoch ein Zwischenfall, bei dem die Sitzplatz-Segregation in den öffentlichen Verkehrsmitteln erneut zum Auslöser des Protests wurde. Am 1. Dezember 1955 nahm die 43-jährige Näherin Rosa Parks in einem Nahverkehrsbus der Stadt Montgomery im Bundesstaat

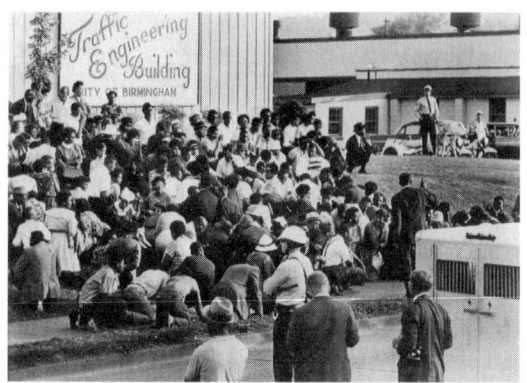

Demonstrationen Schwarzer gegen Rassendiskriminierung in Birmingham, Alabama, im Sommer 1963.

Alabama in der *Whites-only*-Sektion des Busses Platz, da die den Schwarzen zugedachten Sitzreihen besetzt waren. Der Fahrer forderte sie auf, den Platz zu verlassen. Als Rosa Parks sich weigerte, rief er die Polizei, die sie umgehend verhaftete. Was die standhafte Frau nicht ahnen konnte: Der Vorfall machte sie zu einer Berühmtheit und zu einer Ikone der Bürgerrechtsbewegung.

In Montgomery riefen Bürgerrechtler die schwarze Bevölkerung zum Boykott der Busse auf. Der Protest machte landesweit Schlagzeilen. Ein junger, vor kurzem erst nach Montgomery gezogener Pfarrer namens Martin Luther King unterstützte die Aktion ohne eine Vorstellung davon zu haben, ob die schwarze Bevölkerung der Stadt dem Aufruf Folge leisten oder die Diskriminierung weiter schweigend ertragen würde. King erinnerte sich später: „Ich saß in der Küche, trank Kaffee, als ich Coretta [Kings Frau] rufen hörte: ‚Martin, Martin, komm schnell …‘ Als ich zum Fenster ging, zeigte Coretta freudig auf einen langsam vorbeifahrenden Bus: ‚Darling, er ist leer!‘ Ich konnte kaum glauben, was ich sah. Die Linie, die an unserem Haus vorbeifuhr, transportierte normalerweise mehr schwarze Passagiere als andere."[2] Auch die übrigen Buslinien blieben an diesem und den folgenden Tagen frei von farbigen Gästen. Die Bürger afrikanischer Abstammung von Montgomery nutzten alle anderen Möglichkeiten, um zu ihren Arbeitsplätzen zu gelangen, gingen zu Fuß, benutzten das Fahrrad oder gar den Eselskarren. Die achtzehn Taxigesellschaften der Stadt, die im Besitz von Afro-Amerikanern waren, nahmen schwarze Fahrgäste zum Preis eines Bustickets mit – die Fahrzeuge waren täglich überfüllt.

Martin Luther King, am 15. Januar 1929 in Atlanta geboren, hatte am einzigen schwarzen College der Hauptstadt von Georgia studiert und nach Erhalt eines Stipendiums in Boston promoviert. Erst seit gut einem Jahr in Montgomery als Prediger an einer Baptistenkirche tätig, machte ihn der Busstreik zu einer national bekannten Persönlichkeit. Seine Rede in der mit fünftausend Menschen auf den Bänken und vor der Tür völlig überfüllten Holt Street Baptist Church an jenem ersten Abend des Busstreiks wurde von Zeitungskorrespondenten und Fernsehkameras mitverfolgt: „Es kommt ein Zeitpunkt, an dem die Leute genug haben. Wir sind heute Abend hier versammelt, um denen, die uns so lange misshandelten, zu sagen, dass wir genug haben – genug davon, segregiert und erniedrigt zu sein, genug davon, herumgestoßen und brutal unterdrückt zu werden. Wir haben keine andere Möglichkeit, wir müssen protestieren. Viele Jahre haben wir eine unglaubliche Geduld gezeigt. Manchmal haben wir unseren weißen Brüdern den Eindruck vermittelt, die Art und Weise, in der wir behandelt werden, sei uns recht. Aber heute Abend kommen wir hier zusammen, um von jeder Art von Geduld frei zu werden, die weniger einbringt als Freiheit und Gerechtigkeit. Einer der Glanzpunkte der Demokratie ist das Recht, für das Recht kämpfen zu dürfen … Unsere Methode wird die der Überzeugung, nicht die des Zwanges sein. Wir wollen den Menschen nur sagen: ‚Lasst Euch von Eurem Gewissen leiten!' Unser Handeln muss von den höchsten Grundsätzen des christlichen Glaubens diktiert sein. Wenn Ihr mutig und doch mit Würde und in der Liebe Christi kämpft, werden einmal die Geschichtsschreiber späterer Generationen sagen: ‚Hier lebte einmal ein großes Volk – ein schwarzes Volk –, das den Menschen der zivilisierten Welt ein neues Bewusstsein, ein neues Gefühl der Würde eingeimpft hat.' Das ist unser Auftrag und unsere überwältigende Verantwortung."[3]

King wich auch nicht vom Pfad der Gewaltlosigkeit ab, als seine Frau und seine kleine Tochter nur knapp und mit viel Glück wenige Wochen später einem Bombenanschlag entgingen. Er wankte nicht in seiner Liebe zu Amerika, als dessen Staatsorgane in Gestalt des FBI Direktors J. Edgar Hoover ihn bespitzelten und seine politischen wie seine privat-außerehelichen Aktivitäten penibel dokumentierten. Er wurde verhaftet, beschimpft und misshandelt – von seinem Glauben an die Gewaltlosigkeit als Mittel des Protestes wich er nie ab.

Die politischen Rahmenbedingungen für die Bürgerrechtsbewegung besserten sich mit der Wahl John F. Kennedys zum Präsidenten im November 1961. Von nun an waren Farbige, die ihre Rechte einklagten, nicht ausschließlich der oft willkürlichen Rechtsauffassung lokaler Autoritäten ausgesetzt. Als Rassisten im Mai 1962 die Busse der „*Freedom-Riders*" angriffen, bedrängte Justizminister Robert Kennedy den Gouverneur von Alabama, bis dieser Nationalgardisten zum Schutz der Bürgerrechtler einsetzte. Die Proteste in Birmingham, Alabama, im Sommer 1963 erregten im ganzen Land Aufmerksamkeit. Der dortige Polizeichef Theophilus Eugene Connor (aus nahe liegenden Gründen mit dem freundlichen Kosenamen „Bull" belegt) war ein überzeugter Rassist und ließ seine Beamten mit einer Brutalität, die eine vor den Fernsehgeräten versammelte Nation schockierte, gegen die Demonstranten vorgehen; die Polizeihunde bissen sich in den Teilnehmern, viele von ihnen Kinder, oft regelrecht fest. Präsident

Kennedy wird die Bemerkung zugeschrieben, Bull Connor sei der beste Verbündete, den die Bürgerrechtsbewegung sich wünschen könne.

Der Präsident setzte Einheiten der Armee zu einem Stützpunkt in der Nähe
von Birmingham in Bewegung. Die Unruhen ließen nach. Wenige Tage später
wandte sich John F. Kennedy in einer Fernsehansprache an die Nation: „Die
Feuer der Frustration und der Zwietracht brennen in jeder Stadt. Die Lösung wird
auf den Straßen gesucht, in Demonstrationen, Paraden und Protesten, die zu
Spannungen führen und Gewalt verheißen. Wir stehen als Land und als Volk vor
einer moralischen Krise. Ich werde deshalb den Kongress bitten, ein Gesetz zu
verabschieden, das allen Amerikanern das Recht gibt, in sämtlichen Einrichtungen gleich bedient zu werden, die der Öffentlichkeit zur Verfügung stehen wie
Hotels, Restaurants, Theater, Kaufhäuser und dergleichen. Dies scheint mir
ein elementares Recht zu sein. Es zu verweigern, ist eine willkürliche Demütigung, der sich 1963 kein Amerikaner ausgesetzt sehen sollte."[4] Das Gesetz zur
Gleichberechtigung der Rassen wurde am 2. Juli 1964 von Kennedys Nachfolger
Lyndon B. Johnson unterzeichnet.

Auch die ökonomischen Bedingungen waren alles andere als gleich. Im Jahre
1963 betrug das durchschnittliche Einkommen einer weißen Familie 6500 Dollar,
das einer schwarzen Familie 3500 Dollar. Philip Randolph griff in diesem Sommer seine mehr als zwei Jahrzehnte alte Idee eines *March on Washington* wieder
auf. Die Sensibilität der farbigen Amerikaner war in diesen Monaten nach den
Ereignissen von Alabama hoch, die Bürgerrechtsbewegung hatte Zulauf und eine
Schwungkraft wie nie zuvor. Doch selbst in der ihr grundsätzlich gewogenen
Kennedy-Administration ging die Sorge vor einer in Gewalttätigkeit ausartenden
Eskalation um. Kennedys führender farbige Mitarbeiter, Louis Martin, warnte
seinen Chef: „Die Ereignisse in Birmingham haben offenbar die Anliegen der
Neger[5] elektrisiert. Das beschleunigte Tempo des Neger-Widerstandes und die
Rivalitäten ihrer Anführer kann in Verbindung mit dem Widerstand der Segre-
gationisten[6] bald den kritischsten Zustand der Rassenbeziehungen seit dem
Bürgerkrieg schaffen."[7]

Die zunächst sich gegen die wirtschaftlichen Ungerechtigkeiten richtende
Großdemonstration in Washington bekam angesichts der Ereignisse in Birmingham und der Stimmung in der schwarzen Bevölkerung eine wesentlich breitere
Agenda. So standen jetzt auch Forderungen nach Verabschiedung eines Bürger-
rechtsgesetzes und der Aufhebung der Rassentrennung in den Schulen auf dem
Programm der Redner. Kennedy versuchte die Organisatoren zunächst zum Ver-
zicht auf den Marsch zu bewegen, fand sich dann jedoch mit deren Entschlossenheit ab und äußerte vorsichtige Sympathie für das Anliegen der Teilnehmer.
Die mit der Planung betrauten Bürgerrechtler hofften auf 100 000 Teilnehmer und
standen vor organisatorischen Problemen ungeahnter Größenordnung: „Wir woll-

Marsch auf Washington am 28. August 1963. Rund 200 000 Schwarze und Weiße demonstrieren gemeinsam für eine fortschrittliche Bürgerrechtsgesetzgebung.

237

ten jeden, aus dem ganzen Land, um neun Uhr morgens nach Washington bekommen und bei Sonnenuntergang wieder aus Washington heraus. Dazu war es nötig, an wirklich alles zu denken. Man musste überlegen, wie viele Toiletten notwendig waren und wo diese aufgestellt werden sollten. Entlang welcher Linie sollte der Marsch verlaufen? Wir mussten Ärzte befragen, was genau die Menschen zu essen mitbringen sollten, um nicht krank zu werden. Wir mussten für Trinkwasser sorgen. Wir mussten Vorbereitungen treffen, falls es an diesem Tag zu einem kräftigen Gewitter kommen würde. Wir mussten an das Lautsprechersystem denken."[8]

Die Erwartungen der Organisatoren wurden weit übertroffen. An jenem schwül-heißen 28. August kamen mehr als eine Viertelmillion Menschen, darunter etwa 60 000 Weiße, nach Washington, bewegten sich mehr als 2000 gecharterte Busse und dreißig Sonderzüge auf die Hauptstadt zu. Randolph war tief bewegt: „Das war ein Heer, zu dem keiner unter Zwang eingezogen war. Da marschierten Weiße und Neger, Menschen jeden Alters miteinander. Es war eine kämpferische Armee und doch konnte keiner übersehen, dass ihre mächtigste Waffe die Liebe war."[9] Es war die größte Bürgerrechtskundgebung in der Geschichte der USA.

Die Hitze war drückend und viele Teilnehmer verschafften sich Erfrischung, indem sie ihre Füße in das Wasser des Reflecting Pool unterhalb des Lincoln Memorial hielten, dem Brennpunkt der Veranstaltung. Das Musikprogramm wurde von Künstlern gestaltet, die zu Ikonen der Bewegung, später auch des Engagements gegen den Krieg in Vietnam wurden wie Joan Baez, Bob Dylan und Mahalia Jackson. Randolph sprach von einer massiven Revolution zu Gunsten von Arbeitsplätzen und Freiheit, ein anderer Redner verglich den Zug der Bürgerrechtsbewegung durch den segregierten Süden mit dem verheerenden Feldzug General Shermans durch Dixie anno 1864 während des Bürgerkrieges, mit dem Unterschied, dass es diesmal die Gewaltlosigkeit sei, die eine Schneise durch die ehemaligen Sklavenhalterstaaten schlage.

Der Höhepunkt war indes die Rede Martin Luther Kings, die live im ganzen Land übertragen wurde und die nicht nur den Höhepunkt in seinem öffentlichen Leben darstellte, sondern auch einen Glanzpunkt in der Evolution der amerikanischen Demokratie. King sprach davon, dass genau einhundert Jahre zuvor ein großer Amerikaner, in dessen Schatten man stünde (der von seinem Marmormonument hinter dem Redner stoisch auf die Massen herabblickende Abraham Lincoln) mit seiner Emanzipationsproklamation Leuchtfeuer für Millionen versklavter Amerikaner schwarzer Hautfarbe entzündet habe. Doch nach diesen hundert Jahren schmachte der dunkelhäutige Amerikaner[10] noch immer auf einer einsamen Insel der Armut in einem Ozean materiellen Reichtums, er befinde sich im eigenen Land im Exil. Amerika sei seinen in der Unabhängigkeitserklärung

Martin Luther King (1929–1968): „I have a dream."

dokumentierten Versprechen nicht nachgekommen, soweit es die schwarzen Bürger beträfe.

Dann setzte King zu jenen Passagen seiner Rede an, die heute zu den ganz großen Dokumenten der amerikanischen Geschichte gehören und alljährlich am nationalen Feiertag *Martin Luther King's Birthday* zum festen Curriculum jeder Schule gehören, in Washington ebenso wie in Montgomery und Birmingham, Alabama: „Heute sage ich Euch, meine Freunde, trotz der Schwierigkeiten, denen wir uns heute und morgen gegenübersehen, habe ich einen Traum. Es ist ein Traum, der tief verwurzelt ist im amerikanischen Traum. Ich habe einen Traum, dass eines Tages diese Nation sich erheben und der wahren Bedeutung ihres Credos gemäß leben wird: ‚Wir halten diese Wahrheiten für selbstverständlich, dass alle Menschen gleich geschaffen sind.'[11] Ich habe einen Traum, dass eines Tages auf den roten Hügeln von Georgia die Söhne früherer Sklaven und die Söhne früherer Sklavenhalter miteinander am Tisch der Brüderlichkeit sitzen können. Ich habe einen Traum, dass sich eines Tages selbst der Staat Mississippi, ein Staat, der in der Hitze der Ungerechtigkeit und der Unterdrückung verschmachtet, in eine Oase der Freiheit und Gerechtigkeit verwandelt.

Ich habe einen Traum, dass meine vier kleinen Kinder eines Tages in einer Nation leben werden, in der man sie nicht nach ihrer Hautfarbe, sondern nach ihrem Charakter beurteilen wird. Ich habe einen Traum, dass eines Tages in Alabama, mit seinen bösartigen Rassisten ..., dass eines Tages genau dort kleine schwarze Jungen und Mädchen die Hände schütteln mit kleinen weißen Jungen und Mädchen als Brüder und Schwestern ... Ich habe heute einen Traum. Wenn wir die Glocken der Freiheit erschallen lassen ..., dann werden wir den Tag beschleunigen können, an dem alle Kinder Gottes – schwarze und weiße Menschen, Juden und Heiden, Protestanten und Katholiken – sich die Hände reichen und die Worte des alten Spirituals singen: *Free at last. Free at last. Thank God Almighty, we are free at last!* "[12]

Die Menschen gingen so nach Hause, wie sie nach Washington gekommen waren – friedlich. Der Traum würde noch lange Zeit brauchen, um Wirklichkeit zu werden. Achtzehn Tage nach dem großen Ereignis warfen Rassisten in Birmingham eine Dynamitstange in eine schwarze Kirche und töteten vier junge Mädchen. Martin Luther King fiel im April 1968 der Kugel eines Mörders zum Opfer.

Ein nachhaltiger Effekt der Rede Kings und des Marsches auf Washington bestand darin, bei vielen US-Bürgern außerhalb der Brennpunkte der Rassenkonflikte Verständnis für das Anliegen der Bürgerrechtler zu schaffen und vor allem unterschwellige Ängste vor farbigen Mitbürgern zu zerstreuen. Der 28. August 1963 wurde zur Glanzstunde der *civil rights movements*[13].

Anmerkungen

1 JUAN WILLIAMS: Eyes on the Prize. America's Civil Rights Years. New York 1987, S. 197.
2 WILLIAMS, S. 72
3 GERD PRESLER: Martin Luther King. Reinbek 1987. S. 49–51.
4 WILLIAMS, S. 195.
5 Das Zitat wurde wörtlich übersetzt. *Negro* war damals, auch aus dem Mund von Afro-Amerikanern, ein gebräuchlicher Terminus, der heute indes als obsolet, wenn nicht gar rassistisch erachtet wird.
6 Die Befürworter der Rassentrennung.
7 WILLIAMS, S. 198.
8 WILLIAMS, S. 198–199.
9 PRESLER, S. 91.
10 Auch King benutzte in aller Selbstverständlichkeit den Begriff *negro*.
11 Die Einleitung zu Thomas Jeffersons Unabhängigkeitserklärung.
12 PRESLER, S. 94–96. Verkürzt wiedergegeben.
13 Am 10. Dezember 1964 erhielt Martin Luther King den Friedensnobelpreis.

Tod in Dallas

22. November 1963

Air Force One hob von der Startbahn ab und schwenkte auf südlichen Kurs ein. Der Präsident verließ Washington an diesem Abend des 21. November 1963, um in Texas erste Schritte für seine Wiederwahl zu unternehmen. Für John Fitzgerald Kennedy war der große Staat im Süden von entscheidender Bedeutung. Er würde bei der Wahl in einem Jahr nicht nur viele Wahlmännerstimmen einbringen, sondern war als Heimatstaat seines Vizepräsidenten Lyndon B. Johnson ein Terrain, auf dem die Demokratische Partei um keinen Preis verlieren durfte, wollte sie an der Macht bleiben. Gerade in Texas war es um die Partei allerdings nicht gut bestellt. Der liberale und der konservative Flügel waren so zerstritten, dass sie eigentlich keinen politischen Gegner als Ziel ihrer Leidenschaft brauchten. Kennedy wollte mit seinem Besuch dazu beitragen, die verschiedenen innerparteilichen Strömungen wieder miteinander zu versöhnen – zumindest so weit, dass sie ihn im kommenden Herbst unterstützten und sich nicht permanent gegenseitig an die Gurgel gingen.

Für Präsident Kennedy machte die Reise nach Texas noch aus einem weiteren Grund Sinn. Er wollte die Stimmung testen, wollte aus erster Hand erfahren, ob die Menschen im tiefen Süden ihm mit Ablehnung oder mit Jubel begegnen würden. Kennedys Skepsis war durchaus berechtigt. Nach mehr als zweieinhalb Jahren Präsidentschaft war seine Person keineswegs von jener Aura des Mythos umgeben, zu dem ihn die kommenden Ereignisse machen würden (und an dessen Schaffung seine Familie und vor allem seine Frau eifrig mitwirkten). Er persönlich konnte sich durchaus hoher Sympathiewerte erfreuen. Dies lag vor allem an den geradezu perfekt inszenierten Bildern eines glücklichen Familienlebens, das den Amerikanern im Fernsehen und auf den Seiten von Hochglanzmagazinen wie *Life* präsentiert wurden: ein noch jugendlicher und sportiver Präsident, eine schöne und charmante Frau, dazu zwei wahrhaft hübsche Kinder, die sechsjährige Caroline und der kleine John, der kurz vor seinem dritten Geburtstag stand. Die Impressionen des Privatlebens, die den Medien von den Kennedys zugeleitet wurden, zeigten den Idealzustand einer amerikanischen Familie der Oberschicht, eine Idylle von bezauberndem Charme: Jacky und Caroline bei ihren Ausritten in

Bilder aus glücklichen Tagen: Präsident John F. Kennedy mit seinem Sohn John F. jun. in seinem Arbeitszimmer im Weißen Haus. Jacqueline Kennedy mit Sohn John F. und Tochter Caroline auf ihrem Pony "Macarony" beim Ausritt.

Virginia, die Familie auf dem Segelboot vor Cape Cod, der mit seinem Hund spielende, in modische Freizeitkleidung gewandte Präsident. Und schließlich die faszinierenden Fotos eines Präsidenten, der im Oval Office mit seinem kleinen Sohn spielt – das Weiße Haus und seine Bewohner waren ein feinfühlig arrangiertes Medienereignis geworden, die Präsidentenfamilie agierte als Trendsetter in Sachen Mode und Lifestyle. Wie es hinter den Kulissen aussah, erfuhr die Öffentlichkeit erst Jahre später, als die Flut der Enthüllungen wenig vom Glanz und schönen Schein der Kennedys übrig ließ.

Doch wie sah es, jenseits des privaten Glamours, um die Beurteilung der Politik Kennedys aus? Vor allem im Süden wurde seine – objektiv recht zögerliche – Unterstützung der Bürgerrechtsbewegung von vielen Weißen, die noch massive Rassenvorurteile mit sich herumtrugen, mit großer Skepsis, wenn nicht gar Furcht beobachtet. Der *Civil Rights Act* war in Vorbereitung, und Kennedy hatte erst kurz vor der Reise nach Texas in einer Rede deutlich gemacht, dass der Status quo nicht länger haltbar war: „Wir predigen auf der ganzen Welt die Freiheit und wir meinen es auch so. Wir genießen hier unsere Freiheitsrechte, aber sollen wir der Welt und – wichtiger noch – uns selbst sagen, dass dies das Land der freien Bürger ist, ausgenommen der Neger? Dass wir keine Bürger zweiter Klasse haben, außer den Negern? Dass wir kein Klassen- oder Kastensystem haben, keine Ghettos, keine Herrenrasse – nur mit den Negern ist dies alles anders?"[1] Für reaktionäre Kreise im Süden, darüber war der Präsident sich ebenso im Klaren wie sein in Bürgerrechtsfragen stärker engagierter Bruder Robert, stellte Kennedy das Feindbild per se dar, waren in diesen Kreisen Spitznamen wie „der rote Jack" längst in Umlauf. In Texas hoffte er zu erfahren, wie es um die so genannte „schweigende Mehrheit" stand.

Zwiespältig war auch die Einschätzung der Außen- und Sicherheitspolitik Kennedys. In der Kuba-Krise vor dreizehn Monaten hatte er umsichtig reagiert und das in hohem Maße an den Tag gelegt, was Amerikaner von ihrem Präsidenten in Zeiten der Krise zu allererst erwarten: *leadership*. Seine Führungskraft in Kombination mit Besonnenheit hatte entscheidend dazu beigetragen, die potenziell gefährlichste Situation des Kalten Krieges zu entschärfen. Kennedy hatte aus jenen Oktobertagen, die die Welt am Abgrund, am Rande des Nuklearkrieges sahen, für sich und seine Politik Konsequenzen gezogen. Der militärisch-industrielle Komplex, vor dem selbst Vorgänger Dwight D. Eisenhower – immerhin ein Berufssoldat und Ex-General! – in seiner Abschiedsrede gewarnt hatte, bereitete vermutlich auch Kennedy zunehmend Sorge. Er suchte nach Auswegen aus der Spirale des Rüstungswettlaufs und schlug im Juni 1963 in einer Rede vor der *American University* den Sowjets ein Abkommen zur Aussetzung von Atomtests in der Atmosphäre vor: „In der endgültigen Analyse ist es unsere elementarste Gemeinsamkeit, dass wir alle den gleichen kleinen Planeten bewohnen. Wir atmen alle dieselbe Luft. Wir setzen alle große Hoffnungen in die Zukunft unserer Kinder. Und wir alle sind sterblich."[2]

Sein weltpolitischer Kontrahent, Parteichef Nikita Sergejewitsch Chrustschow, nannte die Rede Kennedys die größte, die ein amerikanischer Präsident seit den Tagen Franklin D. Roosevelts gehalten habe. Das Abkommen für einen Teststopp, das nur noch unterirdische Atomtests erlaubte, wurde wenige Wochen später unterzeichnet. Die ersten vorsichtigen Ansätze der Entspannung zwischen den beiden Weltmächten zeichneten sich ab – für die „Falken" in den USA eine ebenso suspekte Perspektive wie Kennedys offensichtliche Abneigung gegen die CIA, der er es nie verziehen hatte, dass sie ihn in den frühen Tagen seiner Präsidentschaft in das Schweinebucht-Fiasko (April 1961) hineingezogen hatte.

Doch Kennedy als Staatsmann, der seinen politischen Reifeprozess in den ersten Jahren des Kalten Krieges und während des Konfliktes in Korea durchgemacht hatte, war andererseits in seinen Denkprozessen auch deutlich von der Rivalität zwischen den feindlichen Blöcken geprägt. Das Ausgreifen des Kommunismus auf bislang neutrale oder Amerika nahe stehende Länder war für ihn eine Aggression, der man schon von Anfang an begegnen musste. Die amerikanische Verwicklung in Vietnam ist ein Produkt seiner Außenpolitik – auch wenn seine Mitarbeiter, die sich selbst in gebührender Bescheidenheit *the best and the brightest,* die Besten und die Klügsten, zu nennen pflegten, die Verantwortung für die nationale Tragödie allzu gern der nachfolgenden Johnson-Administration zuschoben. In den tausend Tagen der Präsidentschaft John F. Kennedys erhöhte sich die Zahl der amerikanischen Militärberater von einigen hundert auf mehr als sechzehntausend. Es war das verhängnisvollste Erbe seiner Präsidentschaft.

Die kurze Reise nach Texas mit den geplanten Stationen Fort Worth, Dallas, San Antonio und Houston hatte indes auch noch eine private Komponente. Die First Lady begleitete zum ersten Mal seit längerer Zeit wieder ihren Mann auf einer Dienstreise. Das Paar war sich in den letzten Monaten wieder näher gekommen, nachdem die Ehe – sowohl vor als auch während der Präsidentschaft – immer wieder Krisen durchlaufen hatte, die ihren Ursprung in den vielfältigen außerehelichen Aktivitäten „Jacks" (wie er im Familien- und Freundeskreis genannt wurde) hatten. Im August hatte Jacky dem Präsidenten einen Sohn geboren, der nur zwei Tage am Leben blieb. Diese Tragödie traf beide schwer; die Trauer hatte Jack und Jacky aber auch wieder vereint und ihre Gefühle für einander neu entdecken lassen. Am Abend des 21. November verbrachte das Traumpaar so vieler Amerikaner in der Präsidentensuite des Hotels in Fort Worth nach langer Zeit wieder eine Nacht miteinander. Die letzte.

Am anderen Morgen, Freitag, dem 22. November 1963, sagte Kennedy nachdenklich zu einem seiner Mitarbeiter: „Wenn irgendjemand wirklich den Präsidenten der Vereinigten Staaten erschießen will, ist das kein sehr schwieriger Job. Alles was man tun muss, ist in ein hohes Gebäude zu gelangen, ein Gewehr mit Zielfernrohr zu haben und dann gibt es nichts, was man tun könnte, um sich gegen so einen Anschlag zu wappnen."[3] Es war etwa 20 Minuten nach 11 Uhr vormittags, als *Air Force One* mit dem Präsidenten und seiner Frau an Bord von der Carswell Air Force Base in Fort Worth zu dem kurzen, nur 13 Minuten währenden Flug nach Dallas aufstieg.

Dort, auf dem Flughafen mit dem schönen Namen *Love Field,* warteten die lokalen Würdenträger zur Begrüßung der hochrangigen Delegation, zu der neben dem Präsidenten und der First Lady auch der Vize-Präsident Lyndon B. Johnson[4] mit seiner Frau Lady Bird sowie der Gouverneur von Texas, John Connally, mit Gattin gehörten. Eine ganze Armada offener Limousinen stand bereit, um die Gäste durch die Stadt und zu ihrem Ziel zu bringen, der Dallas Trade Mart, wo der Präsident vor texanischen Geschäftsleuten und Vertretern der Bürgerschaft von Dallas sprechen sollte.

Die Menschen, die sich an diesem warmen, sonnigen Tag entlang der in den Zeitungen detailliert beschriebenen Route eingefunden hatten, begrüßten die Gäste aus Washington außerordentlich freundlich. Sowohl der Präsident als auch die First Lady, die während der Fahrt einen großen Strauß roter Rosen in der Hand hielt, waren von der Stimmung angenehm überrascht.[5] Erst wenige Wochen zuvor war nämlich der bekannt liberale Botschafter der Kennedy-Administration bei den Vereinten Nationen, Adlai Stevenson, bei seinem Besuch bespuckt und bedroht worden. Von derartigen Antipathien war an diesem Freitagmittag nichts zu spüren.

Unerklärlich viele Änderungen bei der Zusammenstellung der Wagenkolonne

Die Kolonne chromblitzender Limousinen fuhr langsam durch Dallas' historischen Stadtkern. Die normale Anordnung der Wagen war an diesem Tag – eine der vielen unerklärbaren Besonderheiten des 22. November – völlig umgestoßen worden. Der 1961er Lincoln des Präsidenten fuhr nicht wie üblich an siebter, sondern an zweiter Stelle, direkt hinter dem Wagen des Polizeichefs und des Sheriffs von Dallas. Der Wagen mit den Pressefotografen hingegen, der ansonsten hinter der Präsidentenlimousine seinen Platz hatte, kam ganz am Ende der Prozession. Die Journalisten konnten also keine Fotos von dem machen, was sich in wenigen Minuten ereignen sollte – Zufall oder Absicht?

Auch die Secret Service Agenten befanden sich nicht in unmittelbarer Nähe des Präsidenten, sondern im nachfolgenden Wagen – zu weit entfernt, um in Sekundenschnelle reagieren zu können. Dazu waren, wie spätere Recherchen ergeben hatten, diese Angehörigen des Personenschutzes vielleicht ohnehin nur mit Mühe in der Lage. Die meisten der Kennedy zugeteilten Agenten sollen in der vorausgegangenen Nacht bis in die frühen Morgenstunden in einem Nightclub namens *The Cellar* (Der Keller) sich fröhlich von ihrer verantwortungsvollen Arbeit entspannt haben.

Zwei Agenten, William Greer und Roy Kellerman, saßen auf den Vordersitzen der Präsidentenlimousine, Greer hatte das Steuer übernommen. Hinter diesen beiden einzigen Leibwächtern, die sich in Kennedys unmittelbarer Nähe befanden, saß das Ehepaar Connally auf den Mittelsitzen (*jump seats*) des Lincoln. Das Präsidentenpaar saß, sichtlich entspannt und immer wieder nach allen Seiten winkend, auf den Rücksitzen, Kennedy auf der rechten Seite und damit direkt hinter dem texanischen Gouverneur.

Mit mäßiger Geschwindigkeit fuhr die Wagenkolonne die Main Street hinunter. Warum sie nicht geradeaus über den Industrial Boulevard, der direkt zur Trade Mart führte, weiterfuhr, war eine der vielen Fragen, die anschließend nie befriedigend beantwortet werden konnten. Stattdessen machten die Wagen zunächst einen Schwenk nach rechts, auf die Houston Street, an der nächsten

Ecke folgte eine scharfe Linkskurve auf die Elm Street. Wegen des abrupten Knicks im Verlauf der Route musste die Geschwindigkeit weiter gedrosselt werden, auf nur noch elf Meilen pro Stunde (weniger als 20 km/h). Zur Linken des Präsidenten befand sich eine kleine Grünfläche, auf der eine Reihe von Bürgern stand, auf der rechten Straßenseite gab es damals nur ein einziges Gebäude: das *Texas School Book Depository*. Jenseits (stadtauswärts) dieses Schulbuchverlags lag eine grünbewachsene Anhöhe, die als *Grassy Knoll* (Grashügel) bei Anhängern von Verschwörungstheorien zum zentralen Ort des Geschehens wurde. Zu den Menschen, die auf dieser Straßenseite standen, gehörte der Kleidungsfabrikant Abraham Zapruder, stolzer Besitzer einer Schmalfilmkamera. Zapruder hatte in den nächsten Sekunden genug Nervenstärke, um den entscheidenden Knopf des Gerätes permanent gedrückt zu halten und so ein einmaliges Dokument zu schaffen – vielleicht die grausigsten Sekunden Film der amerikanischen Geschichte.

Es war genau 12 Uhr 30 mittags, als der Wagen des Präsidenten langsam in die Elm Street einbog. Die Bemerkung von Nellie Connally: *„Mr President, you can't say that Dallas doesn't love you"*[6] war nicht nur aufgrund der freundlichen

Das Attentat.

Aufnahme angemessen, sondern als Resümee auch deshalb, weil der öffentliche Teil der Fahrt nun vorbei war – die Zahl der Menschen am Straßenrand war geringer geworden und vor der Wagenkolonne lag der Stemmons Freeway. Was sich dann in den nächsten Sekunden ereignete, ist umstritten. Weder sind die Aussagen der anwesenden Zeugen einheitlich, noch lassen die vom Polizeifunk übertragenen Geräusche definitive Rückschlüsse darauf zu, wie viele Schüsse über Dealey Plaza, den von der Elm Street flankierten kleinen Park, erschallten. Die offizielle Version spricht von drei Schüssen aus ein und derselben Richtung, einige Zeugen wollen fünf oder sechs Schüsse gehört haben, sowohl aus Richtung des Schulbuchverlages als auch vom Grassy Knoll.

So ist umstritten, wann in der Abfolge der nächsten sechs Sekunden der erste Schuss fiel. Gegner der offiziellen Version sehen in einer abrupten Kopfbewegung Kennedys als auch Connallys eine Reaktion auf den ersten Knall, eine Änderung der Blickrichtung nach rechts, in Richtung Grassy Knoll. Für die offizielle Chronik der Vorgänge, den Warren Report, gibt es diesen (sein Ziel verfehlenden) Schuss nicht. Gouverneur Connally soll bereits zu diesem Zeitpunkt „Oh no no no!" ausgerufen haben. Der nächste – offiziell: der erste – Schuss ist in seiner Wirkung eindeutig, aber nicht in seinem Ursprung. Der Warren Report sieht ihn aus dem sechsten Stock des Schulbuchverlages abgefeuert, die Untersucher der Gegenseite – über den wahren Verlauf der Ereignisse tobt seit 1963 ein wahrer Glaubenskrieg in den USA – nehmen den Grassy Knoll als Standort des Schützen an. Kennedy jedenfalls hörte auf zu winken und bewegte beide Hände zu seinem Hals. Genau dort hatte die Kugel eingeschlagen – eine schwere, aber bei weitem nicht tödliche Wunde. Hätte der Fahrer jetzt sofort Gas gegeben und den verwundeten Präsidenten schnellstmöglich zur nächsten Klinik gefahren – Kennedy hätte gerettet werden können.

Kontrovers ist auch, ob der nächste Akt in dem Drama von Dealey Plaza von einem oder von zwei Projektilen verursacht wurde. Die offizielle Version des Verlaufes ist der wohl schwächste Punkt des Warren Reports, die *single bullet theory* (Ein-Projektil-Theorie) – auch nicht ganz unzutreffend und voll durchaus angebrachtem Sarkasmus *magic bullet* (magische Kugel) genannt. Der von hinten kommende Schuss soll in Kennedys Rücken ein- und aus seinem Hals wieder ausgedrungen sein, dann durch den Ellenbogen in den Körper von Connally gefahren und dort, mehrfach von knöchernen Strukturen abgelenkt, seinen Brustkorb durchschlagen und schließlich in seinem Oberschenkel stecken geblieben sein. Nach anderer Interpretation könnte es sich um zwei separate Projektile gehandelt haben, von denen eines den Präsidenten und das andere den Gouverneur getroffen hat. Das Jackett des Präsidenten zeigte auf gerichtsmedizinischen Fotos ein deutliches Einschussloch, etwa zehn Zentimeter unterhalb des Kragens.

Das grausigste Filmdokument der amerikanischen Geschichte

Dann kam der grausamste Moment. Ein dritter – oder fünfter – Schuss fiel. Mehrere Zeugen behaupteten, dieser sei von vorn gekommen, ein junger, vor dem Grassy Knoll stehender Soldat behauptete gar, das Geschoss an sich vorbeifliegen gehört zu haben. Der Nachrichtensender NBC sprach wie andere Medien auch in einem ersten Bulletin ebenfalls von einem von vorn kommenden Schuss. Diese Aussagen wurden von den Fernsehanstalten später geändert, auch für den Warren Report gab es keinen Schützen auf oder hinter dem Zaun des Grashügels.

Der Zapruder-Film, nach Jahren unter Verschluss längst der Öffentlichkeit zugänglich, spricht eine ganz andere Sprache: Der Kopf des Präsidenten fliegt ruckartig nach hinten und links, also von dem Grassy Knoll weg und dem Schulbuchgebäude fast entgegen – wäre auch dieser Schuss aus Lee Harvey Oswalds vermeintlicher Position gekommen, hätte Dealey Plaza eine Umkehrung sämtlicher physikalischer Gesetze erlebt. Die offizielle Erklärung für dieses Paradoxon, die Limousine hätte genau in diesem Moment beschleunigt, wird weder von Zeugen noch vom Zapruder-Film bestätigt. Der Secret Service Agent überwand vielmehr erst Sekunden später seinen Schock und gab Gas.

Der Schädel des Präsidenten explodierte förmlich, eine Fontäne von Blut, Knochenfragmenten und Gehirnmasse in alle Richtungen versprühend. (Ein junger Mann namens Billy Harper fand ein großes Stück des Hinterhauptknochens mehr als zehn Meter vom Standort des Präsidenten entfernt auf dem Straßenbelag, andere Knochenteile wurde von einem Polizisten auf dem Rasen von Dealey Plaza entdeckt – jeweils in Fahrtrichtung gesehen links von der Limousine.) Jacky Kennedy sprang von ihrem Sitz auf und kletterte auf das Heck des Wagens – eine Szene, die um die Welt ging –, um ein Stück des Schädels ihres Mannes zu ergreifen. Ein Geheimagent aus dem nachfolgenden Wagen sprang auf die Limousine und wollte die First Lady zurück in den Wagen drängen. Dazu kam es nicht; Jacky nahm wieder auf ihrem blutübertrömten Sitz Platz und legte den zerstörten Kopf ihres Mannes in ihren Schoß. Vielleicht war ihr *„I love you, Jack!"* das Letzte, was der Präsident in seinem Leben hörte. Jacky Kennedy sagte geistesabwesend: „Ich habe sein Gehirn in meiner Hand."[7]

Die späteren Aussagen von Nellie Connally liegen, was die Zählung der Schüsse anbelangt, auf der offiziellen Linie und sind von einem gewissen sprachlich-derben Realismus: „Als ich den dritten Schuss hörte, war mir, als ob man mit Schrot auf uns geschossen hätte, und dann sah ich natürlich, dass es dieses Zeug war, Gehirnmasse oder was auch immer, das ganze Auto war damit über und über bekleckert und wir auch. Mrs Kennedy sagte: ‚Jack! Sie haben meinen Mann getötet.'"[8] Neben Abraham Zapruder filmte mit Beverly Oliver eine weitere Zeugin das grässliche Geschehen.

Der Film wurde vom FBI konfisziert und tauchte nie wieder auf. Möglicherweise sind noch zwei oder drei weitere Schüsse gefallen. So mag die sechste Kugel jene gewesen sein, die Gouverneur Connallys Arm verletzte, so dies nicht der *magic bullet* simultan mit dem Lungendurchschuss gelungen war. Auch an der Windschutzscheibe der Präsidentenlimousine fand sich ein Einschussloch. Ein etwas fern des Geschehens stehender Zuschauer, James Tague, wurde von einem Streifschuss oder von wegspritzenden Asphaltteilen des Bordsteins, in den ein Projektil einschlug, leicht an der Wange verletzt. Das betreffende Segment des Bordsteins wurde bald darauf vom FBI entfernt. Wie viele Schüsse an diesem Mittag am Dealey Plaza wirklich abgefeuert wurden, wird sich – glaubt man nicht dem offiziellen Report, der von drei Kugeln, darunter einer wunderwirksamen, ausgeht – wohl nie klären lassen. So wurde später auf der Trage, auf die man den Präsidenten bei seiner Ankunft im Parkland Hospital gelegt hatte, eine Kugel gefunden. Wie sie dorthin gekommen ist, bleibt eines der vielen Geheimnisse des 22. November 1963.

Nachdem Agent Clint Hill auf den Wagen des Präsidenten gesprungen war, beschleunigte die Limousine endlich, um kurz darauf unter einer Eisenbahnbrücke zum Stehen zu kommen: Die Agenten liefen zum Wagen des Polizeichefs und alarmierten über Funk das nächste Krankenhaus, Parkland Memorial Hospital. Fast zum gleichen Zeitpunkt fielen in Washington die Telefonleitungen für einige Minuten aus – ein weiterer der vielen mysteriösen Zufälle. Zu diesen gehört auch die Tatsache, dass sich die meisten Kabinettsmitglieder auf dem Flug nach Japan befanden, als die Nachricht von der Ermordung in einem codiertem Funkspruch eintraf – das Codebuch zur Entschlüsselung war aus der Maschine verschwunden.

Wer befand sich auf dem Grashügel?

Bemerkenswert war die Reaktion der Menschen auf dem Dealey Plaza, kaum dass die Präsidentenlimousine aus ihren Augen verschwunden war. Die Fotodokumente jener dramatischen Minuten zeigen, dass sowohl die Zeugen als auch zwei Polizisten, die von ihren Motorrädern abgestiegen waren, auf den Grassy Knoll zulaufen und schließlich über seinen Zaun hinwegstarren – es gibt hingegen kein Foto, auf dem Menschen auf die Fenster des School Book Depository weisen, aus dem angeblich die Schüsse abgefeuert wurden.

Es war ungefähr 12 Uhr 35, als die ersten Autos der Kolonne am Parkland Memorial Hospital eintrafen. Drei Secret-Service-Agenten hoben den schwer verletzten Präsidenten auf eine Trage (auf der man später die kaum deformierte Kugel fand), Agent Hill hatte sein Jackett über Kennedys Kopf ausgebreitet, um ihn vor neugierigen Blicken zu schützen. Der Präsident wurde in *Trauma Room One* gebracht, wo Wiederbelebungsmaßnahmen durchgeführt wurden. Den Ärzten war jedoch beim Anblick von Kennedys Kopfwunde die Vergeblichkeit ihrer Bemühungen sofort bewusst. Dr. Paul Peters, einer von ihnen, beschrieb später seine Gefühle: „Ich kann mich an seinen Gesichtsausdruck erinnern, den ich nie vergessen werde. Sein Gesicht war mir so vertraut wie das meines Nachbarn – ich hatte es so oft gesehen. Und mir war gar nicht klar, wie schwer er verletzt war. Ich ging hinein, um zu helfen und glaubte, er sei durch den Arm, die Schulter oder dergleichen geschossen worden, und dass ich ihn treffen und mitbehandeln könnte. Und, zur Hölle, da lag er auf dieser Nottrage und war tödlich verletzt. Das war mein erster Eindruck – dass er möglicherweise tot ist."⁹ Um 13 Uhr, nachdem ein katholischer Priester John Fitzgerald Kennedy die letzte Ölung gegeben hatte, erklärten die Ärzte den 35. Präsidenten der USA für tot.

Die ganze Nation stand unter Schock, als die Nachricht von dem Attentat in Dallas sich kurz vor 13 Uhr quer über das Land ausbreitete. Wer an diesem Freitagmittag im Fernsehen den beliebtesten *anchorman*, Walter Cronkite, sah, als dieser seine Brille absetzte, auf die Studiouhr blickte und mit Angabe der Zeit und tränenerstickter Stimme den Tod des Präsidenten vermeldete, sollte die Szene sein Leben lang nicht mehr vergessen.

Selbstverständlich war das Fernsehen auch live dabei, als der Sarg des Präsidenten am Abend in Washington eintraf, seine Witwe noch in dem blutverschmierten Kostüm, das zu wechseln sie sich geweigert hatte, weil alle Welt sehen sollte, was „sie" ihrem Jack, dem Präsidenten, angetan hatten. Doch wer waren „sie"? Die Theorien über die Hintergründe und Hintermänner des Anschlages sind vielfältig und basieren auf den vielen Ungereimtheiten, die sich an jenem Tag in Dallas abspielten, teilweise aber auch auf dem Doppelleben, das John F. Kennedy geführt hatte. Der Sohn eines auf nicht ganz saubere Art steinreich gewordenen Mannes, ein Staatsmann, der zumindest indirekt (über eine Geliebte und über Intimfreund Frank Sinatra) offenbar mit dem organisierten Verbrechen in Verbindung zu stehen schien, der treu sorgende Familienvater, in dessen Privatleben nicht nur Filmsternchen, sondern auch Huren einen festen Platz einnahmen – die

Zwei Tage nach der Ermordung JFKs erschießt Jack Ruby den angeblichen Kennedy-Mörder Lee Harvey Oswald im Polizeirevier von Dallas.

Biografie John F. Kennedys ist viel zu bizarr, als dass sie ein so simples Ende wie die Einzeltat eines verwirrten Spinners namens Lee Harvey Oswald verdient hätte. So mussten in den verschiedenen Theorien alle erdenklichen Bösewichter von der Mafia über Castro bis hin zu Staatsorganen wie FBI und CIA als Tatverdächtige herhalten.

Die Frage „*Who shot JFK?*" wird wohl die amerikanische Öffentlichkeit noch so lange beschäftigen, wie das merkwürdige und so ambivalente Charisma dieses Mannes noch eine Wirkung entfaltet.

Anmerkungen

1 HENRY F. GRAFF (Ed.): The Presidents. A Reference History. 1996. S. 489.
2 GRAFF, S. 495.
3 ROBERT J. GRODEN: The Killing of a President. New York 1993. S. 4.
4 Derartige Reisen von Präsident und Vize-Präsident sind seit Dallas als die nationale Sicherheit gefährdend vollständig aus der Mode gekommen. Die Furcht, dass bei einem Anschlag nicht nur der Präsident, sondern auch sein von der Verfassung vorgesehener Nachfolger gewaltsam aus ihren Ämtern entfernt werden könnten, ist zu groß.
5 Dallas hatte den Spottnamen „*Southwest Hate Capitol of Dixie*".
6 GRODEN, S. 10.
7 GRODEN, S. 39.
8 ALAN POSENER: John F. und Jacqueline Kennedy. Berlin 1997. S. 143.
9 DAVID S. LIFTON: Best Evidence. Disguise and Deception in the Assassination of John F. Kennedy. New York 1980. S. 309.

DIE TET-OFFENSIVE UND
AMERIKAS PLÖTZLICHE VERWUNDBARKEIT

31. Januar 1968

Als das Jahr 1968 begann, unterstützte eine Mehrheit der Amerikaner die Politik der Regierung von Lyndon B. Johnson, der zwei Ziele erreichen wollte: die Schaffung einer *Great Society*, eines modernen Sozialstaates, und die Zurückschlagung des kommunistischen Angriffs auf das mit den USA verbündete Südvietnam – ein Angriff, der teilweise durch einheimische Guerillas, die Vietcong, teilweise durch nordvietnamesische Truppen erfolgte. Obwohl immer mehr Stimmen laut wurden, ob die massive amerikanische Militärintervention in dem fernen Land sinnvoll und die Opfer zu rechtfertigen waren, gab es, von einigen Universitäten abgesehen, keinen massiven Widerstand gegen die Johnson-Administration. Die meisten Amerikaner blickten nach wie vor mit Nationalstolz auf ihr Land, das sich anschickte, den Wettlauf zum Mond zu gewinnen.

Als das Jahr 1968 zu Ende ging, war Amerika nicht mehr wiederzuerkennen. In fast allen größeren Städten war es zu Rassenunruhen gekommen, durch die Nation ging ein tiefer Riss. Der Parteitag der Demokraten fand im Sommer unter bürgerkriegsähnlichen Umständen statt, der einst so angesehene Lyndon Johnson hatte auf eine erneute Kandidatur verzichtet. Die beiden bekanntesten Exponenten des liberalen Amerika, Martin Luther King und Robert Kennedy, waren ermordet worden. Und „Vietnam" war von einem fernen Konflikt zu einem nationalen Trauma geworden, das aus vielen Universitäten Hochburgen des Widerstandes gegen das „Establishment" gemacht hatte und eine Gegenkultur der Desillusionierten – von Jimi Hendrix über Joan Baez bis zu den tragischen Helden von *Easy Rider* – zur Blüte brachte. Es war ironischerweise die schwerste militärische Niederlage der vietnamesischen Kommunisten, die den Umschwung in Amerikas Selbstverständnis entscheidend beförderte.

In Südvietnams Hauptstadt Saigon waren in der Nacht vom 30. auf den 31. Januar 1968 fast kontinuierlich Explosionen zu hören. Sie waren friedlicher Natur. Im ganzen Land wurden zur Feier des vietnamesischen Neujahrsfestes „Tet" Feuerwerkskörper abgeschossen. Die Menschen feierten ausgiebig, um den

Kriegsalltag für ein paar Stunden zu vergessen. Wie schon zu Weihnachten, war zwischen beiden Kriegsparteien eine Waffenruhe vereinbart worden, die nicht überall befolgt wurde. Besonders in den Nordprovinzen Südvietnams waren bereits in der Nacht zuvor heftige Kämpfe ausgebrochen – dass diese Teil einer kommunistischen Großoffensive waren, bei der die gegnerischen Kommandeure sich um einen Tag im Kalender geirrt hatten, ahnte auf amerikanisch-südvietnamesischer Seite niemand.

Die Vorgeschichte

Das amerikanische Engagement in dem fernen Konflikt war stetig ausgeweitet worden, seit Präsident John F. Kennedy die ersten Militärberater nach Vietnam geschickt hatte. Ein Zwischenfall im Golf von Tonking 1965, bei dem (angeblich) nordvietnamesische Schnellboote einen amerikanischen Zerstörer angegriffen hatten, wurde von der Regierung Johnson zum Anlass genommen, massiv einzugreifen. Nordvietnam wurde bombardiert, die amerikanische Truppenpräsenz im Süden schwoll schließlich auf mehr als 500 000 Mann an. Die dem Engagement zugrunde liegende Philosophie stammte noch aus den Fünfzigerjahren und entsprach dem Denken des Kalten Krieges: die „Domino-Theorie". Diese auf Präsident Eisenhower zurückzuführende Vorstellung ging von der mit großer Überzeugung vertretenen Annahme aus, dass der Fall eines befreundeten Landes an das rivalisierende Lager den fast unweigerlichen „Verlust" seiner Nachbarn an den ideologischen Feind zur Folge haben würde – ganz so, wie senkrecht aneinander gereihte Dominosteine in einer Kettenreaktion umfallen, wenn einer von ihnen den Anfang macht. Nach dieser Logik wäre die Eroberung des Südens durch den Norden der Beginn einer fatalen Entwicklung, die möglicherweise zum Verlust von Laos, Kambodscha und möglicherweise auch Thailand für die so genannte Freie Welt führen würde.

Nach Abschüttelung der französischen Kolonialherrschaft 1954 war Vietnam geteilt worden. Im Norden regierte die kommunistische, aber vor allem (was die Amerikaner kaum verstanden) nationalistische Partei des ziegenbärtigen Revolutionärs Ho Chi Min, dessen Konterfei übrigens ähnlich dem Che Guevaras zu einer Ikone der Protestbewegung der späten Sechzigerjahre wurde. Südvietnam wurde dem „westlichen Lager" zugerechnet, war allerdings alles andere als eine Musterdemokratie. Die mangelnde demokratische Legitimation seiner Herrscher wurde immer mehr zu einer Bürde für die amerikanische Politik, wenn diese nach der moralischen Rechtfertigung der Kriegsführung gefragt wurde. Nichtsdestotrotz gab es – in gewissen Grenzen – eine deutlich größere persönliche Freiheit für die Menschen in Südvietnam als im rigoros diktatorischen Norden, und die Mehrheit der Bevölkerung hatte nicht das mindeste Bedürfnis, durch „Onkel Ho" und seine Streitkräfte vom amerikanischen Imperialismus befreit zu werden. Es war alles andere als der Ausdruck des Volkswillens, sondern allein auf die Schwäche der Saigoner Regierung und die Entschlossenheit und militärische Stärke der Kommunisten zurückzuführen, dass 1975 – nach Abzug der Amerikaner und in völliger, von der Weltöffentlichkeit indes kaum kritisierter Missachtung des Friedensvertrages von Paris – das Land innerhalb weniger Wochen von Ho Chi Mins Nachfolgern erobert wurde. Die Geschichte der *boat people*, die dem neu errichteten „Paradies der Werktätigen" unter Einsatz ihres Lebens zu entkommen suchten, legt Zeugnis davon ab, wie wenig sich viele Südvietnamesen nach der „Befreiung" durch kommunistische Kader sehnten.

Nicht nur die Begründung des amerikanischen Einsatzes in Vietnam entsprang der Logik des Kalten Krieges, sondern auch die Strategie der US-Militärs. Es wurde nie eindeutig definiert, was das Kriegsziel ist und wie der immer wieder in Aussicht gestellte Sieg im Detail aussehen würde. In der bipolaren Welt des nuklearen Gleichgewichts gab es für den Planungsstab im Pentagon keinen absoluten Sieg mehr, keine *unconditional surrender* (bedingungslose Kapitulation) eines Gegners, die noch zwanzig Jahre zuvor den Krieg gegen Hitler-Deutschland bestimmt hatte. Zu groß war die Sorge, aus dem regionalen Konflikt eine größere Konfrontation werden zu lassen, in die die beiden atomar bestückten Unterstützer der vietnamesischen Kommunisten hineingezogen worden wären: die Sowjetunion und China. So führte Amerika einen Krieg, in dem es seine militärische Stärke nie vollständig ausspielen zu können glaubte. Amerikanische Piloten durften beispielsweise zwar Brücken und Nachschubwege in Nordvietnam angreifen, jedoch nicht den Hafen von Haiphong, das wichtigste Tor des Landes für eben jenes Kriegsgerät. Die Gefahr, ein russisches Schiff und dessen Besatzung zu treffen, wurde als zu riskant eingeschätzt.

Angriff auf die amerikanische Botschaft in Saigon

Bis zu jenen letzten Januartagen des Jahres 1968 hatte sich der Krieg überwiegend in der Provinz abgespielt. Die großen Städte des Landes wurden von den Amerikanern und den südvietnamesischen Regierungstruppen beherrscht, die Hauptstadt Saigon schien, trotz gelegentlich auch hier aufflackernder Nervosität, weit von den undurchdringlichen Dschungelregionen entfernt, die für die GIs eine fremde und bedrohliche Welt darstellten. An Feiertagen wie „Tet" zeigte die überfüllte Metropole ihren ganzen Charme, dem man erst in Kenntnis um ihr weiteres Schicksal das Prädikat „morbide" hinzufügen möchte.

In jener Nacht hatten der Spaß, die exaltierte Lebensfreude, die Illusion der Normalität für Saigon ein Ende. Etwa gegen 2 Uhr 45 am 31. Januar fuhren ein kleiner Lastwagen der Marke Peugeot und ein Taxi vor der Amerikanischen Botschaft vor, einem großen und erst im vorangegangenen Jahr fertig gestellten Gebäudekomplex, der von einer hohen Mauer umgeben war und über ein Hubschrauberlandedeck[1] verfügte. Eine Gruppe von Männern sprang aus den Fahrzeugen und eröffnete umgehend das Feuer auf die beiden den Eingang bewachenden Militärposten. Vier südvietnamesische Polizisten, die auf der Straße vor dem Komplex zu patrouillieren hatten, waren plötzlich verschwunden. Eine Sprengladung riss ein Loch in die Mauer, durch welches die Vietcong auf das Botschaftsgelände vordrangen. Die beiden US-Soldaten, Charles L. Daniel und William E. Sebast, feuerten zurück und konnten noch einen letzten Funkspruch absetzen. *„They're coming in! They're coming in! Help me! Help me!"*[2] Die Leichen der beiden wurden am nächsten Morgen gefunden.

In der Botschaft selbst hielten sich in dieser Nacht nur wenige Amerikaner auf, der Botschafter selbst war in einer mehrere Straßen entfernten Residenz untergebracht. Die drei Marines und sechs Zivilisten in der Botschaft wehrten sich, so gut sie konnten – die meisten verfügten lediglich über Revolver. Die Vietcong schossen mehrere Panzerabwehrraketen auf das Gebäude ab. In die Botschaft selbst einzudringen, gelang den Angreifern offenbar trotzdem nicht. Nachdem ein erster Versuch der Amerikaner, Verstärkung per Hubschrauber auf das Botschaftsdach zu bringen, im Kugelhagel der Angreifer gescheitert war, setzte der Oberkommandierende der US-Streitkräfte in Vietnam, General William C. Westmoreland, Elite-Einheiten in Richtung Botschaft in Bewegung.

Es war Spätnachmittag in Washington, als im State Department erste Berichte von dem Angriff auf die US-Botschaft eintrafen und mit dem gleichen Unglauben und Entsetzen registriert wurden wie im Weißen Haus. Binnen kurzem wusste auch die amerikanische Öffentlichkeit von dem Anschlag. Es ist unklar, was die kommunistischen Guerillas letztlich mit der Aktion bezwecken wollten, doch eines erreichten sie: höchstmögliches Medieninteresse. Die in Saigon akkreditierten amerikanischen Journalisten waren bis zu diesem Zeitpunkt schon leicht frustriert gewesen, da sie in der Hauptstadt wenig vom Krieg miterlebten und letztlich oft auf Informationen angewiesen waren, die von den Militärbehörden „bereinigt" worden waren. Jetzt plötzlich jedoch spielte sich der Krieg quasi vor den Fenstern ihrer Büros ab. Praktisch zur besten Sendezeit, gegen neun Uhr abends, berichteten amerikanische Fernsehstationen über den bislang für undenkbar gehaltenen Angriff auf das Herzstück amerikanischer Präsenz in Vietnam. Am folgenden Tag gab es die ersten bewegten Bilder zu sehen; das Filmmaterial wurde damals noch per Flugzeug von Saigon nach Japan geflogen und von dort mit Hilfe der noch in den Kinderschuhen steckenden Satellitentechnologie in die Heimat übertragen. Die erschütterte Nation war zwar nicht live, aber doch nur unwesentlich zeitverzögert dabei.

Was auf den Fernsehschirmen zu sehen war, wurde gänzlich anders interpretiert als vor Ort. Um 9 Uhr 20 morgens betrat General Westmoreland das mit Leichen übersäte Gelände der Botschaft, das teilweise für sechseinhalb Stunden vom Feind besetzt gewesen war. Fünf Amerikaner waren gestorben, neunzehn Vietcong, wahrscheinlich das gesamte Kommando, waren ebenfalls gefallen. Es war eine Selbstmordaktion der Vietcong gewesen. In den USA jedoch war mit diesem Tag der Glaube an jenen Sieg, der nach den Versicherungen von Politikern und Militärs *just around the corner*, also in greifbarer Nähe sei, nachhaltig erschüttert. Seit Monaten wurde davon gesprochen, dass der Gegner geschlagen, demoralisiert und auf dem Rückzug befindlich sei – und jetzt war dieser sogar in der Lage, die amerikanische Botschaft wenn schon nicht zu erobern, so doch sichtbar zu ramponieren? In dieser Nacht des vietnamesischen Neujahrsfestes erlitt die Glaubwürdigkeit des Systems für viele Amerikaner einen herben Rückschlag, der den Boden bereitete für jene kritische, oft fast desillusioniert-zynische Einstellung gegenüber Politikern, die später mit „Watergate" ihre Rechtfertigung erhielt und durch nachfolgende Skandale und Skandälchen von „Iran-Contra" bis zur allzu umgänglichen „Präsidenten-Praktikantin" immer wieder frische Nahrung bekam.

Das Kalkül der Kriegsherren in Nordvietnam begann in jener Nacht auf den 31. Januar 1968 aufzugehen. „Amerikaner", so hatte der nordvietnamesische Premier Pham-Van Dong schon einige Jahre zuvor einem Besucher erklärt, „mögen keine langen, ungewissen Kriege und dies wird ein langer Krieg mit ungewissem Ausgang werden."[3] Mit „Tet" wurde offensichtlich, dass ein Ende des Krieges bei weitem nicht in Sicht war – und dass er mit bisherigem Einsatz nicht zu gewinnen war. Im Jahr 1967 waren drei Prozent des Bruttosozialproduktes für die Kriegführung in Vietnam aufgewendet worden. Eine höhere Investition war unvermeidbar – doch war sie in Anbetracht der Bilder von der Botschaft mit ihren Einschusslöchern und Rauchspuren politisch durchsetzbar? Der Kongressabgeordnete Tip O'Neill (später langjähriger Sprecher des Repräsentantenhauses) brachte die Frage nach dem Sinn des Materialeinsatzes auf den Punkt: „Jedesmal, wenn jemand glaubt, er habe vier Vietcong in einem Busch gesehen, werfen wir für 20 000 Dollar Bomben ab. Und es funktioniert nicht."[4] Trotzdem war General Westmoreland überzeugt gewesen, wie er in einer Rede in Washington im November 1967 erklärt hatte, dass das Ende des Krieges in Sicht sei, dass die Südvietnamesen immer mehr dazu in der Lage seien, ihr Land selbst zu verteidigen und dass binnen zwei Jahren allmählich mit dem Rückzug amerikanischer Truppen begonnen werden könne. „Tet" machte diese Hoffnung zunichte.

Kein Ende des Krieges in Sicht

Der Angriff auf die Botschaft war zwar die schlagzeilenträchtigste, aber militärisch unbedeutendste Aktion im Rahmen jener groß angelegten Offensive, die in der gleichen Nacht in ganz Südvietnam begann. Fast simultan mit dem Angriff in Saigon wurden 39 der 44 südvietnamesischen Provinzhauptstädte Ziel der kommunistischen Offensive. Trotz geheimdienstlicher Hinweise darauf, dass „etwas Großes bevorstand", gerieten die insgesamt fast 1,1 Millionen Mann der Amerikaner, Südvietnamesen und ihrer Verbündeter[5] massiv unter Druck. Fast im Minutenrhythmus trafen in Westmorelands Hauptquartier Nachrichten von Kämpfen in Orten wie Da Nang, Hue und Pleiku ein, Städte, die als „sicher" gegolten hatten. Mehr noch, auch der Militärflughafen Bien Hoa, gemessen an der Zahl der Flugbewegungen der größte Flugplatz der Welt und außerdem Hauptquartier des III. Corps der amerikanischen Armee, wurde von Bodentruppen angegriffen und mit Raketen beschossen. Der Gegner schien plötzlich überall zu sein.

Die Tet-Offensive hatte durchaus das Potenzial gehabt, die staatliche Souveränität Südvietnams zu beenden. Eine bessere Koordination des Angriffs, die Zerstörung des Hauptquartiers der Alliierten oder die Besetzung der wichtigsten Radiostationen und die Ausstrahlung manipulierter Nachrichten hätten durchaus das Ende Südvietnams einleiten können. Doch die Tet-Offensive scheiterte nicht nur an der schnellen und letztlich effizienten Gegenwehr der Amerikaner und ihrer Verbündeten, sondern vor allem daran, dass es nicht zu jenem Ereignis kam, auf das die Planer in Nordvietnam gesetzt hatten und das ein Kernstück ihrer Ideologie war: Der große Aufstand, die Erhebung des Volkes von Südvietnam, das nach der Denkweise der Machthaber in Hanoi förmlich nach Befreiung vom Joch des US-Imperialismus dürstete, fand nicht statt. Es kam zu keinen größeren Verbrüderungen mit den Vietcong und den Nordvietnamesen; die meisten Zivilisten taten das, was sie in einem jahrzehntelang vom Krieg zerrissenen Land gelernt hatten: abtauchen und überleben. Auch schlossen sich den Invasoren die wehrfähigen jungen Männer keineswegs in Massen an, die Vietcong mussten meist ihre Rekruten mit Waffengewalt in ihre Reihen zwingen.

Eine Kostprobe des Lebens unter kommunistischer Herrschaft erhielt die alte Kaiserstadt Hue. Hier hielten sich die Truppen des Nordens für 24 Tage, bevor die Südvietnamesen mit amerikanischer Hilfe die fast völlig zerstörte Stadt zurückeroberten. (Diese dreieinhalb Wochen waren der dauerhafteste Gewinn für die Angreifer – was einiges über den militärischen Gesamterfolg der Tet-Offensive aussagt.) Nach dieser Rückeroberung wurden in Hue Massengräber gefunden, in denen fast 3000 Zivilisten verscharrt worden waren. Auch mehrere deutsche Ärzte, die in Hue humanitäre Arbeit verrichteten, wurden umgebracht.

Die Medien der westlichen Welt widmeten diesem Massenmord weit weniger Aufmerksamkeit als dem ebenfalls abscheulichen Massaker von My Lai im März 1968, bei dem US-Soldaten etwa 100 Zivilisten umbrachten.

Nach militärischen Maßstäben war die Tet-Offensive eine verheerende Niederlage für die Angreifer. Keines ihrer Ziele, weder die dauerhafte Eroberung auch nur einer Stadt noch die Inspirierung einer Volkserhebung noch die Zerschlagung der, wie sie es nannten, „Marionettenregierung" in Saigon war den Kommunisten gelungen. Zahlen sind in jedem Krieg umstritten und manipulierbar, so sind auch die semioffiziellen Angaben mit Vorsicht zu behandeln, nach der während der Tet-Offensive knapp 3900 amerikanische, fast 5000 südvietnamesische Soldaten sowie rund 58 000 Angehörige der Vietcong und der nordvietnamesischen Truppen gefallen waren.

Die Kritik am Vietnamkrieg nimmt zu

Der Sieg der Kommunisten fand nicht auf dem Schlachtfeld, sondern einige tausend Meilen entfernt in der Seele Amerikas statt. Im November 1967 hatten bei einer Umfrage des Meinungsforschungsinstituts Gallup noch 50% der befragten Amerikaner erklärt, sie glaubten, die Kriegsanstrengungen der USA machten Fortschritte, 8% fürchteten eine Niederlage. Im Februar 1968, kurz nach der Tet-Offensive, hatte sich das Meinungsbild bereits deutlich verschoben: Nur noch 33% waren optimistisch, 23% hingegen sahen die USA auf der Verliererstraße. Entscheidend für den Stimmungswandel war die Rolle der Medien, die im Fernsehen und auf den Titelseiten überwiegend amerikanisches Leid und jenes der Zivilbevölkerung zeigten, aus nahe liegenden Gründen aber über ähnliche Szenen von der Seite des Gegners nicht verfügten. Das weltberühmte und mehrfach preisgekrönte Foto eines amerikanischen Journalisten, welches den Polizeichef von Saigon zeigt, als er einem gefangenen Vietcong ohne viel Federlesens – und natürlich ohne einen fairen Prozess – eine Kugel aus nächster Nähe in den Kopf schießt, trug ganz wesentlich zur Diskreditierung von Amerikas Verbündetem bei. Der Fernsehsender NBC lieferte die spontane Hinrichtung an der Straßenecke in ganzer Länge in Amerikas Wohnzimmer.

Innerhalb der Presselandschaft kam es zur Neuausrichtung der Editorials. Magazine wie *Newsweek*, die bislang die Kriegsanstrengungen unterstützt hatten, wurden kritischer. „Der Krieg", so warnte das Nachrichtenmagazin in seiner Ausgabe vom 11. März 1968, „ kann nicht mehr mit militärischen Mitteln gewonnen werden, ohne das Netz des nationalen Lebens und der internationalen Beziehungen zu zerreißen." Für viele Fernsehzuschauer war vor allem der Mei-

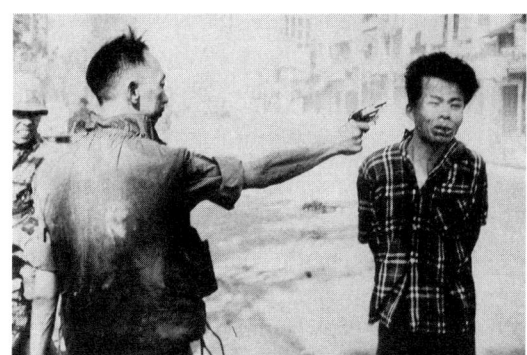

Dieses Bild erschütterte die ganze Welt: Kaltblütig exekutiert der südvietnamesische Polizeichef Nguyen Ngoc Loan auf offener Straße einen Vietcong.

nungsumschwung jenes Mannes entscheidend, der in Amerikas Nachrichtenindustrie als die personifizierte Glaubwürdigkeit galt: CBS-Anchorman Walter Cronkite. Der beliebte Moderator, der als junger Kriegskorrespondent an Bombeneinsätzen über Deutschland teilgenommen hatte, neigte bis „Tet" dazu, die Politik seines Landes in Südostasien zu unterstützen, auch wenn er allmählich an den Versicherungen der Johnson-Administration, dass Licht am Ende des Tunnels zu sehen sei, zweifelte. Ende Februar 1968 reiste Cronkite nach Südvietnam und erstellte einen Sonderbericht, der am 27. des Monats ausgestrahlt wurde. Auf einer Trümmer übersäten Straße in Saigon stehend, gab er eine desillusionierte Einschätzung zum Besten: „Zu sagen, dass wir dem Sieg nahe sind, bedeutet angesichts der Faktenlage, jenen Optimisten zu glauben, die schon in der Vergangenheit falsch lagen. Dass wir an der Schwelle zur Niederlage stünden, hieße ungerechtfertigtem Pessimismus zu erliegen. Zu sagen, dass wir in einem Unentschieden gefangen sind, ist die einzige realistische, wenngleich unbefriedigende Schlussfolgerung. Wenn die militärischen und politischen Analysten Recht haben, müssen wir in den nächsten Monaten die Intentionen des Feindes testen, ob dies wirklich eine letzte Kraftanstrengung vor Verhandlungen war. Aber dem Reporter wird es immer deutlicher, dass zu verhandeln der einzige Weg ist, um hier herauszukommen, nicht als Sieger, sondern als ein ehrenwertes Volk, das zu seinem Versprechen stand, die Demokratie zu verteidigen und welches das Beste tat, was es konnte."[6]

General Westmoreland hatte immer noch eine andere Vorstellung. Er forderte Verstärkungen in Höhe von 206 000 Mann. Die Presse deckte diesen Plan auf, der in der Öffentlichkeit auf Entsetzen und Ablehnung stieß. Selbst in der Regierung war man nicht mehr zu einer weiteren Eskalation bereit, der Marineminister Paul Ignatius stellte die nicht ganz unlogische Frage, wieso man so viele zusätzliche Soldaten brauche, wenn man doch, nach offizieller Sprachregelung, gerade dem Gegner eine verheerende Niederlage verpasst hatte. Ein Kommentator gab im Fernsehen die geflügelte Weisheit zum Besten, dass nun der Zeitpunkt gekommen sei, an dem man sich entscheiden müsse, ob man Vietnam zerstören solle, um es zu retten.

Dann begann „Tet" seine Schatten auf die in diesem Jahr anstehende Präsidentschaftswahl zu werfen. Bei der ersten Vorwahl (*primary*), die traditionell in New Hampshire stattfindet, gewann Kriegsgegner Eugene McCarthy am 12. März fast genauso viele Stimmen wie der amtierende Präsident Johnson, obwohl – oder weil? – eine lokale Zeitung behauptet hatte, dass die Kommunisten in Vietnam New Hampshire genau beobachten würden. Einen Tag später ließ Robert Kennedy, der Bruder des ermordeten Präsidenten, im Gespräch mit Walter Cronkite deutlich erkennen, dass er eine Kandidatur erwäge. Trotz dieser für ihn ungünstigen Vorzeichen überraschte Lyndon B. Johnson seine engsten Berater ebenso wie die Nation, als er in einer Fernsehansprache am 31. März bekannt gab, nicht noch einmal für das Weiße Haus zu kandidieren.

Erste Gespräche mit Vertretern Nordvietnams über eine Beendigung des Krieges begannen im Mai 1968 in Paris. Mit dem Friedensschluss 1973 war Amerikas

Eine der zahlreichen Demonstration gegen den Vietnamkrieg vor dem UNO-Gebäude in New York.

Rolle in Vietnam beendet. In der Hauptstadt Washington kündet das wohl emotionalste Monument dieser an Denkmälern so reichen Metropole von dem Preis, den Amerika in jenem fernen Land zahlte – in Form von mehr als 58 000 auf *The Wall* eingravierten Namen jener, die nicht zurückkehrten.

Anmerkungen

1 Der Andrang von Menschen, die beim Fall Saigons im April 1975 versuchten, einen Platz in einem der letzten die Botschaft verlassenden Helikopter zu bekommen, wurde auf einem der bekanntesten Pressefotos des Krieges festgehalten. Auch dieses Bild kann als Dokument dafür gelten, wie wenig viele Südvietnamesen der Aussicht auf ein Leben unter dem Roten Stern abgewinnen konnten.
2 DON OBERDORFER: Tet! Baltimore 2001. S. 8.
3 OBERDORFER, S. 50.
4 OBERDORFER, S. 85.
5 Hierzu gehörten Soldaten aus Südkorea, Thailand, Neuseeland und Australien.
6 OBERDORFER, S. 251.

DAS ENDE VON
„AMERIKAS LIBERALER HOFFNUNG"

---

4. Juni 1968

Es waren Hunderttausende, die seit den frühen Morgenstunden die Bahngleise säumten. Ungeachtet der drückenden Sommerhitze hatten sie sich versammelt, Menschen aus allen Schichten der amerikanischen Bevölkerung, doch auffallend viele von ihnen gehörten zu jenen, für die sich der amerikanischen Traum noch nicht erfüllt hatte. Sie waren arm. Oder jung. Oder schwarz. Sie warteten vor der Kulisse New Yorks, am Rand der Wohnorte der Mittelschicht in New Jersey, vor den Industriekomplexen Pennsylvanias, entlang der durch die lieblich-grünen Täler Marylands führenden Linie und dort, wo die Strecke endete, in Washington und seinen Vororten. Als der Zug schließlich kam, reagierte eine jede Frau, ein jeder Mann auf seine Art. Viele weinten, andere salutierten, manche beteten. Kaum einer konnte der Emotionen Herr werden, die miteinander rangen: Wut, Trauer, Hilflosigkeit, Entsetzen. Und vor allem, inmitten der Menschenmenge, das Gefühl, allein gelassen zu sein. Im letzten Wagen des Zuges, den Wartenden nur für einen kurzen Augenblick sichtbar, stand der Sarg, mit dem Sternenbanner bedeckt. Es war der Abschied einer Nation von einer großen Hoffnung. Es war die letzte Etappe auf dem langen, wechselhaften, suchenden Weg des Robert Francis Kennedy.

Nur einen Lichtblitz lang im Malstrom der Geschichte, für wenige Wochen in jenem Frühsommer des Jahres 1968, offenbarte sich vielen Amerikanern, einer Vision gleich, das Bild eines anderen Amerikas, das zu erschaffen plötzlich in greifbarer Nähe schien. Eines Amerikas der sozialen Gerechtigkeit, der Brüderlichkeit zwischen den Rassen und den Gesellschaftsschichten, eines Amerikas, das sich dem Konflikt in Vietnam entziehen konnte, bevor dieser endgültig zum Trauma der Nation geworden wäre. Die Hoffnung auf das Umschwenken des großen Landes, geboren aus der Finsternis von Unruhen im Inneren und Krieg in einem fernen Land und schließlich erstickt in neuerlichen Ausbrüchen von Gewalt, trug den Namen Robert Kennedy. Es blieb Amerika versagt, zu erfahren, ob er diese Erwartungen erfüllt hätte.

Schon früh macht Robert Kennedy auf sich aufmerksam

Seine politische Laufbahn begann auf Seiten der Reaktion und endete – zumindest nach dem amerikanischen Koordinatensystem – im Linksliberalismus. Der junge Jurist arbeitete Anfang der Fünfzigerjahre im nachmals berüchtigten Komitee des Senators Joseph McCarthy gegen „unamerikanische Umtriebe". Der inquisitionsähnliche Stil des McCarthyschen Senatsausschusses stieß ihn ab, sodass er sich beinahe vor laufenden Fernsehkameras eine Prügelei mit McCarthys rechter Hand, Roy Cohn – ebenfalls ein begnadeter Hexenjäger –, geliefert hätte. Sinnvoller war Roberts Tätigkeit in einem anderen Senatsausschuss, die ihm sein älterer Bruder, Senator John Fitzgerald Kennedy, vermittelt hatte. Er wurde im ganzen Land bekannt, als er zum profiliertesten Mitglied jenes Gremiums avancierte, das die Korruption innerhalb der mächtigen Fernfahrergewerkschaft *Teamsters Union* untersuchte. Seine Befragung des Teamster-Bosses Jimmy Hoffa wurde von einem Millionenpublikum am Bildschirm verfolgt, das so Zeuge seiner messerscharfen Logik und seiner sarkastischen Rededuelle mit dem aalglatten Hoffa wurde.

Das Adjektiv *ruthless* (unbarmherzig/rücksichtslos), das Robert Kennedy seit diesen Tagen anhaftete, schien er 1960 mehr als nur zu bestätigen, als er die Organisation des Präsidentschaftswahlkampfes für seinen Bruder John F. Kennedy übernahm. Er trieb Wahlkampfhelfer erbarmungslos an, drangsalierte respektlos die höchsten Würdenträger der Demokratischen Partei und versetzte mit seinem – meist unangekündigten – Auftauchen auch die treuesten Parteifreunde in Aufruhr: *„Little Brother Is watching You!"* wurde zur parteiinternen Schreckensparole. Die Arbeitsteilung zwischen den Brüdern – John versprühte Charme, Robert spielte den kalten Macher – setzte sich nach der gewonnenen Wahl fort. Robert übernahm auf Drängen seines Bruders den Posten des Justizministers, weniger aufgrund seiner Sachkenntnis, als vielmehr, weil John jemanden am Kabinettstisch haben wollte, dem er blind vertrauen konnte.

Seine Bewährungsprobe erlebte Robert jedoch nicht in Washington, sondern im Süden der USA. Die Rechte der schwarzen Amerikaner standen – nicht nur dort, aber dort ganz besonders – auf dem Papier, ihre Umsetzung wusste die weiße Mehrheit traditionsgemäß zu verhindern. Doch zum ersten Mal stießen die Rassisten nun bei ihrer üblichen Taktik der Einschüchterung der Schwarzen (zum Beispiel bei der Wählerregistrierung) auf Widerstand an höchster Stelle. Robert Kennedy, aus dem Bostoner Geldadel stammend, hatte bis zu diesem Zeitpunkt kaum Kontakt zu Mitbürgern afrikanischer Herkunft gehabt und auch keine besondere Sensibilität für deren Probleme entwickelt, doch sein fast missionarischer Gerechtigkeitssinn ertrug nicht, was sich in seinem eigenen Land abspielte. Als Hunderte von Bürgerrechtlern unter der Führung von Martin Luther

King in einer Kirche in Montgomery (Alabama) von einem grölenden weißen Mob belagert wurden, der damit drohte, das Gotteshaus anzuzünden, sandte Kennedy eine Gruppe U.S.-Marshalls nach Montgomery und kündigte den Einsatz von Fallschirmjägern an, sollten sich die Belagerer nicht zerstreuen.

Wenige Wochen später wollte der junge Schwarze James Meredith von seinem verfassungsmäßigen Recht Gebrauch machen, an der rein weißen Universität von Mississippi zu studieren. Er wurde angepöbelt und schließlich von Gouverneur Barnett des Campus verwiesen. Meredith nahm es nicht hin, Kennedy auch nicht. Bundesbeamtete begleiteten Meredith nun zur Universität, doch sie wurden mehrfach zurückgewiesen. Aus dem ganzen Süden strömten Anhänger der alten Ordnung zusammen, um die Integration dieses einen schwarzen Studenten zu verhindern. Kennedy hatte ein frustrierendes Telefongespräch mit dem sich windenden Barnett, während sich auf dem Campus bürgerkriegsähnliche Szenen zwischen den U.S.-Marshalls und den Rassisten abspielten. Robert Kennedy war nicht gewillt, der Gewalt und der Intoleranz zu weichen. Mit Billigung seines Bruders ließ er die Universität von der Armee besetzen – zwei Jahre später erhielt James Meredith als erster Schwarzer sein Diplom von der *Ole Miss'*.

Der angeblich so kalte Robert wurde plötzlich für viele Schwarze zu jenem weißen Politiker, von dem man – wenn auch noch sehr vorsichtig und unter beiderseitigem Misstrauen – mehr erwarten konnte als schöne Worte. Für die Ewiggestrigen unter den Weißen stellte er, mehr noch als sein Bruder, das Feindbild dar.

Robert Kennedy – das mahnende Gewissen Amerikas

Roberts Einfluss auf die Geschicke der Kennedy-Administration war groß und reichte weit über sein eigenes Ressort hinaus. In der Kuba-Krise vom Oktober 1962 wurde JFK von den Militärs zu einem Präventivschlag gegen den Inselstaat und die dort im Aufbau befindlichen sowjetischen Mittelstreckenraketen gedrängt, doch Robert wandte sich mit aller Vehemenz gegen diese Lösung des Problems, die einen Nuklearkrieg hätte auslösen können: „Wir sind nicht diese Art von Land, seit 175 Jahren nicht. Ein heimlicher Angriff ist mit unserer Tradition nicht vereinbar."[1] Seine Stimme im Krisenstab trug entscheidend dazu bei, statt einer direkten Militäraktion eine Seeblockade zu verhängen, die zunächst Zeit für Verhandlungen (die zum großen Teil über Robert und einen befreundeten sowjetischen Diplomaten liefen) schuf und schließlich zu einer Lösung führte, die den Abzug der Raketen aus Kuba einschloss und gleichzeitig den Sowjets die Gelegenheit bot, das Gesicht zu wahren.

Und dann kam der 22. November 1963, der Tag von Dallas, der Robert den

Als Berater seines Bruders John F. Kennedy spielt Robert F. Kennedy während der Kuba-Krise eine äußerst wichtige Rolle.

Bruder nahm, welcher im Zentrum seines Weltbildes stand. Für Monate zog er sich zurück; als er wieder ins öffentliche Leben zurückkehrte – im November 1964 wurde er zum Senator für den Staat New York gewählt –, hatte er, der bislang vom Schicksal so Verwöhnte, eine Sensibilität für menschliches Leid entwickelt, die ihn nicht mehr zur Ruhe kommen ließ. Er sah die Auswüchse der Apartheid in Südafrika und erlebte die schrecklichen Arbeitsbedingungen von Bergleuten in Chile, was ihn zu der Bemerkung veranlasste, er wäre auch Kommunist, wenn er unter diesen Bedingungen arbeiten müsste. Doch am schlimmsten war für ihn das Elend im eigenen Land. Er besuchte Orte, die kein anderer Politiker betreten hätte. Er sah Kinder in Harlem, die Spuren von Rattenbissen im Gesicht trugen, und andere im Mississippi-Delta, die vom Hunger gezeichnet waren: „Mein Gott, ich wusste nicht, dass es so etwas gibt. Wie kann ein Land so etwas zulassen?"[2] Eine Reporterin, die ihn begleitete, schrieb: „Er ging in das dreckigste, verkommenste, ärmste schwarze Haus und er nahm diese Babys auf den Arm, diese Babys mit ihren offenen Geschwüren und ihren von Unterernährung aufgedunsenen Bäuchen. Er nahm diese Babys und hielt sie in seinen Armen."[3]

Robert Kennedy, der sich nie in seinem Leben finanzielle Sorgen hatte machen brauchen, wurde zum mahnenden Gewissen Amerikas, zum Kritiker seines Materialismus: „Unser Bruttosozialprodukt", erklärte er vor Studenten, „beläuft sich – wenn wir Amerika daran messen – auf über achthundert Milliarden Dollar. Darin sind enthalten die Luftverschmutzung und die Zigarettenwerbung und die Krankenwagen, die das Blutbad auf den Highways bereinigen. Darin sind enthalten die Zerstörung unserer Wälder und unserer Naturschönheiten. Dazu gehören Napalm, Nuklearsprengköpfe und die Panzerwagen der Polizei für die Unruhen in unseren Großstädten. Dazu gehören Kinderprogramme im Fernsehen, die Gewalt verherrlichen, um mehr [gewaltverherrlichendes] Spielzeug zu verkaufen."[4]

Der Bruch mit dem politischen Establishment kam jedoch mit der Eskalation des Vietnamkrieges unter Präsident Johnson. Kennedy übernahm die Verantwortung, zu jener Regierung gehört zu haben, die die ersten „Berater" nach Vietnam geschickt hatte, doch er hatte gelernt. Frieden, so erklärte er erst zögerlich, schließlich immer lauter, müsse auf dem Verhandlungsweg, nicht auf dem Schlachtfeld erreicht werden. Am 26. November 1967 brach er in der Fernsehsendung *Face the Nation* endgültig mit der Politik der Regierung und stellte sich auf die Seite jener, die, immer zahlreicher werdend, auf den Straßen und in den Universitäten gegen den Krieg aufbegehrten: „Wir bringen Kinder um, wir bringen Frauen um, wir bringen unschuldige Zivilisten um. Wir alle sind dafür verantwortlich. Wir haben eine moralische Position in der Welt. Wenn wir an unser Land denken, wenn wir sagen, dass wir unser Land lieben und was es für die nächste Generation bedeutet – ich denke, dies alles ist durch den Vietnam-krieg ernsthaft gefährdet."[5]

Was seit der Ermordung seines Bruders als latenter Konflikt schwelte, brach nun offen aus: Die Rivalität zwischen Lyndon B. Johnson und Robert Kennedy bestimmte Amerikas Innenpolitik und beflügelte die Meinungsforscher. Johnson, ein Mann von überdimensionalem Ego und beträchtlicher rhetorischer Vulgarität, verachtete *„that little shitass"* Kennedy und fürchtete ihn gleichzeitig. Er vermutete, Kennedy betrachte ihn, ungeachtet seines Wahlerfolges von 1964 (bei der er die bis dahin größte Mehrheit in der Geschichte amerikanischer Prä-sidentenwahlen erzielte), als Usurpator, der kein Recht habe, Jacks Platz einzu-nehmen – und genau dies waren Roberts Empfindungen. Doch würde er den Rubikon überschreiten und das tun, was undenkbar schien, einen amtierenden Präsidenten der eigenen Partei herausfordern? Die Agonie der Entscheidungs-findung marterte ihn für mehrere Monate. Wo immer er öffentlich auftrat, schallte ihm das *„Run, Bobby, Run!"* der Jugend entgegen. Die Politprofis im ei-genen Lager hingegen warnten, er könne die Partei spalten, damit den Republi-kanern und Nixon den Weg ins Weiße Haus ebnen, und überdies verfüge John-son über genügend Gefolgsleute unter den Parteitagsdelegierten (1968 wurde noch weniger als ein Drittel der Delegierten direkt in den *primaries* gewählt), um zu obsiegen und Robert politisch zu beerdigen. Sein Freund, der linksliberale Jack Newfield, beschrieb die Seelenqual in der Szenezeitschrift *Village Voice*: „Wenn Kennedy 1968 nicht kandidiert, wird das Beste in seinem Charakter ster-ben. Er wird es jedes Mal töten, wenn er sein Gewissen unterdrückt und im nächsten Herbst für Johnson sprechen muss. Es wird jedes Mal sterben, wenn ihn ein Jugendlicher fragt, warum er, wenn er doch so gegen den Vietnamkrieg sei, das Wohl der Partei über das Prinzip stelle. Es wird jedes Mal sterben, wenn ein Fremder seine eigenen Worte über den Wert von Zivilcourage zitiert."[6]

Die legendäre Kampagne der achtzig Tage

Am 16. März 1968 stand Robert Kennedy in jenem Raum des Senats in Washington vor der Presse, in dem sein Bruder acht Jahre zuvor seinen Wahl-kampf eröffnet hatte. „Ich habe die unglaubliche Erniedrigung gesehen, die Kin-der in Mississippi verhungern, schwarze Bürger in Watts randalieren und junge Indianer in den Reservationen Selbstmord begehen lässt – weil sie alle Hoffnung verloren haben und keine Zukunft fühlen. Ich habe der Jugend unserer Nation zugehört und ihren Schmerz über einen Krieg gespürt, in den wir sie schicken und über eine Welt, die wir ihnen hinterlassen. Ich kann", so schloss der Vater von bald elf Kindern, „nicht abseits stehen in einem Ringen, das über die Zukunft

Am 16. März 1968 gibt Robert F. Kennedy in einer Pressekonferenz seine Präsidentschaftskandidatur bekannt.

unserer Nation und die Zukunft unserer Kinder entscheidet."[7] Binnen weniger Tage verkündete Johnson, nicht wieder kandidieren zu wollen; er und die Partei unterstützten Vizepräsident Hubert Humphrey.

Der Wahlkampf der 80 Tage, der nun folgte, ist längst ein amerikanischer Mythos geworden, voller Melancholie wie die Zeit, die ihn gebar, die Epoche der Blumenkinder und *Peaceniks*, des Jimmi Hendrix, der *Easy Rider*, die Amerika suchten und es nirgendwo fanden. Für elf Wochen öffnete sich den Amerikanern ein *window of opportunity*, gewährte den Blick auf einen anderen, frischen Morgen und wurde plötzlich wieder zugeschlagen. Ob in den Dörfern und auf den Farmen Indianas und Nebraskas oder in den großen Metropolen, wo immer Robert Kennedy aus dem Flugzeug stieg oder ein Podium (oft das Dach eines Autos) betrat, kam es zu Szenen, wie sie keiner der den Tross begleitenden Journalisten je erlebt hatte. Er war eine Kultfigur für die Menschen, die ihn mehr als einmal fast zu erdrücken schienen, die ihn betasten, über sein Haar streichen, seine Stimme hören wollten. Im konservativen Kernland jubelten ihm Leute zu, die keineswegs zu den Unterprivilegierten gehörten, im Schwarzenghetto Watts (Los Angeles) versammelten sich Tausende, die jeden anderen weißen Politiker mit Steinen und Molotowcocktails beworfen hätten.

Nicht wenige jener Presseangehörigen, die ihm zunächst feindlich gesonnen waren, konnten sich eines Sinneswandels nicht entziehen, je länger sie mit ihm über das Land zogen und nach Auftritten mit dem erschöpften Kandidaten im Bus oder im Flugzeug saßen. Er war hart, gewiss, zu sich selbst und anderen, aber unbarmherzig? Das Klischee verblasste, je häufiger die Journalisten Zeuge seiner tiefen Menschlichkeit und seiner Leidensfähigkeit wurden. Entgegen den Ratschlägen seiner Wahlkampfmanager, die den Terminkalender lieber mit medienwirksameren Auftritten gefüllt hätten, zog es ihn, fernab der Fernsehkameras, in die Reservationen der *„First Americans"*, deren soziale Wirklichkeit ein Dorn in seinem Fleisch war. Am meisten beeindruckte seine fast brüske Offenheit, die so wenig gemein hatte mit den geschmeidigen Phrasen des sattsam bekannten Politikertypus. Er genoss die Bewunderung weiter Teile der Jugend, doch er buhlte nicht um sie und scheute nicht die Konfrontation, wenn junge Menschen es seiner Meinung nach an Idealen fehlen ließen. Als ihn ein Auditorium fast ausschließlich weißer Medizinstudenten spöttisch fragte, woher denn das Geld für eine bessere medizinische Versorgung der Armen kommen solle, bellte er zurück: „Von euch!" und setzte den Selbstgefälligen noch weiter zu, indem er sie fragte, warum sie alle hier in Sicherheit lebten, während diejenigen, die in Vietnam sterben müssten, sich überwiegend aus dem schwarzen und dem armen Amerika rekrutierten. Auch dieses Publikum, sicherlich nicht seine Stammwähler, applaudierte am Schluss. Auf Unterstützung durch seine Partei konnte er nicht hoffen, die Funktionsträger scharten sich um Humphrey und den anderen Konkurrenten, Gene McCarthy. Die Gewerkschaftsbosse waren seine Freunde nicht, die Industriekapitäne ebenso wenig. Ein mystisches Band, so entdeckte der Korrespondent der *Washington Post*, wurde zwischen Kennedy und dem „Anderen Amerika" geknüpft; nicht die Redenschreiber und die *fundraisers* (Spendenbeschaffer) waren für das politische Geschick entscheidend, sondern die Millionen Vernachlässigter, die plötzlich aus ihrer Verzweiflung heraus Hoffnung schöpften.

Doch stets war da auch der Hass auf ihn. Gefährlich war nicht der vereinzelte Zwischenrufer, der Träger eines *Bobby Go Home!*-Plakates, sondern der Hass jener, die sich durch frischen Wind bedroht fühlten. Für die *Chicago Tribune* war er „Ho Chi Kennedy" und Clyde Tolson, FBI-Vize, Lebensgefährte von J. Edgar Hoover und wie dieser erzreaktionär, unterwarf sich keinen Hemmungen: „Ich hoffe, irgendjemand erschießt diesen Hurensohn."[8] Wie tief Hass und Gewalt sich in die amerikanische Gesellschaft eingefressen hatten, spürte Robert Kennedy, als er am 4. April 1968 bei einem Auftritt im Schwarzenviertel von Indianapolis die Nachricht von der Ermordung Martin Luther Kings weitergeben musste. Er könne verstehen, wenn sich der Hass ihrer Herzen bemächtige, erklärte er der schockierten Menge und kämpfte mit den Tränen, denn auch er habe ein Familienmitglied durch Mord verloren. Doch es sei nicht Hass, was dieses Land brauche, sondern Weisheit, Liebe und Mitmenschlichkeit, für die Martin Luther King so mutig eingetreten sei.

Ihm selbst blieben noch sechzig Tage. Die Welle der Begeisterung trieb ihn zu Siegen in den Vorwahlen von Indiana, Nebraska, Washington D.C., South Dakota, lediglich in Oregon verlor er. Das brachte ihm nur zusätzliche Sympathien, war doch nun der Kennedysche Nymbus der Unbesiegbarkeit dahin und Robert verletzlicher, menschlicher als zuvor und alles andere als *erbarmungslos*. Am Abend des 4. Juni hatte er die größte Hürde genommen, Kalifornien würde auf dem Parteitag der Demokraten in Chicago hinter ihm stehen. Im Ambassador Hotel von Los Angeles jubelten ihm seine Anhänger zu, als der Kandidat, von den Strapazen der Kampagne sichtlich gezeichnet, ausrief: „Mein Dank an euch alle – und nun auf nach Chicago und lasst uns dort gewinnen!" Auf dem Weg zu einer mitternächtlichen Pressekonferenz wurde er durch eine Küche geführt, in der ein Namenloser mit einem Revolver wartete, begierig, den Lauf der Geschichte zu ändern. Wenige Wochen später erstickte der Parteitag in Chicago im Tränengas der Polizei, als vor der Kongresshalle jene Entrechteten tobten, die ihre Stimme verloren hatten. Es folgten: Richard Nixon, noch mehr Gemetzel in Vietnam, schließlich Watergate.

„Wir müssen", so hatte Robert Kennedy am Tag nach Kings Ermordung ausgerufen, „erkennen, dass unser Leben durch Hass und Rache nicht reicher wird. Unser Leben auf diesem Planeten ist zu kurz, die Arbeit, die auf uns wartet, zu groß, als dass wir diese Gefühle in unserem Land länger aufblühen lassen dürfen."[9] Unvollkommen wie jeder Sterbliche versuchte er, dem Leitmotiv seines Lieblingsgedichtes zu folgen, in dem es heißt:

„Come my friends, 'tis never too late to seek a newer world"[10] –

„Kommt, meine Freunde, es ist nie zu spät, um eine neuere Welt zu suchen."

Anmerkungen

1 ARTHUR M. SCHLESINGER: Robert Kennedy and his Times. New York 1990. S. 549.
2 SCHLESINGER, S. 855.
3 Ebd.
4 RFK. Collected Speeches. Ed. and introduced by EDWIN GUTHMAN and C. RICHARD ALLEN. New York 1993. S. 329.
5 Ebd., S. 303.
6 JACK NEWFIELD: Robert Kennedy. A Memoir. New York 1988. S. 195.
7 Speeches, S. 323.
8 SCHLESINGER, S. 867.
9 Speeches, S. 361.
10 aus: ALFRED TENNYSON: Ulysses. Zit. n. NEWFIELD, S. 47.

„Der Adler ist gelandet"

20. Juli 1969

Im Juli 1893 hielt der Historiker Frederick Jackson Turner auf einem Kongress der American Historical Association in Chicago einen Aufsehen erregenden Vortrag über die Bedeutung des Begriffes *frontier* in der amerikanischen Geschichte. Es sei das Streben nach einer Grenze, einer imaginären Linie hinter dem Horizont gewesen, das zur wesentlichen Triebkraft bei der Entwicklung des Landes geworden war. Dieser Drang in das Unbekannte, die Akzeptierung einer epochalen Herausforderung machten für Turner ein Wesensmerkmal des Menschenschlages aus, der (Nord-)Amerika besiedelte. Und der Weg, den diese Menschen beschritten hatten, fand in der Tat in der Geschichte kaum eine Parallele. Etwas mehr als ein Jahrhundert vor Turners Vortrag war es eine auf einen schmalen Küstenstreifen beschränkte Gruppe von Kolonien, nun, am Ende des 19. Jahrhunderts, hatten Amerikaner den riesigen Kontinent erobert, erschlossen und – nach ihrer Definition – zivilisiert. Aus einem Brückenkopf europäischer Kultur in der Neuen Welt war eine mächtige Nation geworden, die sich noch nicht ganz im Klaren darüber war, was sie mit ihrer Kraft auf der internationalen Bühne anfangen sollte. Die *frontier* jedoch, so deutete Turner an, war nun selbst Teil der Geschichte – die Amerikanisierung des Kontinentes war vollendet.

Im Mai 1961 erklärte Präsident John F. Kennedy die *frontier* in einer Rede vor beiden Häusern für wiedereröffnet: „Ich glaube, dass diese Nation sich dazu verpflichten sollte, bevor dieses Jahrzehnt zu Ende gegangen ist, einen Menschen auf dem Mond zu landen und ihn sicher auf die Erde zurückzubringen."[1] Der Präsident schwor Amerika auf eine große nationale Aufgabe ein, die er im Jahr darauf bei einer Rede an der Rice University in Houston, Texas, als Prüfung des amerikanischen Charakters, der Fähigkeit des *can do*, des Meisterns auch der schwierigsten Aufgaben präzisierte: „Wir wollen zum Mond, noch in diesem Jahrzehnt (…), nicht nur weil es leicht, sondern weil es schwierig ist. Weil dies ein Ziel ist, das dazu dient, die besten unserer Fähigkeiten und Fertigkeiten zu bündeln und zu messen, weil dies eine Herausforderung ist, die wir annehmen werden, die aufzuschieben wir nicht willens sind und die wir gewinnen werden."[2]

Das Verb „gewinnen" in Verbindung mit „Herausforderung" deutete darauf hin, dass es keine reine Nostalgie für *frontier*-Romantik und -Ideologie war, die Kennedy bewogen hatte, den Weltraum und speziell den am nächsten benachbarten Himmelskörper zur Erkundung und zumindest symbolischen Inbesitznahme auszurufen. Der Schritt der Menschheit in das All stand unter der Prämisse des Kalten Krieges, der Weltraum wurde zwar glücklicherweise nicht zum Kriegsschauplatz, aber doch zur Bühne eines technologischen Wettbewerbs, in dessen Erfolg oder Scheitern sich die Überlegenheit oder das Versagen zweier Systeme zu manifestieren schien. Im Mai 1961, zum Zeitpunkt von Kennedys Ankündigung, lag Amerika in diesem Wettstreit wenn nicht hoffnungslos, so doch deutlich zurück.

Dabei war die Ausgangsposition der amerikanischen Weltraumforschung glänzend. Die vielleicht wichtigste „Kriegsbeute", welche die U.S. Army 1945 in Deutschland machte, war jene Gruppe von Wissenschaftlern und Ingenieuren, die das Raketenprogramm der Wehrmacht geleitet und die bislang in der Science Fiction beheimatete Technologie des Raketenantriebs auf einen Stand gebracht hatten, der vergleichbaren Bemühungen in den Siegernationen des Zweiten Weltkrieges um Jahre, wenn nicht Jahrzehnte voraus war. Das amerikanische Militär hatte durchaus eine Vorstellung von dem Wert der Männer um den noch recht jugendlich wirkenden Wernher von Braun. Die Behandlung von Brauns und seiner Mitarbeiter entsprach jener von Gästen und kaum der von Kriegsgefangenen.

Basierend auf dem Modell der V2 entwickelten die im Laufe der Jahre zu Amerikanern werdenden ehemaligen Feinde Raketen, die sich vom Startplatz White Sands in New Mexico bis zu 400 Kilometer hoch in den Himmel hoben, bevor sie – oder was dann noch von ihnen übrig war – auf das riesige Testgelände in der Wüste zurückstürzten. Angesichts der Fortschritte war der Schock ungeheuer, als an einem grauen Oktobertag im Jahr 1957 nicht eine amerikanische, sondern eine sowjetische Rakete den ersten künstlichen Satelliten ins All transportierte. Der „Sputnik" schien plötzlich die technologische Überlegenheit der Sowjetunion zu repräsentieren, was von Politikern und Propagandisten im selbst ernannten Heimatland aller Werktätigen auch deutlich herausgestellt wurde. Amerika hingegen erlebte das Erwachen aus der leicht plüschigen Selbstgefälligkeit der Eisenhower-Ära wie eine morgendliche Eisdusche. Bald darauf wurde die *missile gap*, d.h. der vermeintliche Rückstand in der Entwicklung von Raketen, als ein nationales Trauma empfunden und bestimmte teilweise den Wahlkampf von 1960.

Wie so oft im Leben, kam ein Unglück auch für die in ihrer Embryonalphase befindliche amerikanische Raumfahrt nicht allein. Am 6. Dezember 1957 sollte der erste amerikanische Satellit an der Spitze einer Vanguard-Rakete vom Startplatz auf Cape Canaveral in Florida abheben. Das amerikanische Fernsehen übertrug den vorher angekündigten Start live – eine Offenheit, die vielleicht mehr über die konkurrierenden Gesellschaftssysteme aussagte (die Sowjets gaben solche Ereignisse immer erst nach einem Erfolg bekannt), als die PS-Leistungen der Raketenmotoren. Vor den Augen einer erwartungsfrohen Nation hob die Rakete wenige Meter ab, um dann in sich zusammenzusinken und im Feuerball einer farbenprächtigen, aber höchst ungelegenen Explosion zu verglühen.

Mit der Gründung der *National Air and Space Agency* (NASA) am 1. Oktober 1958 wurde das Raketen- und Weltraumprogramm zwar der Air Force und der Army entzogen und bekam einen etwas zivileren Anstrich, doch die Russen schienen weiterhin unerreichbar in Führung zu liegen, nachdem sie zunächst mit der Hündin Laika das erste Lebewesen in den Weltraum brachten (bedauerlicherweise hatten die sowjetischen Wissenschaftler jedoch noch keine Möglichkeit der Rückholung entwickeln können, was Laika binnen weniger Stunden zu ersten „Märtyrerin" der Raumfahrt machte) und dann die erste Sonde zum Mond schickten – die den Erdtrabanten zwar verfehlte, dafür aber die ersten Bilder von seiner dem menschlichen Auge bis dato entzogenen Rückseite lieferte. Dem „Sputnik-Schock" folgte am 12. April 1961 eine zweite unwillkommene Überraschung. Während die amerikanischen Medien die ersten sieben Astronauten der NASA, die *Mercury Seven*, schon längst zu Nationalhelden gemacht hatten, obwohl diese noch ihre Zeit in der Trainingszentrifuge verbrachten, schickten die Sowjets an jenem Frühlingstag den ersten Menschen ins All. Um kurz nach neun Uhr morgens Moskauer Zeit, als Amerika noch in tiefem Schlummer lag, hob Major Yuri Gagarin an der Spitze einer SS-6-Rakete in seiner Vostok 1 genannten Kapsel ab, umkreiste einmal die Erde und landete gesund und munter in der Tundra unweit einer kleinen Stadt, die den Namen des deutschen Philosophen Engels trug.

Amerika soll auf einem neuen Ozean segeln

Mit dieser Leistung war Amerikas erster bemannter Raumflug schon vor der Zündung der Triebwerke chronologisch und qualitativ auf Platz Zwei verwiesen. Als Alan Shephard am 5. Mai 1961 in der *Freedom 7* genannten Mercury-Kapsel aufstieg, setzte er lediglich zu einem 15 Minuten dauernden Parabolflug an, der ihn auf mäßige 187 Kilometer Höhe führte, bevor er wieder zur Erde zurückstürzte – kein Vergleich mit Gagarins Erdumkreisung. Es dauerte bis zum 20. Februar 1962, bis dies John Glenn als erstem Amerikaner gelang. Abermals vollzog sich das Unternehmen im Licht der Öffentlichkeit, fast 100 Millionen Amerikaner saßen vor den Fernsehgeräten und erlebten neben dem Start auch erleichtert die Landung des neuen Nationalhelden im Pazifik. Präsident Kennedy sprach nach diesem unzweifelhaften Erfolg vom Weltall als „dem neuen Ozean, auf dem die Vereinigten Staaten segeln müssen", und zwar unangefochten.

Mit der Ermordung Kennedys im November 1963 wurde das Weltraumprogramm zu einer Art Vermächtnis des toten Präsidenten, seine Realisierung gleichsam ein Akt der Pietät.[3] Mit dem Gemini-Programm, das am 23. März 1965 mit dem Flug von Gemini 3 begann, holte Amerika im All deutlich auf. Zum ersten Mal wurde die Rendezvouz-Technik erprobt, bei der sich zwei dieser jeweils mit zwei Astronauten besetzten Kapseln (Gemini 6 und Gemini 7) im Orbit bis auf wenige Meter näherten, und einem anderen Raumschiff dieses Typs gelang die präzise Ankopplung an eine in der Umlaufbahn befindliche Raketenstufe – Techniken, die auf einem Mondflug essenziell sein würden. Derweil gingen die Planungen für das Apollo-Projekt stetig voran, es wurde das größte nationale Vorhaben seit dem Manhattan Project, dem Bau der Atombombe. Rund 400 000 Menschen, in der NASA, in Universitäten und vor allen in den diversen Firmen der unterschiedlichsten Industriezweige, arbeiteten an der Verwirklichung von Kennedys Vision. Die nationale Kraftanstrengung behielt ihren Impetus ungeachtet der gesellschaftlichen und politischen Entwicklungen, die in den späten Sechzigerjahren das innere Gefüge des Landes vor eine Zerreißprobe stellten: Vietnam, Rassenunruhen, Jugendprotest, die Ermordung von Martin Luther King und Robert Kennedy. In den Labors wurden neue Materialien entwickelt (z. B. Teflon), die Kommunikationsmöglichkeiten wurden verbessert, die Computertechnologie machte einen (ersten) Sprung nach vorn, und in dem riesigen Hangar an der Küste Floridas wuchs die Schöpfung des Wernher von Braun heran: die Saturn V, das gigantischste, je von Menschen konstruierte Transportmittel. „Ich glaube", so erzählte Apollo 7-Astronaut Walter Schirra ein Vierteljahrhundert nach seinem Flug, dem Ersten des nach dem griechischen Gott benannten Programmes, „dass Apollo den Kalten Krieg gewonnen hat. Indem wir das Ziel erreichten, machte unsere Technologie den Sowjets klar, dass sie das zu leisten vermochte, was wir von ihr behaupteten."[4]

Doch vor dem Triumph stand die Tragödie. Am 27. Januar 1967 unterzogen sich die drei Astronauten, die als Erste mit einer Apollokapsel in den Weltraum starten sollten, einer der unzähligen Simulationen. Es handelte sich um den Mercury-Veteranen Gus Grissom, um Ed White, der bei *Gemini 4* als erster Amerikaner einen Weltraumspaziergang[5] unternommen hatte, und um den Neuling Roger Chaffee. Um 6.31 Uhr abends hörte die Bodenkontrolle aus der auf die Spitze einer Saturn Ib-Rakete montierten Kapsel über Sprechfunk einen Schrei und dann einen von Agonie gezeichneten Ausruf: *„We' got a bad fire! We're burning up!"*[6] – „Wir haben ein schreckliches Feuer! Wir verbrennen!" Dann war die Leitung tot. Rettungsmannschaften rasten mit einem Aufzug an die

Spitze der Rakete, was fast fünf Minuten dauerte. Als die Helfer versuchten, die Tür von Apollo 1 zu öffnen, war die Hitze zu groß, die Kapsel glühte förmlich. Nach mehreren Minuten hatte man sich endlich Zugang zu Apollo 1 verschafft. Sofort ging im Kontrollzentrum bei dem dort Dienst tuenden Deke Slayton[7] eine Meldung ein, die jede Hoffnung erstickte: „Ich beschreibe besser nicht, was ich hier sehe."[8]

Ein strahlendes Licht in der Ferne: die Erde

Der Tod der drei Astronauten war ein Schock für Amerika. Doch an der Entschlossenheit, Kennedys Vorgabe zu erfüllen, änderte sich nichts. Nach umfangreichen Verbesserungen an der Apollo-Kapsel lief das Programm an, mit Verspätung zwar, doch bis zum Ende der Dekade blieb noch etwas mehr als ein Jahr. Am 11. Oktober 1968 hob Apollo 7 unter dem Kommando von Walter Schirra[9] von Cape Canaveral ab und blieb fast 11 Tage im Orbit, jene Zeit, die eine Mondexpedition ungefähr in Anspruch nehmen würde. Die Phantasie der Menschen bewegte der nächste Flug, der am 21. Dezember startete. Mit Apollo 8 flogen zum ersten Mal Menschen (Frank Borman, James A. Lovell und Bill Anders) zum Mond und dies auch noch in der besinnlichen Weihnachtszeit. Die Welt erlebte an den Fernsehgeräten ein eigenartiges, nie zuvor gesehenes Schauspiel: der Aufgang der Erde, blau-weiß und wie ein Juwel vor dem tiefschwarzen Hintergrund wirkend, über der toten, von Kratern übersäten Oberfläche des Mondes. „Diese unglaubliche Einsamkeit", so beschrieb Commander Frank Borman seine Empfindungen, „konnte einem Furcht einflößen. Sie erinnerte uns aber auch daran, was wir an der Erde haben."[10] Am Heiligen Abend des Jahres 1968 erklang aus 360 000 Kilometer Entfernung die Schöpfungsgeschichte, vorgelesen von Bill Anders. Borman schloss dann mit den Worten: *„And from the crew of Apollo 8, we close with, Good night, Good luck, a Merry Christmas, and God bless all of you, all of you on the good earth."*[11]. Am 27. Dezember ging dieser erste bemannte Flug zum Mond erfolgreich zu Ende.

Nach zwei weiteren erfolgreichen Testflügen wurde der historische Flug für Juli 1969 festgesetzt. Das Medieninteresse an der Besatzung von Apollo 11 war riesig, doch die beiden Astronauten, die als erste Menschen den Mond betreten sollten, trugen es mit einer gewissen Routine. Neil Armstrong war Testpilot und ein ruhiger, mit einem trockenen Humor ausgestatteter Mann, der stets etwas distanziert wirkte. Von einer kleinen Farm in Ohio stammend, fanden seine Freunde ihn gleichermaßen loyal wie schwer einschätzbar. „Ich kannte ihn und doch, ich kannte ihn nicht"[12], sagte einmal ein Kamerad über Armstrong. Armstrong hatte eine Fluglizenz, bevor er einen Führerschein besaß, in Korea flog er 78 Kampfeinsätze. Von der Raumfahrt war er früh fasziniert – und auch von der so typisch amerikanischen Vision, die in dem Projekt steckte: „Du kannst tun, was immer du willst, aber der Weltraum ist die *frontier* und das ist es, wohin ich gehen will."[13] Er schied später aus der Air Force aus und wurde ziviler Testpilot. Möglicherweise spielte diese biografische Facette für die NASA bei der Wahl des ersten *moonwalkers* eine Rolle, bekam das Unternehmen damit doch nicht nur eine militärische Note (die meisten Astronauten waren Air Force- oder Navy-Offiziere), was nicht ganz unwichtig war, da man betonte, für die ganze Menschheit zum Mond reisen zu wollen.

Sein Kollege Buzz Aldrin war der einzige Akademiker mit einem Doktortitel aus der zweiten Gruppe jener Astronauten, die für das Gemini-Projekt rekrutiert worden waren. Der dritte Mann an Bord war Michael Collins, der Pilot der Kapsel – während des Abstieges seiner beiden Kameraden in der Mondlandefähre auf die Oberfläche des Trabanten und des Aufenthaltes dort, hatte Collins das zweifelhafte Vergnügen, der einsamste Mensch aller Zeiten zu sein, phasenweise mehrere Tausend Kilometer vom nächsten menschlichen Wesen getrennt.

Die ganze Welt ist Zeuge bei einem historischen Schritt

Vor einer halben Million Zuschauern in Cape Canaveral (davon 3500 Journalisten) hob die Saturn V mit Apollo 11 an der Spitze am 16. Juli um 9.32 Uhr morgens ab. Nach planmäßigem Flug erreichten Armstrong, Aldrin und Collins drei Tage später den Mond und schwenkten in die Umlaufbahn um den Erdtrabanten ein. Die Mondlandefähre trug die Bezeichnung *Eagle* und auch die Apollo-Kapsel war mit einem patriotischen Namen ausgestattet worden: *Columbia*. Dieser erinnerte nicht nur an einen anderen Reisenden, der fast fünf Jahrhunderte zuvor in eine neue Welt aufgebrochen war, sondern bedeutete auch eine Hommage an einen Visionär, der im 19. Jahrhundert den Ablauf eines Mondflugs mit einigen Details von gespenstischer Genauigkeit vorhergesagt hatte: nämlich an Jules Verne und seine „Columbiade", die in Florida startete, mit drei Mann besetzt war und schließlich auf dem Ozean niederging.

Es war der 20. Juli, kurz nach Mittag Houstoner Zeit, als Armstrong und Aldrin in die Mondlandefähre kletterten, sie einige Stunden später vom Raumschiff abkoppelten und „der Adler" sich auf seinen einsamen Abstieg begab. In mehr als zehn Kilometer Höhe drehte *Eagle* sich allmählich um, richtete sein Landegestell in Richtung Mondoberfläche aus und mit ihm die Fernsehkamera. Überall auf der Welt verfolgten Menschen vor den TV-Geräten das Geschehen. Für einige Stunden, vielleicht Tage schaffte Amerika es, mit seinem technolo-

Start der Saturn V-Rakete mit der Raumfähre Apollo 11 am 16. Juli 1969 in
Cape Canaveral.

gischen Triumph die gesamte Menschheit, ungeachtet aller ethnischen, politischen und religiösen Schranken, zu vereinen. Die Schwarz-Weiß-Bilder zeigten
eine Landschaft bar jeden Lebens, auf die die Sonne scharfe, von keiner Atmosphäre gemilderte Schatten warf. Dann plötzlich erklang in der Kabine ein
Alarmgeräusch, einer der Computer war überlastet. Der Sinkflug ging weiter, die
Krater wurden immer größer, fast bedrohlich. Im vorausberechneten Landegebiet
tauchten Bodenverwerfungen und Unregelmäßigkeiten auf. Armstrong übernahm die manuelle Steuerung der Mondfähre. In der entscheidenden Phase war
es der Mensch, der sein Schicksal in die Hand nahm und es nicht der Automatik
überließ. Armstrong wunderte sich, wie leicht sich die unförmige Fähre, die
wegen ihres vollständigen Mangels an aerodynamischem Design in der Erd-
atmosphäre zum Absturz verurteilt wäre, manövrieren ließ. Wieder ein großer
Krater. Armstrong steuerte den *Eagle* auch an diesem Hindernis vorbei. Dann sah
man auf den Fernsehschirmen, wie die Schatten des Landegestells auftauchten,
den Beinen von Heuschrecken ähnelnd, und wie das Triebwerk des Adlers die seit
Jahrmillionen unangetastete Mondoberfläche aufwirbelte. Das Kontaktlicht in
der Kabine leuchtete auf. Armstrong und Aldrin sahen sich kurz an, ihre von
einem frischen Bart gerahmten Gesichter lächelten, dann gab Armstrong die
Meldung durch: *„Houston, Tranquility Base here. The Eagle has landed."*

Im Kontrollzentrum in Houston brach Jubel aus, und der Verbindungsmann auf der Erde, Astronautenkollege Charles Duke, teilte Armstrong und Aldrin mit, dass „einige Burschen hier schon blau angelaufen sind. Jetzt können wir wieder atmen. Vielen Dank!"[14] Einige Stunden später begann der Ausstieg, in Amerika zur besten Fernsehzeit mitzuverfolgen, in Europa war es bereits tief in der Nacht. Armstrong sprach die historischen Worte von einem kleinen Schritt für einen Menschen, aber einem großen Sprung vorwärts für die Menschheit. Dann sammelten beide Gesteinsproben ein, stellten das Sternenbanner[15] auf und machten jene Fotos, die zu Ikonen des 20. Jahrhunderts geworden sind: der Astronauten-fuß über dem ersten Abdruck im Staub des Mondes, der die Flagge salutierende Buzz Aldrin.

Der Rückflug verlief ohne Komplikationen, Apollo 11 wasserte am 24. Juli im Pazifik. Die Astronauten mussten sich zunächst in eine Quarantänestation begeben – eine, wie sich zeigen sollte, überflüssige Vorsichtsmaßnahme. Der Mond, das Ziel einer gigantischen nationalen Anstrengung, ist ein lebloser Himmelskörper. Den Astronauten wurde erst nach der Rückkehr vollständig bewusst, wie sehr die Menschheit an ihrem Unternehmen Anteil genommen hatte, dass sich das Bewusstsein auf dem einzigen mit Leben erfüllten Planeten durch die leicht körnigen Bilder von einer anderen Welt nachhaltig verändert hatte. Es war ein grandioses Schauspiel gewesen.

Fünf weitere Apollo-Besatzungen folgten Armstrong und Aldrin. Am 15. Dezember 1972 schlossen Eugene Cernan und Harrison Schmitt die Luke ihrer Landefähre *Challenger* hinter sich, zündeten die Triebwerke und kehrten nach drei Tagen Mondaufenthalt zur den Trabanten umkreisenden Kapsel *America* zurück. Sie waren bis heute die letzten Menschen auf dem Mond.

Auch wenn das Spektakuläre des Apollo-Projektes nicht wiederholt werden kann – der Weltraum ist Amerikas *final frontier* geblieben. Auf Apollo folgten *Skylab*, das *Space Shuttle* und die Internationale Raumstation ISS, vor allem aber die großartigen, jedoch kaum derart die Phantasie der Menschen fesselnden Unternehmungen unbemannter Sonden wie die Landung auf dem Mars zum 200. Unabhängigkeitstag 1976 durch *Viking* oder die Erkundung der äußeren Planeten durch *Voyager*. Nicht alles, was denkbar ist, wird finanzierbar sein, und nicht jeder Weg wird Amerika allein beschreiten können. Doch das Tor ist aufgestoßen. Oder, wie es Walter Schirra formulierte: „Apollo war ein Anfang, ein *lift-off*. Wir müssen erst noch erkennen, in welche Richtung uns dies gebracht hat. Es sind ziemlich viele Sterne da draußen, und es wird immer Menschen geben, die nach neuen Horizonten streben."[16]

Geglückte Landung auf dem Mond.

Anmerkungen

1 ANDREW CHAIKIN: A Man on the Moon. The Voyages of the Apollo Astronauts. 1998. S. 1.
2 CHAIKIN, S. 2
3 Am Tag der ersten Landung auf dem Mond, so geht in Washington die Fama, habe ein Unbekannter an Kennedys Grab auf dem Nationalfriedhof in Arlington Blumen und eine Karte niedergelegt mit der Aufschrift: *„Mr. President, the eagle has landed"* – „Mr. Präsident, der Adler ist gelandet."
4 DAVID WEST REYNOLD: Apollo. The Epic Journey to the Moon. San Diego 2002. S. 9.
5 Auch bei Aktivitäten außerhalb der Raumkapsel waren die Russen die Ersten gewesen. Aleksei Leonov hatte im März 1965 den ersten Weltraumspaziergang unternommen. Zehn Jahre später war Leonov an der gemeinsamen Apollo-Soyuz-Mission beteiligt, bei der amerikanische Astronauten und russische Kosmonauten im Orbit *shake hands* machten und eine Entspannungspolitik praktizierten, mit der es auf der Erde gelegentlich haperte.
6 CHAIKIN, S. 17.
7 Slayton war einer der *Mercury Seven*, der ersten sieben Astronauten. Wegen einer leichten Unregelmäßigkeit seines Herzschlages ließ man ihn nicht fliegen und betraute ihn stattdessen mit einer leitenden Position in der Bodenkontrolle. Er flog später doch: Beim Apollo-Soyuz-Projekt wurde er der amerikanische Gegenpart von Sowjet-Veteran Leonov.
8 CHAIKIN, S. 18.
9 Der einzige Astronaut, der sowohl mit Mercury als auch mit Gemini als auch mit Apollo geflogen war.
10 REYNOLD, S. 108.
11 CHAIKIN, S. 122.
12 CHAIKIN, S. 162.
13 CHAIKIN, S. 163.
14 CHAIKIN, S. 200.
15 Die Flagge trug die Aufschrift: *„Here Men from planet Earth set foot upon the Moon. July 1969 a. d. We came in peace for all mankind"* – „An dieser Stelle setzten Menschen vom Planeten Erde ihren Fuß auf den Mond. Juli 1969. Wir kamen in Frieden für die gesamte Menschheit."
16 REYNOLD, S. 9.

„WATERGATE":
EIN PRÄSIDENT TRITT ZURÜCK

9. August 1974

Der nächtliche Einbruch in das Hauptquartier der Demokratischen Partei im Washingtoner Watergate-Komplex am 17. Juni 1972 war nicht nur eine Straftat. Er war eine unglaubliche politische Dummheit. Der republikanische Präsident Richard M. Nixon und seine Partei konnten der im November anstehenden Wahl mit einer Gelassenheit entgegenblicken, über die weder Nixon noch seine engsten Berater zu ihrem Unglück verfügten. Nixon konnte sich bei nüchterner Analyse einer deutlichen Mehrheit der Wähler sicher sein. Zwar war er als Persönlichkeit nicht unbedingt ein Sympathieträger par excellence, doch seine Politik hatte unzweifelhafte Erfolge vorzuweisen – vor allem seine Außenpolitik. Sein Wahlversprechen von 1968, die USA aus Vietnam herauszuführen, hatte er weitgehend eingelöst. Waren auf der Höhe des Konfliktes unter seinem Vorgänger Lyndon B. Johnson fast 600 000 amerikanische Soldaten in dem fernen Land, auf Stützpunkten in der Region wie in Thailand und den Philippinen oder vor seiner Küste auf Schiffen der U.S. Navy stationiert, so war diese Zahl auf etwas mehr als 25 000 Mann reduziert worden. Keine Frage, die Vietnamisierung des Konfliktes war erreicht, der Albtraum, der einen so ungeheuren Blutzoll forderte – mehr als 58 000 Amerikaner ließen ihr Leben – neigte sich seinem Ende entgegen. Ein *peace with honor* allerdings, ein ehrenhafter Rückzug, wurde es vor dem Urteil der Geschichte nicht – im Sommer 1972 konnte man sich darüber indes noch Illusionen hingeben.

Ein neues Zeitalter schien jedoch ein anderer Aspekt der Außenpolitik Nixons einzuleiten; es ist dieser Teil seiner Präsidentschaft, der Nixon einen zumindest teilweise positiven Nachruhm beschert hat. Nixon führte eine aktive Entspannungspolitik und brachte die Welt einen Schritt weit weg von jenem nuklearen Abgrund, an den das Wettrüsten beide Machtblöcke geführt hatte. Im Frühjahr 1972 besuchte er als erster amerikanischer Präsident Moskau. Wichtigstes Ergebnis der Konferenzen mit Parteichef Leonid Breshnev und seiner Regierung war die Unterzeichnung eines ersten Abkommens zur Begrenzung der strategischen Waffensysteme, genannt SALT I. Beide Seiten veröffentlichten darüber hinaus ein Memorandum mit der Bezeichnung „Grundprinzipien der amerikanisch-sowjetischen Beziehungen", in dem die friedliche Lösung von internationalen Spannungen und regionalen Konflikten als Ziel der Zusammenarbeit hervorgehoben wurde. Mit der Realisierung dieser Absichtsbekundungen hatten beide Weltmächte indes in den folgenden Jahren große Schwierigkeiten, schon der israelisch-arabische Krieg im Oktober 1973 sah Amerikaner und Sowjets erneut in Konfrontation. Nachhaltigere Folgen hatte indes eine andere Vereinbarung des Moskauer Gipfels. Man kam überein, eine Konferenz über Sicherheit und Zusammenarbeit in Europa abzuhalten, was 1975 in Helsinki geschah. Auf diesem Gipfeltreffen (an dem für die amerikanische Seite Nixons Nachfolger Gerald Ford teil nahm) wurden vertrauensbildende und der Transparenz dienende Maßnahmen vereinbart, ohne die die Bildung jener oppositionellen Gruppen in Osteuropa wesentlich schwieriger gewesen wäre, die sich 1989 als Katalysatoren der friedlichen Revolution und damit letztlich Amerikas Sieg im Kalten Krieg erweisen sollten.

Als wahrhaft historisch allerdings galt bereits den Zeitgenossen ein anderer Erfolg der Nixonschen Diplomatie. Am 21. Februar 1972 brach der Präsident zu einem zehntägigen Staatsbesuch nach China auf. Die Gastgeber ließen amerikanische TV-Teams in ungeahnter Stärke ins Land, sodass Nixons Treffen mit Parteichef Mao und Premierminister Chou En-Lai, der Spaziergang des Präsidenten und seiner Frau Pat auf der Großen Mauer, seine Gespräche mit „einfachen" chinesischen Bürgern und sein Besuch kultureller Veranstaltungen wie dem Ballett „Das Rote Frauenbataillon" live in amerikanische Wohnzimmer ausgestrahlt werden konnten. Es war ein Medienereignis, das den Präsidenten im besten Licht darstellte, doch der Besuch zeigte auch solide Erfolge: Bei allem, was die beiden Großmächte trennte (vor allem die Taiwan-Frage), konnte doch die seit dem Koreakrieg bestehende Eiszeit überwunden und ein neues Kapitel in den beiderseitigen Beziehungen aufgeschlagen werden.

Die politischen Gegner in der entscheidenden Wahlkampfphase durch die im demokratischen Hauptquartier in Watergate angebrachten Mikrofone zu bespitzeln – dies war nicht nur gesetzlos, dafür gab es auch keinen sinnvollen Grund. Während die Republikaner unzweifelhafte Erfolge vorzuweisen hatten, entfernten sich die Demokraten in diesem Jahr 1972 weiter denn je von der politischen Mitte. Zu ihrem Spitzenkandidaten kürte die Partei Senator George McGovern aus South Dakota, der als ideologischer Linksaußen für *Mainstreet America* unwählbar war. Der Parteitag der Demokraten erschien als eine Plattform partikularer Interessen, neben Frauenrechtlerinnen, Schwulen, Lesben und Sprechern jeder erdenklichen Randgruppe hatten auch die Befürworter ungehemmten Pot-Rauchens ihren Auftritt – der Eindruck, den die Partei auf die „schweigende

Mehrheit" machte, war katastrophal. Dabei blieb es nicht. Es wurde bekannt, dass McGoverns Kandidat für die Vize-Präsidentschaft, Senator Thomas Eagleton, sich mehrfach in stationärer psychiatrischer Behandlung befunden und dabei auch Elektroschocktherapie erhalten hatte – in den Augen vieler Amerikaner nicht gerade eine Empfehlung für einen Mann, der im Falle eines Wahlsieges den sprichwörtlichen „einen Herzschlag" vom Präsidenten entfernt war. Eagleton wurden nach den in der Politik üblichen Vertuschungsversuchen schließlich fallen gelassen. Die Republikaner präsentierten sich dagegen bei ihrem Parteitag im August 1972 in bester Verfassung und optimal choreografiert. Ihre Botschaft bestand aus Frieden, Prosperität und Ordnung.

Die Festnahme jener sieben Einbrecher im Watergate-Komplex erregte im Wahlkampf kaum Aufmerksamkeit. Erst ab Beginn des Jahres 1973 wurde allmählich deutlich, dass die so genannten „Klempner" in Verbindung zu jenen Kreisen des Weißen Hauses standen, die *dirty tricks* (schmutzige Tricks) im Umgang mit dem politischen Gegner für adäquat hielten. Zwar hatte Nixon den Einbruch nicht befohlen oder auch nur Kenntnis von ihm gehabt. Doch es waren die Verschleierung und Behinderung der Justiz bei den Ermittlungen, derer er sich schuldig machte und die zum Scheitern seiner Präsidentschaft führte. Dass es zu dieser einzigartigen Krise der amerikanischen Exekutive kam, ist nicht erklärlich ohne Berücksichtigung der bizarren Persönlichkeit des 37. Präsidenten.

Ein problematischer Charakter

Der am 9. Januar 1913 in Yorba Linda, Kalifornien, geborene Richard Milhous Nixon entstammte sehr armen Verhältnissen. Dieser Herkunft war er sich ein Leben lang bewusst – seine Minderwertigkeitskomplexe, seine Abneigung gegen jene, die mit dem sprichwörtlichen goldenen Löffel im Mund geboren wurden (wie seine politischen Rivalen, die Kennedys) und zum Teil auch seine Paranoia dürften hier eine Ursache haben. Nach der Kriegsteilnahme bei der Navy stieg er 1946 in die Politik ein und legte einen Stil an den Tag, der unbarmherzig war und nicht selten an der Grenze zum Rufmord stand. Seinen Sitz im Repräsentantenhaus gewann er gegen einen Liberalen, den er in die Nähe der Kommunisten rückte, 1950 zog er mit derselben Taktik in den Senat ein – die Furcht vor den „Roten" und ihren angeblichen Verschwörungen zu wecken, war in den frühen Jahren des Kalten Krieges in vielen, eher konservativen Staaten und Wahlbezirken ein Erfolgsrezept. In den Komitees, die für immer mit dem Namen des selbst ernannten Kommunistenjägers Joseph McCarthy verknüpft sind, machte sich Nixon als strammer Ideologe und geschickter Taktiker einen Namen. Sein

Aufstieg war kometenhaft. Im Sommer 1952 wählten die Republikaner ihn zu ihrem Vize-Präsidentschaftskandidaten. Er zog an der Seite des populären Ex-Generals Dwight D. Eisenhower in den Wahlkampf, die Anwesenheit des jungen Heißsporns auf der Kandidatenliste schien den Wahlkampfstrategen ein gelungener Ausgleich zu sein, hatte Eisenhower doch schon die Sechzig überschritten und war außerdem frei von ideologischer Verbissenheit (der General war sowohl von Republikanern wie Demokraten umworben worden).

Dann jedoch verspürte Nixon zum ersten Mal Gegenwind. Er wurde wegen der Entgegennahme von rund 18 000 Dollar an Wahlkampfspenden durch reiche Geschäftsleute kritisiert. Teile der Republikaner begannen von ihm abzurücken und auch Eisenhower wurde nachdenklich. Nixon verteidigte sich mit einer Fernsehrede, die zu einem historischen Medienereignis wurde. Am 23. September 1952 wandte er sich an die amerikanische Öffentlichkeit. Er betonte, dass die Gelder für rein politische Zwecke eingesetzt worden waren und dass er sich nicht persönlich bereichert habe. Dann kam jener Teil dieses als „Checkers-Rede" bekannt gewordenen legendären Auftritts, der ein Stück politischer Folklore geworden ist. Nixon wetterte in zunehmend weinerlichem Ton gegen seine Gegner, deren Frauen in Pelzmänteln einherschreiten würden, während seine Gattin Pat stets einen „guten republikanischen Stoffmantel" trage. Absoluter Höhepunkt war der Hinweis auf ein ganz besonderes Wahlkampfgeschenk: Man habe der Familie einen Hund geschenkt – eben Checkers – und die Kinder hätten ihn gar herzlich lieb gewonnen. Nein, Checkers werde man nicht zurückgeben.

Wer heute den alten Schwarzweiß-Streifen der „Checkers-Rede" betrachtet, hat Mühe nachzuvollziehen, dass Zuschauer diese theatralische Peinlichkeit ernst nehmen konnten. Doch Nixons Worte trafen den biederen Zeitgeist der Fünfzigerjahre. Die Stimmung schwenkte zu seinen Gunsten um, er blieb Vize-Präsidentschaftskandidat und siegte im November an der Seite Eisenhowers. Doch in seinem Inneren hatte die Affäre Wunden geschlagen. Er sah in den Vorwürfen das Wirken übler Feinde, die ihn für den Rest seiner politischen Karriere zu verfolgen schienen. Und er begann die Medien zu hassen. Seine Frau Pat hasste seit der Checkers-Rede etwas anderes: die Politik. Immer wieder beschwor sie ihren Mann, aus der Politik auszusteigen und wieder in seinem Beruf als Anwalt zu arbeiten. Es war vergebens – für Pat Nixon begann ein langer Leidensweg an der Seite eines immer schwieriger werdenden Mannes mit einer zunehmend gequälten Seele.

Als Vize-Präsident verhielt Nixon sich untadelig. Eisenhower fiel mehrfach für längere Zeit krankheitsbedingt aus, sein Stellvertreter nahm seine Aufgabe mit Würde und ohne die Spur von Amtsanmaßung wahr. Sein tapferes Verhalten angesichts eines wütenden, ihn physisch bedrohenden Mobs während eines Staatsbesuches in Südamerika brachte ihm ebenso Sympathien ein wie seine beherzte Auseinandersetzung mit Sowjet-Premier Chruschtschow 1959 während einer Ausstellung in Moskau (die berühmte *Kitchen Debate*). Als sich Eisenhowers zweite Amtszeit 1960 ihrem Ende entgegenneigte, war Nixon der unangefochtene Kandidat der Republikaner auf die Nachfolge. Doch in dem demokratischen Spitzenkandidaten, Senator John F. Kennedy aus Massachusetts, traf Nixon auf einen Antipoden.

Kennedy war alles, was Nixon nicht war: aus reichem Hause stammend, sicher, locker, weltgewandt und erfolgreich bei Frauen. Abermals spielten die Nixon zunehmend verhassten Medien die entscheidende Rolle. Zum ersten Mal kam es zu live übertragenen Fernsehdebatten zweier Präsidentschaftskandidaten – die *debates* ihrerseits galten als ein Meilenstein nicht nur der politischen, sondern auch der Mediengeschichte. Sie demonstrierten die Macht des Fernsehens über Stimmungen und Einschätzungen durch die Wähler. Bei Umfragen nach den Debatten erklärte die Mehrheit jener Befragten, die die verbale Auseinandersetzung im Radio verfolgt hatten, dass Nixon den argumentativ besseren Eindruck hinterlassen hatte. Für die Fernsehzuschauer indes hieß der Sieger John F. Kennedy. Der Senator aus Massachusetts war optisch einfach wirkungsvoller als sein Kontrahent: Nixon war schlecht rasiert und transpirierte heftig, Kennedy war sportiv, braun gebrannt, von einem Charme, der Nixon völlig abging, und ganz sichtlich entspannt. Dass Kennedy – wie aus späteren Erzählungen seines Umfeldes hervorgeht – noch kurz vor einer Debatte im Hotelzimmer die nötige Entspannung in den Armen eines Callgirls gefunden haben soll, belegt einen weiteren Unterschied zwischen diesen so völlig gegensätzlichen Persönlichkeiten – Nixon studierte bis kurz vor Beginn der Übertragung seine Akten und büffelte die Zahlen über Wirtschaftsdaten und Nuklearrüstung. Der Wahlausgang war

Fernsehduell zwischen John F. Kennedy und Richard Nixon während des Präsidentschaftswahlkampfes 1960.

denkbar knapp, nur 118 574 Stimmen Vorsprung trennten Kennedy von Nixon. Gerüchte über Manipulationen in Illinois durch das organisierte Verbrechen, zu dem Kennedys Vater Joseph in Geschäftsbeziehungen gestanden haben soll, wurden schnell laut. Nixon verzichtete auf eine Anfechtung der Wahl im, wie er es empfand, Interesse der Nation.

Als Nixon zwei Jahre später auch die Wahl zum Gouverneur von Kalifornien verlor, war seine politische Karriere ganz offensichtlich zu Ende. Mit den Worten, dass es nun keinen Nixon mehr gäbe, auf dem sie herumtreten könnten, verabschiedete er sich von der Presse und zog sich in eine New Yorker Anwaltskanzlei zurück. Doch nur sechs Jahre später erlebte die amerikanische Öffentlichkeit die wohl spektakulärste Wiederauferstehung in ihrer politischen Geschichte: Nixon wurde von den Republikanern zum Präsidentschaftskandidaten erkoren, und er gewann im November 1968 gegen den demokratischen Vize-Präsidenten Hubert Humphrey aus Minnesota.

Das Erreichen des Lebenszieles, des Weißen Hauses, hatte keinen positiven Effekt auf Nixons Psyche. Mehr denn je fühlte er sich von Feinden umgeben und ließ Listen missliebiger Personen aufstellen. Schlimmer noch: Er missbrauchte sein Amt, um politischen Gegnern nachzustellen. Neben dem FBI und der CIA setzte Nixon vor allem die Steuerbehörde IRS *(Internal Revenue Service)* ein, um zu überprüfen, ob seine „Feinde" auch in vollem Maße der staatsbürgerlichen Pflicht des Steuerzahlens nachgekommen waren. Er hätte gar nicht weit blicken zu müssen, um eines Steuerhinterziehers habhaft zu werden: Sein eigener Vize-Präsident, Spiro Agnew, war in unsaubere finanzielle Geschäfte verwickelt und musste am 10. Oktober 1973 zurücktreten. Nixon ernannte den weithin respektierten Führer der Republikaner im Repräsentantenhaus, Gerald Ford, zum neuen Vize-Präsidenten. Zu diesem Zeitpunkt war es nicht länger undenkbar, dass Ford noch vor Ende der Amtszeit Nixons diesem nachfolgen würde (übrigens als einziger nicht gewählter Präsident der US-Geschichte, denn Ford war ja zum Vize ernannt worden und hatte bei der letzten Wahl nicht für das zweithöchste Amt kandidiert). Die Watergate-Affäre drohte inzwischen, den Präsidenten zu verschlingen.

Auch der deutliche Wahlsieg gegen George McGovern im November 1972 hatte Nixon nicht umgänglicher, souveräner gemacht – im Gegenteil. „Der Überschwang", so erinnerte sich sein Sonderbotschafter und künftiger Außenminister Henry Kissinger an den Tag nach der Wahl, „war innerhalb von zwölf Stunden verflogen. Dem Personal des Weißen Hauses war aufgetragen worden, sich um 11 Uhr zu versammeln. Nixon trat auf die Minute pünktlich ein. Er wirkte grimmig und entrückt, so als ob eine besonders schicksalsträchtige Periode seines Lebens vor ihm lag."[1] Die Tatsache, dass er das gesamte Kabinett entließ, sollte aus seiner Sicht vermutlich Energie und Entschlossenheit ausstrahlen, wirkte aber nur unhöflich und wurde von Kissinger als „entwürdigend" gewertet. Weitere Anzeichen für die düsteren Seiten in der Persönlichkeit des Präsidenten wurden von seinen Mitarbeitern bemerkt. Er sprach finster davon, dass er jetzt mehr Macht habe als in den ersten vier Jahren, wo er stets auf die Chancen für seine Wiederwahl habe Rücksicht nehmen müssen. Vor allem seine Feinde müssten dies jetzt zu spüren bekommen: „Ich will umfassende Dossiers über jene, die uns vernichten wollten."[2] Er soll begonnen haben, Überlegungen anzustellen, wie man den 22. Zusatz zur Verfassung (der die Amtszeit des Präsidenten begrenzt) umgehen und eine dritte Amtszeit anvisieren könne.

Woodward und Bernstein – Vorbilder des investigativen Journalismus

Nach seinem Wahlsieg war ihm nur noch eine Institution auf den Fersen: die liberale Tageszeitung der Hauptstadt, die *Washington Post*, deren Journalisten Carl Bernstein und Bob Woodward mit der Hartnäckigkeit von Terriern die Spuren aufdeckten, die von den Watergate-Einbrechern zu Nixons engsten Mitarbeitern, Stabschef Bob Haldeman, Justizminister John Mitchell und den Beratern John Dean und John Ehrlichman führten. Nixon war außer sich vor Wut und erklärte, die *Post* werde „verdammt, verdammt Schwierigkeiten bekommen". Als Justizminister Mitchell in wenig feiner Sprache der veritablen *Post*-Herausgeberin Katherine Graham androhte, „man werde ihre Titte in die Mangel pressen", erschien die Publizistin mit einem kleinen silbernen Modell einer Wäschepresse und einer weiblichen Brust als Anhänger an ihrer Halskette im Verlagsgebäude und machte deutlich, dass die *Washington Post* sich keinen Maulkorb verpassen lassen würde. Der Justizausschuss des Senats begann mit ersten Untersuchungen über Watergate, sein Vorsitzender Edward Kennedy sagte gegenüber Carl Bernstein: „Ich kenne die Leute um Nixon. Es sind Ganoven." Der 73-jährige Senator Sam Ervin, der dieses Komitee leiten sollte, wurde darauf von Nixon, wie Tonbandaufnahmen belegen, als „alter Furz", „seniler alter Scheißer", „unpatriotisch", „schleimiges Südstaaten-Arschloch" oder auch knapp als „alter Arsch"[3] bezeichnet. Nein, ein Gentleman war Richard Nixon sicher nicht.

Die Sprache war es, die die amerikanische Öffentlichkeit vielleicht noch mehr schockierte als die Erkenntnis, dass ihr Präsident an der Verschleierung des Einbruchs beteiligt gewesen war oder diese gar angeordnet hatte. Im Juli 1973 wurde vor dem Ervin-Ausschuss (der inzwischen einen Sonderermittler, Archibald Cox, bestallt hatte) dargelegt, dass Nixon die Angewohnheit hatte, das gesamte Weiße Haus mit „Wanzen" auszustatten und dass sämtliche Gespräche abgehört und als Tonbandaufnahmen aufgezeichnet wurden. Die Empörung über derartige Praktiken, zu der sich vor allem demokratische Politiker verstiegen, war nicht ganz ehrlich. Auch die Präsidenten John F. Kennedy und Lyndon B. Johnson hatten Gespräche und Konferenzen mitschneiden lassen, wenn auch nicht in jenem Ausmaß wie Nixon. Immerhin wurden nach Bekanntwerden der Nixonschen Abhörpraktiken in der *Kennedy Library* in Boston dem Vernehmen nach „sensible" Bänder aus der Amtszeit dieses Präsidenten vorsorglich „bereinigt". Was die Amerikaner nach Veröffentlichung einiger dieser dem Senatskomitee auf beharrliches Drängen zur Verfügung gestellten Tonbänder Nixons besonders erschütterte, war die Ausdrucksweise ihres Präsidenten, die voller Vulgarismen und Profanitäten war. Es war eine Diktion, die mit der Würde des Amtes nicht vereinbar war.

Bald wurden weitere abnormale Verhaltensweisen des Präsidenten für die Öffentlichkeit sichtbar. Bei einem Besuch in New Orleans packte er plötzlich vor laufender Kamera seinen Pressesprecher Ron Ziegler und stieß ihn in Richtung der versammelten Reporter. Die *New York Times* wusste zu berichten, dass Nixon bei einem Psychiater in Behandlung war. Im Senat wurde inzwischen gemunkelt, dass es weniger Nixons mögliche Gesetzesverstöße waren, die Anlass zur Sorge gaben, als seine psychische Instabiltät. Henry Kissinger, ein Mann mit einem ausgeprägten Ego, soll mit Blick auf den Stabschef im Weißen Haus erklärt haben: „Al Haig hält das Land und ich halte die Welt zusammen."[4]

Am 20. Oktober 1973 gab es ein weiteres Indiz, dass Nixon offenbar die Kontrolle über sich verloren hatte. Als Justizminister Elliott Richardson sich weigerte, Sonderermittler Cox zu feuern, entließ Nixon den Minister und kurz darauf auch seinen Stellvertreter William Ruckelshaus, der den Befehl des Präsidenten ebenfalls nicht befolgen mochte. Für die Medien war es das *Saturday night massacre*, der Verdacht, dass Nixon durchaus in der Lage war, seine Macht zu missbrauchen, wurde immer offensichtlicher. Begriffe wie „Braunhemd-Operation", „Diktatur" und „Verfassungskrise" schwirrten umher, eine Umfrage ergab die historisch einmalig niedrige Zustimmungsrate von 17 Prozent. Gleichzeitig wurde die Regierung mit einer außenpolitischen Krise erster Ordnung konfrontiert, dem Nahostkrieg vom Oktober 1973. Amerikas Streitkräfte wurden vorübergehend in Verteidigungszustand DEFCON III versetzt, bei dem die strategischen Nuklearwaffen einsatzbereit gehalten werden. Die Krise ging vorüber – Watergate nicht. Als der Präsident im November – an einem denkbar passenden Ort wie Disney World – die berühmte Formulierung *„I am not a crook"* gebrauchte, glaubte die Mehrheit der Amerikaner längst, dass Nixon doch ein Gauner war.

Zu Beginn des Jahres 1974 hatte das Senatskomitee seine Arbeit abgeschlossen und übergab seinen 35 Bände umfassenden Bericht dem *Judiciary Committee* des Repräsentantenhauses, jene Kammer, die ein Absetzungsverfahren anberaumen kann, über das dann der Senat in namentlicher Abstimmung zu entscheiden hat. Der Rechtsauschuss beschäftigte eine ganze Mannschaft von Anwälten, die sich durch das Beweismaterial hindurcharbeiten mussten, unter ihnen eine hoch begabte junge Juristin namens Hillary Rodham.

Ein zwei Jahre altes Tonband liefert den Beweis

Fast vierzig Millionen Amerikaner waren vor den Fernsehgeräten versammelt, als der Justizausschuss des Repräsentantenhauses am 9. Mai 1974 die Beratungen aufnahm. Der Vorsitzende Peter Rodino wies auf die Bedeutung dieser historischen Sitzung hin: „Seien wir uns darüber im Klaren: Dies ist ein Wendepunkt, was immer wir entscheiden. Unser Urteil darf sich nicht mit einer Person beschäftigen, sondern mit dem System der konstitutionellen Regierung. Es ist sowohl die Geschichte als auch das Glück der Vereinigten Staaten, dass seit den Tagen der Gründerväter jede Generation von Bürgern und deren Repräsentanten innerhalb tolerabler Grenzen als getreue Wächter der Verfassung und der Gesetzmäßigkeit agierten. Fast zweihundert Jahre lang hat jede Generation sich bemüht, unser System und die Integrität unserer Verfassung gegen die jeweiligen Erfordernisse und Notfälle der verschiedenen Zeitalter zu bewahren. Lasst uns die Verfassung so ungeschmälert an unsere Kinder weiter vererben, wie wir sie von unseren Vorgängern übernommen haben."[5]

Sie kämpften sich durch die Tonbänder, doch Nixon hatte längst nicht alle Tondokumente freigegeben. Am 24. Juli entschied der Oberste Gerichtshof – einstimmig –, dass auch die fehlenden 64 Bänder dem Komitee zu übergeben seien. Obwohl einige der Bänder manipuliert waren, fand man schnell das, was man gesucht hatte: *the smoking gun*, den noch rauchenden Colt, das ultimative Beweisstück. Es war der Mitschnitt eines Gespräches von Nixon mit Haldeman vom 23. Juni 1972, aus dem hervorging, dass Nixon die CIA einschalten wollte, um die Ermittlungen des FBI wegen des Einbruchs zu vereiteln. Es war evident: Der Präsident hatte seine Macht missbraucht (*abuse of power*) und er hatte die Justiz behindert (*obstruction of justice*).

Am 5. August wurde das Band vom 23. Juni 1972 der Öffentlichkeit zugänglich gemacht. Es konnte kein Zweifel mehr bestehen, dass das Amtsenthebungsverfahren, das der Rechtsausschuss mit deutlicher Mehrheit empfohlen hatte, problemlos die notwendige Zweidrittel-Mehrheit im Senat erhalten würde. Doch nach wie vor erwog Nixon, es durchzustehen, zu kämpfen – niemand solle sagen, er sei ein *quitter*, einer der die Segel streicht. Am 6. August berief Nixon sein Kabinett ein, um eine Art Vetrauensbekundung zu erhalten. Er stieß auf Schweigen. Dann machten zunächst Vize-Präsident Ford, darauf der Vorsitzende

Am 8. August 1974 gibt Richard Nixon seinen Rücktritt bekannt, um einer Amtsenthebung (Impeachment) wegen der Watergate-Affäre zu entgehen.

des *Republican National Committee*, George Bush, deutlich, dass die nationale Krise bald ein Ende haben müsse. Nixon verfiel in Depression, erklärte Haig gegenüber, Soldaten hätten es so viel einfacher, man müsse sie in einer solchen Situation einfach mit einer geladenen Pistole allein lassen. In den Wandelgängen des Weißen Hauses sprach der Präsident dann mit den Porträts seiner Vorgänger.

Am 8. August wandte sich Nixon an die Nation. Er nahm keine Schuld auf sich, bat niemanden um Verzeihung. Er bedauerte lediglich „Verletzungen, die ich zugefügt haben mag", und dass „einige meiner Entscheidungen falsch gewesen sind."[6]

Er erklärte, um 12 Uhr mittags des darauf folgenden Tages, sein Amt an den neuen Präsidenten Gerald Ford abzugeben. Zum ersten Mal in der amerikanischen Geschichte trat ein Präsident zurück. Das Land hatte starke und schwache Präsidenten erlebt, solche, die falsche Freunde hatten, wie Ulysses S. Grant und Warren Harding, solche, die dringend notwendigen Entscheidungen auswichen, wie James Buchanan und Herbert Hoover und andere, die einfach überfordert waren wie Franklin Pierce. Doch keiner von ihnen hatte – soweit man weiß – gegen Gesetze verstoßen und die Verfassung grob missachtet. Dieses Urteil fällte die Geschichte allein über Richard Nixon.

Am anderen Tag bestand Nixon auf der Anwesenheit von Fotografen, die seinen Abschied von den Mitarbeitern miterlebten und die heftigen Emotionen, denen Pat und die Töchter Julie und Tricia ausgesetzt waren. Er hinterließ ein letztes Zitat, von dem seine Familie wünschte, er hätte sich selbst viel früher davon leiten lassen: „Sei niemals kleinmütig. Denk immer daran, dass andere dich hassen mögen, doch die dich hassen, werden nicht gewinnen – es sei denn, du hasst selbst. Dann wirst du dich selbst zerstören."

Ein letztes Mal spielte die Marine-Band die Präsidentenhymne *Hail to the Chief*, als Nixon den grün-weißen Helikopter bestieg. In seiner Tür drehte er sich um, machte noch einmal das aus vielen Wahlkämpfen bekannte Victory-Zeichen – eine bizarre Geste. Der Sieg gebührte an diesem Tag der Verfassung.

Als Richard Nixon über Jefferson City (Missouri) flog, legte Gerald Ford den Amtseid als 38. Präsident der USA ab. Unser langer nationaler Albtraum, so rief er seinen Mitbürgern zu, ist vorüber. Einen Monat später sprach er über Richard Nixon das *presidential pardon* aus, das den Vorgänger von einer Strafverfolgung ausschloss. Es war ein Schritt, der damals heftig diskutiert und kritisiert wurde. Heute sieht man in dem Pardon eher den Schlusspunkt, der dem Land eine weitere Selbstzerfleischung ersparte.

Im politischen Exil erlebte Richard Nixon noch einmal eine Wiederaufersteh-ung. Mit den Jahren wuchs er in die Rolle des *elder statesman*, alle ihm nach-folgenden Präsidenten suchten – wohlgemerkt: in außenpolitischen Fragen – seinen Rat und griffen auf seine Erfahrung zurück. Als Nixon im April 1994 starb, kamen alle überlebenden US-Präsidenten zu seiner Beerdigung. Bill Clin-ton – ein Mann aus dem Lager des politischen Gegners – sprach davon, dass eine dankbare Nation Abschied nehme.

In Yorba Linda, von wo er kam, ruht der Mann, der einst sagte: „Man muss die dunkle Seite des Lebens kennen, um die Menschen zu verstehen."[7]

Anmerkungen

1 ANTHONY SUMMERS: The Arrogance of Power. The Secret World of Richard Nixon. New York 2000. S. 437.
2 SUMMERS, S. 441.
3 SUMMERS, S. 446.
4 SUMMERS, S. 457.
5 J. ANTHONY LUKAS: Nightmare. The Underside of the Nixon Years. New York 1976. S. 522–523.
6 FRED EMERY: Watergate. The Corruption of American Politics and the Fall of Richard Nixon. New York 1994. S. 478.
7 TOM WICKER: One of Us. Richard Nixon and the American Dream. New York 1995. S. 686.

DER UNVOLLENDETE SIEG

27. Februar 1991

Eine neue Zeitrechnung hatte begonnen. Wenige Stunden nach Ausbruch einer internationalen Krise hatte die Sowjetunion ihre Unterstützung der amerikanischen Position deutlich gemacht und im Weltsicherheitsrat der Vereinten Nationen nicht, wie in den vergangenen 40 Jahren, eine Initiative der USA mit einem Veto blockiert, sondern ihr zugestimmt. Der Kalte Krieg, dies wurde in den ersten Augusttagen des Jahres 1990 deutlich, war endgültig vorüber. Friedlicher war die Welt indes nicht geworden. An die Stelle der Rivalität mit der anderen Supermacht trat der Konflikt mit einem jener Länder, die im amerikanischen Sprachgebrauch seither *rogue states* (Schurkenstaaten) genannt werden. Statt die „Friedensdividenden" genießen zu können, musste Amerika in seine größte bewaffnete Auseinandersetzung seit Vietnam ziehen.

Am 2. August 1990 waren Truppen des Irak in Kuwait eingefallen und hatten das kleine Scheichtum, das etwa die Fläche des US-Bundesstaats New Jersey einnimmt, nach nur mäßigem Widerstand durch dessen bescheidene Streitkräfte erobert. Dass das Regime Saddam Husseins die umgehend mit 14 zu Null Stimmen verabschiedete Resolution des Weltsicherheitsrates, in dem es zum Rückzug aus dem überfallenen UN-Mitglied aufgefordert wurde, beachten würde, erwartete niemand in New York, Washington oder sonst wo auf der Welt ernsthaft. Die Natur dieses autokratischen Staates war in den letzten zehn Jahren in einem blutigen Krieg gegen den Iran, durch den Einsatz von Giftgas gegen die eigene Zivilbevölkerung und mit dem hemmungslosen Streben nach atomaren, biologischen und chemischen Waffen hinlänglich deutlich geworden.

Für die Regierung von US-Präsident George Herbert Walker Bush stellte sich die Frage nach dem adäquaten Vorgehen gegen die Aggression. Besorgnis erregend war unter anderem die Tatsache, dass einige hundert amerikanische Staatsbürger in Kuwait wie in Bagdad wenn nicht gefangen, so doch in Reichweite der irakischen Sicherheitsorgane waren, was Erinnerungen an die erst wenige Jahre zurückliegende Geiselaffäre von Teheran wach werden ließ, bei der Bushs Vorvorgänger Jimmy Carter so eindrücklich versagt und seine Präsidentschaft ruiniert hatte. Noch schwerwiegender erschien die Möglichkeit, dass die irakische Offensive sich keinesfalls auf Kuwait beschränken würde, sondern als Nächstes

Saudi-Arabien und die Golfemirate ins Visier Saddam Husseins geraten könnten, Verbündete Amerikas und Erdölproduzenten erster Kategorie. Bush begann mit seiner unermüdlichen Telefondiplomatie, kontaktierte die wichtigsten Staats- und Regierungschefs der arabischen wie der übrigen Welt und erhielt ein wenig homogenes Bild. Obwohl die meisten arabischen Länder den Überfall auf einen Bruderstaat verurteilten, war die Motivation, den Irak mit militärischer Gewalt aus Kuwait wieder hinauszutreiben, bei den meisten nicht sehr groß; der ansonsten traditionell den USA nahe stehende König von Jordanien entpuppte sich zu Bushs Verärgerung geradezu als Apologet des irakischen Diktators. Unter den westlichen Verbündeten war die Haltung zunächst eher lau. Bush beschränkte sich vorerst auf die Formel, die Eroberung Kuwaits „*… will not stand*" – was immer dies zu bedeuten hatte. Saddam kündigte derweil an, bei einer militärischen Aktion Amerikas und seiner Verbündeten werde die Welt die „Mutter aller Kriege" erleben.[1]

Hätte der amerikanische Präsident einer Stärkung seines Rückgrates bedurft, kein Gesprächspartner wäre dafür besser geeignet gewesen als jene befreundete Regierungschefin, mit der er wenige Tage darauf bei einer Tagung des Aspen Instituts in Colorado zusammentraf: Margaret Thatcher. Die britische Premierministerin hatte sich neun Jahre zuvor in einer ähnlichen Situation befunden. Auch damals hatte ein diktatorisches Regime versucht, sich das Territorium eines vermeintlich Schwächeren einzuverleiben. Die argentinische Militärjunta hatte jedoch ebenso wenig mit Thatchers und der Briten Entschlossenheit zur Rückeroberung der Falkland-Inseln gerechnet wie – offenbar – der irakische Despot im Sommer 1990. Thatcher bestärkte Bush in seiner harten Haltung, indem sie auf das Scheitern von Appeasement-Politik gegenüber Aggressoren hinwies, das sie selbst als junge Frau miterlebt hatte, als Premier Chamberlain mit seiner Nachgiebigkeit gegenüber Hitler diesen von der vermeintlichen Schwäche demokratischer Systeme restlos überzeugte. Berühmt wurde Thatchers deutlicher Ratschlag an den amerikanischen Präsidenten: „*Remember, George, this is no time to go wobbly*"[2] („Denk daran George, dies ist keine Zeit, um weiche Knie zu kriegen"). Thatcher ließ keinen Zweifel daran, dass Großbritannien im Falle eines Krieges am Golf an Amerikas Seite stehen würde. Es war ein Wiederaufleben der *special relationship* zwischen den USA und ihrem einstigen Mutterland, die in den Monaten zuvor beträchtlich abgekühlt war, da die so genannte Eiserne Lady Bushs Enthusiasmus und Unterstützung für die deutsche Wiedervereinigung mitnichten teilte. Dass Thatcher selbst in ihrer Heimat ein politisches Auslaufmodell war und noch vor Beginn der Kampfhandlungen am Golf von der eigenen, der Konservativen Partei gestürzt wurde, änderte nichts an der Verbundenheit Großbritanniens mit den USA. Thatchers Politik wurde von ihrem Nachfolger John Major fortgeführt.

Was Präsident Bush und seinem Außenminister James Baker in den nächsten Wochen und Monaten gelang, kann nur als eine der großartigsten Leistungen in der mehr als zweihundertjährigen Geschichte amerikanischer Diplomatie gelten. Sie schafften es, eine Koalition zu schmieden, der neben den traditionellen Verbündeten – darunter auch das bei amerikanischen Initiativen stets eigensinnige Frankreich – auch die wichtigsten arabischen Staaten angehörten. Diese Allianz, die zu Beginn des Jahres 1991 bereit stand, den UN-Sicherheitsratsbeschluss vom 29. November umzusetzen, wonach der Irak mit allen dafür notwendigen Mitteln zur Räumung Kuwaits zu veranlassen war, umfasste neben den Golfstaaten auch einen so unwahrscheinlichen Bundesgenossen wie Syrien. Gleichzeitig war es der amerikanischen Diplomatie gelungen, die Sowjetunion wenn nicht als Verbündeten, so doch als gutwilligen Neutralen aus dem Konflikt herauszuhalten. Außerdem vermochten es Bush und Baker, die Animositäten der arabischen Alliierten gegenüber dem seit seiner Staatsgründung von den USA praktisch bedingungslos protegierten Israel für den Moment in den Hintergrund treten zu lassen.

Die Krise führte zu einer Annäherung an die Sowjetunion, wie sie noch wenige Jahre zuvor für unmöglich gehalten worden wäre. Kurz nachdem der irakische Außenminister Tariq Aziz in Moskau von Gorbatschow gehört hatte, dass das eigene Land ein Aggressor sei und sich unverzüglich aus Kuwait zurückziehen solle, traf sich der sowjetische Präsident im September in Helsinki mit Bush. Die Übereinstimmung zwischen den Staatsmännern war so vollständig, dass Bush wenige Tage darauf beiden Kammern des Kongresses seine Vision einer besseren Zukunft umreißen konnte: „Eine neue Partnerschaft der Nationen hat begonnen. Eine neue Weltordnung kann aus ihr hervorgehen; eine neue Epoche, frei von der Bedrohung durch den Terror, stärker im Streben nach Gerechtigkeit und sicherer bei der Suche nach Frieden. Eine Epoche, in der die Nationen der Welt, Ost und West, Nord und Süd, prosperieren und in Harmonie zusammenleben können."[3] Es blieb ein schöner Traum.

Ähnlich imposant wie die diplomatische war die militärisch-logistische Leistung, die Amerikas Streitkräfte und ihre Planer vollbrachten, nachdem ein zunächst zögerlicher saudischer König gegenüber dem auf Besuch weilenden Verteidigungsminister Richard „Dick" Cheney schließlich seine Zustimmung zum Aufmarsch auf seinem Territorium, mithin zur Operation *Desert Shield*, gegeben hatte. Zu Beginn des neuen Jahres waren mehr als 500 000 amerikanische und alliierte Soldaten in Saudi-Arabien, der Türkei und anderen Ländern der Region stationiert, vier Flugzeugträgerkampfgruppen standen im Persischen Golf und im Arabischen Meer bereit, große Teile der U.S. Air Force waren von Stützpunkten in Alaska und Texas, in Kalifornien und Missouri in den Nahen Osten verlegt worden. In den ersten Wochen wurde als Ziel der Operation ausgegeben, Saudi-Arabien und die Emirate vor dem Schicksal zu bewahren, das gerade Kuwait befallen hatte. Ab Anfang des Jahres 1991 hieß die Losung *Desert Storm*, die militärische Befreiung des kleinen Landes. Saddam Hussein ließ alle Ultimaten verstreichen, sämtliche Missionen offizieller oder selbst ernannter Vermittler, die sich noch bis Mitte Januar in Bagdad die Klinke in die Hand gaben, waren wegen der Intransigenz des Diktators zum Scheitern verurteilt. Ein Treffen Saddams mit Außenminister Baker kam nicht zustande, da der Macht-haber in Bagdad keinen Termin in seinem Kalender frei hatte. Beide Häuser des Kongresses statteten den Präsidenten mit der Befugnis aus, zur Befreiung Kuwaits und zur Zerschlagung des nuklearen, biologischen und chemischen Rüstungsprogramms des Irak die Streitkräfte einzusetzen. Von Kriegsbegeiste-rung war indes bei den Volksvertretern wenig zu spüren. Die Abstimmung im Senat fiel mit 52 zu 48 recht knapp aus, im Repräsentantenhaus war die Zustim-mung zur Intervention mit 250 zu 83 deutlich höher.

Nachdem mit dem Datum des 15. Januar die Frist für Saddam verstrichen war und der Diktator auch den darauf folgenden Tag nicht für ein Signal der Koope-rationsbereitschaft genutzt hatte, begann der Krieg zur Befreiung Kuwaits in den frühen Morgenstunden (lokaler Zeit) des 17. Januar. Von den im Golf lie-genden Schiffen der U.S. Navy wurden Marschflugkörper auf irakische Ziele abgeschossen, vornehmlich auf Einrichtungen der Flugabwehr, um den kurz danach aufsteigenden Jets ihre Aufgabe zu erleichtern. Die massiven Luftan-griffe, die sich dem anschlossen, wiederholten sich jede Nacht, bald darauf wurde auch bei Tageslicht angegriffen. Der Krieg war ein Medienereignis wie kein anderer Konflikt. Die Weltöffentlichkeit war dank CNN live dabei – die Korrespondenten und Techniker waren keineswegs von den Irakern ausgewiesen worden, da diese erkannt hatten, wie perfekt sich die westliche Informationsge-sellschaft für Zwecke der eigenen Propaganda benutzen ließ. Die Bilder der Leuchtspurgeschosse über dem nächtlichen Himmel Bagdads gehörten in Ame-rika und Europa ebenso zum abendlichen Nachrichtenprogramm wie der Anblick des keinerlei Emotionen zeigenden CNN-Reporters Peter Arnett, der Jahre zuvor bereits vom Kriegsschauplatz in Vietnam berichtet hatte.

Bei Tageslicht wurden die Kamerateams zu Stätten der Zerstörung geführt, bei den von alliierten Bomben getroffenen Gebäuden handelte es sich stets um Wohnhäuser, Kindergärten, Hospitäler und andere zivile Einrichtungen – wer auf die Kraft der Bilder vetraute, konnte den Eindruck gewinnen, Irak sei ein Land ohne jedwede Militäranlagen. Diese hingegen standen im Mittelpunkt der von amerikanischer Seite frei gegebenen Bilder, die vermutlich gleichfalls mani-puliert wurden. Zum beliebtesten Medium wurden hier die mit Infrarotkameras aufgenommenen Videoclips, die in extremer Zeitlupe den Einschlag laserge-steuerter Bomben (*smart bombs*) in Flugabwehrstellungen, in das Luftwaffen-

Brennende Ölfelder in Kuwait.

ministerium oder in die Hauptquartiere des irakischen Geheimdienstes zu zeigen
vorgaben. Die Bezeichnung *surgical strike* für derartige Präzisionsangriffe kam
auf, eine moralische Sauberkeit insinuierend, die es in keinem Krieg gibt. Wie
nicht anders zu erwarten, wurde die Zahl der zivilen Opfer von den Irakern
massiv über- und von der amerikanischen Militärführung ebenso massiv unter-
trieben. Vom militärischen Gesichtspunkt her war die sich über mehr als fünf
Wochen hinziehende Luftoffensive ein Erfolg. Die eigenen Verluste waren gering, die Wirkung auf die Truppen des Irak in Kuwait und dicht hinter der Grenze
beträchtlich. Ein großer Teil des schweren Geräts der Iraker wurde zerstört
(wenngleich bei weitem nicht so viel wie angenommen und verlautbart) und
somit die Voraussetzungen für eine schnelle und erfolgreiche Bodenoffensive
geschaffen.

Daran, dass es zum Einsatz der hinter der Grenze in Stellung gegangenen
Truppen kommen musste, bestanden immer weniger Zweifel, nachdem Saddams
Truppen sich trotz der Verluste durch die Luftangriffe nicht nur keineswegs
zurückzogen, sondern vielmehr in einem Akt des ökologischen Terrorismus Kuwaits Ölquellen in Brand setzten und das Öl aus vor der Küste liegenden Tankern
ins Meer laufen ließen, eine größere „Ölpest" auslösend als jedes Tankerunglück

US-Militärkonvoi im September 1991 auf der Straße Safwan-Basra im von den USA besetzten Gebiet im Irak.

– um den alliierten Vormarsch zu erschweren oder das vor der Rückeroberung stehende Kuwait so weit als möglich zu zerstören oder beides.

Die Vorbereitungen für den Angriff zu Land lagen vollständig in der Hand der Militärs, vor allem in jener des örtlichen Oberkommandierenden, General Norman Schwarzkopf. Dies war eine der Lehren, die man aus dem Debakel in Vietnam gezogen hatte: Das Militärische sollte den Fachleuten überlassen werden, die Politik hielt sich – anders als zu Zeiten von Präsident Lyndon B. Johnson – aus den Details der Planungen heraus. Ein zweite Konsequenz des Vietnamkrieges war die Größenordnung der Streitmacht, die Amerika zusammen mit seinen Verbündeten gegen den Irak in Stellung gebracht hatte. Dieses Mal wollte man die geballte Macht einsetzen, die dem Land zur Verfügung stand. Ein nie an die Grenzen des Möglichen gehendes Engagement wie in Vietnam stand diesmal nicht zur Debatte. In gewisser Weise war die Operation *Desert Storm* für Amerika auch ein Krieg gegen die eigene Vergangenheit. Es galt, der Welt und sich selbst zu beweisen, dass die Schmach von Vietnam überwunden war und man gegen einen unterklassigen, wenn auch gefährlichen Gegner mühelos gewinnen konnte, wenn nur der Wille dazu vorhanden war. Und der Wille war da, an jenem 24. Februar 1991, als gegen vier Uhr morgens die Marines als erste Einheit den

Angriff auf Kuwait und seine irakischen Besatzer begannen. Präsident Bush verbrachte in Washington eine bange, schlaflose Nacht. Noch im vergangenen Sommer, vor der irakischen Invasion, hatten die Strategen im Pentagon einen Krieg gegen den Irak simuliert – das „Spiel" endete zwar mit einem amerikanischen Sieg, doch unter schweren Verlusten. Manche Experten rechneten bei der Bodenoffensive mit bis zu 45 000 Toten und Verletzten auf alliierter Seite. Sie irrten glücklicherweise. Colin Powell, der Vorsitzende der Vereinigten Stabschefs, konnte nach wenigen Tagen seiner Erleichterung Ausdruck verleihen: „Ich wusste, wir werden gewinnen und ich wusste, wir würden relativ geringe Opfer auf unserer Seite beklagen. Doch ich hatte keine Vorstellung davon, dass es so schnell gehen würde."[4]

Der Krieg am Boden dauerte nur rund einhundert Stunden. Bereits beim ersten Vorstoß der Amerikaner ergaben sich 8000 Iraker, zermürbt von den vorangegangenen Bombardements und wenig geneigt, für Kuwait zu sterben. Wo es zu Kämpfen kam, waren die Alliierten waffentechnisch, aber auch von der Ausbildung her überlegen. Saddam hatte seine Elitetruppe, die so genannten Republikanischen Garden, zum großen Teil ohnehin aus der Kampfzone verlegt, wohl wissend, dass er sie für die Zementierung seiner Herrschaft nach der sicheren Niederlage in der „Mutter aller Schlachten" noch würde gebrauchen können. Den schwersten Verlust erlitten die Amerikaner, als am 25. Februar eine Scud-Rakete in die Unterkünfte auf dem Luftwaffenstützpunkt Al Khobar in Saudi-Arabien einschlug und 28 Angehörige einer Nachschubeinheit tötete.

Zusammen mit den Amerikanern rückten Briten, Franzosen und die arabischen Verbündeten zunächst nach Kuwait, dann in einer groß angelegten Zangenbewegung auch in den Irak vor. Schwarzkopf hielt es aus politischen Gründen für opportun, dass arabische Truppen unter der Führung der bislang exilierten Kuwaitis die Hauptstadt Kuwait City befreiten. Lediglich einige amerikanische Aufklärungstrupps waren in der Nähe, als die Kuwaitis zusammen mit Ägyptern und Einheiten anderer Golfstaaten in die Stadt einrückten und von der Bevölkerung jubelnd begrüßt wurden.

Einige allerdings feierten nicht. Die in Kuwait lebenden Palästinenser, die meist für die Verrichtung niederer Arbeiten ins Land geholt worden waren, hatten in den zurückliegenden Monaten (ähnlich wie ihre Dachorganisation PLO) aus ihrer Sympathie für Saddam keinen Hehl gemacht, wozu zweifellos die Angriffe des Irak mit Scud-Raketen auf Israel beigetragen hatten. Schon in den ersten Stunden kam es zu Standgerichten oder spontanen Ausschreitungen gegen die Kollaborateure, bis sich Schwarzkopf gezwungen sah, zur Verhinderung weiterer Gewaltexzesse amerikanische Truppen auf die Polizeistationen in Kuwait zu verlegen, um, wie er es wütend nannte, *„to knock that shit off"*[5] – „um diesem Mist ein Ende zu bereiten".

An diesem Dienstag, dem 27. Februar, war es offensichtlich, dass der Irak militärisch geschlagen war. Die Kampfflugzeuge der Air Force und der Navy flogen an diesem Tag insgesamt 3159 Angriffe, mehr als an jedem anderen Tag des Konflikts. Die meisten richteten sich gegen die aus Kuwait nach Norden zurückströmende kuwaitische Armee. Ihre Panzer und Lastwagen wurden für die amerikanischen F-16, A-10 und die Kampfhubschrauber des Typ Apache zu einem so leichten Ziel, dass Begriffe wie „Truthahnschießen" die Runde zu machen begann. Präsident Bush war sich bewusst, dass ein Fortführen des Krieges gegen diesen so offensichtlich demoralisierten Gegner das Image der USA beflecken und die Sache, für die man gekämpft hatte, beschädigen würde. „Warum," so fragte er Colin Powell, „sollten wir es nicht heute beenden. Mit diesen Szenen des Blutbades beginnen wir, unerwünschten politischen Ballast aufzunehmen. Wenn Sie sagen, wir haben unsere Mission erfüllt – warum hören wir dann nicht auf?"[6] General Schwarzkopf, mit dem Powell sofort telefonisch Verbindung aufnahm, pflichtete seinem Oberkommandierenden bei. Um 5 Uhr 57 (Washingtoner Zeit) am Abend des 27. Februar 1991 fasste der Präsident den Beschluss zur Einstellung der Kampfhandlungen. Die Details der irakischen Kapitulation besprach Schwarzkopf bei einem Zusammentreffen mit der Generalität Saddams am 3. März in einem Feldlager in der Wüste. Die Kampfhandlungen endeten offiziell am 28. Februar 1991 um 8 Uhr lokaler Zeit.

Jener 27. Februar markiert einen merkwürdigen Wendepunkt in der amerikanischen Geschichte. Amerika hatte den überlegensten Sieg in seiner an bewaffneten Konflikten nicht gerade armen Historie errungen. Die quantitativ viertstärkste Armee der Welt war geschlagen, das von der UN vorgegebene Ziel, Kuwait zu befreien, war erreicht worden. Der Preis war für die betroffenen Familien, wie in jedem Krieg, schrecklich, in der nüchternen Sprache der Statistik nichtsdestotrotz wesentlich geringer gewesen als man es vor dem Feldzug erwarten konnte. Insgesamt 390 Amerikanerinnen und Amerikaner waren ums Leben gekommen, nur der geringere Teil von ihnen (148) bei Kampfhandlungen, die übrigen waren bei Unfällen gestorben. „Mit ihrem Opfer", so erklärte der Präsident einige Monate später bei einer Trauerzeremonie in Arlington, „haben sie eine brutale Aggression zum Scheitern gebracht und den Glauben an uns selbst erneuert."[7] Zusammen mit diesen Amerikanern kamen 510 Verbündete ums Leben, die Zahl der irakischen Opfer kann nur geschätzt werden. Wie nie zuvor war Amerikas technologische Überlegenheit auf dem Schlachtfeld demonstriert worden. Von nun an gehörten Angriffe mit Marschflugkörpern, nächtliche Operationen von Tarnkappenbombern mit dem Abwurf präziser Bomben und der Einsatz hoch qualifizierter Kommando-Teams zum Kern der Planungen für alle sich ergebenden Eventualitäten. Mit der Selbstauflösung der Sowjetunion binnen weniger Monate wurde Amerika zur einzigen verbliebenen

Weltmacht, militärtechnologisch unangefochten. Doch welch ein Paradoxon: Auf der Höhe seiner Macht konnte und kann Amerika seinen Bürgern kein Mehr an Sicherheit versprechen. Das Gegenteil sollte bald der Fall sein.

Zum Jubilieren war an diesem 27. Februar weder dem Präsidenten noch seinen engsten Beratern zu Mute. Mit einer Fortführung des Krieges hätten sie das UN-Mandat weit überschritten und, angesichts zusätzlicher Opfer, über weitere amerikanische wie irakische Familien Leid und Trauer gebracht. Doch schon an diesem Tag war klar, dass der Aggressor den Feldzug persönlich unbeschadet überstanden hatte. Auch Saddams Machtstrukturen waren intakt, wie sich wenige Tage später zeigte, als er in gewohnter Brutalität gegen aufständische Kurden vorging. Die Zerstörungen seiner militärischen Infrastruktur und seiner Fähigkeit, Massenvernichtungswaffen herzustellen, wurden in den Tagen des Golfkrieges weit überschätzt. Ende der Neunzigerjahre warf er die UN-Inspektoren, die seinen Zugriff auf atomare, biologische oder chemische Waffen kontrollieren sollten, aus dem Land. Kuwait war befreit, doch das Problem Saddam würde noch im 21. Jahrhundert die Vereinigten Staaten beschäftigen.

Bei Ende des Krieges erfreute sich Präsident George Bush einer Zustimmungsrate von 89 Prozent. Nur gut eineinhalb Jahre später versagten ihm die amerikanischen Wählerinnen und Wähler eine zweite Amtszeit.

Anmerkungen

1 HERBERT S. PARMET: George Bush. The Life of a Lone Star Yankee. New York 1997. S. 451.
2 PARMET, S. 454.
3 PARMET, S. 467.
4 RICK ATKINSON: Crusade. The Untold Story of the Persian Gulf War. New York 1993. S. 449.
5 ATKINSON, S. 460.
6 PARMET, S. 483.
7 ATKINSON, S. 491.

DAS IMPEACHMENT DES BILL CLINTON

12. Februar 1999

In den letzten zwei Dekaden des 20. Jahrhunderts kam es zu einem schleichenden, der Öffentlichkeit oft verborgen bleibenden Wandel innerhalb des Machtgefüges der amerikanischen Demokratie. Die in letzter Konsequenz Besorgnis erregende Entwicklung, die bei bestimmten Anlässen geradezu schlaglichtartig zeigte, wie weit der Prozess bereits fortgeschritten war, hat ein Kolumnist der angesehenen Zeitschrift *The New Yorker* schonungslos, doch zutreffend als *„the legal system's takeover of the political world"*[1] bezeichnet, als die Machtergreifung der Rechtsexperten und -ausleger und die Verdrängung normaler politischer Willensbildungsprozesse.

Während in einer idealen Demokratie die Wählerinnen und Wähler die entscheidende Instanz sind oder es zumindest sein sollten, haben nach dieser These in Amerikas politischem System immer öfter die Juristen das letzte Wort. Es ist eine Entwicklung, die vermutlich unvermeidbar war. In keinem Land der Welt gibt es eine so hohe Anwaltsdichte wie in den USA, weite Bereiche des öffentlichen Lebens haben eine Verrechtlichung erfahren, die einem europäischen Beobachter (noch) utopisch-skurril erscheinen mag. Die Massen von Anwälten sind nicht nur auf der permanenten Suche nach neuen Einnahmequellen, sie drängen auch in die politischen Entscheidungsprozesse hinein – was beileibe keine Erfindung der Moderne ist. Juristen spielten zu allen Phasen der amerikanischen Geschichte eine entscheidende Rolle. Bereits der zweite Präsident der USA, John Adams, war ein Vertreter dieses Berufsstandes und auch Abraham Lincoln war Anwalt. In Analogie zu den „Parkinsonschen Gesetzen"[2], wonach sich eine Bürokratie stets neue Einflussbereiche sucht, um sich selbst am Leben zu erhalten und zu vergrößern, hat die Anwaltsphalanx in beiden Häusern des Kongresses ab den Siebzigerjahren für eine Ausweitung und Vermehrung der Gesetze gesorgt. Damit wurde sichergestellt, dass der Berufsstand – der in den USA unter enormem PR-Aufwand Imagepflege mit Hilfe von Anwaltsserien im Fernsehen und Hollywood-Produktionen mit Anwälten in der Heldenrolle betreibt – weitere Betätigungsfelder erhält und sein Gedeihen auch für die nächste Generation garantiert ist.

Neben sinnvollen Gesetzen kam es auch zu einer starken Zunahme relativ unscharf definierter, bei bösartiger Interpretation höchst umfassend anzuwendender Paragrafen, die – wie sich zeigen sollte – als Hebel dienen konnten, wenn die politische Auseinandersetzung auf die juristische Ebene verlagert wurde. Dazu gehören beispielsweise *obstruction of justice*, die Behinderung der Justiz, und *violation of constitutional rights*, die Verletzung der verfassungsmäßigen Rechte eines Kontrahenten. Ein bizarr-makabres Beispiel für die Vielseitigkeit gerade letzterer Verfehlung war der zu einem Medienspektakel ausartende Prozess gegen O. J. Simpson. Der ehemalige Footballstar wurde in einem strafrechtlichen Verfahren mit einer nach ethnischen Gesichtspunkten ausgewählten Jury von der Mordanklage freigesprochen, um in einem weiteren, etwas weniger beachteten Prozess wegen Verletzung der verfassungsmäßigen Rechte der beiden Ermordeten zu einer Geldbuße verurteilt zu werden – zweier Opfer, denen er laut Geschworenen- und Richterspruch im ersten Verfahren kein Leid zugefügt hatte!

Ein Bereich des Strafrechtes, der eine besonders fulminante Entwicklung erlebte, war der Komplex *sexual harassment*, der sexuellen Belästigung. Von Juristinnen der radikalfeministischen Szene vorangetrieben, wurde diese Straftat – an deren Schwere und Verabscheuungswürdigkeit in vielen unzweifelhaft realen Fällen hier kein Zweifel laut werden soll – zu einer Art Selbstläufer. Von Juristen in Präzedenzfällen eher als von Abgeordneten per Abstimmung als Faktum etabliert, „stellt die Schaffung der *sexual harassment laws* das paradigmatische Beispiel der Übernahme des politischen durch das legale System dar – ein dramatischer Wechsel in der Sozialpolitik, der von Anwälten und Richtern und weniger von Wählern und deren Repräsentanten vorgenommen wurde."[3] Ab den späten Achtzigerjahren war *sexual harassment* ein fester Begriff im öffentlichen Leben Amerikas, dessen Überstrapazierung und bedrohliche Allgegenwart in der Arbeitswelt die Beziehungen zwischen Männern und Frauen nachhaltig zu vergiften drohte.

Aufmerksamkeit erregten (neben – das sei wiederholt – richtigen Urteilen in Fällen, bei denen es tatsächlich zu Belästigungen gekommen war) Perversionen der Rechtsprechung wie der weithin publizierte Schulverweis eines Sechsjährigen, der sich erdreistet hatte, eine gleichaltrige Mitschülerin zu küssen.

Zu den Juristen und Politikern, die sich im Laufe ihrer Karriere für die Verankerung der den *sexual harassment laws* zugrunde liegenden Denkweise einsetzten, gehörten Bill Clinton, der einst in Yale und Oxford Jura studiert hatte, und Hillary Clinton.

Die Frau des 42. Präsidenten war selbst eine hoch angesehene Juristin, die während Bills Zeit als Gouverneur von Arkansas Partnerin in der angesehensten Anwaltsfirma dieses Staates war – ihr Einkommen betrug übrigens ein Mehrfaches von Bills kargem Gouverneursgehalt. Als junge Anwältin hatte sie 1973/74 ganz nah bei den Schalthebeln der Macht in Washington Erfahrungen mit einem besonders wichtigen Passus der amerikanischen Verfassung sammeln können. Hillary Rodham (wie sie vor und auch noch mehrere Jahre nach ihrer Eheschließung mit Bill Clinton hieß) arbeitete in einem Komitee mit, das Material für ein mögliches Amtsenthebungsverfahren gegen den in den Watergate-Skandal verstrickten Präsidenten Richard M. Nixon zusammentrug. Die Gründerväter hatten in der Verfassunggebenden Versammlung in Philadelphia im September 1787 nach heftiger Diskussion um die Definition festgelegt, dass ein amtierender Präsident in einem *impeachment* genannten, vom Senat auf Antrag des Repräsentantenhauses zu entscheidenden Verfahren aus dem Amt entfernt werden konnte.

Zunächst sollten nur Hochverrat *(treason)* und Bestechlichkeit *(bribery)* als Gründe für ein solches Vorgehen fixiert werden, dann ergänzte man sie durch den unglücklicherweise nicht allzu exakt formulierten Zusatz: *or other high crimes and misdemeanors.* Während misdemeanor (Fehlverhalten) nach modernem Verständnis eher ein minderes Delikt beschreibt, verstanden die Väter der Verfassung darunter relativ schwere Vergehen, um Gesetzesbrüche, die sich, wie Alexander Hamilton es formulierte, mit sofortiger und schwerer Wirkung gegen die ganze Gesellschaft richteten.

Bis Bill Clinton die dubiose Ehre zuteil wurde, dass der Senat über sein Impeachment, seine Amtsenthebung, zu entscheiden hatte, gab es in der amerikanischen Geschichte nur einen Fall, bei dem dieser Passus der Verfassung zum Leben erweckt wurde. 1868 wurde Präsident Andrew Johnson angeklagt. Man warf ihm vor, mit der Entlassung des von ihm (und nicht nur von ihm!) wenig geschätzten Kriegsministers Edwin Stanton seine Befugnisse auf für das Allgemeinwohl gefährliche Weise überschritten zu haben.

Es war ein Vorwand – die ganze politische Ausrichtung Johnsons, der gegenüber dem besiegten Süden eine gemäßigte, sich an seinem Vorgänger Lincoln orientierende Politik zu betreiben suchte, passte den so genannten Radikalen Republikanern im Kongress nicht.

Für einen Absetzungsantrag müssen zwei Drittel der Senatoren stimmen – Johnsons Gegnern fehlte zum Glück für den Präsidenten eine Stimme. Der schwer unter Druck stehende Richard Nixon kam im August 1974 einem Impeachment mit seinem Rücktritt zuvor.

Ein „Unabhängiger Ermittler", der alles andere als „unabhängig" ist

Und noch etwas hatte sich im politischen System der USA gegen Ende des 20. Jahrhunderts geändert: Der so gern beschworene Geist des *bipartisanship*, des gemeinsamen Angehens von Problemen über die Parteigrenzen hinweg, hatte sich verflüchtigt. Die Gräben zwischen Demokraten und Republikanern im Kongress schienen tiefer geworden zu sein, Abstimmungen verliefen häufiger als früher gemäß einer „Parteidisziplin". Es lag etwas in der Person des Bill Clinton (und vor allem seiner Frau), was zu dieser Polarisierung beitrug. Seine Biografie, die Werte, für die er eintrat, sein Charakter (seine Gegner pflegten zu sagen: der Mangel an beidem) bewirkten bei manchen seiner Kontrahenten einen Grad an Ablehnung, der über das gewohnte Maß der Konfrontation hinausging. In der Berichterstattung über die Auseinandersetzung häuften sich, auch in neutralen Medien, Vokabeln wie *despise* (Verachtung), *loath* (Abscheu) oder gar *hate* (Hass), die von einer Komponente der Unversöhnlichkeit in der politischen Debatte kündeten. Auf dem Höhepunkt der vermeintlichen (Whitewater), unbewiesenen (Paula Jones) und tatsächlichen (Lewinsky) Affären hatte das Vorgehen konservativer Kräfte gegen die Clintons längst den Charakter der Aufklärung verloren. Es war vielmehr zu einem Feldzug geworden, der in nichts anderem münden konnte als der politischen Zerstörung des Präsidenten. In einigen Fällen – vor allem bei Zeugen, die Clinton mit äußerster Ablehnung gegenüberstanden und die vor Ausschüssen wie der Ermittlergruppe von Ken Starr aussagten – kam noch ein Schuss Paranoia hinzu: Wiederholt wurde eine diffuse Furcht um das eigene Wohlergehen, wenn nicht gar Leben angedeutet, als setze man sich mit seiner Aussage der Vendetta finsterer, vom Weißen Haus kommandierter Kräfte aus. Nichts war abwegiger als ein solcher Vorwurf: Niemand aus dem Lager der Clinton-Gegner nahm auch nur den geringsten persönlichen Schaden. Als Paradebeispiel dafür, wie wenig der Präsident und sein Stab bei aller Verärgerung offenbar an persönliche Rache dachten, kann man Linda Tripp ansehen: Mit ihrem an Heimtücke kaum zu überbietenden, überdies gegen die Gesetze verstoßenden Vorgehen[4], Gespräche mit der vermeintlichen Freundin Monica Lewinsky heimlich auf Tonband aufzunehmen, wurde sie der Katalysator der Lewinsky-Affäre. Trotzdem verlor sie nicht einmal ihren auf einer politischen, also auf einer Entscheidung des Weißen Hauses beruhenden Job im Pentagon.

Die juristische Untersuchung geschäftlicher wie privater Transaktionen Bill Clintons – und im Falle der Geschäfte auch die seiner Frau – begann schon früh während seiner ersten Amtszeit. Ab Januar 1994 untersuchte eine spezielle Ermittlungskommission eine viele Jahre zurückliegende Immobilien-Investition der Clintons (so genannte Whitewater-Affäre), an der nach fünf Jahren und mehr als 50 Millionen Dollar Kosten für den Steuerzahler nicht die Spur von Illegalität gefunden werden konnte. Die Clintons hatten sich schlicht verspekuliert und dabei mit Freunden zusammengearbeitet, die sich als Bankrotteure erwiesen hatten. Diese Untersuchung lag in den Händen einer Institution, die nach Watergate ins Leben gerufen wurde. 1978 hatte der Kongress das *Independent Counsel System* geschaffen, der vielleicht wichtigste Schritt auf dem Weg der Beherrschung des politischen Systems durch das juristische. Der *Independent Counsel*, so die Idee seiner Schöpfer, sollte in der Lage sein, frei von politischen Loyalitäten gegen hochrangige Persönlichkeiten zu ermitteln, wenn dies notwendig würde. Da der ursprünglich ausgewählte Terminus *special prosecutor* zu sehr einen anklagenden und weniger einen ermittelnden Charakter hatte, nannte man den Leiter eines solchen Ausschusses ab 1982 *independent counsel.*

Der Mann, der ab August 1994 die Ermittlungen gegen die Clintons leitete, war, wie sich schnell erweisen sollte, weder unabhängig noch ein Ratgeber. Kenneth Starr, ein aus Texas stammender Spitzenjurist mit einem geschätzten Jahreseinkommen von mehr als einer Million Dollar, nahm sich der Aufgabe mit jenem Eifer an, der typisch war für die Einstellung der erbittertsten Gegner Clintons, der so genannten religiösen Rechten.

Starr war nicht nur ein brillanter Jurist, sondern zudem ein Konservativer, dem die Person Bill Clinton, vor allem aber dessen Politik zutiefst zuwider waren. Das hatte zum einen nur ideologische, zum anderen geschäftliche Gründe. Bei seiner Arbeit in einer angesehenen Washingtoner Kanzlei vertrat Starr nämlich unter anderem zwei große Tabakkonzerne, deren Interessen denen der Clinton-Administration (unter der die recht effektiven Gesetze zum Schutz der Nichtraucher ausgeweitet wurden) diametral entgegenliefen. Der stramm auf der Linie der konservativen Republikaner liegende Ideologe sah sich selbst sehr wohl als Ankläger, der gegen ein zuhöchst unmoralisches Paar im Weißen Haus einen Feldzug führte.

Die Whitewater-Untersuchung, mit ungeheurem Aufwand betrieben, förderte wie gesagt nichts zu Tage, was Grund für eine Anklage des Präsidenten oder auch nur für Kritik an ihm geliefert hätte. Doch im Laufe der Jahre verschob sich das Fadenkreuz des *independent counsel* und mit ihm der Clinton-Gegner von den Geschäften des Präsidenten auf seinen Charakter. Es war der bekannt lockere Umgang Clintons mit dem weiblichen Teil seiner Wählerschaft – bei der er, ungeachtet aller Enthüllungen, stets mehr Zustimmung und Rückhalt fand als bei Männern –, der in den Fokus von Ermittlern und Enthüllungsjournalisten kam.

305

Zwei Affären vermischen sich: Paula und Monica

Gerüchte um außereheliche Affären begleiteten Bill Clinton seit seiner Präsidentschaftskandidatur 1992. Seine Beziehung zu der gelegentlich als Barsängerin arbeitenden Geniffer Flowers schien damals vorübergehend seine Kandidatur zu gefährden. Es war vor allem Hillarys engagiertes Auftreten in einer Talkshow, das half, die sich abzeichnende Krise zu überwinden. Im Mai 1994 strengten die Anwälte einer jungen Frau aus Arkansas, Paula Corbin Jones, ein Verfahren gegen Präsident Clinton an. Die Anklage lautete auf „Sexuelle Belästigung". Was genau an jenem so folgenreichen 8. Mai 1991 vorgefallen war, ließ sich aufgrund der widersprüchlichen Aussagen der beiden einzigen Menschen, die die Wahrheit kennen – Jones und Clinton – nicht klären.

Folgendes lässt sich aus Zeugenaussagen rekonstruieren: Paula Corbin, die einem problematischen Elternhaus entstammte, arbeitete vorübergehend bei der Arkansas Industrial Development Commission und versah an jenem Morgen ihren Dienst an einem Informationstisch dieser Behörde im Excelsior Hotel von Little Rock, der Hauptstadt von Arkansas. Hauptredner der dort stattfindenden Tagung war der Gouverneur, Bill Clinton. Paula Corbin war sichtlich aufgeregt und hatte mit ihrer Chefin, Clydine Pennington, eine kurze Konversation über ihre Kleidung – Pennington empfand Paulas Minirock als ein dem Anlass unangemessenes Outfit (*inappropriate attire*). Nach Aussagen eines Leibwächters Clintons habe Paula ihm gegenüber geäußert, dass der Gouverneur gut aussähe, dass sie sein Haar „sexy" fände und dass er dies Clinton ruhig weitererzählen könne. Auch Clinton war, ohne dass es zu einem Wortwechsel gekommen war, Paula Corbin aufgefallen – sie habe, so erinnerte sich der Leibwächter später an des Gouverneurs Worte, einen *come-hither look*, einen ermutigenden Blick gehabt. Dann habe er den Besuch von Paula Corbin in der Suite des Gouverneurs vermittelt. Über das weitere Geschehen divergieren die Erinnerungen beider Beteiligten. Während sich Clinton überhaupt nicht en detail an ein Treffen mit Paula Corbin erinnern konnte, beschrieb die junge Frau sehr genau die Möblierung der Suite und das, was sich dann ereignete. Der Gouverneur habe sich vor ihr in sichtlich angeregtem Zustand entblößt und sie dann zu „*oral sex*" aufgefordert. Sie habe ihm erklärt, dass sie nicht diese Art von Mädchen sei, worauf er geantwortet habe, er wolle nicht, dass sie irgendetwas mache, was gegen ihren Willen sei. Darauf sei man voneinander gegangen.

Von einer Traumatisierung Paulas durch das Verhalten des Gouverneurs wollte in den Stunden und Tagen danach niemand aus ihrem Umfeld etwas bemerkt haben. Pennington gab an, dass Paula „mir ganz genau geschildert hat, wie erfreut sie war, den Gouverneur getroffen zu haben, sie streckte mir die Hand entgegen, um zu zeigen, wie sie mit ihm *shake hands* gemacht habe, dass ihm

Anlässlich eines öffentlichen Auftritts Bill Clintons im November 1996 vor dem Weißen Haus umarmt er eine junge Frau, die später als Monica Lewinsky identifiziert wird.

ihre Kleidung gefallen habe, dass er ihr Haar gemocht habe und dass sie ganz aufgeregt war, den Gouverneur kennen gelernt zu haben."[5]

Der Fall Paula Jones verfolgte Clinton für die nächsten Jahre, das Anliegen der jungen Frau wurde von verschiedenen Seiten instrumentalisiert.

Ihr Mann Stephen Jones, den sie inzwischen geheiratet hatte und der in Los Angeles am Schalter einer Fluggesellschaft arbeitete, war ganz unverkennbar an der pekuniären Seite des Falles interessiert und motivierte sie, den eingeschlagenen Weg bis zum Ende fortzuschreiten.

Das Paar geriet schließlich zunehmend ins Fahrwasser konservativer Organisationen, die den Fall zur Niederringung des Präsidenten auszunutzen suchten. Paula Jones' ursprüngliches Anwaltsteam, das kurz vor einer gütlichen und einträglichen Einigung mit den Anwälten des Weißen Hauses stand, trat schließlich unter Protest zurück und wurde durch eine Advokatengruppe ersetzt, die der religiösen Rechten zugerechnet werden konnte. Der Kampf der beiden juristischen Lager offenbarte vor den Augen einer teils lüsternen, teils angewiderten Öffentlichkeit einen nicht für möglich gehaltenen Niveauverlust. Paula Jones wurde von den Anwälten beider Lager angehalten, sich über Auffälligkeiten in der Anatomie die Präsidenten zu äußern. Die Anwälte des Präsidenten gruben, wie kaum anders zu erwarten war, kräftig in ihrer Vergangenheit, um ihre Aussage, sie sei „nicht diese Art von Mädchen" zu erschüttern. Neben einigen Fotos in weitgehend entkleidetem Zustand förderten sie Erzählungen von wüsten Parties zu Tage, in deren Verlauf sie angeblich mehreren Jungen das gegeben hatte, wonach auch des Präsidenten Sinn gestanden hatte.

Um diese Variante geschlechtlichen Miteinanders ging es auch bei jener

Affäre, die Clinton fast das Amt gekostet hätte. Monica Lewinsky arbeitete ab Sommer 1995 als Praktikantin im Weißen Haus. Anders als Paula Jones hat sie sich zu keinem Zeitpunkt als Opfer Clintons dargestellt; was immer sich zwischen beiden abspielte, geschah in gegenseitigem Einverständnis. Am 15. November 1995 kam es zwischen dem Präsidenten und der jungen Frau (Monica Lewinsky war sechs Jahre älter als Clintons Tochter Chelsea) zu einem ersten innigen Kontakt. Was sich im Oval Office im Einzelnen abspielte, konnte später auch die Öffentlichkeit detailgenau im publizierten Starr-Report nachlesen. Die Affäre zwischen Clinton und Lewinsky zog sich über 16 Monate hin. Zu beider Unglück hob Monica Lewinsky ein mit der DNA des Präsidenten beflecktes Kleid auf, erzählte ihrer „Freundin" Linda Tripp davon und verschaffte Starr ein großartiges Beweisstück.

Eine großartige politische Bilanz, eine magere Bewertung als Mensch

Die Affäre kam zunächst über eine Online-Publikation, den nicht gerade wohl beleumundeten *Drudge Report,* am Samstag, dem 17. Januar 1998 an die Öffentlichkeit. Am 21. Januar lieferte die Geschichte von der Praktikantin und dem Präsidenten den großen Tageszeitungen ihre Schlagzeilen, die Nachrichtenmagazine und Talkshows der Fernsehstationen hatten von nun an ein Dauerthema. Bemerkenswerterweise wurde bereits in den ersten Tagen von Impeachment gesprochen, bevor überhaupt die eigentliche Verfehlung des Präsidenten erkennbar wurde – nicht die einvernehmliche Beziehung zwischen zwei Erwachsenen, sondern seine Lügen darüber. Hillary stand zu ihrem Mann – zumindest in der Öffentlichkeit. Am 27. Januar trat sie in der Fernsehsendung *Today* auf und entpuppte sich, was bei ihr nicht verwunderte, als kämpferischste First Lady seit Einführung dieses inoffiziellen Amtes: „Hier gibt es eine große Geschichte für jeden, der bereit ist, sie zu erkennen, über sie zu schreiben, sie zu erklären und dass ist die, dass eine rechtsextreme Verschwörung seit dem Tag, da er seine Kandidatur für die Präsidentschaft bekannt gab, im Verborgenen gegen meinen Mann arbeitet. Einige Journalisten sind ihr auf der Spur, aber sie ist von der amerikanischen Öffentlichkeit nicht vollständig erkannt worden. Und, wissen Sie, auf eine bizarre Weise mag dies hier nun dazu führen."[6] Hillary Clintons Bezeichnung „rechtsextreme Verschwörung" wurde von den Verteidigern des Präsidenten übernommen – zumindest was den ersten Teil des Terminus anbelangt, lag die First Lady sicher nicht ganz falsch. Am 26. Januar wich Clinton vor den Augen der Fernsehkameras von der Wahrheit ab, als er erklärte, er habe keine sexuelle Beziehung zu „dieser Frau, Miss Lewinsky". Kurz zuvor hatte er in seiner alljährlichen Rede zur Lage der Nation die Erfolge seiner Regierung hervorgehoben: „Wir sind auf dem Weg in das Informationszeitalter, in eine globalisierte Wirtschaft, in eine wahrhaft neue Welt. Wir habe jene sterile Debatte zwischen denen, die sagen, die Regierung ist der Feind, und denen, die sagen, die Regierung ist die Lösung, hinter uns gelassen. Meine amerikanischen Mitbürger, wir haben den Dritten Weg gefunden: Wir haben die kleinste Regierungsbehörde der letzten 35 Jahre, aber eine fortschrittlichere denn je. Wir haben weniger Regierung, aber eine stärkere Nation. Über drei Jahrzehnte sind sechs Präsidenten vor Sie getreten, um Sie vor den Schäden zu warnen, die unserer Nation durch ein Defizit drohen. Ich stehe heute vor Ihnen, um Ihnen zu verkünden, dass das Bundesdefizit – einst so unvorstellbar groß, dass es elf Nullen hatte – ganz einfach gesagt, Null sein wird."[7] Hier wird die Tragik der Präsidentschaft des Bill Clinton ersichtlich: Er regierte in einer Zeit wirtschaftlicher Blüte und weitgehenden äußeren Friedens, doch die Zustimmung der Bevölkerung galt stets seiner Politik und immer seltener seiner Person. Für den Rest des Jahres 1998 befand sich Clinton auf einem permanenten Rückzug. Der unrühmliche Höhepunkt und eine Demütigung sondergleichen stellte seine Vernehmung durch die *grand jury* des Ken Starr am 17. August 1998 dar.

Am gleichen Abend gab Clinton in einer Fernsehansprache an die Nation seine Fehler zu: „Guten Abend. Heute Nachmittag habe ich in diesem Zimmer, auf diesem Stuhl Zeugnis abgelegt vor dem *Office of the Independent Counsel* und vor der *grand jury*. Ich habe ihre Fragen wahrheitsgemäß beantwortet, auch Fragen nach meinem privaten Leben – Fragen, die kein amerikanischer Bürger je zu beantworten wünschen würde. Doch ich muss die vollständige Verantwortung für all mein Tun übernehmen, das private wie das öffentliche. Und aus diesem Grunde spreche ich heute Abend zu Ihnen.

Wie Sie wissen, habe ich in einer Aussage im Januar Fragen zu meiner Bezie-

First Lady Hillary Clinton während ihres Fernsehinterviews am 27. Januar 1998, in dem sie Fragen zur Affäre ihres Mannes mit Monica Lewinsky beantwortet.

hung mit Monica Lewinsky beantwortet. Zwar waren meine Antworten rechtlich zutreffend, doch habe ich keine freiwilligen [zusätzlichen] Informationen beigesteuert. Ich hatte in der Tat eine Beziehung zu Miss Lewinsky, die unangemessen war. Mehr noch, sie war falsch. Sie stellte einen schweren Mangel in meiner Urteilskraft dar und einen persönlichen Fehler meinerseits, für den allein ich vollständig verantwortlich bin.

Aber ich habe heute gegenüber der *grand jury* erklärt und sage es nun auch Ihnen, dass ich zu keinem Zeitpunkt jemanden aufgefordert habe, zu lügen, Beweise zu verstecken oder zu zerstören oder irgendeinen anderen Gesetzesverstoß zu begehen. Ich weiß, dass meine öffentlichen Äußerungen und mein Schweigen zu dieser Angelegenheit einen falschen Eindruck vermittelt haben. Ich habe Menschen getäuscht, sogar meine Frau. Ich bedaure dies zutiefst."

Danach kritisierte Clinton die Arbeit des *independent counsel*, der in das Privatleben vieler Menschen eingedrungen war und sich weit von seiner ursprünglichen Aufgabe entfernt habe. Clinton schloss: „Letztlich ist dies eine Sache, die zwischen mir, den beiden Menschen, die ich am meisten liebe – meine Frau und unsere Tochter – und Gott auszumachen ist. Ich muss sie in Ordnung bringen, und ich bin bereit, alles zu tun, was dazu notwendig ist. Nichts ist mir persönlich wichtiger. Aber dies ist eine Privatsache und ich will mein Familienleben für meine Familie wieder zurückgewinnen. Es geht niemanden sonst etwas an. Selbst Präsidenten haben ein Privatleben.

Es ist an der Zeit, das Streben nach der Zerstörung des anderen und das Ausspionieren seines Privatlebens zu beenden … Unser Land ist von dieser Sache zu lange abgelenkt worden, und ich übernehme die Verantwortung für meinen Anteil daran, das ist alles, was ich tun kann. Und so bitte ich Sie heute Abend, sich von dem Spektakel der letzten sieben Monate abzuwenden … und ihre Aufmerksamkeit auf die Herausforderungen und Chancen des nächsten amerikanischen Jahrhunderts zu richten."[8]

Die Wähler stehen zu Clinton

Ein einziges Mal während dieser affärenbelasteten Zeit erhielten die amerikanischen Wählerinnen und Wähler die Gelegenheit, sich inmitten des legalistischen Krieges, der Anwaltsduelle, Abmahnungen, Vorladungen, Beeidigungen und Veröffentlichungen – der Report von Ken Starr wurde noch am Tag seiner Veröffentlichung im Internet platziert und das meistgelesene Dokument seit Erfindung des neuen Mediums – zu Wort zu melden. Sie taten es eindrucksvoll, doch niemand wollte auf ihre Stimme hören. Bei den Kongresswahlen war es nicht die Partei des gebeutelten Amtsinhabers, die Stimmenverluste hinnehmen musste, sondern die seiner Jäger. Die Wahlschlappe führte jedoch zu einer „Jetzt-erst-recht"-Stimmung bei den Republikanern. Mit ihrer Mehrheit im Repräsentantenhaus stimmten sie am 19. Dezember 1998 einem Amtsenthebungsverfahren zu. Auch die Enthüllungen über außereheliche Affären der drei wichtigsten Persönlichkeiten in der republikanischen Führungsspitze konnten die ins Rollen gekommene Impeachment-Dampfwalze nicht mehr aufhalten. Newt Gingrich, Henry Hyde und Robert Livingston waren als Pharisäer decouvriert, ihre Karrieren im Kongress näherten sich ihrem Ende, doch zur Besinnung brachte dies in der republikanischen Führungsschicht niemanden.

Am 12. Februar 1999 kam es im Senat zur Abstimmung über die bei Annahme mit Zwei-Drittel-Mehrheit erfolgende Absetzung Clintons in den Punkten *perjury* (Meineid) und *obstruction of justice* (Behinderung der Justiz). Alle Fernsehanstalten übertrugen die Abstimmung, bei der, in alphabetischer Reihenfolge aufgerufen, jeder Senator mit „schuldig" oder „nicht schuldig" antwortete. Bei „Behinderung der Justiz" lautete das Ergebnis 50:50, alle Demokraten hatten zusammen mit fünf „abtrünnigen" Republikanern zu Gunsten Clintons gestimmt. Noch deutlicher fiel die Ablehnung des Meineid-Vorwurfs aus. Diesmal stimmten zehn Republikaner mit der geschlossen für Clinton votierenden demokratischen Fraktion. Seine eigene Partei, in der viel Entsetzen über ihn laut geworden war, in solcher Geschlossenheit hinter sich gebracht zu haben, war ein Meisterstück von Clintons politischem Geschick, aber auch ein solidarisierender Effekt des verbissenen republikanischen Vorgehens.

* * *

Clinton hätte aus dem Ergebnis des Impeachment-Verfahrens zweifellos wenn schon keinen politischen Vorteil, so doch einen Nutzen für seinen kräftig angeschlagenen Ruf, für seine Einschätzung durch künftige Historiker ziehen können. Abermals stand der unzweifelhaft hoch begabte Mann sich selbst im Wege. Zunächst blieb ihm die ultimative politische Revanche versagt: Seinem Vize-Präsidenten und Wunschnachfolger Al Gore gelang es nicht, die beispiellose wirtschaftliche Prosperität der Clinton-Ära für sich zu nutzen. Gore suchte im Wahlkampf 2000 sich von Clinton, dem Menschen, zu distanzieren, wohl aber die Verdienste von Clinton, dem Politiker, für sich in Anspruch zu nehmen. Es war ein Spagat, der nicht gelang. Gore scheiterte denkbar knapp im Wahlmännerkollegium, auch wenn er mehr Wählerstimmen als sein Kontrahent George W. Bush erhalten hatte – was ihm nichts nützte. In einem Vier-Augen-Gespräch im Weißen Haus gerieten Clinton und Gore Ende Dezember 2000 heftig aneinander, da Clinton es beschämend fand, dass sein Vize mit einer günstigen Ausgangssituation nichts hatte anfangen können – und wohl auch, weil Clinton verärgert war, dass Gore auf seine Hilfe als Wahlkämpfer dankend verzichtet hatte.

Dann rechtfertigte Clinton all jene, die bei ihm immer wieder die Charakterfrage gestellt hatten. In den letzten Stunden seiner Amtszeit, am Vormittag des 20. Januar 2001, erließ Clinton noch mehr als 150 Begnadigungen, von denen einige höchst umstritten waren. Vor allen Dingen das *presidential pardon* für den international mit Haftbefehl gesuchten Finanzjongleur Marc Rich, der über enge Beziehungen sowohl zum Staat Israel als offenbar auch zur Demokratischen Partei verfügte, wurde quer durch die Medienlandschaft als schmachvoller Akt verurteilt. Als dann die Clintons bei ihrem Auszug aus dem Weißen Haus Möbel und Silberwaren im Wert von 190 000 Dollar mitnahmen, versetzte dies der Reputation des scheidenden Präsidenten (weniger dem Ansehen der frisch gebackenen Senatorin des Staates New York) einen letzten, kaum noch für möglich gehaltenen Tiefschlag.

Als das Impeachment-Verfahren am 12. Februar 1999 abgeschlossen und die Zeit für einen Neuanfang gekommen war, glaubten viele Amerikaner, den Extremfall juristischer Aktivitäten auf der politischen Bühne ihrer Demokratie erlebt zu haben. Sie sollten am Ende des darauf folgenden Jahres eines Besseren belehrt werden.

Anmerkungen

1 JEFFREY TOOBIN: A Vast Conspiracy. The Real Story Of The Sex Scandal That Nearly Brought Down A President. New York 2000. S. 333.
2 Verfasst von Cyril Northcote Parkinson (1909–1993), engl. Historiker und Publizist.
3 TOOBIN, S. 173.
4 Das Abhören und die Aufzeichnung von Gesprächen sind in vielen Staaten, so auch in Maryland, illegal. Sonderermittler Ken Starr stattete – fast möchte man sagen: natürlich – Tripp umgehend mit Immunität aus, sodass sie wegen ihrer Handlungen keine rechtlichen Konsequenzen zu befürchten hatte und als wertvolle Zeugin „Munition" gegen den Präsidenten besorgen konnte.
5 TOOBIN, S. 157.
6 TOOBIN, S. 256.
7 JOE KLEIN: The Natural. The Misunderstood Presidency of Bill Clinton. New York 2002. S. 17–18.
8 PETER BAKER: The Breach. Inside the Impeachment and Trial of William Jefferson Clinton. New York 2000. S. 439–440.

DIE 36-TÄGIGE PRÄSIDENTSCHAFTSWAHL

7. November 2000

Sieben Minuten lang war Albert Gore junior der 43. Präsident der USA. Um etwa Viertel vor Zehn Uhr am Wahlabend des 7. November 2000 verkündeten die drei großen Fernsehanstalten, dass der Staat New Mexico an Gore gefallen sei. Damit hatte der ehemalige Senator aus Tennessee und amtierende Vizepräsident der USA jene magische Zahl von 270 Wahlmännerstimmen überschritten, die den Gewinn der Präsidentschaftswahl zu signalisieren pflegt.

Entscheidend für dieses in Gores Hauptquartier in einem Hotel in Nashville mit großem Jubel aufgenommene Ergebnis war weniger der nicht allzu stark bevölkerte und damit bei der Zusammensetzung des Wahlmännergremiums nicht besonders gewichtige Staat New Mexico, sondern ein anderes, etwa eine Stunde vorher von den drei großen *networks* fast unisono verkündetes Resultat: Gore hatte, so die Prognosen, auch den hart umkämpften, bereits vorher von den Politstrategen als entscheidend für den Wahlausgang beurteilten Staat Florida gewonnen.

Die Freude im Lager Gores hielt nur jene besagten sieben Minuten. Dann gingen die ersten Anrufe ein, wonach Florida wieder „auf der Kippe" stünde. Auch die Fernsehsender erkannten, dass sie voreilig Nachrichten in die Wohnstuben einer unter Hochspannung stehenden Nation hinausposaunt hatten. Diesen Fehler sollten sie indes in der gleichen Nacht, in wenigen Stunden, ein zweites Mal begehen. Allmählich schien der Gouverneur von Texas, George W. Bush, einen Vorsprung im *Sunshine State* zu haben. Allerdings war dieser angesichts von sechs Millionen Wählern denkbar gering, und noch waren nicht alle Stimmbezirke ausgezählt.[1] Bush hatte zunächst 100 000 Stimmen mehr als Gore, dann sank dieser Abstand auf 50 000, schließlich auf 29 000 Stimmen. Um 2 Uhr 16 (Ostküstenzeit) begann abermals der Wettlauf der Fernsehstationen, den Sieger zu küren. FOX erklärte Bush zum Gewinner Floridas und damit der Präsidentschaft. Eine Minute später folgten CBS und NBC, um 2 Uhr 20 stimmte dem auch ABC zu.

Al Gore tat nun, was gute amerikanische Tradition an Wahlabenden ist: Der Verlierer rief den Sieger an, um ihm zu gratulieren. Dieses Telefonat nahm nicht mehr als zwei Minuten Zeit in Anspruch – ein Indiz für das nicht allzu innige Verhältnis dieser beiden von ihrer Persönlichkeit so unterschiedlichen Männer. Der nächste Schritt im Ritual der amerikanischen Präsidialdemokratie nach diesem persönlichen Gespräch ist traditionell das öffentliche Eingeständnis der Wahlniederlage. Dies sollte vor dem Kriegerdenkmal in der Innenstadt von Nashville stattfinden, wo sich trotz des strömenden Regens eine Menschenmenge versammelt hatte – überwiegend Gore-Anhänger –, die auf eine Rede des Vizepräsidenten warteten.

Gore, seine Familie und seine engsten Berater setzten sich mit ihrem Autokonvoi in Bewegung. Derweil hatten Gores Wahlbeobachter in Florida erfahren, dass nicht nur der Vorsprung Bushs auf 2000 Stimmen zusammengeschmolzen war, sondern es auch beim Wahlvorgang verschiedentlich zu „Schwierigkeiten" gekommen war. Es gelang, den Vizepräsidenten zu erreichen, als er gerade die Stufen des Denkmals erklimmen wollte. Gore war erst ungehalten, wollte seine Rede hinter sich bringen, hörte jedoch dann immer aufmerksamer den eindringlichen Worten seines Stabes zu. Bei einem Wahlausgang mit einer geringeren Differenz als 0,5%, so besagte es die Wahlgesetzgebung Floridas, würde es zu einer neuerlichen Auszählung kommen. Es sei noch alles offen.

Gore besann sich und rief zum zweiten Mal in dieser Nacht George W. Bush an. Die Umstände, so Gore zu seinem Kontrahenten, hätten sich dramatisch verändert. Bushs Stimmung war nicht die beste: „Sagen Sie gerade, was ich glaube, dass Sie es sagen? Lassen Sie mich sicher sein, dass ich Sie richtig verstehe. Sie rufen noch mal an, um Ihre Erklärung zurückzunehmen?" Darauf entgegnete Gore mit einer Bemerkung, die wohl zur berühmtesten aus dem Mund dieses nicht gerade als feurigen Redners bekannten Mannes wurde: „Da müssen Sie nicht gleich so schnippisch werden!" Bush entgegnete, sein „kleiner Bruder", der Gouverneur von Florida, Jeb Bush, habe ihm versichert, dass er Florida gewonnen habe. „Lassen Sie mich etwas klar stellen", erklärte Gore mit unüberhörbarer Gereiztheit, „Ihr kleiner Bruder ist nicht die höchste Autorität in dieser Angelegenheit."[2]

Das Wahlsystem

Würde der amerikanische Präsident schlicht und einfach aufgrund der für ihn abgegebenen Stimmen gewählt, wäre Al Gore in jener langen Novembernacht *chief executive* geworden. Nach dem endgültigen Endergebnis fielen nämlich auf den Demokraten 50 996 116 Stimmen, für den Republikaner George Bush hatten 50 456 169 Amerikaner votiert. Der Vorsprung von rund 540 000 Stimmen war bei 100 Millionen abgegebener Voten zwar nicht groß, aber nichtsdestotrotz eindeutig. Doch diese absoluten Zahlen sind nicht entscheidend. Die Väter der Verfassung, die stets die Rechte der Einzelstaaten im Auge hatten, schufen die Grundlage für ein Wahlmännergremium, das letztendlich den Präsidenten wählt (was indes eine reine Formsache ist). In dieses Gremium entsendet jeder Staat eine Anzahl von Vertretern, die ungefähr seinem Anteil an der amerikanischen Gesamtbevölkerung entsprechen soll. Diese Relation ist allerdings zugunsten der kleineren Staaten verzerrt – so haben die Stimmen der Menschen in Wyoming (das 3 Wahlmänner stellt) letztlich mehr Gewicht als jene der Kalifornier, die 54 Wahlmänner entsenden, obwohl im *Golden State* fast vierzig Mal so viele Menschen wohnen als in Wyoming. Eine weitere Eigentümlichkeit ist die Tatsache, dass alle Wahlmänner eines Staates dem dort siegreichen Kandidaten zufallen – auch wenn dessen Vorsprung, wie jener Bushs in Florida, nur einige hundert Stimmen beträgt: *„The winner takes it all"*.

Diese Gegebenheiten machen es theoretisch möglich, dass ein Kandidat zwar mehr Wählerstimmen als sein Kontrahent erhält, im Wahlmännerkollegium jedoch unterliegt, dass also *popular vote* keine Entsprechung im *electoral vote*[3] findet. Nicht nur theoretisch: Im Jahr 1888 hatte Amtsinhaber Grover Cleveland zwar mehr Stimmen als Benjamin Harrison erhalten, dieser verfügte aber aufgrund der Verteilung dieser Voten über eine knappe Mehrheit im *electoral college*, wo er denn auch zum neuen Präsidenten bestätigt wurde.[4] Doch 1888 und 2000 waren nicht die einzigen problematischen Präsidentschaftswahlen der amerikanischen Geschichte. 1824 erzielte Andrew Jackson das beste Ergebnis, doch verteilten sich die Stimmen, auch im *electoral college*, auf vier Kandidaten, von denen keiner die erforderliche absolute Mehrheit in diesem Gremium hatte. In diesem Fall musste das Repräsentantenhaus entscheiden, das John Quincy Adams zum Präsidenten erkor – der Sohn des zweiten Präsidenten, John Adams, hatte nur 32 Prozent der Wählerstimmen erhalten.

Der größte Skandal war jedoch die Wahl im amerikanischen Jubiläumsjahr 1876. Der Demokrat Samuel Tilden war bereits als Sieger ausgerufen, als auf republikanisches Drängen in drei Staaten des Südens – darunter Florida! – erneut ausgezählt wurde. Der Süden war elf Jahre nach dem Bürgerkrieg noch von Unionstruppen besetzt, deren Führung stramm republikanisch ausgerichtet war. Es kam, wie es kommen musste: Die drei fraglichen Staaten wurden dem Republikaner Rutherford Hayes zugesprochen, der somit im *electoral college* die hauchdünne Mehrheit von 185 zu 184 Stimmen hatte. In all diesen Fällen sprachen die Anhänger des unterlegenen Kandidaten sofort von einer *stolen election*. Dies wiederholte sich im Spätherbst des Jahres 2000 mit schicksalshafter Unvermeidbarkeit.

Der recount *beginnt*

Während die Nation sich am Morgen des 8. November 2000 übermüdet die Augen rieb und immer noch nicht wusste, wer ihr nächster Präsident sein würde, und die gleichermaßen übernächtigten Kommentatoren der Fernsehsender durchaus zutreffend von einem Fiasko zu sprechen begannen, kam in Florida jenes Gesetz zur Anwendung, das bei einer Differenz von weniger als 0,5% automatisch eine Neuauszählung *(recount)* vorschreibt. Hierbei handelt es sich um eine maschinelle Auszählung. Anders als in Europa, brauchen amerikanische Wähler nur in wenigen Regionen „ein Kreuz zu machen". Sie stanzen ein Loch in einen Wahlzettel, schraffieren ein computerlesbares, ovales Feld auf einem Formular oder ziehen den Hebel einer Wahlmaschine. Mindestens acht verschiedene Wahl- und damit Auszählungssysteme sind in den USA in Gebrauch, oft gibt es in einem Kreis *(county)* ein ganz anderes Verfahren als im Nachbarkreis. Nach dem maschinellen *recount* war Bushs Vorsprung von 1784 auf 327 Stimmen gesunken.

Gore und seine Mannschaft verlangten nun nach einer Auszählung per Hand. Ihr Argument: Viele Stimmzettel waren fehlerhaft ausgefüllt worden. Vor allem bei den *punchcard votes*, bei denen der Wähler oder die Wählerin mit einem kleinen Stanzgerät ein Loch in das neben dem Kandidatennamen dafür vorgesehene Feld eindrücken müssen, gab es zahlreiche Unregelmäßigkeiten. So hatten nicht alle Wähler die Stanze kräftig genug eingedrückt und das runde Papierstückchen *(chad)* hing noch an einer, zwei oder drei Ecken am Wahlzettel. Oder der *chad* war nur eingedrückt oder eingedellt und keineswegs herausgelöst. Nichtsdestotrotz hatte der Wähler, wenn auch unbeholfen, seine Präferenz deutlich zu machen versucht. Aber welche Stimmen sollten nun gewertet, welche als ungültig erklärt werden? Über diese Frage stritten in den nächsten Wochen

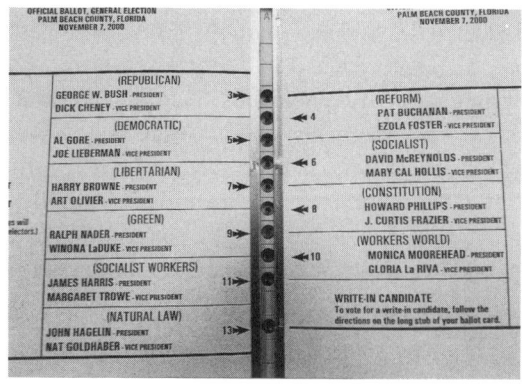

Einer der berüchtigten Wahlzettel: der „butterfly-ballot".

Experten und Parteigänger mit wachsender Leidenschaft. Das Foto eines Wahlhelfers, der – sichtlich erschöpft und die Brille tief auf dem Nasenrücken hängend – mit ausgeprägtem Schielen eine solche Eindellung zu interpretieren versucht, ging um die Welt und wurde zum Sinnbild der Sackgasse, in die sich der Welt mächtigste Demokratie hineinmanövriert hatte.

Eine Verschärfung dieser Problematik stellte das Design des Wahlzettels in Palm Beach County dar, jener sonnenverwöhnten Region nördlich von Miami, die zum wichtigsten Schlachtfeld der Auseinandersetzung werden sollte. Hier war das Dokument als *butterfly* gestaltet: Die auszustanzenden Felder befanden sich in der Mitte des Blattes, zu beiden Seiten wurden die Namen aller Kandidaten aufgelistet. Auf der linken Seite war oben zunächst das Feld für Bush, darunter jenes für Gore, es folgte die Hälfte der übrigen, für den Wahlausgang bedeutungslosen Gestalten. Auf der rechten Seite befanden sich die Felder für vier weitere Außenseiter sowie das *Write-in-Field*, in das man – so einem die Kandidaten nicht zusagten – nach basisdemokratischer Tradition einen Namen der eigenen Wahl eintragen kann. Beide Listen waren leicht gegeneinander versetzt, sodass nach einem Stanzfeld für einen Kandidaten auf der linken jenes für einen Kandidaten auf der rechten Seite des Wahlzettels folgte, dann wieder ein Feld für einen Kandidaten auf der linken Seite usw. So ergab es sich, dass das oberste Feld zu George Bush gehörte (linke Seite), das darunter liegende zu dem Erzkonservativen Pat Buchanan (rechte Seite), das folgende zu Al Gore (linke Seite) usw. Um keine Missverständnisse aufkommen zu lassen, führte ein Pfeil vom Namen des Kandidaten zum dazugehörigen Stanzfeld. Selbst das nützte nichts.

Noch am Wahltag häuften sich in Palm Beach County die Beschwerden von Wählern, die Gore wählen, versehentlich jedoch das zu Buchanan gehörende Feld ausgestanzt hatten. In der Tat schnitt dieser Rechtsausleger in dem County überdurchschnittlich gut ab, gab es in Palm Beach viele *butterfly ballots*, auf denen neben dem Stanzloch für Buchanan noch ein weiteres bei Gore zu finden war – Versuche der Wähler, einen gerade noch bemerkten Irrtum auszugleichen, dabei jedoch eine ungültige Stimme produzierend. Die griffige Formulierung vom TSTV, *„too stupid to vote"*[5], machte schnell die Runde. Die Demokraten wiesen in dem nun anbrechenden Kampf um die öffentliche Meinung in ganz Amerika gebührend auf den Umstand hin, dass gerade in Palm Beach County viele ältere Amerikaner jüdischen Glaubens ihren Seniorenwohnsitz genommen haben und dass offenbar nicht wenige, darunter möglicherweise sogar Holocaust-Überlebende, versehentlich mit Buchanan einen Mann gewählt hatten, den man wegen seiner reaktionären Ansichten doch trefflich als Beinahe-Nazi bezeichnen konnte. (Selbst die unselige deutsche Geschichte wurde also in der emotional aufgeladenen Stimmung jener Tage bemüht.)

Bemerkenswerterweise forderte Gore keineswegs eine manuelle Auszählung in ganz Florida. Sie sollte auf vier *counties*[6] beschränkt sein. Ein Schelm, wer Böses dabei denkt: Diese vier Bezirke waren natürlich Hochburgen der Demokraten, wo die statistische Chance, bei einer Neuauszählung und -bewertung auf Gore-Stimmen zu treffen, höher war als zum Beispiel in Pensacola im *panhandle*, das vom Militär geprägt ist. Die Republikaner ihrerseits wollten überhaupt keine Auszählung. Ihr Mann hatte, wenn auch nur knapp, die Nase vorn, sie konnten somit nur verlieren.

Beide Lager setzten nun wahre Armeen jener Spezies in Bewegung, die auf den amerikanischen Alltag, auf die Medien und vor allem auf die politische Szene des Landes einen Einfluss hat, der sich europäischen Vorstellungen entzieht: *lawyers*, Anwälte. Insgesamt waren einige hundert Anwälte in Floridas Hauptstadt Tallahassee, in den umstrittenen *counties* und vor allem in Palm Beach und Miami im Einsatz – ständig verfolgt von den Kameras eines an Anwaltsserien von *Matlock* bis *Ally McBeal* so überreichen Fernsehens. Bemerkenswert war die Zusammensetzung dieser „Schnellen Eingreiftruppe" von Rechtsexperten und -interpreten: Sie waren fast ausnahmslos männlich und weiß und somit nicht gerade ein Spiegelbild der amerikanischen Gesellschaft.

Auf beiden Seiten tauchten in den Teams der Rechtsberater große Namen auf – nicht immer allerdings solche, die den Gedanken an ein ethisch sauberes Vorgehen nahe legten. Zu Gores Mannschaft gehörte u. a. ausgerechnet William Daley, sein Wahlkampfmanager. Sein Vater, Richard J. Daley, war als Bürgermeister von Chicago langjähriger Chef einer Parteimaschinerie, die geradezu als Synonym für Korruption und Mauschelei stand. Besonders pikant war im November 2000 die Reminiszenz an Daley seniors Wirken im Präsidentschaftswahlkampf 1960. Damals hatte John F. Kennedy den Staat Illinois mit nur 6000 Stimmen Vorsprung gewonnen. Entscheidend hierfür und damit für den Gesamtsieg Kennedys war sein unproportional gutes Abschneiden im von Daley beherrschten Cook County. Vorwürfe von Fälschungen, dem Verschwinden von (republikanischen) Stimmen und der Stimmabgabe längst verstorbener demokratischer Parteigänger machten damals umgehend die Runde. Der Verlierer, der später so oft dämonisierte Richard Nixon, hatte 1960 auf eine Anfechtung des Ergebnisses und eine Neuzählung verzichtet, um dem Land eine Zerreißprobe zu ersparen.

Die beiden berühmtesten juristischen Kombattanten waren indes zwei ehemalige Außenminister, Warren Christopher und James Baker. Wer die Persönlichkeiten und auch die Amtsführungen dieser beiden Männer vor Augen hatte, wunderte sich nicht über das höchst unterschiedliche Agieren auf der Bühne Floridas. Der Demokrat Christopher, mit einer mimischen Unbeweglichkeit, die Spötter an die Kinofigur „E.T." erinnerte, war es gewohnt, verbal und emotional Zurückhaltung zu üben, eine Haltung, die ihn auch während des *Florida recounts* leitete. Christophers gebremster Enthusiasmus für die Sache seines Parteifreundes kommt am besten in dem väterlichen Rat an Al Gore zum Ausdruck: „Ich bin 75 Jahre alt, Sie nur 52. Sie können erneut kandidieren. Aber Sie können kein Interesse daran haben, als schlechter Verlierer zu gelten. Sie sollten nicht zu lange kämpfen. Sie sollten die Geschichtsschreibung und die Zukunft im Auge behalten."[7]

Der Republikaner James Baker indes, Texaner wie George W. Bush und engster Mitarbeiter dessen Vaters, des 41. Präsidenten, war dynamisch und von einer hohen, fast brutalen Effizienz. Bakers Botschaft war eindeutig und wurde von ihm stetig wiederholt: Die Wahl war vorüber, die

Einer der Wahlhelfer transportiert die bereits gezählten 654 000 Wahlzettel des Bezirks Miami kistenweise zur Nachzählung per Hand ab.

Demokraten wollten so lange zählen lassen, bis ein ihnen endlich genehmes Ergebnis vorlag, ein Vorgehen, das letztlich das bewährte amerikanische System schädigen könne. Die Demokraten unterstrichen die Notwendigkeit, „die Stimme eines jeden zur Geltung kommen zu lassen", gelegentlich gewürzt mit dem Vorwurf, es seien besonders die Stimmen von Angehörigen ethnischer Minderheiten, denen bei Verweigerung der manuellen Nachzählung eben diese Geltung vorenthalten würde.

Vor den Augen einer staunenden Welt fand die Auseinandersetzung, wann, was und auf welche Art gezählt zu werden habe, für gut fünf Wochen in den Gerichtssälen des Staates Florida statt. Die Fernsehzuschauer sahen eine scheinbar endlose Abfolge von Entscheidungen, Revisionen, Verweisungen von einer Instanz an die andere, von völlig überforderten Provinzrichtern und Anwälten, die bei Verkündung einer Entscheidung gelegentlich selbst nicht wussten, ob sie gerade obsiegt oder verloren hatten. Jede Seite hatte ihre Buhmänner. Für die Demokraten war es die Staatsministerin[8] von Florida, Katherine Harris, die mehrfach ihren Parteifreund George Bush zum Sieger in Florida auszurufen sich anschickte, bevor man mit einem neuerlichen Gerichtsbeschluss selbiges vereiteln konnte, sowie der vor allem hinter den Kulissen höchst aktive Gouverneur

Jeb Bush. Die Republikaner wiederum beobachteten das Wirken des Obersten Gerichtshofes von Florida mit äußerstem Missfallen, der mehrfach zugunsten weiterer Zählungen entschied. Am 8. Dezember beschloss dieser Gerichtshof, dass die Auszählung aller bislang nicht ausgewerteter Stimmen in Florida stattzufinden habe. Die Zeit wurde knapp – es blieben noch zehn Tage bis zum Zusammentreten des Wahlmännergremiums. Es war eine Ironie, dass das Gericht in gewisser Weise den Republikanern mit dieser für sie unangenehmen Entscheidung in einem Punkt zustimmte: Bushs Team hatte sich darüber beklagt, dass Gore nur in demokratischen Hochburgen nachzählen lassen wollte. Jetzt sollten im ganzen Staat unberücksichtigte Stimmen (*undervotes*) ausgezählt werden.

Bushs Rechtsberater riefen nun den *Supreme Court* in Washington an. Das Oberste Bundesgericht traf am 12. Dezember 2000 seine historische Entscheidung. Es setzte den Beschluss des Florida Supreme Court aus und stoppte de facto die weiteren Auszählungen. Die Entscheidung in dem hohen Gremium fiel mit fünf gegen vier Stimmen, jenen der fünf konservativen gegen die vier liberalen Richter. Über den Supreme Court ging danach eine Welle von Kritik hinweg, den Mehrheits-Richtern wurde vorgeworfen, ihre Macht zu rein parteigebundenen Zwecken missbraucht zu haben.[9]

Am folgenden Tag hielt Al Gore seine endgültige *concession speech,* die Rede, in der er seine Niederlage eingestand: „Vor einigen Augenblicken habe ich mit George W. Bush gesprochen und ihm gratuliert, dass er der 43. Präsident der Vereinigten Staaten wird. Und ich habe ihm versprochen, ihn diesmal nicht erneut anzurufen.“[10]

Am 20. Januar 2001 wurde Bush in sein Amt eingeführt. Bei vielen Amerikanern wirkte der 36-tägige Kampf um Florida[11] noch nach, sie sahen einen beschädigten Mann in das Amt Einzug haltend. Niemand konnte ahnen, dass acht Monate später die Nation in historisch einzigartiger Geschlossenheit hinter dem 43. Präsidenten stehen würde.

Anmerkungen

1 Der Staat Florida erstreckt sich über zwei Zeitzonen. Sein westlicher Fortsatz, *panhandle* (Pfannenstiel) genannt, hat Central Time – die Wahllokale schlossen hier eine Stunde später als auf der *peninsula* (Halbinsel) und somit zu einem Zeitpunkt, da der Staat vermeintlich bereits an Gore gefallen war.

2 JEFFREY TOOBIN: Too close too call. New York 2001. S. 25.

3 Die Zusammenkunft dieses Gremiums findet am 18. Dezember statt, die Amtseinführung des Präsidenten ist auf den 20. Januar des darauf folgenden Jahres terminiert. Bis 1932 erfolgte die Vereidigung am 4. März.

4 Vier Jahre später revanchierte sich Cleveland, indem er gegen seinen Nachfolger

gewann und ihn somit auch zu seinem Vorgänger machte. Als in einer Person 22. und 24. Präsident bringt Cleveland die Zählung der amerikanischen Staatsoberhäupter durcheinander. So ist George W. Bush zwar offiziell der 43. Präsident, doch umfasst diese Liste nur 42 Individuen.

Clevelands junge Frau Frances hatte bei der Niederlage 1888 übrigens ein gutes Gespür für künftige Entwicklungen. Beim Auszug aus dem Weißen Haus riet sie dem Personal, alles unverändert zu lassen, in vier Jahren käme sie mit ihrem Mann zurück. So geschah es. (Siehe: RONALD D. GERSTE, Die First Ladies der Vereinigten Staaten. Regensburg 2000)

5 In jeder Wahlkabine in Palm Beach County war überdies in Augenhöhe ein Schild angebracht: „Überprüfen Sie nach dem Wählen Ihre Wahlkarte und sorgen Sie dafür, dass Ihre Entscheidung durch eindeutiges und klares Ausstanzen erkennbar ist. Es dürfen keine Papierschnipsel von der Rückseite Ihrer Karte herunterhängen."

6 Palm Beach, Miami-Dade, Broward und Volusia.

7 TOOBIN, S. 56–57.

8 Secretary of State, nicht zu verwechseln mit dem gleichnamigen Titel des amerikanischen Außenministers. Katherine Harris, nicht gerade ein Musterbeispiel von Selbstverleugnung, begrüßte bei einem der von ihr durchaus genossenen Auftritte im gleißenden Licht der Scheinwerfer den völlig verdutzten Warren Christopher mit der koketten Belehrung: *„I am a secretray of state and you were a secretary of state!"*

9 In einem in jenen Tagen zirkulierenden Scherz erklärt George W. Bush: „Ich möchte all denen danken, die mich zum Präsidenten gewählt haben: Rehnquist, O'Connor, Scalia, Kennedy und Thomas." Es sind die Namen der fünf zu seinen Gunsten votierenden *Supreme Judges*.

10 TOOBIN, S. 269.
Weitere empfehlenswerte Literatur zum Thema: RICHARD A. POSNER: Breaking Deadlock. The 2000 Election. Princeton und Oxford 2001. – JAMES W. CESAR: The Perfect Tie. The True Story of the 2000 Presidential Election. Lanham (Maryland) 2001. – DEADLOCK: The Inside Story of America's Closest Election. (By the political staff of the Washington Post) New York 2001. – ROGER SIMON: Divided We Stand: How Al Gore Beat George Bush and Lost the Presidency. New York 2001. – DAVID A. KAPLAN: The Accidental President: How 413 Lawyers, 9 Supreme Court Judges and 5,963,110 (give or take a few) Floridians landed George W. Bush in the White House. New York 2001.

11 Ein Zeitungskonsortium hat später eine manuelle Auszählung vorgenommen. Das Resultat hängt davon ab, welche Stimmen noch als gültig angesehen wurden. Bei nur eingedrücktem Papier hätte Bush einen Vorsprung von 1665 Stimmen gehabt, wenn der Schnipsel leicht losgelöst, aber hängend war, wären es 884 Stimmen gewesen. Bei zwei losgelösten Ecken hätte Bushs Vorsprung 363 Stimmen betragen. Nur bei strengstem Maßstab, dem völlig losgelösten *chad*, hätte Gore gewonnen – mit 3 Stimmen Vorsprung.

„Ein Akt des Krieges"

11. September 2001

„Der Angriff sollte unseren Geist zerstören. Darin ist er völlig fehlgeschlagen. Unsere Herzen sind gebrochen, aber sie schlagen weiter und der Lebensmut unserer Stadt ist nie stärker gewesen. In den Tagen nach dieser unvorstellbaren Tragödie sind New Yorker und mit ihnen alle Amerikaner einiger als je zuvor. Durch unzählige Beispiele von Mut und Anstand inspiriert, haben wir dem Schlechtesten der menschlichen Seele das Beste entgegengesetzt. Der dunkelste Tag in unserer langen Geschichte hat zu unserer größten Stunde geführt.

Als Amerikaner müssen wir unser fundamentales Recht, in Freiheit vor Furcht zu leben, wieder neu entdecken. Unsere Nation ist stark und einig und mehr denn je sind wir: *the land of the free and the home of the brave.*"[1]

Kein Ereignis der amerikanischen Geschichte war so traumatisch wie der 11. September 2001, dessen Wirkung auf die nationale Psyche der damalige New Yorker Bürgermeister Rudolph W. Giuliani mit diesen eindrucksvollen Worten umriss. Es war ein wahrer Schicksalstag, ein *defining moment*, an dem so vieles von dem, was gern als „amerikanische Werte" bezeichnet wird, auf den Prüfstand gestellt wurde: individuelle Freiheit, Toleranz, Zukunftsglaube, Optimismus. Kein anderes historisches Geschehen wird allein durch die Datumsangabe definiert. *September Eleven* ist ein fester Begriff im amerikanischen Sprachschatz geworden und, in der jeweiligen Übersetzung, auch in den meisten anderen Sprachen der Welt. Nur ein anderer Schicksalstag hat einen ähnlichen kalendarischen Erkennungswert, der *Fourth of July*, doch denken bei ihm die meisten Amerikaner eher an den mit Grillfesten, Paraden und Feuerwerk gekrönten hochsommerlichen Feiertag als an die Diskussionen in der Ständeversammlung von Pennsylvania anno 1776. Mit Termini wie *November Twenty-Two* (Kennedys Ermordung), *April Twelve* (Ausbruch des Bürgerkrieges) oder *December Seven* (Pearl Harbor) können vermutlich nur jene Amerikaner spontan etwas anfangen, die rund um die Uhr den „History Channel" auf ihrem Fernsehgerät laufen haben.

Pearl Harbor – diese (vermeintliche) historische Analogie wurde noch am Tag der grauenhaften Ereignisse von New York, Washington und Pennsylvania bemüht. Auch damals traf ein Überfall viele Amerikaner wie ein Blitz aus heiterem Himmel, kamen binnen weniger Stunden mehr als 2000 Menschen auf der Hawaii-Insel Oahu um. Für die Bürger war im Dezember 1941 die Mischung aus Entsetzen und Empörung eine natürliche Reaktion, und Präsident Franklin D. Roosevelt konnte sich für seine unvergessenen Worte vom *„day that will live in infamy"* einer ähnlich breiten Zustimmung sicher sein wie George W. Bush, als er erklärte, dies sein kein bloßer Akt des Terrors, sondern vielmehr *„an act of war"*. Doch wenn auch der Schock, den die Nation erlitt, vergleichbar war, so gibt es zwischen Pearl Harbor und den Terroranschlägen des 11. September doch einige wesentliche Unterschiede. Der japanische Angriff geschah in einer Zeit maximaler Spannung zwischen dem fernöstlichen Kaiserreich und den Vereinigten Staaten, in einer vom Krieg bereits erschütterten Epoche. Das Ziel der Torpedoflugzeuge, Sturzkampfbomber und Zero-Jäger an jenem Sonntagmorgen waren ausschließlich militärische Einrichtungen – kein kaiserlicher General oder Admiral wäre auf die Idee gekommen, eine solche Aktion gegen amerikanische Zivilisten zu planen. Vor allem aber hatte es die Regierung von Franklin D. Roosevelt in einem Punkt wesentlich einfacher: Der Gegner war identifizierbar und greifbar, ein Nationalstaat, gegen den ein „klassischer" Krieg geführt werden konnte. Ab dem Herbst 2001 sahen sich die Amerikaner einem Feind gegenüber, der überall und nirgends sein konnte, in Afghanistan oder Somalia, im Yemen oder im Irak – oder in Florida und in der Bronx.

Der 11. September wird allen Zeitzeugen – und jeder Amerikaner ab dem *Elementary School*-Alter wird den Tag sein Leben lang nie vergessen – als ein strahlend schöner Spätsommertag in Erinnerung bleiben. Von der Ostküste über die Great Plains bis hin zu den Rocky Mountains spannte sich ein fast wolkenloser blauer Himmel über das Land, über dessen Westen gerade erst die Sonne aufging, als sich die Tragödie abspielte. Einige Stunden vorher brach das Tageslicht gerade über dem entgegengesetzten Winkel der Nation herein, in Portland im Bundesstaat Maine. Die Videokamera des dortigen Flughafens machte eine von vielen routinemäßigen, automatischen Aufnahmen jener Passagiere, die gerade die Sicherheitskontrolle durchschritten hatten und sich auf den Weg zu ihrem Gate begaben. Es war das erste von vielen gespenstischen Bilddokumenten, die dieser Tag bereithalten würde: Zwei junge Männer, unauffällig-korrekt gekleidet, gehen mit leichtem Handgepäck ausgerüstet und den Flugdokumenten in der Hand zu dem bereitstehenden Flugzeug. Mohamed Atta und Abdulaziz Alomari fliegen nach Boston, von dort haben sie einen Anschlussflug nach Kalifornien gebucht. Nichts am Benehmen der beiden Männer deutet darauf hin, dass sie entschlossen sind, in wenigen Stunden zu sterben – und Tausende anderer Menschen mit in den Tod zu reißen. Die Kamera dokumentiert die Uhrzeit: 5 Uhr 53. Ein Schicksalstag hat begonnen.

Wie an jedem Wochentag, herrscht auf den Flughäfen der Ostküste morgendlicher Hochbetrieb, doch sind – nicht zuletzt wegen der perfekten Wetterverhältnisse – keine nennenswerten Verspätungen zu erwarten. Warteschlangen am Beginn der Startbahn sind vor allem für den *Logan International Airport,* der auf einer künstlichen Insel im Hafen von Boston angelegt ist, mit seiner begrenzten Kapazität völlig normal. Kurz hintereinander heben an diesem Morgen zwei Flüge ins ferne Los Angeles ab: American Airlines Flug 11 um 8.00 Uhr, United Airlines Flug 175 um 8.14 Uhr. Beide Transkontinentalflüge sind weit davon entfernt, ausgebucht zu sein: An Bord von AA 11 (einer Boeing 767) befinden sich 81 Passagiere und 11 Besatzungsmitglieder, die Maschine des gleichen Typs der United Airlines befördert sogar nur 56 Fluggäste und 9 Besatzungsmitglieder. Auch American Airlines Flug 77, der um 8.21 vom *Dulles International Airport* in Washington startet, ist nicht voll besetzt, in der Boeing 757 befinden sich 58 Passagiere und 6 Angehörige der Crew. Geradezu leer ist der vierte und letzte jener Flüge, die an diesem Tag ein tragisches Ende nehmen sollten: In der Boeing 757 der United Airlines, die unter der Flugnummer 93 um 8.42 Uhr vom Flughafen in Newark (New Jersey) aufsteigt, verlieren sich nur 38 Passagiere und 7 Besatzungsmitglieder – es ist dieser Flug UA 93, der für viele Amerikaner bald zum Inbegriff von *heroism,* von Mut und Opferbereitschaft angesichts einer nationalen Katastrophe werden wird. Möglicherweise haben die Anführer der Terroristen in den Wochen der Vorbereitung ermitteln können, welche Flüge eine geringe Auslastung aufweisen – wenige Passagiere bedeutet wenige in Schach zu haltende „Feinde".

Noch bevor UA 93 sich in die Luft erhebt, bekommen die Behörden eine Ahnung davon, dass sich an diesem Morgen Ungewöhnliches abspielen wird. Um 8.35 Uhr benachrichtigt die *Federal Aviation Administration* (FAA), die Aufsichtsbehörde der amerikanischen Zivilluftfahrt, das für die Überwachung des Luftraumes über dem Kontinent zuständige militärische Kommando NORAD (*North American Air Defense*) davon, dass Flug AA 11 offenbar unmittelbar nach dem Start in Boston entführt worden ist. Nur acht Minuten später geht bei NORAD eine Meldung ein, die auf den ersten Blick wie eine Dublette wirkt: Ein weiterer Flug aus Boston ist entführt worden – UA 175. NORAD lässt sofort zwei Jäger des Typs F-15 von einer Basis des *Air National Guard* in Massachusetts aufsteigen.

Was immer diese beiden Jets hätten ausrichten können – sie kommen zu spät. Um 8.47 Uhr rast die mit Kerosin voll beladene Maschine des Fluges AA 11 in den Nordturm des World Trade Centers. Die Stockwerke 90 bis 100 verglühen in einem grellen Feuerball, das Gebäude schwankt, doch es stürzt nicht. Ein Videofilmer unten auf der Straße filmt den Moment des Einschlages – die Allgegenwart und Erschwinglichkeit moderner Dokumentationstechnologie beschert der Öffentlichkeit an diesem 11. September Szenen, die bis zu diesem Tag der Phantasie von Hollywood-Produktionen und Videospielen vorbehalten schien. Aus allen Teilen der Stadt eilen Feuerwehrkolonnen an die Südspitze von Manhattan, bahnen sich mühselig einen Weg durch den dort allzeit chaotischen Berufsverkehr, um am Ziel angelangt die *firefighters* vor die monströseste Aufgabe eines Berufslebens zu stellen, das für viele von *New Yorks bravest* in der nächsten Stunde in einem Opfergang enden wird. „Ich war", so sagte Rudolph Giuliani, „stets erstaunt zu sehen, wie diese Männer in ein Feuer gehen, vor dem wir alle weglaufen würden."[2] Der Reverend einer Kirchengemeinde in Illinois sprach später aus, was viele Amerikaner dachten: „Ich werde nie wieder einen Feuerwehrmann mit den gleichen Augen betrachten wie vorher. Was ist in einem Menschen, in hunderten von ihnen, das sie dazu bringt, in ein brennendes Gebäude zu stürmen, aus dem alle herauslaufen, um Menschen zu retten, die sie gar nicht kennen? Ihre Tapferkeit ist Teil unseres kollektiven nationalen Erbes geworden. Ihre Tapferkeit macht unser aller Leben würdevoller."[3]

Ein erstes Notlazarett wird in einem Fernsehstudio an den Chelsea Piers an der West Side eingerichtet. Um 9.00 Uhr wird Präsident Bush in Sarasota (Florida) über das Geschehen informiert. Der Präsident soll an diesem Morgen eine Rede vor einer Grundschule halten, in dem es um die Vorstellungen seiner Administration zu Bildung und Erziehung geht. Zu diesem Zeitpunkt ist noch nicht sicher, ob es sich um einen Unfall oder einen Terrorakt handelt – die, wie es ein Pilot nannte, brutal klare Sicht an diesem Morgen lässt jedoch sofort einen schlimmen Verdacht aufkommen. Auf die Bestätigung muss man nicht lange warten.

America is under attack!

Sowohl die New Yorker Fernsehstationen als auch die großen Nachrichten-Networks wie CNN, FOX und MSNBC berichten fast umgehend live vom Katastrophenort. Kamerateams sind in Hubschraubern in der Luft um, meist über dem Hudson River schwebend, Bilder vom brennenden Nordturm zu senden, von dem aus eine dichte schwarze Rauchfahne über Manhattan hinweg hinaus in Richtung Atlantik treibt – ein Signal der Zerstörung, wie es Amerika in der Tat sein jenem Tag von Pearl Harbor nicht mehr erlebt hat. Die mediale Präsenz transportiert das Unvorstellbare live um die Welt: Während die Kommentatoren über Ursachen und Hintergründe mutmaßen, nähert sich ein zweites Flugzeug Manhattan. Es ist United Flug 175. In wenigen Sekunden spielt sich vor den Augen einer fassungslosen Welt der zweite Akt des Grauens ab: Die Maschine rast in den Südturm des World Trade Centers und lässt dessen oberes Segment, die Stockwerke

11. September 2001: Kurz hintereinander rasen zwei von terroristischen Selbstmördern gekidnappte Flugzeuge in die Zwillingstürme des World Trade Center in New York, die nach der Explosion in Flammen aufgehen, in sich zusammenstürzen und Tausende von Menschen mit in den Tod reißen.

78 bis 87 explodieren. Wenige Minuten später wird Präsident Bush in Florida informiert. Es besteht kein Zweifel mehr: *America is under attack.* Der Präsident spricht einige Worte zu den Kindern der Grundschule und zu den wenigen Journalisten, die ihn zu diesem Routineanlass begleitet haben, verlässt das Gebäude und begibt sich auf eine wahre Odyssee – zu diesem Zeitpunkt ist nicht absehbar, ob nicht auch die Regierung im Fadenkreuz jener Kräfte liegt, die das Geschehen in New York zu verantworten haben.

Um 9.26 Uhr beordert die FAA alle in der Luft befindlichen zivilen Flüge zum nächsten Airport und schließt den Luftraum über den USA. Die auf dem Weg nach Nordamerika befindlichen internationalen Flüge werden sämtlich nach Kanada umgeleitet. Die Schließung des Luftraumes ist ein in der Geschichte der USA einmaliger Akt, selbst während des Zweiten Weltkrieges ist es nie zu einer solchen Maßnahme gekommen. In dem Land, in dem der erste Motorflug stattgefunden hat und in dem das Fliegen für mehr Menschen zum Alltag gehört als irgendwo sonst in der Welt, wird der Himmel in den nächsten drei Tagen von einer erschreckenden, gespenstischen Ruhe sein. Weitere Vorsichtsmaßnahmen folgen. Die nach Manhattan hineinführenden Brücken und Tunnel werden ebenso geschlossen wie die internationalen Finanzmärkte, die sich nur wenige Blocks vom World Trade Center entfernt befinden.

Zu diesem Zeitpunkt wissen die Behörden bereits, dass das bislang Geschehene noch keineswegs alles war, was ihrer an diesem Morgen harrt. Um 9.24 Uhr geht bei NORAD abermals die nun schon hinlänglich bekannte Mitteilung der FAA ein: Ein weiteres Flugzeug befindet sich in der Gewalt von Entführern, American Airlines Flug 77. Auch diesmal steigen zwei Jagdflugzeuge F-16 von der *Langley Air Force Base* in Virginia auf. Auch sie ändern nichts am Ablauf der Ereignisse. Die beiden Jäger sind 12 Minuten Flugzeit von Arlington (Virginia) entfernt, als um 9.41 Uhr die Boeing 757 der American Airlines in das dortige Nervenzentrum der amerikanischen Militärmacht, das Pentagon, stürzt. Die Maschine flog so niedrig, dass sie einige Straßenlaternen förmlich köpfte, bevor sie in die Mauern an der Westseite des größten Bürokomplexes der Welt donnerte. Das ab 1942 errichtete Gebäude steht zwar sofort in Flammen, doch es erweist sich als erstaunlich widerstandsfähig. Dieses eine Mal hat Amerika Glück: Weite Teile jenes Segments des Fünfeckes, die zerstört werden, bestehen aus fast leeren Büroräumen – gerade in diesem Abschnitt wurden Renovierungsarbeiten vorgenommen.

Die Helden von Flug 93

Vier Minuten nach dem Einschlag im Pentagon wird das Weiße Haus, um 9.48 Uhr auch das Capitol evakuiert. Es ist zu diesem Zeitpunkt höchst wahrscheinlich, dass nicht nur das Herz der internationalen Finanzwelt, sondern auch das Machtzentrum Amerikas getroffen werden soll, denn eine vierte Maschine ist entführt worden. United Flug 93 hat, anders als die drei übrigen Maschinen, schon eine relativ weite Flugstrecke zurückgelegt, als sich in Höhe von Cleveland der Kurs des Flugzeuges radikal ändert. Statt weiter nach Westen zu fliegen, nimmt die Boeing 757 nun Kurs nach Südost – gen Washington. Vermutlich ist das Capitol oder das Weiße Haus das Ziel. Dieses eine Mal erreichen die Massenmörder im Cockpit ihr Ziel nicht. Eine Gruppe von Passagieren, überwiegend junge, sportgestählte Männer, schließt sich zusammen. Sie rufen ihre Verwandten an, um Abschied zu nehmen und ihnen zu erklären, dass etwas geschehen müsse. Die Worte des Passagiers Scott Beamer – *Let's roll!* – sind die letzten, die aus der Maschine zu vernehmen sind. Sie werden für Amerika zur Losung, zu einer Mahnung der Entschlossenheit. Die Maschine geht genau um 10.00 Uhr in einem Waldstück bei Shanksville (Pennsylvania) nieder[4]. Es ist die Einzige der vier Flugzeugentführungen, bei der niemand auf dem Boden zu Schaden kommt. Zu diesem Zeitpunkt hat sich in New York bereits der bis dahin monumentalste

Akt des Dramas zugetragen. Der Südturm des World Trade Centers stürzt um 9.50 Uhr in sich zusammen. Die Konstruktion des Gebäudes, das in den frühen Siebzigerjahren in den Himmel New Yorks gewachsen ist, erweist sich an diesem Morgen als segensreich: Es blieb trotz der infernalischen Hitze in seinem oberen Drittel lange genug stehen, um einigen tausend Menschen die Flucht über die Treppen zu ermöglichen. Sein Architekt, Minoru Yamasaki, war schwindelanfällig und wollte einen Komplex schaffen, der dank eines ausgeklügelten Systems von Stahlträgern den Menschen in seinem Inneren jede Art von Vertigo erspart und der außerdem stabil genug war, um notfalls einem Hurrikan zu widerstehen. Als der Turm mehr als eine Dreiviertelstunde nach dem Crash kollabiert, vollzieht sich der Todeskampf des stählernen Riesen in rein vertikaler Richtung. Er sackt in sich zusammen, ein Level drückt das unter ihm liegende in die Tiefe, ein Prozess, den die amerikanische Sprache *pancaking* nennt (den Stapeln von Frühstückspfannkuchen ähnelnd). – Wie viele zusätzliche Opfer hätte es wohl gegeben, wenn der 110 Stockwerke zählende Turm zur Seite gekippt wäre und andere Gebäude in dieser vielleicht dichtest bebauten Immobilienlage der Welt in Mitleidenschaft gezogen, gar einen Dominoeffekt ausgelöst hätte?

Die Wolke von Staub und Rauch dringt mit der Gewalt eines Orkans durch die Straßenschluchten Manhattans. Menschen, die nahe dem Tower gearbeitet haben, vornehmlich Polizisten und Feuerwehrleute, werden erschlagen, andere ersticken in einer Luft, die so partikelgeladen ist, dass sie sich nicht mehr einatmen lässt. Um 10.28 Uhr erleidet auch der Nordturm dieses Schicksal. In einem Inferno von Feuer, Rauch und Staub sackt der Turm in sich zusammen, auf seiner Spitze die weithin sichtbare Kommunikationsantenne. Für einen Moment ragt sie aus der expandierenden Wolke hervor, dann verschwindet auch der exponierteste Punkt des einstmals höchsten Gebäudes der Welt in einer Tiefe, die den Blicken der Teleobjektive entzogen ist. Von nun an scheinen die Fernsehbilder, die von den Kameras in den Hubschraubern geliefert werden, still zu stehen. Die Südspitze Manhattans verschwindet unter einer Rauch- und Staubwolke von apokalyptischer Dimension, während im Vordergrund Fähren und Frachtschiffe den Hudson pflügen, ein bizarres Stück Normalität an einem Tag wie kein anderer.

Inzwischen sind amerikanische Streitkräfte in Alarmbereitschaft versetzt worden, doch schon bald wird klar, dass dies ein Angriff ist, der kaum mit den üblichen militärischen Mitteln zu beantworten ist. Noch im Laufe des Tages verdichten sich die Hinweise auf die Täterschaft von al-Queida, der Terrororganisation des Osama bin Laden, dem bereits frühere Anschläge auf Amerikaner zur Last gelegt werden – doch alle fanden in anderen Teilen der Welt statt. Diesmal traf der Schlag ins amerikanische Herz. Doch es blieb nicht stehen, wie Politiker, Kommentatoren und normale Bürger ab dem 11. September unisono und voller

Überzeugung betonten – es schlug kräftiger als je zuvor. Niemals war Amerika so geeint, niemals war seine Entschlossenheit, gegen die Terroristen und ihre Unterstützer vorzugehen – auch unter Opfern – größer. Terror bedeutet per definitionem die Einschüchterung, Ängstigung, schließlich gar die Lähmung seines Opfers. Dieses Ziel verfehlten die Terroristen weit. Das Vertrauen in das eigene Land, das die Bürger in allen 50 Bundesstaaten unmittelbar nach dem 11. September demonstrierten, übertraf vermutlich alle patriotischen Bekundungen, die Amerika im Laufe seiner Geschichte in Krisenzeiten erlebt hatte. Es war überwiegend kein aggressiver, sondern ein besinnlicher Patriotismus, in dem die Rachegefühle gegenüber der Reflektion über das eigene Land und seine Werte deutlich im Hintergrund standen. Symbol dieser Werte wurde die Fahne – das Sternenbanner zierte nach dem 11. September mehr Privathäuser, Farmen, Bürobauten und Autoantennen denn je zuvor.

Hat die amerikanische Demokratie die Herausforderung gemeistert? Auch wenn die Entwicklung, die der 11. September angestoßen hat, im Fluss ist, das Land wahrscheinlich noch auf Jahre beschäftigen wird und ein Fazit zwangsläufig verfrüht ist, so hat das politische System des Landes, aber auch die nationale Psyche auf die Katastrophe im Großen und Ganzen würdig und ohne Exzesse reagiert. Auch wenn Kritiker der Regierung in den Vollmachten, die den Ermittlungsbehörden von Justizminister John Ashcroft gegeben wurden, Bedrohungen der bürgerlichen Freiheiten sahen, sind nur relativ wenige Fälle von Staatswillkür, meist in Zusammenhang mit Visa-Vergaben bekannt geworden. Das Recht auf freie Meinungsäußerung blieb weitgehend unangetastet, auch wenn vereinzelte Tabus erhoben wurden. So wurde die Ablehnung des Westens, seiner Wertvorstellungen und seiner Kultur immer wieder als Auslöser jenes Hasses ausgemacht, der islamische Extremisten zu Terroranschlägen motiviert. Darüber hinausgehende Faktoren zu diskutieren, galt in der amerikanischen veröffentlichten Meinung nach dem 11. September als inkorrekt. So kam es beispielsweise kaum zu einer Debatte darüber, ob der Hass auf Amerika nicht eine mögliche Ursache in der amerikanischen Nahostpolitik haben könnte. Dergleichen zu äußern, wurde schnell als *justifying terror,* als Versuch, Terror zu rechtfertigen, eingeschätzt und als nicht diskussionswürdig abgeschmettert.

„Ein Land, einzig in der Welt"

Auch wenn islamistische Extremisten und die sie unterstützenden Staaten fast augenblicklich nach den Anschlägen zum Feind Nummer Eins der Nation wurden – was sie längst waren, von Teilen der Öffentlichkeit indes in ihrer Bedrohlichkeit kaum richtig eingeschätzt –, so zeigte die amerikanische Gesellschaft doch in den Tagen und Wochen danach einen Grad der Differenzierung und eine gelebte Toleranz, die viele Kritiker des amerikanischen Systems angenehm überraschte. Ausschreitungen gegen Menschen islamischen Glaubens oder gegen solche, die islamisch „aussahen" (z. B. verschleierte oder ein Kopftuch tragende Frauen) hatten glücklicherweise Seltenheitswert. Zwar strömten in den ersten Tagen nach den Terroranschlägen Kamerateams zu Dutzenden in islamische Gemeindezentren und Schulen, um muslimische Amerikanerinnen vor die Kamera zu holen, die Sorge um ihre Sicherheit äußerten – tatsächliche, von Pogromstimmung geprägte Vorfälle blieben allerdings trotz heftiger medialer Suche weitgehend unauffindbar. Entscheidend zu dieser besonnenen Haltung der Öffentlichkeit trug zweifellos bei, dass Präsident George W. Bush und seine Regierung unmissverständlich deutlich mahnten, dass die sieben Millionen in Amerika lebenden Muslims nicht für den Terror verantwortlich zu machen sind und sich des gleichen Schutzes der Verfassung erfreuen wie alle anderen US-Bürger. Die Führer der muslimischen Gemeinden verurteilten die Terroranschläge entschieden, ein nationaler Gedenkgottesdienst in der Washingtoner Kathedrale sah christliche, jüdische und muslimische Geistliche im Gebet und im Gedenken vereint.

Zwölf Tage nach den Anschlägen fanden sich Zehntausende im *Yankee Stadium* in der New Yorker Bronx ein, um hochrangigen Vertretern aller Weltreligionen – Bischöfen, Imamen, Rabbis, buddhistischen Priestern – in ihrem Appell an die besseren Instinkte in der menschlichen Seele zuzuhören. Einer der Teilnehmer schrieb: „Bei dem, was sich im Yankee Stadium ereignete, ging es nicht um Gott. Oder um eine bestimmte Religion. Es ging um die Art von Land – einzig auf der Welt, einzig in der Geschichte –, wo so etwas möglich ist. Es waren Gruppen zusammengekommen, die sich in jedem anderen Teil der Welt verabscheuen. In Belfast und in Beirut, in Bosnien, in Kandahar und in Karachi bespucken sie einander an und werfen Steine nach den Kindern der anderen. Nur hier kann es geschehen, dass der Gott einer jeden Gruppe zu einem Gott verschmilzt. Wenn wir nach etwas historisch Neuem suchen – der Albtraum des Elften ist es nicht. Er mag für uns neu sein, aber er ist es nicht auf dem Angesicht der Erde. Geh zu den humpelnden, von Macheten verstümmelten Waisen in Ruanda oder zu den wenigen, die Auschwitz zu Fuß und nicht durch den Schornstein verlassen haben und frage sie, ob sie überrascht waren von dem, was ihnen Mitmenschen von Angesicht zu Angesicht zuzufügen in der Lage waren – über Monate und Jahre, oder in Minuten, eingeschlossen in einem dahinfliegenden silbernen Rumpf. Was im Yankee Stadium passierte, in den trauernden Vereinigten Staaten von Amerika, ist nie zuvor geschehen und wird nirgendwo sonst je geschehen können. Was kommt als Nächstes? Ich habe keine Ahnung. Aber ich habe mit eigenen Augen etwas gesehen, das so großartig war, wie das andere

Der amerikanische Präsident George Bush besucht den Ort der Katastrophe,
um den Feuerwehrleuten und anderen Rettungsteams für ihren Einsatz zu danken:
„Danke für euere harte Arbeit, danke dafür, dass ihr die Nation stolz macht!"

Erlebnis schrecklich war. Ich werde an dem Geschehen im Yankee Stadium fest-halten, denn es sagt so viel aus über den einzigartigen Geist in diesem Land. Traurigerweise hat dieser Geist nicht jene erfasst, die hier unter uns lebten, während sie Pläne schmiedeten. Aber er hat viele Millionen anderer nachdrück-lich verändert."[5]

Auch die militärische Antwort der USA war zielgerichtet und wurde von Analysen und Erkenntnissen, nicht von blanker Wut gesteuert. Binnen weniger Wochen nach Beginn der Operationen gegen das die Zentralen des Terrors be-heimatende Taliban-Regime in Afghanistan war dieses aus seiner Machtposition entfernt, bei vergleichsweise geringen Verlusten auf amerikanischer Seite und bei den die USA unterstützenden Verbündeten. Es war ein erster Schritt – dass der Kampf gegen den Terror lange dauern wird, ist den meisten Amerikanern be-wusst.

Der 11. September 2001 hat eine neue, dramatische Seite im Buch der ameri-kanischen Geschichte aufgeschlagen. Es ist die vielleicht größte Herausforde-rung für Amerika, dabei seine Wurzeln, seine Werte, die dieses Land so unver-wechselbar machen, nicht zu verlieren, Werte, die Präsident Bush in seiner *state of the union address* am 29. Januar 2002 hervorhob: „Amerika wird die Führungsrolle bei der Verteidigung von Freiheit und Gerechtigkeit übernehmen, weil diese richtig und gut und allgemein gültig für alle Menschen, überall, sind. Keine Nation ist im alleinigen Besitz dieser Werte und keine ist von ihnen aus-geschlossen. Wir haben nicht die Absicht, unsere Kultur irgendjemandem aufzu-zwingen, aber Amerika wird stets entschlossen zu den nicht verhandelbaren For-derungen stehen, die die Würde des Menschen ausmachen: die Herrschaft des Gesetzes, die Begrenzung der Macht des Staates, die Respektierung von Frauen, Privatbesitz, freier Rede, gleicher Behandlung vor dem Gesetz und religiöser Toleranz. Amerika wird sich auf die Seite jener tapferen Männer und Frauen stellen, die überall auf der Welt – einschließlich der islamischen Welt – hierfür einstehen. Denn wir haben ein größeres Ziel, als Bedrohungen zu beherrschen und Antipathien einzugrenzen: Wir suchen eine gerechte und friedliche Welt jenseits des Krieges gegen den Terror."[6]

So könnte das Leitmotiv der amerikanischen Nation zu Beginn eines neuen Jahrhunderts aus der Feder jenes Mannes stammen, der die englische Sprache und die Kultur Britanniens in der frühen Neuzeit prägte wie kein anderer und der auf der Höhe seines Ruhmes stand, als die ersten englischen Siedler sich auf den Weg in die Neue Welt, nach Virginia machten, um das amerikanische Abenteuer, das amerikanische Experiment und – vor allem – den amerikanischen Traum zu beginnen:

„ *'Tis true that we are in great danger;*
The greater therefore should our courage be."

„Wahr ist es, die Gefahr ist groß;
Um desto größer sei denn unser Mut."[7]

Anmerkungen

1 Auszüge aus dem Essay von Bürgermeister Rudolph W. Giuliani in der Gedenkausgabe der Zeitschrift *Life*: In the Land of the Free. September 11 – And After. New York 2001. S. 6–9.
The land of the free and the home of the brave lautet der Schluss des Textes der ersten Strophe der amerikanischen Nationalhymne.
2 The Washington Post Magazine, 7. Oktober 2001. S. 18.
3 Newsweek. The Spirit of America. Commemorative Issue. Dezember 2001. S. 74.
4 Vereinzelte Trümmer sind in bis zu fünf Meilen Entfernung von der Absturzstelle gefunden worden, was für eine Explosion in der Luft spricht. Hatten die Entführer eine Bombe, um ihren Drohungen Nachdruck zu verleihen? Oder wurde *diese* Maschine – was offizielle Stellen verneinen – von der Air Force abgeschossen?
5 Washington Post, 7. Oktober 2001.
6 Washington Post, 30. Januar 2002.
7 William Shakespeare, King Henry V, Act IV, Scene I. Dt. Übersetzung zit. nach August Wilhelm Schlegel, in: William Shakespeare. Sämtliche Werke. Wiesbaden o. J., S. 405.

ANHANG

Schauplätze

Auch wenn die Geschichte der USA im Vergleich zu der Historie mancher europäischer Nationalstaaten eher kurz erscheint, so ist das Land doch reich an historischen Schauplätzen, die meist sehr liebevoll rekonstruiert sind. Vor allem im Osten des Landes gibt es zahlreiche „historic sites" und „National Parks". Die folgenden Stätten spielen in einigen der vorhergehenden Kapiteln eine wichtige Rolle – und sind stets einen Besuch wert!

Philadelphia: Die Geburtsstätte Amerikas

Der Stadtkern Philadelphias ist ganz der amerikanischen Unabhängigkeit gewidmet, er gilt als die „historischste Quadratmeile" der Nation. Das neue *Independence Visitors Center* an der 6th Street/Market Street bietet eine schöne Einführung in die Ereignisse von 1776 und informiert über die Rolle Philadelphias, der damals größten Stadt auf dem nordamerikanischen Kontinent. Wie so oft an derartigen Stätten, geht moderne museale Präsentation Hand in Hand mit einem ausgeprägten merkantilen Gespür: der „Museum Store" ist einfach gigantisch. Wie für vergleichbare Museen/historic sites gilt auch hier, dass – neben den oft die Grenze zum Kitschigen überschreitenden Souvenirs – das Angebot an Büchern (und Videos) zur Thematik kaum zu übertreffen ist. Bibliophile sollten sich diesen Teil derartiger Visitors Centers bis zum Schluss aufsparen, um nicht allzu beladen zu Führungen und Besichtigungen anzutreten.
Höhepunkt eines jeden Besuches des Independence National Park ist die Führung durch die *Independence Hall* und natürlich durch jenen Raum, in dem die Unabhängigkeitserklärung debattiert und verabschiedet wurde. Wichtiger Tipp: Frühmorgens, also vor neun Uhr, zur Stelle sein – dann sind die Warteschlangen erträglich.
www.nps.gov/inde/
www.independencevisitorscenter.com
www.gophila.com

Yorktown: Wo die Welt des Lord Cornwallis Kopf stand

Das Schlachtfeld – ein zu martialischer Name, man könnte es heute eher einen Naturpark nennen – von Yorktown zeigt noch Spuren jener Wälle und Schanzen, die von französischen und amerikanischen Soldaten auf der einen, von britischen Grenadieren auf der anderen Seite angelegt wurden. Auch hier ist der Besuch des modernen Visitors Centers obligatorisch, auch hier wird ein einführender Film („The Siege at Yorktown") gezeigt. Der landschaftlich schön oberhalb des York River gelegene Park lädt zur Erkundung zu Fuß ein, was in diesem Land eher ungewöhnlich ist. Zum gleichen Nationalpark gehört auch das wenige Kilometer entfernte *Jamestown*, wo sich 1607 die ersten englischen Siedler in der Neuen Welt permanent niederließen. Und auch Amerikas größtes historisches Freilichtmuseum, *Williamsburg*, liegt ganz in der Nähe.
www.nps.gov/colo

Vom Schwert zur Pflugschar

Das *Maryland State House* in Annapolis ist das älteste in kontinuierlichem legislativem Betrieb befindliche aller 51 Kapitole der USA – älter als diejenigen der übrigen 49 Bundesstaaten und älter auch als das Parlamentsgebäude der Nation, das Capitol in Washington. Die *Old Senate Chamber* in diesem der Öffentlichkeit frei zugänglichen Parlament (die Volksvertreter Marylands tagen ohnehin nur an drei Monaten des Jahres, sodass man als Besucher kaum stört) wird nicht mehr für Abstimmungen benutzt, sondern ist als kleines Museum jenem 23. Dezember 1783 geweiht, an dem George Washington hier die Kommandogewalt über die Armee niederlegte und sich auf die Heimkehr nach Mount Vernon und das geruhsame Dasein eines *country gentleman* freute. Das Schicksal hatte anderes mit ihm vor.

> www.mdarchives.state.md.us/msa/stagser/s1259/131/html/oldsenat.html
> www.mountvernon.org

Mr. Jeffersons Reich

Im späten 18. Jahrhundert lag der Hügel, auf dem Thomas Jefferson sein Anwesen *Monticello* errichtete, an der Peripherie der so genannten Zivilisation. Obwohl das Haus nie ganz fertig war und Jefferson fast permanent An- und Umbauten vornahm, beeindruckte es einen durchaus anspruchsvollen Besucher wie den Marquis de Chastellux so sehr, dass dieser äußerte: „Mr. Jefferson ist der erste Amerikaner, der die schönen Künste konsultiert hat, um zu lernen, wie er Unterschlupf vor den Unbilden des Wetters finden würde." Beim Rundgang durch das Haus werden die vielen Facetten dieser ungewöhnlichen Persönlichkeit deutlich: Staatsmann und Wissenschaftler, Architekt und Erfinder, Entdecker und Connoisseur – aber auch Freigeist und gleichzeitig Sklavenhalter (die Unterkünfte seiner Sklaven kann man in archäologischen Relikten unweit des Haupthauses erkennen). Eine Reihe von Exponaten, u.a. Landkarten, ausgestopfte Tiere und Indianerschmuck, stammen von der Lewis- und Clark-Expedition, mit der das riesige, im Louisiana Purchase erworbene Territorium des Westens erkundet wurde. Auch in Monticello ist frühzeitiges Kommen zu empfehlen – die Warteschlangen hier sind geradezu legendär. Monticello ist das einzige amerikanische Wohnhaus, das auf der Liste des Weltkulturerbes der Vereinten Nationen steht.

> www.monticello.org

Die Fahne weht noch immer

Von Baltimores Stadtzentrum, dem Inner Harbor, aus fahren kleine Dampfer nach *Fort McHenry*, jener kleinen Festung, die einst die Zufahrt zu einem der wichtigsten Häfen kontrollierte. Der Film, der im Visitors Center gezeigt wird, erzählt die Ereignisse des Spätsommers 1814 aus der Sicht jenes von den Briten gefangen genommenen Arztes, über dessen Freilassung Francis Scott Key an Bord eines englischen Kriegsschiffes verhandelte. Besonders effektvoll: Am Ende der Vorstellung erklingt die von einem Marinechor gesungene Nationalhymne, der das Fenster abdunkelnde Vorhang geht auf und gibt den Blick auf die über dem Fort wehende „Old Glory" frei. Die Festung mit ihren niedrigen Wällen lädt nicht nur zur Erkundung ein, sondern an Sommertagen auch dazu, unter einem der vielen Bäume eine Pause einzulegen, bevor das Schiff den Besucher wieder aus dem frühen 19. Jahrhundert in das pulsierende Leben Baltimores im beginnenden 21. Jahrhundert zurückbringt.

> www.nps.gov.fomc

Die „Wiege von Texas"

Im Herzen von San Antonio ist die Ruine des *Alamo* neben dem Riverwalk die Haupt-Touristenattraktion der schönen Stadt. Die Ruine des ehemaligen Klosters ist in ungefähr jenem Zustand, wie sie 1836 gewesen sein mag. Die Präsentation der Ereignisse macht aus Jim Bowie, Davy Crockett, Sam Houston und all den anderen Geburtshelfern eines unabhängigen Texas Gestalten „larger than life".

> www.thealamo.org

Der Ether Dome

Führungen finden nicht statt, und den Weg zu einer der erfreulichsten Stätten der modernen Geschichte muss man über Krankenhausflure und an Stationszimmern vorbei selbst finden: Im Herzen des *Masachusetts General Hospital* in Boston liegt der Ether Dome, jener Hörsaal, an dem am 16. Oktober 1846 die historische erste Operation unter Vollnarkose stattgefunden hat.

    http://neurosurgery.mgh.harvard.edu/History/restore.htm

Gettysburg

Der 8000-Seelenort im Süden Pennsylvanias wirkt wie ein einziges Freilichtmuseum – mit allen Begleiterscheinungen wie Kitschläden und mehr oder weniger didaktisch sinnvollen Wachsfigurenkabinetten. Der große Nationalpark, zu dem das wichtigste Schlachtfeld der amerikanischen Geschichte umfunktioniert wurde, ist ein Ort von bizarrer landschaftlicher Schönheit. Wegen seines Umfanges (er nimmt das Mehrfache der Fläche der Stadt ein) muss er mit dem Auto erkundet werden – oder mit dem Fahrrad. Die Strecke führt an Orten vorbei, die für Amerikaner zur Legende wurden: Peach Orchard, Devil's Den, Little Round Top. Die beste Zeit ist der frühe Abend, wenn die Touristenbusse verschwunden sind. Den Sonnenuntergang auf einer der Felsklippen zu erleben, um deren Besitz Tausende in Blau und Grau starben, ist ein gleichermaßen ästhetisches wie melancholisches Ereignis.

Nachdenklich stimmt auch der riesige Friedhof mit seinen endlosen Gräberreihen. Ein Monument mit einer Porträtbronze des Präsidenten markiert (ungefähr) die Stelle, an der Lincoln seine *Gettysburg Address* hielt. Auch das Haus, in dem er am Vorabend an der Rede feilte, ist der Besichtigung zugänglich.

Noch ein weiterer Präsident hat Gettysburg geprägt: Dwight D. Eisenhower lebte bis zu seinem Tod 1969 auf einer Farm, wenige Kilometer vom Ortskern entfernt. Tourbusse (in gemütlichem Armeegrau gehalten) starten vom Visitors Center aus. Die Einrichtung des Präsidentenhauses ist simpel, fast (klein)bürgerlich.

Die Eisenbahnstation, an der Lincoln bei seiner historischen Reise ankam, wird zur Zeit durch eine lokale Bügerinitiative restauriert und soll schließlich so erscheinen, wie sie sich anno 1863 darbot.

    www.gettysburg.com

Ford's Theatre

Es ist nach wie vor Washingtons berühmtestes Theater; vor allem die vorweihnachtlichen Aufführungen von Charles Dickens' „A Christmas Carol" sind berühmt. Doch es dürfte keinen Besucher geben, dessen Blick nicht gelegentlich von der Bühne auf die fahnengeschmückte Präsidentenloge gleitet, in der Abraham Lincoln am 14. April 1865 erschossen wurde. Im Keller befindet sich ein Museum über Lincoln und die tragischen Ereignisse jener Nacht. Zu den gruseligsten Exponaten gehört die Pistole des Mörders John Wilkes Booth. Das gegenüber dem Theater gelegene *Petersen House*, in dem der Präsident starb, wird zur Zeit renoviert.

    www.nps.gov/foth

Pearl Harbor

Der Ort, an dem am 7. Dezember 1941 mehr als 2000 Amerikaner starben, ist – nach dem Vietnam Memorial in Washington – die vielleicht emotionalste Gedenkstätte in den USA. Ihr Herzstück ist das *USS Arizona Memorial*, das man mit einem Shuttle Boot vom Visitors Center erreicht. Es ist ein aus drei Sektionen bestehendes Monument von gut 60 Metern Länge, das über dem im seichten Wasser liegenden Wrack der *Arizona* errichtet wurde. In seinem Herzstück befindet sich ein „Schrein", eine Gedenktafel mit den Namen der 1177 Besatzungsmitglieder des Schlachtschiffes, die bei dem Angriff den Tod fanden. Auch mehr als 60 Jahre nach der „Tag der Schande" tritt noch Öl aus dem Tank des Schiffes. Seit einigen Jahren gehört auch das Schlachtschiff *Missouri* zu dem National- park unweit von Honolulu. Auf diesem Schiff kapitulierten Abgesandte des japanischen Kaiserreiches im September 1945 im Hafen von Tokio. Seine Anwesenheit ist Ausdruck des amerikanischen Sieges im Zweiten Weltkrieg, in Sichtweite des Symbols der anfäng- lichen Niederlage, der *Arizona*.

www.nps.gov/usar

Alamogordo: Nur zweimal im Jahr

Der entlegenste und – von der Thematik – finsterste aller Schauplätze des US-Geschichte ist Besuchern nur an zwei Tagen im Jahr zugänglich. An den jeweils ersten Samstagen im April und im Oktober öffnet die Armee die Tore der *White Sands Missile Range* und erlaubt den Besuch jenes Ground Zero, an dem im Juli 1945 die erste Atombombe explo- dierte. Wer nicht allein die nicht ganz ungefährliche Reise durch die Wüste (der Tank muss randvoll sein, es gibt auf fast 100 Kilometern keine Tankstelle!) unternehmen will, kann sich einem Konvoi anschließen, der von der Handelskammer der Stadt Alamogordo organisiert wird. Wissenswert: Ein Aufenthalt von einer Stunde führt zur Aufnahme von einem halben bis einem Millirem Strahlung in den Körper des „atomenthusiastischen" Touristen.

www.wsmr.army.mil

Wo Lee Harvey Oswald auf der Lauer lag

In jenem Raum im sechsten Stock (nach europäischer Zählung: im fünften) des ehemali- gen Schulbuchverlages in Dallas, in dem Lee Harvey Oswald mit seinem nicht besonders präzisen Karabiner in Stellung gegangen war und eine umstrittene Anzahl von Schüssen auf den Konvoi von Präsident Kennedy abgab, wird die offizielle Version des Geschehens, die von Oswald als Allein- und Einzeltäter ausgeht, präsentiert. Immerhin werden auch alternative Theorien zum Hergang erörtert – und die Tatsache erwähnt, dass 80% der Amerikaner nicht an die These vom Alleingang Oswalds glauben, sondern eine Ver- schwörung am Werk sehen.

www. sixthfloormuseum.com

Der Präsident mit den zwei Gesichtern

Unweit seines (einfachen) Geburtshauses in Yorba Linda (Kalifornien) kann man in der *Richard Nixon Library* die Stationen im höchst wechselvollen Leben des 37. US-Präsi- denten nachvollziehen. Wie an den übrigen Presidential Libraries, eine Mischung aus Museum und Archiv, ist die Präsentation höchst selektiv. Die positiven Seiten werden überbetont, wie Nixons Außenpolitik, die zu einem Ende der Eiszeit mit China führte; die weniger rühmlichen Aspekte spielen in der musealen Darbietung keine ganz so große Rolle – im Falle Nixons heißt dies: Watergate. Auf betont „antiken" Fernsehschirmen lau- fen ununterbrochen die legendären Debatten mit John F. Kennedy aus dem Wahlkampf von 1960. Unpolitisch und sehr schön ist der Rosengarten der Bibliothek, die größte öffentliche Gartenanlage in Orange County (dem Süden von Los Angeles).

www.nixonfoundation.org

Derartige Gedenk- und Forschungsstätten gibt es von jedem Präsidenten seit Franklin D. Roosevelt.
Die Standorte:

Franklin D. Roosevelt – Hyde Park, New York
Harry Truman – Independence, Missouri
Dwight D. Eisenhower – Abilene, Kansas
John F. Kennedy – Boston, Massachusetts

Lyndon B. Johnson – Austin, Texas
Gerald Ford – Grand Rapids, Michigan
Jimmy Carter – Atlanta, Georgia
Ronald Reagan – Simi Valley, Kalifornien
George Bush – College Station, Texas.
Für Bill Clinton ist eine solche Presidential Library in Little Rock, Arkansas, geplant.

Die Gedenkstätte, die es nicht gibt

Man muss schon viele Autostunden zurücklegen, um einen Ort zu finden, an dem des tragischen Schicksals der amerikanischen Ureinwohner gedacht wird. In *Wounded Knee* in South Dakota fehlt all das, was man von den Präsentationen der „glorreichen" Seiten der amerikanischen Geschichte kennt: Visitors Center, Gift Store, Touristenbusse, organisierte Touren. Ein verwitterter Gedenkstein, ein schmuckloser Friedhof – das ist alles, was an ein stolzes Naturvolk erinnert.

Amerika tut sich schwer mit diesem dunklen Kapitel seiner Geschichte. Museen und Gedenkstätten zu Schandtaten, die in anderen Ländern geschehen sind, finden sich hingegen zuhauf in dem großen Land. In wenigen Jahren soll auf der Mall in Washington D.C. ein *National Museum of the American Indian* eröffnet werden. Es bleibt zu hoffen, dass wenigstens dort eine selbstkritische Betrachtung des Umgangs mit den Indianern stattfindet und dass sich die Präsentation nicht auf Töpferware, Büffelfelle und Pocahontas-Kitsch beschränkt.

Die Präsidenten der USA

1. George Washington	1789-1797		23. Benjamin Harrison	1889–1893
2. John Adams	1797–1801		24. Grover Cleveland	1893–1897
3. Thomas Jefferson	1801–1809		25. William McKinley	1897–1901
4. James Madison	1809–1817		26. Theodore Roosevelt	1901–1909
5. James Monroe	1817–1825		27. William H. Taft	1909–1913
6. John Quincy Adams	1825–1829		28. Woodrow Wilson	1913–1921
7. Andrew Jackson	1829–1837		29. Warren Harding	1921–1923
8. Martin van Buren	1837–1841		30. Calvin Coolidge	1923–1929
9. William H. Harrison	1841		31. Herbert Hoover	1929–1933
10. John Tyler	1841–1845		32. Franklin D. Roosevelt	1933–1945
11. James K. Polk	1845–1849		33. Harry S. Truman	1945–1953
12. Zachary Taylor	1849–1850		34. Dwight D. Eisenhower	1953–1961
13. Millard Fillmore	1850–1853		35. John F. Kennedy	1961–1963
14. Franklin Pierce	1853–1857		36. Lyndon B. Johnson	1963–1969
15. James Buchanan	1857–1861		37. Richard M. Nixon	1969–1974
16. Abraham Lincoln	1861–1865		38. Gerald R. Ford	1974–1977
17. Andrew Johnson	1865–1869		39. Jimmy Carter	1977–1981
18. Ulysses S. Grant	1869–1877		40. Ronald W. Reagan	1981–1989
19. Rutherford B. Hayes	1877–1881		41. George Bush	1989–1993
20. James A. Garfield	1881		42. William (Bill) Clinton	1993–2001
21. Chester A. Arthur	1881–1885		43. George W. Bush	seit 2001
22. Grover Cleveland	1885–1889			

Zeittafel

Kolonialzeit

1585	Sir Walter Raleigh gründet eine Kolonie auf Roanoke Island.
1606	Der englische König Jakob I. stellt Kaufleuten seines Landes einen Freibrief zur Gründung von Kolonien in „Virginia" aus.
1607	Gründung von Jamestown, Zentrum der Kolonie Virginia, deren Tabakpflanzungen zur Grundlage ihres wirtschaftlichen Aufstiegs werden.
1608	Gründung Quebecs durch den Franzosen Samuel de Champlain.
1619	Erstes Zusammentreten des Kolonialparlaments. Auf einem niederländischen Schiff treffen die ersten 19 Sklaven aus Afrika ein.
1620	Landung der *Mayflower* am 25. Dezember in der Nähe von Cape Cod. Die *Pilgerväter* gründen die *Plymouth Plantation*. – Weitere Kolonialgründungen durch Puritaner folgen (u.a. Boston 1630).
1636–1732	Neue Kolonien werden durch die englische Krone oder auf Betreiben von religiösen Führern errichtet.

Unabhängigkeit und Entwicklung bis zu den Weltkriegen

ab 1763	Die Entfremdung zwischen den Kolonien und dem Mutterland nimmt zu. Die Erhebung von Finanzzöllen und Gesetzen wie das „Stempelsteuergesetz (*Stamp Act)* von 1775 erregen den Unmut der Amerikaner.
1773/1774	*Boston Tea Party*: Als Indianer verkleidete Bostoner werfen eine Schiffsladung Tee ins Wasser und protestieren damit gegen vom englischen Mutterland eingeführte Importzölle. Der Erste Kolonialkongreß erklärt diese Zölle für ungerecht und verfassungswidrig; zudem wird beschlossen, den Handel mit dem Mutterland zu unterbinden. England beschließt einen harten Kurs gegen die abtrünnigen Kolonien.
1775–1783	Beginn des amerikanischen Unabhängigkeitskrieges.
19. Apr. 1775	Schlacht von Lexington und Concord.
15. Juni 1775	Der Zweite Kolonialkongreß ernennt George Washington zum Oberbefehlshaber der amerikanischen Truppen und übernimmt Regierungsfunktionen. Der englische König erklärt das amerikanische Vorgehen im August zur offenen Rebellion.
4. Juli 1776	Der Kongress billigt die Unabhängigkeitserklärung.
19. Okt. 1781	Schlacht von Yorktown. Kapitulation der englischen Armee unter Cornwallis.
3. Sept. 1783	Im Frieden von Paris wird die Unabhängigkeit der Vereinigten Staaten anerkannt.
23. Dez. 1783	George Washington dankt als General ab.
1787	Zusammentreten eines Verfassungskonvents von Mai bis September.
1789	*Bill of Rights:* Sie garantiert in ihren ersten zehn Ergänzungsartikeln zur Verfassung die Grundrechte, so die Glaubens-, Presse- und Versammlungsfreiheit, Unverletzlichkeit der Person, der Wohnung und des Eigentums. (In Kraft getreten 1791.) George Washington wird zum ersten Präsidenten gewählt, John Adams zum Vizepräsidenten. Thomas Jefferson wird Außenminister.
1790	Philadelphia wird Regierungssitz.
August 1794	Whiskey-Rebellion.
November 1794	Der Jay-Vertrag wird geschlossen
1797	John Adams wird Präsident.
1800	Hauptstadtumzug in das noch unfertige Washington D.C.

1801	Thomas Jefferson wird Präsident.
30. Apr. 1803	Kauf des Louisiana - Territoriums durch die Vereinigten Staaten.
1803–1806	Die Lewis- und Clarke-Expedition bereitet weitere Expansionen nach Westen vor.
1809	James Madison wird Präsident.
14. Sept. 1814	Schlacht um Fort McHenry. Francis Scott Key schreibt den Text für die Nationalhymne.
1817	James Monroe wird Präsident.
1819	Spanien verkauft Florida für fünf Millionen Dollar an die Vereinigten Staaten.
1823	Monroe-Doktrin
1825	John Quincy Adams wird Präsident
1829	Andrew Jackson wird Präsident
1835	Texas erklärt sich am 2. Oktober von Mexiko unabhängig.
6. März 1836	Schlacht von Alamo zwischen Mexikanern und Texanern.
1837	Martin van Buren wird Präsident
1841	Nach nur einmonatiger Amtszeit stirbt Präsident William Harrison. Nachfolger wird John Tyler.
1845	James K. Polk wird Präsident.
1846–1848	Nach gescheiterten Bemühungen um den Kauf New Mexikos und Kaliforniens erklären die Vereinigten Staaten Mexiko den Krieg. Nach Friedensschluss werden die beiden Gebiete an die Vereinigten Staaten abgetreten.
16. Okt. 1846	In Boston erfolgt erstmals eine Operation an einem mit Äther narkotisierten Patienten.
1848	In Kalifornien setzt der große Goldrausch ein.
1849	Zachary Taylor wird Präsident.
1850	Millard Fillmore wird Präsident.
1853	Franklin Pierce wird Präsident.
1857	James Buchanan wird Präsident.
1861–1865	Abraham Lincoln wird Präsident. South Carolina erklärt wegen der sklavenfeindlichen Haltung des Nordens die Sezession. Mississippi, Florida, Alabama, Georgia, Louisiana, Texas schließen sich an und bilden die *Konföderierten Staaten von Amerika*. Virginia, Arkansas, Tennessee und North Carolina schließen sich ebenfalls an. Die Grenzstaaten Maryland, Delaware, Kentucky und Missouri bleiben bei der Union. Die Konföderierten wählen einen eigenen Präsidenten, Jefferson Davis (8. Febr. 1861).
12. Apr. 1861	Die Beschießung von Fort Sumter löst den Bürgerkrieg aus.
1863	Schlacht bei Gettysburg.
19. Nov. 1863	*Gettysburg Address* Abraham Lincolns.
1865	Abraham Lincoln wird von John Wilkes Booth, einem fanatischen Anhänger der Südstaaten, ermordet. Vizepräsident Andrew Johnson übernimmt die Präsidentschaft.
1867	Alaska wird von den Vereinigten Staaten von Russland für eine Summe von 7,2 Millionen Dollar gekauft.
1868	Impeachment Verfahren gegen Präsident Andrew Johnson.
1869	Ulysses S. Grant wird Präsident.
10. Mai 1869	Vollendung der Transkontinentalen Eisenbahn in Promontory Summit, Utah.
1872	Gründung des Yellowstone Nationalparks am 1. März.
1876	Der Staat Colorado wird gebildet. Im gleichen Jahr stirbt General Custer in der Schlacht am Little Big Horn.

1877	Rutherford B. Hayes wird Präsident.
1881	James A. Garfield wird Präsident und stirbt im selben Jahr auf Grund eines Attentats. Nachfolger wird Chester A. Arthur.
1885	Grover Cleveland wird Präsident. In Chicago wird das erste Hochhaus fertig gestellt.
1886	Präsident Cleveland nimmt stellvertretend für das amerikanische Volk am 28. Oktober ein Geschenk aus Frankreich an: die *Statue of Liberty*.
1889	Benjamin Harrison wird Präsident. Die Staaten North Dakota, South Dakota, Montana, Washington, Idaho und Wyoming werden gebildet.
1890	Der letzte Widerstand der Indianer wird nach unzähligen Kriegen seit 1861 gebrochen; am 29. Dezember 1890 verüben Regierungstruppen das Massaker von *Wounded Knee*.
1893	Grover Cleveland wird erneut Präsident. Weltausstellung in Chicago.
1896	Utah wird Bundesstaat.
1897	William McKinley wird Präsident.
1898	Die Vereinigten Staaten erklären Spanien den Krieg, der mit der Niederlage Spaniens endet. Im Frieden von Paris tritt es Guam, die Philippinen und Puerto Rico ab. Für Kuba sichern sich die Amerikaner durch Zusatzartikel 1901 Protektoratsrechte und Marinebasen. Hawaii wird annektiert.
1901	Nachdem William McKinley Opfer eines Attentats wird, folgt ihm Theodore Roosevelt als Präsident. Die USA nehmen weltweit ihre Interventionspolitik und die Rolle als „Schiedsrichter" auf. In Fragen bezüglich Mittelamerika duldet Roosevelt keinerlei Einmischung der europäischen Staaten.
1903	Am 17. Dezember gelingt den Gebrüdern Wright erstmals ein Motorflug in Kitty Hawk.
1904	Baubeginn des Panamakanals.
1908	Ford bringt das legendäre T-Model für US $ 850 auf dem Markt .
1909	William H. Taft wird Präsident.
1913	Woodrow Wilson wird Präsident
1914–1918	Erster Weltkrieg. Amerika bleibt neutral, die Sympathien liegen jedoch zunehmend bei Frankreich und Großbritannien. Deutsche Kriegsaktivitäten (Sabotageakte, Versenkung der „Lusitania" 1915 mit ca. 120 Amerikanern an Bord, Aufnahme des unbegrenzten U-Bootkrieges) führen zum Abbruch der laufenden Friedensverhandlungen. Trotz Wilsons Wahlslogan „He kept us out of war" erklären die Vereinigten Staaten am 6. April 1917 Deutschland den Krieg.
1918	Das Deutsche Reich ersucht die Alliierten um einen Waffenstillstand auf der Grundlage der von Wilson formulierten „Vierzehn Punkte". Der Waffenstillstand kommt am 11. September zustande. Der Friedensschluss erfolgt erst 1921.
1919	Vertrag von Versailles (28. Juni). Nach einem Schlaganfall ist Woodrow Wilson regierungsunfähig (26. Sept.)
1920	Verabschiedung der Prohibition als 18. Zusatz zur Verfassung. Verbot des Verkaufs, der Beförderung und der Einfuhr alkoholischer Getränke. Durch den 19. Verfassungszusatz erhalten Frauen erstmals das Wahlrecht.
1921	Warren G. Harding wird Präsident
1923	Calvin Coolidge wird Präsident.
1924	Per Kongressbescheid erhalten die Indianer die amerikanische Staatsbürgerschaft.
1927	Charles Lindbergh fliegt als Erster alleine über den Atlantik.

1929	Die Präsidentschaft Herbert Hoovers beginnt als eine Phase großer wirtschaftlicher Prosperität, mündet jedoch im Zusammenbruch der New Yorker Börse am 25. Oktober. Die damit eingeleitete „Große Depression" und die Weltwirtschaftskrise bestimmen die folgenden Jahre.
1933	Franklin Delano Roosevelt wird Präsident. Mit seinem *New Deal* verspricht er, das Land aus der Krise herauszuholen. Er ist der einzige Präsident, der mehr als zwei Amtsperioden regiert (Wiederwahlen 1936, 1940, 1944).
1935	Isolationistische Kreise versuchen, durch die sog. *Neutralitätsgesetzgebung* einen zukünftigen Kriegseintritt der USA zu verhindern. Roosevelt macht jedoch 1937 klar, dass die Vereinigten Staaten sich auch zukünftig nicht von der Weltpolitik isolieren werden (sog. Quarantäne-Rede).
Juli 1937	Die Flugpionierin Amelia Earhart verschwindet auf ihrer geplanten Weltumrundung im Flugzeug spurlos.
1939–1945	Zweiter Weltkrieg. Roosevelt beharrt zunächst auf Neutralität der USA. Mit der Expansion Deutschlands, Italiens und Japans wachsen jedoch die Bedenken am Fortbestehen der Neutralität. Die Zusammenarbeit mit Winston Churchill und das faktische Handelsembargo gegen Japan bestimmen die Situation in den ersten Jahren des Zweiten Weltkrieges.
7. Dez. 1941	Luftangriff japanischer Flugzeuge auf den Marinestützpunkt Pearl Harbour auf Hawaii. Die USA erklären in Folge am 8. Dezember Japan den Krieg; am 11. Dezember erklärt Deutschland den USA den Krieg.
1945	Harry S. Truman wird Präsident.
16. Juli 1945	In Alamogordo, New Mexico, erster erfolgreicher Atombombentest.
6./9. Aug. 1945	Atombombenabwurf über Hiroshima und Nagasaki. Am 14. August Kapitulation Japans.

Entwicklung nach 1945

1947	Truman-Doktrin. Im März des Jahres formuliert Truman als außenpolitische Leitlinie der USA, den in „ihrer Freiheit bedrohten freien Völkern" militärische und wirtschaftliche Unterstützung zu leisten.
1949	Gründung der NATO
1950	Beginn des Koreakrieges.
1951	Entlassung des Generals und Kriegshelden MacArthur, Oberkommandierender der Streitkräfte, durch Truman.
1953	Dwight David Eisenhower wird Präsident. Ende des Koreakrieges.
1954	Beginn der „McCarthy-Ära". Der Senator versucht, pro-kommunistische Umtriebe zu verhindern, handelt sich aber mit seinem übertrieben scharfen Anhörungen Kritik auch des Präsidenten ein.
1956	Martin Luther King erzwingt das Ende der Rassentrennung in Omnibussen. Kings Ziel wird die Durchsetzung der Rassengleichheit auf friedlichem Wege.
1958	Start des 1. amerikanischen Satelliten „Explorer I" von Cape Canaveral.
1961	John F. Kennedy wird Präsident.
1962	Kubakrise
1963	In Birmingham, Alabama, kommt es nach zunächst friedlichen Demonstrationen gegen Rassismus zu Unruhen, bei denen das Militär eingreifen muss.
28. Aug. 1963	Demonstrationsmarsch nach Washington, dem sich 200 000 schwarze und weiße Demonstranten anschließen. Höhepunkt bildet die Rede Martin Luther Kings vor dem Lincoln-Denkmal.
22. Nov. 1963	John F. Kennedy wird in Dallas, Texas, erschossen. Lyndon B. Johnson wird Präsident.

1965	Die USA engagieren sich zunehmend im Vietnamkrieg.
31. Jan. 1968	Tet-Offensive: Überfall der Vietcong auf die amerikanische Botschaft in Saigon.
6. Apr. 1968	Ermordung Martin Luther Kings.
4. Juni 1968	Attentat auf Robert F. Kennedy. Zwei Tage später erliegt er seinen Verletzungen.
1969	Richard M. Nixon wird Präsident.
20. Juli 1969	Erste Mondlandung.
1973	Am 17. Mai beginnt die Ermittlung in der sog. Watergate-Affäre, in die Präsident Richard Nixon und seine Mitarbeiter verstrickt sind.
9. Aug. 1974	Nixon tritt zurück, um dem Impeachment-Verfahren zu entgehen. Gerald Ford wird Präsident.
1977	James Carter wird Präsident.
1981	Ronald Reagan wird Präsident; 1984 Wiederwahl.
1985	Die Staatsoberhäupter der beiden Supermächte, Präsident Reagan und der KPdSU-Generalsekretär Michail Gorbatschow einigen sich auf der Genfer Gipfelkonferenz über die Wiederaufnahme der Abrüstungsgespräche.
1986	Die Explosion der US-Raumfähre „Challenger" schockt die Öffentlichkeit und führt zu einem Stopp dieses Raumfahrtprogramms bis 1988. Im gleichen Jahr stürzt die „Iran-Contra-Affäre" die Reagan-Administration in eine Krise.
1989	George Bush wird Präsident.
1991	Die Anti-Irak-Koalition unter dem Oberbefehl Norman Schwarzkopfs führt mit UNO-Mandat einen Krieg gegen den Irak, der Kuwait besetzt hat. Der Krieg endet mit der Befreiung des Landes, ohne dass der irakische Diktator Saddam Hussein aus dem Amt vertrieben wird.
1993	Bill Clinton wird Präsident.
1998	Clinton gerät wegen seiner Affäre mit der Praktikantin Monica Lewinski und seiner Falschaussagen im Zuge der Ermittlungen ins Kreuzfeuer der Kritik. Trotz des energischen Vorgehens der Untersuchungsbehörden kann sich Clinton im Amt halten.
2000	Bei der Präsidentschaftswahl im November kommt es zwischen den Kandidaten George W. Bush und Al Gore zu einem Kopf-an-Kopf-Rennen. Nach 36-tägiger Auszählung der Stimmen geht Bush als Sieger aus der Wahl hervor.
11. Sept. 2001	Zwei von Terroristen entführte Linienmaschinen fliegen in die Twin Towers des New Yorker World Trade Center. Eine weitere Maschine schlägt in das Pentagon ein, eine andere, die Kurs auf Washington genommen hatte, stürzt vorzeitig ab. Bei den Anschlägen kommen ca. 3000 Menschen ums Leben. Präsident Bush ruft daraufhin den „Krieg gegen den Terrorismus" aus.

Bibliografie

Weitere Literaturangaben siehe auch in den Anmerkungen zu den einzelnen Kapiteln.

Allgemeine Werke zur amerikanischen Geschichte

ADAMS, Willi Paul (Hg.): Die Vereinigten Staaten von Amerika. Frankfurt a. M. 1994.
ANGERMANN, Erich: Die Vereinigten Staaten von Amerika seit 1917. München 1995.
DIPPEL, Horst: Geschichte der USA. München 2001.
GERSTE, Ronald D.: Die First Ladies der USA. Von Martha Washington bis Hillary Clinton. Regensburg 2000.
GRAFF, Henry F. (Ed.): The Presidents. New York 1996.
HEIDEKING, Jürgen (Hg.): Die amerikanischen Präsidenten. 42 historische Porträts von George Washington bis George W. Bush. München 2002.
HEIDEKING, Jürgen und NÜNNING, Vera: Einführung in die amerikanische Geschichte. München 1998.
KISSINGER, Henry: Die Herausforderung Amerikas. Weltpolitik im 21. Jahrhundert. Berlin 2002.
JOHNSON, Paul: A History of the American People. New York 1999.
MOHLMANN, Günter: USA-Ploetz. Geschichte der Vereinigten Staaten zum Nachschlagen. Freiburg 1993.
SCHÄFER, Peter: Alltag in den Vereinigten Staaten. Von der Kolonialzeit bis zur Gegenwart. Graz 1998.
SHENKMAN, Richard: Presidential Ambition. How the Presidents gained power, kept power, and got things done. New York 1999.
SUTTER, Udo: Die Vereinigten Staaten. Daten, Fakten, Dokumente. München 2000.

Hilfreiche Internetseiten:
http://www.usembassy.de/usa/geschichte.htm (Informationen zur Geschichte der USA und zahlreiche weiterführende links)
http://www.moa.umdl.umich.edu/ (speziell zur nordamerikanischen Geschichte)
http://www.law.ou.edu/hist.html („Making of America": Chronologie von Dokumenten zur amerikanischen Geschichte von 1601 bis zur Gegenwart)
http://www.census.gov (demographische und andere statistische Daten)
http://www.whitehouse.gov/history/ (interessante Informationen zur Geschichte des Weißen Hauses)
http://www.emabonn.de/partner/states.htm (Informationen über die einzelnen Bundesstaaten)

Literatur zu einzelnen Themen

Amerikas Weg in die Unabhängigkeit:
BOBRICK, Benson: Angel in the Whirlwind. The Triumph of the American Revolution. New York 1997.
COOK, Don: The Long Fuse. How England Lost the American Colonies, 1760–1785. New York 1995.
DAVIS, Burke: The Campaign that won America. The Story of Yorktown. New York 1979.
ELLIS, Joseph J.: Founding Brothers: The Revolutionary Generation. New York 2000.
FITZPATRICK, John C. (Ed.): The Writings of George Washington, 39 Vols. Washington D.C. 1931–1944.
FLEXNER, Thomas James: George Washington, Boston 1965–1972.
FREEMAN, Douglas Southall: George Washington, 7 Vols. New York 1948–1957.
HERRE, Franz: George Washington. Präsident an der Wiege einer Weltmacht. München 1999.

KAMINSKI, John P. und MCCAUGHAN, J. A.: A Great and Good Man. George Washington in the Eyes of his Contemporaries. Madison, Wisconsin, 1989.

KEANE, John : Tom Paine. A Political Life. Boston 1995.

LANGUTH, A. J.: Patriots. The Men Who Started the American Revolution. New York 1988.

LEWIS, Thomas A.: For King and Country.George Washington. The Early Years.New York 1993.

MCCULLOUGH, David: John Adams. New York 2001.

MCDONALD, Forrest: The Presidency of George Washington. Lawrence, Kansas 1974.

MIDDLEKAUF, Robert: The Glorious Cause. Oxford 1982.

PAINE, Thomas: Common Sense. Nachdruck, New York 1982

RANDALL, Willard Sterne: George Washington. New York 1997.

SCHWATZ, Barry: George Washington. The Making of an American Symbol. Ithaca (New York) 1987.

SMITH, Richard Norton: Patriarch. George Washington and the New American Nation. Boston and New York 1993.

WASHINGTON, George : Writings. New York 1997.

WOOD, Gordon S.: The American Revolution: A History. New York 2002.

Die Whiskey-Rebellion:
SLAUGHTER, Thomas P.: The Whiskey Rebellion. Frontier Epilogue to the American Revolution. New York 1986.

Thomas Jefferson und der Kauf von Louisiana:
AMBROSE, Stephen E.: Undaunted Courage: Meriwther Lewis, Thomas Jefferson and the Opening of the American West. New York 1997.

MAPP, Alf J.: Thomas Jefferson. Passionate Pilgrim. Lanham, Maryland, 1991.

NICOLAISEN, Peter: Thomas Jefferson. Reinbek b. Hamburg 1995.

SIMON, James F.: What Kind of Nation: Thomas Jefferson, John Marshall, and the Epic Struggle to Create a United States. New York 2002.

TUCKER, Robert W. und HENDRICKSON, David C.: Empire of Liberty. The Statecraft of Thomas Jefferson. Oxford 1990.

TURNER, Frederick Jackson: The Frontier in American History. New York 1920.

Francis Scott Key und der Krieg von 1812–1815:
BOWLER, Arthur: The War of 1812. Minneapolis 1973.

LORD, Walter: By the Dawn's Early Light. Baltimore 1994.

MEYER, Sam. Paradoxes of Fame: The Francis Scott Key Story. Annapolis, Maryland, 1995.

MOLOTSKY, Irvin: The flag, the poet and the song: the story of the Star-Spangled Banner. New York 2001.

Der Alamo und die Unabhängigkeit von Texas:
HARDIN, Stephen L.: Texian Illiad. A Military History of the Texas Revolution. Austin, Texas, 1994.

HARDIN, Stephen L.: Lone Star: The Republic of Texas 1836–1846. Carlisle, Massachusetts, 1998.

HARDIN, Stephen L.: The Alamo 1836. Wellingborough, England, 2001.

LACK, Paul D.: The Texas Revolutionary Experience: A Political and Social History. College Sation, Texas, 1992.

Die Erfindung der Narkose:
BRANDT, Ludwig: Illustrierte Geschichte der Anästhesie. Stuttgart 1997.

FENSTER, Julie: Ether Day. New York 2001.

GERSTE, Ronald D.: „Gentlemen! Dies ist kein Humbug!" In: Die Zeit, 18. Oktober 1996.

Der Goldrausch:
BANCROFT, Hubert How: History of California, 7 Vols. San Francisco 1886–1890
HOLLIDAY, J. S.: Rush for Riches. Gold Fever and the Making of California. Berkeley und Los Angeles 1999.

Abraham Lincoln und der amerikanische Bürgerkrieg:
BORITT, Gabor S.: Lincoln's Generals. New York 1994.
Photographic History of the Civil War. Ed. by William C. DAVIS and Bell I. WILEY. New York 1994.
DILORENZO, Thomas J.: The Real Lincoln. New York 2002.
DONALD, David Herbert: Lincoln. New York 1995.
JAKES, John: Die Flamme der Freiheit. Bergisch-Gladbach 2000.
KUNHARDT, Philip B.: Lincoln. New York 1992.
MCPHERSON, James: The Battle Cry of Freedom. New York und Oxford 1988.
MCPHERSON, James: Für die Freiheit sterben. Die Geschichte des amerikanischen Bürgerkrieges. München 1995.
PETERSON, Merrill D.: Lincoln in American History. New York 1994.
STEERS, Edward: Blood on the Moon. The Assassination of Abraham Lincoln. Lexington, Kentucky, 2001
WHITE, Ronald C.: Lincoln's Greatest Speech: The Second Inaugural. New York 2002.
WILLS, Garry: Lincoln at Gettysburg. The Words That Remade America. New York 1992.
WINIK, Jay: April 1865. The Month that saved America. New York 2001.

Pionierzeit und Eisenbahnbau:
AMBROSE, Stephen E.: Nothing Like It In The World. The Men Who Built The Transcontinental Railroad 1863–1869. New York 2001.
CHANDLER, Alfred D.: Strategy and Structures: Chapters in the History of Industrial Enterprise. Cambridge, Massachusetts, 1962.
CHANDLER, Alfred D.: The Golden Spike. A Centennial Remembrance. New York 1969.
DOUGLAS, George H.: All Aboard! The Railroad in American Life. New York 1969.
GRISWOLD, Wesley S.: A Work of Giants: Building the First Transcontinental Railroad. New York 1962.

Das Schicksal der Indianer:
AMBROSE, Stephen E.: Crazy Horse and Custer. The Parallel Lives of Two American Warriors. New York 1975.
CONNELL, Evan S.: Son of the Morning Star. San Francisco 1984.
GERSTE, Ronald D.: So starb eines Volkes Traum. In: Die Zeit, 29. Dezember 1990.
HIRSCHFELDER, Arlene: Die Geschichte der Indianer Nordamerikas. Hildesheim 2001.
LÄNG, Hans: Kulturgeschichte der Indianer Nordamerikas. Bindlach 1994.
MCGREGOR, James H.: The Wounded Knee Massacre. Rapid City, South Dakota, 1987.
UTLEY, Robert M.: The Last Days of the Sioux Nation. New Haven, Connecticut, 1963.
UTLEY, Robert M.: Frontier Regular: The United States Army and the Indian, 1861–1891. New York 1973.
UTLEY, Robert M.: The Lance and the Shield. The Life and Times of Sitting Bull. New York 1993.
WERT, Jeffrey D.: Custer. The Controversial Life of George Armstrong Custer. New York 1996.

Theodore Roosevelt und Amerikas Aufstieg zur Weltmacht:
BRANDS, H. W.: T. R. The Last Romantic. New York 1997.
The Letters of Theodore Roosevelt. Ed. by Elting E. MORISON. Cambridge, Mass. 1951–1954.
MORRIS, Edmund: Theodore Rex. New York 2001.

WIMMEL, Kenneth: Theodore Roosevelt and the Great White Fleet. American Seapower Comes of Age. Washington 1998.
TRASK, David F.: The War with Spain in 1898. New York 1981.

Woodrow Wilson und der Erste Weltkrieg:
HARRIES, Meirion and Susan: The Last Days of the Innocence. America at War 1917–1918. New York 1997.
LEVIN, Phyllis Lee: Edith and Woodrow. The Wilson White House. New York 2001.

Amelia Earhart und Charles Lindbergh:
BERG, A. Scott: Charles Lindbergh. Ein Idol des 20. Jahrhunderts. München 2002.
EARHART, Amelia. The Fun of It. New York 1932.
GERSTE, Ronald D.: Eine tollkühne Vagabundin der Lüfte (über Amelia Earhart). In: Die Zeit, 25. Juli 1997.
KEUTHEN, Monika: „Fliegen heißt, ganz frei zu sein" – Amelia Earhart. Berlin 2001.
LINDBERGH, Charles: We. New York 1927.
LOVELL, Mary S.: The Sound of Wings. The Life of Amelia Earhart. New York 1989.
RICH, Doris L.: Amelia Earhart. Washington 1989.
WARE, Susan: Still Missing. Amelia Earhart and the Search for Modern Feminism. New York 1993.

Der Börsenkrach von 1929:
ELLIS, Edward Robb: A Nation in Torment. The Great American Depression 1929–1939. New York 1995.
GALBRAITH, John Kenneth: The Great Crash:1929. Boston 1979.
KLINGAMAN, William K.: 1929. The Year of the Great Crash. New York 1990.

Franklin D. Roosevelt und der New Deal:
BILES, Roger: A New Deal for the American People. Dekalb, Illinois, 1991.
COLLIER, Peter: The Roosevelts. An American Saga. New York 1994.
GALLAGHER, Hugh Gregory: FDR's Splendid Deception. Arlington, Virginia, 1994.
McGOVERN, James R.: And a Time for Hope. Americans in the Great Depression. Westport, Connecticut, 2000.
MORGAN, Ted: FDR. A Biography. New York 1985.
POSENER, Alan: Franklin Delano Roosevelt. Reinbek b. Hamburg 1999.

Pearl Harbor und der Zweite Weltkrieg:
BROKAW, Tom: The Greatest Generation. New York 1998.
FLEMING, Thomas: The New Dealers' War. New York 2001.
GOODWIN, Doris Kearns: No Ordinary Time. Franklin and Eleanor Roosevelt: The Home Front in World War II. New York 1994.
MORGENSTERN, George: Pearl Harbor 1941. Eine amerikanische Katastrophe. München 1998.
O'NEILL, William L.: A Democracy at War. New York 1993.
PRANGE, Gordon W.: At Dawn We Slept. The Untold Story of Pearl Harbor. London 1981.
RUSBRIDGER, James and NAVE, Eric: Betrayal at Pearl Harbor. New York-London 1991.
SPECTOR, Ronald: Eagle against the Sun. The American War with Japan. New York 1985.
SLACKMAN, Michael: Target Pearl Harbor. Honolulu 1990.
WELS, Susan: Pearl Harbor. America's Darkest Day. San Diego 2001.
THOMPSON, Robert Smith: A Time for War. Franklin D. Roosevelt and the Path to Pearl Harbor. New York 1991.
WEINTRAUB, Stanley: Long Day's Journey into War. December 7, 1941. New York 1991.

Die Atombombe:
RHODES, Richard: The Making of the Atomic Bomb. New York 1986.

347

Harry Truman, Douglas MacArthur und der Koreakrieg:
ACHESON, Dean: Present at the Creation. New York 1969.
HASTINGS, Max: The Korean War. New York 1988.
JAMES, D. Clayton: The Years of MacArthur. Boston 1985.
MOSKIN, J. Robert: Mr. Truman's War. New York 1996.
PERRET, Geoffrey: Old Soldiers Never Die. The Life of Douglas MacArthur. New York 1996.
SHELL, Kurt L.: Harry S. Truman. Politiker, Populist, Präsident. Göttingen 1998.

John F. und Robert Kennedy:
BERAN, Michael Knox: The last patrician: Bobby Kennedy and the end of the American aristocracy. New York 1998.
DOOLEY, Brian: Robert Kennedy. The Final Years. New York 1996.
EVAN, Thomas: Robert Kennedy: His Life. New York 2000.
GERSTE, Ronald D.: Die gemeuchelte Hoffnung Amerikas (über Robert F. Kennedy). In: Die Zeit, 17. November 1995.
GRODEN, Robert J.: The Killing of a President. New York 1993.
HELLMAN, John: The Kennedy Obsession: The American Myth of JFK. New York 1997.
HERSH, Seymour: The dark side of Camelot. Boston 1997.
KAISER, David E.: American Tragedy: Kennedy, Johnson and the Vietnam War. Cambridge, Massachusetts, 2000.
KENNEY, Charles: John F. Kennedy. The Presidential Portfolio. New York 2000.
LIFTON, David S.: Best Evidence. Disguise and Deception in the Assassination of John F. Kennedy. New York 1980.
MAHONEY, Richard: Sons and Brothers: The Days of Jack and Robert Kennedy. New York 1999.
MATTHEWS, Christopher: Kennedy & Nixon. New York 1996.
MAYER, Frank: Adenauer and Kennedy. A Study in German-American Relations. New York 1996.
PERRET, Geoffrey: Jack: A Life like no other. New York 2001.
POSENER, Alan: John F. und Jacqueline Kennedy. Das Königspaar im Weißen Haus. Berlin 1997.
POSNER, Gerald: Case Closed: Lee Harvey Oswald and the Assassination of JFK. New York 1994.
SCHILD, Georg: John F. Kennedy. Mensch und Mythos. Göttingen 1997.
SCHLESINGER, Arthur Meier: Robert Kennedy and his times. New York 1979.

Martin Luther King und die Bürgerrechtsbewegung:
FRADY, Marshall: Martin Luther King Jr. New York 2002.
McWHORTER, Diane: Carry me Home: Birmingham, Alabama: The Climatic Battle of the Civil Rights Revolution. New York 2002.
PRESLER, Gerd : Martin Luther King. Reinbek 1987.
WILLIAMS, Juan: Eyes on the Prize. America's Civil Rights Years. New York 1987.

Vietnam:
FREY, Marc: Geschichte des Vietnamkrieges. München 2000.
OBERDORFER, Don: Tet! Baltimore 2001.

Amerikas Weg ins All:
CHAIKIN, Andrew: A Man on the Moon. New York 1998.
FURNISS, Tim: Die Mondlandung. Bindlach 1998.
REYNOLD, David West: Apollo. The Epic Journey to the Moon. San Diego 2002.
SIEFARTH, Günter: Geschichte der Raumfahrt. München 2001.

Richard Nixon und Watergate:
EMERY, Fred: Watergate. The Corruption of American Politics and the Fall of Richard Nixon. New York 1994.
LUKAS, J. Anthony: Nightmare. The Underside of the Nixon Years. New York 1976.
SUMMERS, Anthony: The Arrogance of Power. The Secret World of Richard Nixon. New York 2000.
WICKER, Tom: One of Us. Richard Nixon and the American Dream. New York 1995.
WOODWARD, Bob und Bernstein, Carl: The Final Days. Die letzten Tage der Ära Nixon. Bodenheim 2002.

Der Golfkrieg:
ATKINSON, Rick: Crusade. The Untold Story of the Persian Gulf War. New York 1993.
KRECH, Hans: Vom zweiten Golfkrieg zur Golf-Friedenskonferenz (1990–1994). Bremen 1996.
PARMET, Herbert S.: George Bush. The Life of a Lone Star Yankee. New York 1997.

Präsidentschaft und Skandale des Bill Clinton:
KLEIN, Joe: The Natural. The Misunderstood Presidency of Bill Clinton. New York 2002.
MORRIS, Roger: Die Clintons. Eine amerikanische Karriere. Hamburg 1996.
SCHWELIEN, Michael: Die voyeuristische Gesellschaft oder Bill Clinton und die Selbstzerstörung der amerikanischen Demokratie. Reinbek 1999.
TOOBIN, Jeffrey: A Vast Conspiracy. The Real Story Of The Sex Scandal That Nearly Brought Down A President. New York 2000.
BAKER, Peter: The Breach. Inside the Impeachment and Trial of William Jefferson Clinton. New York 2000.

Die Präsidentenwahl des Jahres 2000:
CESAR, James W.: The Perfect Tie. The True Story of the 2000 Presidential Election. Lanham, Maryland, 2001.
POSNER, Richard A.: Breaking Deadlock. The 2000 Election. Princeton und Oxford 2001.
TOOBIN, Jeffrey: Too close to call. New York 2001.

Der 11. September und der Krieg gegen den Terror:
AUST, Stefan und SCHNIBBEN, Cordt: 11. September 2001. Geschichte eines Terrorangriffs. Stuttgart 2002.
MCCURRY, Steve u.a.: New York 11. September von Magnum Fotografen. Stuttgart 2002.
LIFE: In the Land of the Free. September 11 – And After. New York 2001.
LIFE: One Nation: America Remembers September 11, 2001. New York 2001.
NEWSWEEK: The Spirit of America. Commemorative Issue. Dezember 2001.
REUTERS, The Staff of: September 11 – A Testimony. New York 2001.
TALBOTT, Strobe (Ed.): The Age of Terror: America and the World after September 11. New York 2002.

Register

Personen, Orte, Stichworte
(nicht berücksichtigt ist der Anhang des Buches ab S. 334)

AAA (Agricultural Adjustment Administration)
    179
Abbott, Gilbert 72 f.
Abdulaziz Alomari 323
Abolitionisten 87 f., 102
Acheson, Dean 222
Adams, Abigail 22, 25
Adams, Henry 140
Adams, John 12, 20, 22 f., 25, 27, 29, 44, 46 f.,
    301, 315
Adams, John Quincy 315
Afghanistan 323, 332
Afro-Amerikaner 148, 162, 232–240
Agnew, Spiro 286
Air and Space Museum 187
Al Khobar 298
al-Queida 328
Alabama 90, 234 ff.
Alamo 59–69
Alamogordo 208–218
Alaska 294
Albany 111, 133
Albemarle County 49
Aldrin, Buzz 276, 278
Alexandria 43
Allen, Ethan 16
Alock, John 156 f.
Amador, Juan 67
American River 82
Amerikanische Revolution (1763–83) 10, 29
Amtrac 111
Anders, Bill 275
Anderson, Robert 87, 90 ff.
Anglo-American Declaration of Trust 210
Annapolis 37, 44
– Maryland State House 334
Antitrust-Politik 139
Apachen 59
Apollo 11, 275 f.
Appomatox 99 f.
Äquadorflug 182, 189
Arbeitslosigkeit 171, 178
Arizona 81
Arizona Memorial 204
Arkansas 52, 59, 90, 302, 306
Arlington 299
Armistead, George 55 ff.
Armstrong, Neil 275 f., 278
Arnett, Peter 295
Arnold, Benedict 17, 28

Arnold, Hap 213
Arthur, Chester A. 150
Ashcroft, John 329
Asien 193, 220, 225
Atchison 182
Atlanta 78, 234
Atlantik 134
Atlantiküberquerung 155 f., 186
Atzerodt, George 104, 107 ff.
Austin, Moses 60
Austin, Stephen Fuller 60 ff., 69
Australien 224
Aziz, Tariq 294

Babson, Roger 165 f.
Baez, Joan 238, 252
Bagdad 292, 295
Bainbridge, Kenneth T. 213 f., 217
Baker, James 294 f., 318 f.
Baltimore 42, 55–58, 102
Bankenkrise 178
Bankwesen 171, 175
Barbé-Marbois, François 51
Barnett, Ross 264
Beamer, Scott 327
Beanes, William 56 f.
Bear, Louise Weasel 128
Beaumarchais, Pierre Augustin Caron de 29
Beauregard, Pierre Gustave T. 90
Bel Air 102
Beirut 330
Belfast 330
Belgien 208
Belvoir 14
Bemis Heights 28
Berg, A. Scott 158
Berlin 223, 225
Bernstein, Carl 287
Beverly, Oliver 248
Bevin, Ernest 229
Big Foot 125 f., 128
Bigelow, Henry J. 71, 74
Birmingham (Alabama) 235 f., 239 f.
Black Coyote 127
Black Hills 123
Bladensburg 55
Bogot· 135
Booth, John Wilkes 89, 102 ff., 108
Booth, Junius 102
Borman, Frank 275

Borneo 200
Börsencrash s. Wall-Street-Crash
Bosnien 330
Boston 7 f., 10–13, 16 ff., 42, 70–78, 102, 131, 145, 184, 234, 323 f.
– Massachusetts General Hospital 70, 76 f.
Bowie, James 61, 64 f., 67
Braddock, Edward 15
Bradley, Omar 226
Brasilien 137
Braun, Wernher von 272, 274
Breshnev, Leonid 281
Brisbane, Arthur 166
Brooke, John R. 121
Brooks, Preston 89
Brown, Arthur Witten 156 f.
Brown, John 88 f.
Buchanan, James 91, 290
Buchanan, Pat 317
Buffalo 130, 134
Buffalo Bill Cody 125
Bülow, Bernhard von 137
Bunker Hill, Schlacht (1775) 16
Bürgerrechtsbewegung 232–240
Burgoyne, John 28 ff.
Burry Port (Wales) 185
Bush, George W. jun. 46, 313–321, 323, 325 f., 330 ff.
Bush, George sen. 46, 145, 290, 292 f., 298 ff.
Bush, Jeb 314, 320
Byrd, Richard 156

Cambridge (Massachusetts) 18
Camden 30
Campobello 173
Cape Canaveral 273, 275 f.
Cape Cod 242
Carter, Jimmy 292
Castro, Fidel 251
CCC (Civilian Conservation Corps) 178
Central Pacific 113, 116, 119
Cermak, Anton 176
Cernan, Eugene 278
Chaffee, Roger 274
Chamberlain, Neville 293
Champlain, Samuel de 9
Chandler, Alfred D. 117
Charleston 27, 42, 90 f., 111
Charlottesville 30
Che Guevara 253
„Checkers-Rede" 284
Cherokee 62, 122
Chesapeake Bay 8, 31 f., 37, 55
Cheyenne 118
Cheyenne (Stamm) 117, 123
Cheyenne (Fl.) 125

Cheney, Richard 294
Chicago 109, 210, 233, 269 ff., 318
Chickasaws 122
Chile 266
China 193, 198, 220, 222, 224, 228 f., 254, 282
Choctaw 122
Chou En-Lai 282
Christopher, Warren 318 f.
Chrustschow, Nikita 243, 285
Churchill, Frederick 74
Churchill, Winston Spencer 156, 162, 166, 169, 201, 210
CIA 243, 251, 286, 289
Cincinnati 47, 102
Civil Conservation Corps s. CCC
Civil Rights Act (1875) 232, 242
Clark, William 52
Clemenceau, Georges 149
Cleveland, Francis 321
Cleveland, Grover 315
Clinton, Bill 143, 152, 291, 301–312
Clinton, Chelsea 308
Clinton, Henry 28, 30–34
Clinton, Hillary Rodham 302 f., 305, 308
Cockburn, George 55 f.
Cohn, Roy 263
Coli, François 157
Collins, Michael 276
Colorado 52, 293
Columbia University 183
Columbus 47
Commonwealth 201
Compania Hill 215
Concepcider 61
Concord 11 ff.
Connally, John 244 f., 247, 249
Connally, Nellie 244–248
Connor, Theophilus Eugene 235 f.
Cook County 318
Coolidge, Calvin 163 f., 173, 185
Corbett, Boston 108
Corbin, Paula 306
Cornwallis, Charles 30–36
Covington 232
Cowpens 30
Cox, Archibald 287
Cox, James M. 173
Crazy Horse 123, 125
Credit Mobilier 114
Creeks 122
Crocker, Charles 113, 116
Crockett, Davis 67 f.
Cronkite, Walter 250, 259 f.
Curtis, Edward 107
Custer, George Armstrong 123
Czolgos, Leon 133

Dallas 241, 244, 266
- Parkland Memorial Hospital 249
Dana, Richard Henry 81
Da Nang 257
Daley, Richard J. 318
Daley, William 318
Daniel, Charles L. 255
Davis, Jefferson 90, 98 f., 102
Dean, John 287
Dearborn 162
Delaplace, William 16
Delaware 9, 27, 59
Demokraten 172 f., 252, 269, 281 f., 284, 318 f.
Detroit 154, 163
Deutsches Reich 148
Deutschland 137 f., 153, 160 f., 193 f., 197, 206, 208 ff., 212, 226, 259, 272
Dewey, George 138
Dingle Bay 158
Disney World 288
Dixie 88, 98, 238
Dodge, Grenville 113 ff.
Dönitz, Karl 197
Douglas, Frederick 232
Dresden 137
Drudge Report 308
Duke, Charles 278
DuPont 210
Durant, Thomas 113, 118
Dylan, Bob 238

Eagleton, Thomas 283
Earhart, Amelia 181–191
Earhart, Edwin 183
Eastman, Charles 120
Edward VIII. (König v. England) 188
Ehrlichman, John 287
Einstein, Albert 208 f., 211
Eisenhower, Dwight D. 145, 226, 231, 243, 272, 284 f.
El Salvador 224
Elisabeth I. (Königin v. England) 8
Elliott, George 192, 202
Emirate, arabische 295
England s. Großbritannien
Ervin, Sam 287
Europa 52, 84, 103, 188, 193 f., 220, 224 f., 229, 282, 295, 316
Everett, Edward 95 f.

FAA 324, 326 f.
Fairfax, George William 14
Fairfax, Nancy 14
Fairfax, Sally 14
Falkland-Inseln 293
Fall, Albert 151

Fallen Timbers, Schlacht (1794) 41
Fannin, James Walker 61, 68
FBI 200, 235, 249, 251, 269, 286, 289
Feltham, Jocelyn 16
Fermi, Enrico 209 f., 216
fireside chats 177 f.
Florida 9, 53, 90, 313 ff., 318 f., 323
Flowers, Gennifer 306
Fonck, René 156 f.
Ford, Gerald 282, 286, 289 f.
Ford, Henry 162
Ford Island 203
Ford's Theatre 104
Fore, Clyde 231
Forsyth, George A. 126 f., 129
Fort C. F. Smith 122
Fort Johnson 91
Fort McHenry 55 ff.
Fort Phil Kearny 122
Fort Pickens 90
Fort Reno 122
Fort Sumter 87–92
Fort Ticonderoga 16
Fort Vancouver 80
Fort Worth 244
Fourth of July 181, 322
Franklin, Benjamin 11, 18, 20, 22 ff., 25, 29 f.
Frankreich 9 f., 15, 29 f., 48 f., 52 ff., 84, 149, 153, 156, 197, 294
Französische Revolution 41, 50
Frauenemanzipation 181, 189
Friendship 184 f.
Frost, Eben H. 72
Fuchida, Mitsuo 203
Fulton, Robert 110

Gagarin, Yuri 273
Gage, Thomas 11 f.
Galbraith, John Kenneth 166
Gall 123
Galway 156
Gardner, Alexander 100
Garfield, James 150
Gates, Horatio 28 f.
Gegner, Michael 74
Geistertanz 124, 126
Gelbes Meer 226
Genda, Minoru 196
Genf 39
George II. (König v. England) 15
George III. (König v. England) 7, 11, 17 f., 21, 24 f., 27, 31, 57
George V. (König v. England) 160
George, Lloyd 149
Georgetown 43, 56
Georgia 9, 77, 90, 234

Germantown 42
Gerry, Elbridge 25
Gettysburg 93, 95, 99
Gettysburg Address 93–98
Gingrich, Newt 311
Giuliani, Rudolph W. 322, 325
Glenn, John 273
Golfkrieg (1990–1991) 292–300
Goliad 68
Gonzales 60, 65
Gonzales, Schlacht 61
Gorbatschow, Michail 294
Gordon, Louis 184 f., 188
Gore, Al 311–321
Göring, Hermann 161
Graham, Katherine 287
Grant, Julia 103
Grant, Ulysses Simpson 93, 99 f., 103, 115,
    123, 290
Grasse, François-Joseph-Paul de 31 f.
Graves, Thomas 32 f.
Grayson, Cary 144, 149 f.
Grayson, Edith 144
Great Plains 115, 122
Greer, William 245
Grew, Joseph C. 200
Grey, Edward 152
Griechenland 223
Grissom, Gus 274
Großbritannien 7–10, 15 ff., 19, 21, 25, 29 f.,
    41, 50 f., 53 f., 102, 111, 137, 153, 156, 184,
    194 f., 197, 201, 224, 293
Ground Zero 214 ff.
Groves, Leslie 210, 212, 214
Guadalcanal 226
Guadalupe Hildalgo, Frieden (1848) 81
Guam 194
Gustav III. (König v. Schweden) 25

Hahn, Otto 208
Haig, Al 288
Haiphong 254
Haldeman, Bob 287, 289
Hamilton, Alexander 33, 40 f., 47, 303
Hampton Roads 141
Hancock, John 12, 23 f.
Hanford 210
Hanna, Mark 133
Hanoi 257
Harbour Grace 187
Harding, Warren G. 152, 163, 173, 290
Harlem 266
Harper, Billy 248
Harpers Ferry 88
Harris, Clara 105
Harris, Katherine 319

Harrison, Benjamin 25, 315
Hartfort 71
Harvard 131, 172, 221
Hauptstadtfrage 42 ff.
Havanna 132
Hawaii 161, 182, 189 f., 192–196, 199 ff., 204
Hawke, Harry 105
Hay, John 130, 135 f.
Hayes, Rutherford 315
Heinrich IV. (König v. Frankreich) 9
Helsinki 282, 294
Hendrix, Jimi 252, 268
Henry, Patrick 16, 21
Hermitage 111
Herold, David 104, 108 f.
Heyfelder, Johann Friedrich 74 f.
Hickam Field 203
Hill, Clint 249
Hiroshima 213, 217
Hitler, Adolf 178
Hittell, Theodore H. 85
Ho Chi Min 253 f.
Hoffa, Jimmy 263
Holleben, Theodor von 137
Holmes, Oliver Wendell 74
Honolulu 192, 200 ff.
Hoover, Edgar J. 235, 269
Hoover, Herbert 164 f., 171 f., 174 ff., 188,
    290
Hope, Bob 228
Hopkins, Harry 199
Hopkins, Mark 113
Hotchkiss-Kanonen 127, 129
Houston 244, 271, 278
Houston, Sam 61–64, 68 f.
Howland 190 f.
Hudson River 9, 172
Hue 257
Hull, Cordell 198, 205
Humphrey, Hubert 268 f., 286
Huntington, Collis 113
Hussein, Saddam 292 f., 295, 298 ff.
Hyde, Henry 311

Ignatius, Paul 259
Illinois 113, 286, 318, 325
Illinois Central Railroad 113
Impeachment 301, 303
Inchon 225 ff.
Independence 219
Indiana (St.) 269
Indianer 8, 15, 41, 52, 64, 81, 83, 114 ff.,
    119–129
Indochina 194, 198 f.
Indonesien 199
Industrie 178

Innes, J. R. Ferguson 221
Iowa 52
Irak 292–300, 323
Iran 292
Iran-Contra Affäre 256
Irland 84, 156, 158
IRS (Internal Revenue Service) 286
Isolationisten 161
Israel 294, 298
Italien 194
Iwo Jima 226

Jackson, Andrew 62, 64, 111, 315
Jackson, Charles 77 f.
Jackson, Mahalia 238
Jamestown 8, 31, 334
Japan 138, 193–206, 212 f., 217, 220, 223,
    225, 249, 255
Jays Treaty 41
Jefferson City 292
Jefferson, Martha 21
Jefferson, Peter 20
Jefferson, Thomas 13, 20–25, 31, 40, 43,
    46–50, 52 f., 121, 154
Jim Crow 233
Johnson, Andrew 107, 303
Johnson, Bird 244
Johnson, Lyndon B. 143, 145, 236, 241, 244,
    252 f., 259 f., 266 ff., 281, 288, 297
Johnston, Joseph 100 f.
Joliot, Frédéric 209
Jones, Paula 304, 307 f.
Jones, Stephen 307
Jordanien 293
Judah, Theodore 112 f.

Kagoshima 196
Kalifornien 53, 59, 79–86, 116, 171, 182, 189,
    214, 269, 294
Kalter Krieg 292
Kambodscha 253
Kanada 9 f., 17, 29, 224
Kandahar 330
Kandern (Baden) 79
Kaneohe 203
Kansas 52, 88, 144
Kansas City 188
Karachi 330
Karibik 137 f.
Kellerman, Roy 245
Kellog 210
Kennedy, Caroline 241 f.
Kennedy, Edward 287
Kennedy, Jacqueline („Jacky"/„Jackie") 241 f.,
    244 f., 248
Kennedy, John F. („Jack") 143, 145, 169, 182,

    206, 235 f., 241–251, 253, 263 f., 271 f.,
    274 f., 285 f., 288, 318
Kennedy, John F. jun. 242
Kennedy, Joseph 169, 286
Kennedy, Robert („Bobby") 235, 243, 252,
    260, 262–270, 274
Kentucky 41, 47, 148
Key, Frances Scott 56 ff.
Key, Mary 56
Kidd, Isaac C. 204
Kim Il Sung 219, 221 ff., 227
Kimmel, Husband E. 196 f., 199 ff.
King, Coretta Scott 234 f.
King, Martin Luther 232–240, 252, 263, 269,
    274
Kiowas 59
Kipling, Rudyard 86
Kissinger, Henry 286 ff.
Kitty Hawk 155
Knox, Henry 16, 41, 60
Knox, Philander 136 f.
Knoxville 47
Kobe 213
Kocher, Emil Theodor 76
Kokura 213
Kolonialisierung 8 f.
Kolonien 9, 13, 20
Kolumbien 135
Kolumbus 121, 156
Komanchen 59
Konföderation 90, 92, 98
Kongo 208
Konoye 195
Kontinentalkongress s. Philadelphia
Korea 219 f., 227 ff., 231
– Nordkorea 221 f., 224, 229
– Südkorea 221–224, 226 f.
Koreakrieg (1950–51) 219–231, 282
Kra 200
Krefeld 42
Krock, Arthur 177
Kuba 133, 223
Kuba-Krise 243, 264 f.
Ku-Klux-Klan 148
Kurusu, Saburo 198, 205
Kuwait 292–300
Kyoto 213

Laos 253
L'Enfant, Pierre Charles 43
L'Ouverture, Toussaint 50
La Paz 83
Lae 190
Lafayette, Marquis de 33
Lamon, Ward Hill 101
Landwirtschaft 178

Lansing, Robert 151
Larrey, Dominique-Jean 71
Le Bourget 158, 160
Lea (Neuguinea) 181
Leale, Charles 106 f.
Leclerc, Charles 51
Lee, Richard Henry 20
Lee, Robert E. 88, 94, 98–101, 103
LeMay, Curtis 213
Lesseps, Ferdinand de 134
Lewinsky, Monica 304, 307–310
Lewis, Meriwether 52
Lexington 7 f., 11 ff., 27, 58, 61
Lincoln Memorial 232, 238
Lincoln, Abraham 90–93, 95 ff., 100–109,
    112 f., 154, 176, 232, 301
Lincoln, Benjamin 35
Lincoln, Mary 103–106
Lincoln, Robert 107
Lindbergh, Anne 188
Lindbergh, Charles 110, 154–161, 181, 184,
    186–189
Lindbergh, Charles jun. 160, 188
Lippmann, Walter 175, 179
Lissabon 156
Liston, Robert 71, 74
Little Big Horn, Schlacht (1876) 123
Little Rock 306
Livingston, Robert 311
Livingston, Robert L. 23, 49–52
Lockard, Joseph 192 f., 202
Locke, John 22
Lockheed Electra 181, 191
Lockheed Vega 187
Lodge, Henry Cabot 149, 151 f.
London 10, 15, 18, 74, 188, 201, 225
Londonderry 188
Long Beach 183
Long Island 157, 208 f.
Long, William Crawford 77
Los Alamos 210, 213
Los Angeles 81, 183, 268 f., 307, 324
Louisiana 48 f., 51 f., 90
Louisiana Purchase 46
Lovell, James A. 275
Ludwig XV. (König v. Frankreich) 9
Ludwig XVI. (König v. Frankreich) 29

MacArthur, Douglas 172, 219–231
Madison, Dolley 55
Madison, James 54 f.
Maine 9
Major, John 293
Manhattan 131, 325 f., 328
Manhattan Project 210 ff.
Manila, Bucht 133

Mao Tse Tung 228, 282
Marines 226, 228
Marquette, Jacques 9
Marschall, James 82, 84
Marshall, George C. 197
Marshall, Thomas 150
Martin, Louis 36
Maryland (St.) 9, 262
Mason, Richard 84
Massachusetts 7–11, 16, 285
– Massachusetts General Hospital s. Boston
Mayflower 8, 156
McCarthy, Eugene 260
McCarthy, Gene 269
McCarthy, Joseph 222, 263, 283
McCloy, Ensign R. C. 202
McCoy, Jesse 60
McGovern, George 282 f., 286
McKinley, William 130, 132 f.
Meade, George Gordon 94
Memphis 47
Meredith, James 264
Mexiko 59–69, 81
Miami 190, 317
Miles, Nelson A. 129
Miller, Doris 205
Milton, John 22
Minnesota 52, 154, 286
Missionare 81, 123
Mississippi (St.) 90, 93, 233
Mississippi (Fl.) 9, 41, 47 f., 52, 110, 266
Missouri 52
Missouri (St.) 294
Missouri (Fl.) 110, 183
Mitchell, John 287
Mohammed Atta 323
Monroe, James 49 f., 52
Monroe-Doktrin 53, 137
Montana 52, 122
Montcalm, Marquis de (Louis-Joseph) 10
Montesquieu, Charles de 22
Montgomery 90, 233 f., 239, 264
Montgomery, Richard 17
Monticello 21, 31, 46
Morgan, John Pierpoint 138
Morrow, Anne 160
Morton, William Thomas Green 72 ff., 76, 78
Moskau 201, 222, 281, 294
Mount Vernon 15, 39, 43 f., 335
Mudd, Samuel 108
My Lai 257

Nagasaki 213, 217
Nagoya 213
Nahostkrieg (1973) 288
Nanking 193

Napoleon 48–51, 53 f.
Narkose 70–78
NASA 273
Nashville 313
National Women's Party 188
Nationalhymne, amerikanische 58
Nebraska (St.) 52, 59, 118, 269
Neill, James Clinton 65
Neu-England 10, 12, 28, 42, 55, 157
Neufundland 156 f., 185
Neu-Guinea 190
Nevada 81
New Deal 178–180
New Hampshire 260
New Helvetia 80, 84
New Jersey 32, 103, 146 f., 262, 292
New Mexiko 81, 214, 272, 313
New Orleans 9, 41, 47 f., 51, 68, 232, 288
New York 9 f., 24 f., 27–30, 32 ff., 39, 42, 109,
  119, 155 f., 162, 172, 183, 188, 262, 292,
  322, 327, 330
New York (St.) 132 f., 173
Newark 324
Newfield, Jack 267
Newport 30
Niederlande 30
Nieuw Amsterdam 9
Ninety-Nines 186
Nixon, Pat 282, 284
Nixon, Richard 267, 270, 281–291, 303
Nomura, Kichisaburo 198, 205
Noonan, Fred 182, 190 f.
NORAD 324, 327
Norfolk 17
Normandie-Invasion 226
North Carolina 90, 155
North Creek 130
North Dakota 52, 132
NRA (National Recovery Administration) 179
Nungesser, Charles 157
NYA (National Youth Administration) 179

O'Hara, Charles 35
O'Neill, Tipp 256
Oahu 192, 195, 199, 201, 323
Oak Ridge 210
Ohio (St.) 41, 47, 155, 275
Ohio (Fl.) 110
Okinawa 226
Oklahoma 52
Omaha 113, 118
Oppenheimer, J. Robert 210 f., 214 f., 217 f.
Oregon 53, 269
Orient 225
Osaka 213
Osama bin Laden 328

Ostasien 195
Oswald, Lee Harvey 248, 251
Otis, Alfred 182
Outerbridge, William 202
Oxford, Univ. 302

Paine, Thomas 18 f., 24, 27
Paiute 124
Palm Beach County 317
Palo Alto 114
Palästinenser 298
Panama 135, 224
Panama City 85, 135
Panama, Meerenge 112
Panamakanal 134
Paris 29 f., 149, 155, 157 f., 188, 225, 260
Paris, Frieden (1783) 10, 27, 36, 41
Parker, James 11
Parks, Rosa 233 f.
Parlament, englisches 15
Pazifik 134, 225, 278
Pazifikflotte, amerikanische 193, 195, 197,
  203
Pazifikkrieg (1941–45) 224
Pearl Harbor 192–206, 210, 322 f., 325
Peconic 209
Peking 222, 228
Pennington, Clydine 306
Pennsylvania 13, 23, 25
Pennsylvania (St.) 93, 262, 322
Pensacola 90, 319
Pentagon 225, 254, 304, 327
Perceval, Spencer 54
Perkins, Frances 176
Persischer Golf 294
Peters, Paul 250
Petersen, Wilhelm 106
Petersen House 106 f.
Pham-Van Dong 256
Philadelphia 11, 13, 28, 30, 32, 42, 109, 119,
  145, 147, 334
– Kontinentalkongress 16 f., 20 f., 23
Philippinen 194, 198 ff., 224, 281
Pickersgill, Caroline 56
Pickersgill, Mary Young 56
Pickett's charge 94
Pierce, Franklin 290
Pilgerväter 8, 156
Pine Ridge 120, 124 ff.
Pjöngjang 222, 228
Pleiku 257
Plessy, Homer 232
Plymouth 8, 156
Polen 221
Polk, James Knox 84
Poor, Henry V. 112

Pope Creek 14
Portland 17, 323
Portsmouth 138
Portugal 156
Potomac 42 f.
Pottawatomie, Massaker (1856) 88
Powell, Colin 298 f.
Powell, Lewis (Lewis Paine) 104, 107 ff.
Prärie 117
Pressekonferenzen 177
Princeton 146 f., 208
Prohibition 178
Promontory Summit 110–119
Puritaner 8 f.
Purple Heart 33
Pusan 225
Putnam, George Palmer 184, 186 f., 189 f.

Quebec 10, 17

Rabi, Isidor 216
Radisson, Pierre 9
Raleigh, Walter 8
Ramsay, Logan 203
Randolph, A. Philip 233, 236, 238
Rassenunruhen 252, 274
Rathbone, Henry 105
Read, Albert C. 156 f.
Reagan, Ronald 46
Red Cloud 122 f., 125
Rehn, Ludwig 76
Republican Party 46
Republikaner 172 f., 231, 267, 282–285, 311,
    318, 320
Reservate 124, 126
Reston, James 224
Rhee, Syngman 221, 223, 227
Rhode Island 9, 30
Rice, Cecil Spring 140
Rich, Mac 312
Richardson, Elliott 288
Richardson, James O. 197
Richmond 31, 98 f., 101
Ridgesway, Matthew 229
Roanoke 8
Rochambeau, Jean-Baptiste Conte de 31, 35
Rockefeller, John D. 138
Rocky Mountains 85, 117, 122
Rodino, Peter 289
Rogers, Will 165
Rom 188
Roosevelt, Alice 132, 140
Roosevelt, Alice Hathaway 131
Roosevelt, Edith 132, 140
Roosevelt, Eleanor 172 f., 176, 182
Roosevelt, Franklin Delano 145, 167,

172–180, 188 ff., 197, 199, 201, 205 f., 208,
    210, 212, 223, 228, 233, 243, 323
Roosevelt, James 172
Roosevelt, Theodore 130–142, 147, 161,
    172 f., 232
Ross, Robert 56
Rothermere, Lord 165
Rough Riders 133
Royer, Daniel F. 124
Ruckelshaus, William 288
Rush, Benjamin 18
Russell, Andrew J. 119
Russland 138, 210, 220

Sacramento 113, 119
Sacramento River 80
Sahara 190
Saigon 252, 254–259
Salem 9
Salt I (Strategic Arms Limitation Talks) 282
San Antonio 244
San Antonio de Béxar 60–64
San Antonio de Valero 63
San Diego 81, 157, 195
San Francisco 81, 85 f., 116, 119, 194, 214, 217
San Jacinto 69
San Juan Capistrano 80
San Juan Hill 133
San Luis Obispo 80
Santa Anna, Antonio López de 60, 62 f., 65 ff.,
    69
Santo Domingo 50
Sarasota 325
Saratoga, Schlacht (1777) 29, 34, 58
Saudi-Arabien 292, 294
Schenectady 111
Schirra, Walter 274 f., 278
Schmitt, Harrison 278
Schwarzkopf, Norman 297 ff.
„Schweinebucht-Fiasko" 243
Seaborg, Glenn 209
Sebast, William F. 255
Secret Service 245
Selheim, Hugo 76
Seminolen 122
Seoul 222, 227, 229
September 11 322–333
Seward, Frederick 107
Seward, William 107
Sezession 90
Shadwell 20
Shakespeare, William 333
Shanksville 327
Shephard, Alan 273
Sherman, John 113
Sherman, Roger 23

Sherman, William Tecumseh 113, 115, 238
Short, Walter C. 196, 200 f.
Siebenjähriger Krieg (1754–63) 10, 14, 17
Simpson, James Young 75
Simpson, O. J. 302
Sinatra, Frank 250
Singapur 194
Sioux (Dakota) 117, 122 ff., 126–129
Sitting Bull 123, 125
Skinner, John 56
Sklaverei 22, 25, 47, 51, 87 f., 98, 102
Smith, Al 174
Smith, James 8
Smith, John Stafford 58
Snook, Neta 183
Somalia 323
South Carolina 87, 90
South Dakota 52, 269, 282
Sowjetunion 197, 217, 220 f., 223 f., 229, 254, 272, 274, 292, 294, 299
Sozialreform 179, 188
Spaceshuttle 110
Spanien 30, 41, 48 ff., 53, 132
Spirit of St. Louis 154, 157, 159
Spotted Tail 125
Springfield 109
SSS (Social Security Act) 179
St. Clair, Arthur 41
St. Johns 156
St. Louis 157
Stalin, Josef W. 201, 217, 220, 222
Stamp Act 21
Stanford, Leland 113 f., 118
Stanton, Edwin 106 f., 303
Starr, Kenneth 305, 309 f.
Star-Spangled Banner 58
Staudämme 178
Staunton 146
Steiff, Margarete 141
Steinbeck, John 171
Stephenson, George 111
Steuyvesant, Pieter 9
Stevenson, Adlai 245
Stimson, Henry L. 206, 212 f.
Strassmann, Fritz 208
Stultz, Wilmer 184 f., 188
Südafrika 266
Sumner, Charles 89
Supreme Court 232, 320
Surratt, Mary 109
Sutter, Johann August 79 f., 82
Syrien 294
Szilard, Leo 208 ff.

Taft, William H. 147
Tague, James 249

Taiwan 282
Taliban-Regime 332
Tallahassee 318
Talleyrand, Charles Maurice de 50
Tarawa 226
Tarleton, Banastre 30 f.
Teheran 292
Teller, Edward 208, 210, 216
Tennessee 41, 47, 64, 90, 111, 198, 313
Tet-Offensive 252–261
Teton 122
Texas 53, 90, 214, 241–244, 294, 305
– Unabhängigkeit 59–69
Thailand 253, 281
Thatcher, Margaret 293
Thetford 18
Thorwald, Jürgen 76
Tilden, Samuel 315
Till, Emmett 233
Tinian 214
Tirpitz, Alfred von 137
Tokio 193, 198, 200, 212 f., 225, 230
Tolson, Clyde 269
Tonking, Golf von 253
Toronto 183
Towers, John H. 156
Transatlantikflug 184, 186
Transkontinentale Eisenbahn 112–119
Transpazifikflug 189
Travis, William B. 61, 64 f., 67
Trenton 27, 42
Trepassey Bay 156
Tripp, Linda 304, 308
Truman, Harry 212, 215, 217, 219, 222–225, 228–231
Truman-Doktrin 223
Trumbell, John 23, 34
Tschechoslowakei 221
Tsushima 138
Tumulty, Joseph 144, 150
Tundra 273
Türkei 224, 294
Turner, Frederick Jackson 53, 271
TVA (Tennessee Valley Authority) 179
Twain, Mark 141
Tyler, Kermit 193

U.S. Air Force 294, 299
U.S. Navy 134, 136, 225 f., 281, 295, 299
Ulke, Julius 107
Unabhängigkeitserklärung 18, 21–26, 46
Unabhängigkeitskrieg (1775–83) 27, 61
Union Pacific 113 f., 116, 119
UNO s. Vereinte Nationen
Upper Marlboro 56
Utah 81, 118

Valley Forge 28, 224
Van Valkenburgh, Franklin 204
Venezuela 137
Vereinte Nationen 224, 227 f., 245, 292
Verfassung 145
Vergennes, Charles 30
Vermont 16
Verne, Jules 276
Versailles 9
Versailles, Frieden (1919) 149, 152
Vicksburg 93
Victoria (Königin v. England) 75
Vietcong 252, 255 f., 258
Vietnam 143, 189, 219, 223, 225, 238, 244,
  253, 262, 274
– Nordvietnam 253 f., 257
– Südvietnam 252 f., 257
Vietnamkrieg (1960–1973) 266 f., 270, 281,
  295, 297
Vietnam War Memorial 204
Viktorianisches Zeitalter 109
Virginia 8 ff., 13 ff., 20, 25, 30, 32, 90, 242, 332

WA (Wagner Act) 179
Wade, Jenny 95
Wahl, Arthur 209
Wahlmännergremium 315, 320
Wake Island 226
Wallace, Lew 109
Wall Street 139, 165
Wall-Street-Crash 162–170
Warren Report 247 f.
Warren, John Collins 70–73
Washington (St.) 53
Washington D.C. 34, 54 f., 94, 101, 103, 109,
  130, 144, 154, 172, 176, 188, 194, 198–201,
  205, 219, 222, 224 f., 230, 232, 236–241,
  249 f., 255, 261 f., 269, 292, 298, 322
Washington, Booker T. 232
Washington, George 13–18, 27–28, 30–35,
  37–45, 60
Washington, John 14
Washington, Lawrence 14
Washington, Martha 14 f., 39
Washington-on-the-Brazos 66, 68
Watergate-Affäre 189, 256, 270, 281–291
Wayne, Anthony 41
Weinstein, Edwin 147
Weißes Haus 143 ff., 151, 242
Weizsäcker, Carl Friedrich von 209

Wells, H. G. 140
Wells, Horace 71 f., 77
Weltkrieg, Erster 147, 155
Welkrieg, Zweiter 153, 161, 217, 223, 226,
  326
Weltraumforschung 271–280
West Branch 164
West Lafayette 189
Westmoreland, William C. 255–257, 259
West Point 64, 115
West Point (Festung) 28
White, Ed 274
White Sands 272
Whitewater-Affäre 304 f.
Whitney, Richard 167
Wichita 144
Wien 225
Wigfall, Louis T. 92
Wilhelm II. (dt. Kaiser) 137
Williamsburg 15, 20 f., 334
Wills, David 94
Wilmington 42
Wilson, Edith 150 f.
Wilson, Woodrow 143–153
Wolfe, James 10
Woodward, Bob 287
World Trade Center 324–327
Wosan 228
Wounded Knee 120
Wovoka 124
Wright, Gebrüder 110, 155
Wyoming 52, 118, 122, 315
Wythe, George 21

Yale, Univ. 302
Yalu 228
Yamamoto, Isoruku 194 f., 198 f., 205
Yamasaki, Minoru 328
Yawata 213
Yemen 323
Yerba Buena 86
Yokohama 213
Yorba Linda 283, 291
Yorktown 334
Yorktown, Kapitulation (1781) 27–36, 44, 58
Yoshikawa, Takeo 200

Zacatecas 60
Zapruder, Abraham 246, 248
Ziegler, Ron 288

Bildnachweis

AKG, Berlin: S. 23, 24, 38, 40, 51 (Foto: Erich Lessing), 60, 73, 80, 91, 94, 95, 101, 105, 115, 125, 136, 160, 168, 175, 179, 185, 186, 202, 211, 230 l., 237 (AP), 239, 259 (AP), 265 (AP), 279 (NASA), 285 (AP)
dpa, München: 277, 309, 326, 331
Süddeutscher Verlag – Bilderdienst, München: 62, 65 (USIS), 85, 133, 148 (Scherl), 150 (Scherl), 159 (Scherl), 194, 203 (AP), 215 (AP/File), 227 (UPI), 230 r. (dpa), 234, 242 (dpa), 246 (United Press), 250 (AP), 260 (UPI), 268 (dpa), 290 (United Press), 296 (dpa), 297 (dpa), 307 (AP), 316 (AP), 319 (AP/Alan Diaz)
Ullstein-Bild, Berlin: 35, 50, 118, 127, 128
Die Karte auf dem Vorsatz wurde entnommen aus: Atlas zur Universalgeschichte, S. 58. München 2. Aufl. 1980. © Paul List Verlag München.